Ludwig Büchner

Sechs Vorlesungen über die Darwinsche Theorie

von der Verwandlung der Arten und die erste Entstehung der Organismenwelt

Ludwig Büchner

Sechs Vorlesungen über die Darwinsche Theorie
von der Verwandlung der Arten und die erste Entstehung der Organismenwelt

ISBN/EAN: 9783743476196

Hergestellt in Europa, USA, Kanada, Australien, Japan

Cover: Foto ©ninafisch / pixelio.de

Weitere Bücher finden Sie auf **www.hansebooks.com**

Sechs Vorlesungen

über die

Darwin'sche Theorie von der Verwandlung der Arten

und

die erste Entstehung der Organismenwelt,

sowie über

die Anwendung der Umwandlungstheorie auf den Menschen,

das

Verhältniß dieser Theorie zur Lehre vom Fortschritt

und

den Zusammenhang derselben mit der materialistischen Philosophie
der Vergangenheit und Gegenwart.

In allgemein verständlicher Darstellung.

Von

Dr. Ludwig Büchner,

Verfasser von „Kraft und Stoff", „Natur und Geist", „Physiologische Bilder", „Aus
Natur und Wissenschaft", „Die Stellung des Menschen in der Natur" u. s. w.

Dritte, vermehrte Auflage.

———— • —•—•— • ————

Leipzig,

Verlag von Theodor Thomas.

1872.

Motto:

„Es ist ein epochemachender Kampf auf dem Gebiete der Wissenschaft,
„der gegenwärtig gekämpft wird, so epochemachend auf diesem Gebiete wie
„der dreißigjährige Krieg auf dem Boden des religiösen Lebens; und wenn
„wir zugeben, daß auf dem Gebiete des organischen Lebens die höchsten
„Probleme der Wissenschaft gelöst werden müssen, so können wir mit Recht
„behaupten, daß dieser Kampf der bedeutungsvollste in der ganzen Ge-
„schichte der Wissenschaft genannt werden muß."

Dr. Gustav Jäger: Zoologische Briefe (Vorrede).

Vorwort
zur ersten Auflage

Die nachfolgenden Vorlesungen sind nahezu so, wie sie
hier niedergeschrieben wurden, in den Wintern 1866—67
und 1867—68 in den Städten Offenbach und Mann-
heim von dem Verfasser gehalten worden, nur mit dem
Unterschiede; daß Vieles von dem, was hier ausführlicher, eingehender oder unter Anführung von Citaten
gegeben werden konnte, im mündlichen Vortrage wegen
Beschränkung der Zeit abgekürzt oder ganz weggelassen
werden mußte. Einzelne Theile des Ganzen sind in
beiden Wintern auch in Frankfurt, Darmstadt und
Worms zu einzelnen Vorträgen benutzt worden. Ich
glaubte die Form der Vorträge auch im Druck unverändert beibehalten zu sollen, weil einmal die Lebendig-
keit und unmittelbare Anschaulichkeit der mündlichen
Mittheilung auf eine andere Weise nicht wiedergegeben
werden kann, und weil zweitens dem Zweck — Mittheilung gewisser wissenschaftlicher Resultate und Forschungen an das große Publikum und die Erziehung
desselben im Geiste dieser Wissenschaft — auf diese Weise
am besten entsprochen werden konnte.

Was die in den beiden letzten Vorträgen enthaltene
kurze Uebersicht der Geschichte der materialistischen Phi-

losophie anbelangt, so habe ich mich, da es mir leider
an Zeit zu eigenem Quellenstudium bei der Mehrzahl der
erwähnten Schriftsteller gebrach, hauptsächlich an F. A.
Lange: Geschichte des Materialismus u. s. w. (Iser-
lohn, 1866), sowie an H. Hettner's allgemein bekannte Litteraturgeschichte des 18ten Jahrhunderts und
einige andere Werke gehalten. Die große Vernachlässi-
gung, welche bisher diesem Theile der Geschichte der
Philosophie von Seiten der herrschenden philosophischen
Schulen zu Theil wurde, dürfte vielleicht bald einem
erhöhten Interesse und einer gesteigerten Theilnahme
von Seiten des gebildeten Publikums, das bisher systematisch über jene Erscheinungen betrogen und irre geführt wurde, weichen.

Durch ein angefügtes alphabetisches Namen = und
Sachregister nach englischem Muster wird die Benutzung
des Buches für den Leser wesentlich erleichtert werden.

Selbstverständlich habe ich mich bemüht, in Behandlung des Hauptgegenstandes möglichst auf dem Neuesten zu bleiben und das Wesentliche dessen, was über
die Darwin'sche Theorie und die damit zusammenhängenden Fragen von gleichzeitigen Schriftstellern producirt
worden ist, entweder in dem Texte selbst oder, wo dieses nicht mehr möglich war, wenigstens in Anmerkungen
mitzutheilen.

Darmstadt, Ende April 1868.

Der Verfasser.

Inhalt.

Erste Vorlesung.

Die Vorwesen und die Paläontologie. Die Theorie der geolo
gischen Katastrophen und Revolutionen und der wiederholten Schö=
pfungsakte. Geschichtlicher Verlauf und Sturz derselben. Spontane
Entstehung höher organisirter Wesen. Lyell's Ansicht darüber. Char=
les Darwin und sein Werk über die natürliche Züchtung der
Arten im Kampf um's Dasein. Seine geschichtlichen Vorgänger
und Zeitgenossen: Lamark, Geoffroy St. Hilaire, Goethe, Oken, Lyell
Forbes, Vestiges of creation, Huxley, Hooker u. s. w. Die Dar=
win'sche Theorie selbst und ihre Bestandtheile: 1) Der Kampf um's
Dasein; 2) die Abänderung oder Spielartenbildung und die Ver=
änderlichkeit der Art; 3) die Vererbung und Erblichkeit; 4) die na
türliche Auswahl oder Auslese während ungeheurer geologischer Zeit
räume. Entstehung dieses Gedankens bei Darwin durch das Stu=
dium der künstlichen Züchtung der Hausthiere und Culturpflanzen
Beispiele für künstliche und natürliche, für bewußte und unbewußt=
Züchtung. Unterstützung der letzteren durch Wechselbeziehung der
Entwickelung, durch Gewohnheit, Uebung, Bedürfniß, Gebrauch und
Nichtgebrauch der Organe u. s. w., sowie durch den Einfluß äußerer
Umstände. Fortschritt und Vervollkommnung kein nothwendiger Be=
gleiter der Abänderung. Beispiele stehenbleibender oder rückläufiger
Organisation. Rudimentäre und embryonale Bildungen. Erbschaf=
ten des Menschen aus der Thierwelt. Nichtvollendung seiner Theorie
durch Darwin und Vorwürfe dagegen. Ursprung der gesammten
organischen Welt aus e i n e r Urform, der Zelle oder dem Keimbläs=
chen. Urzeugung und Zellenlehre. Dr. G. Jäger und Prof. Häckel
über die Art der ersten Organismen. . . . . Seite 1—124.

Zweite Vorlesung.

Einwände gegen die Darwin'sche Theorie: 1) Theologischer Einwand; 2) Einwand vom Fehlen der Zwischenglieder. Vorhandensein von Uebergangsformen in der Vorwelt. Falsche Auffassungen der Darwin'schen Lehre. Unvollkommenheit des geologischen Berichts. Weitere Ursachen der Lücken in der Reihenfolge der Vorwesen. Neue Entdeckungen. Geringere Lebensdauer und Haltbarkeit der Mittelformen. Das leichtere Aussterben der Zwischenglieder an den Sprachen nachgewiesen. Gleichheit der Entwicklung der Sprachen und Arten nach Darwin'schen Prinzipien. A. Schleicher über den Ursprung und die Entwickelung der europäischen Sprachen aus der indogermanischen Ursprache. Kritik der Darwin'schen Theorie. Verdienst und Mangel derselben. Reicht nicht aus zur Erklärung aller Erscheinungen. Weitere Wege der Entwickelung der Organismen. Aeußere Einflüsse. Wandern der Thiere und Pflanzen. Generationswechsel. Theorie von Kölliker. Verdienst von Darwin für Wiederbelebung der philosophischen Richtung in der Naturwissenschaft und für Beseitigung der Zweckmäßigkeits-Begriffe. Beispiele gegen die Teleologie. Schleiden über Darwin und die Zweckmäßigkeit. Die Triebe und Instinkte der Thiere vom Darwin'schen Standpunkte aus erklärt. . . . . Seite 125—176.

Dritte Vorlesung.

Anwendung der Darwin'schen Theorie auf den Menschen, dessen Herkunft und Entstehung. Verhältniß des Menschen zu der ihm zunächststehenden Thierwelt. Classifications-Systeme. Die „Primaten" Linné's durch Blumenbach's „Zweihänder" und „Vierhänder" verdrängt und durch neuere Forscher wiederhergestellt. Die Archencephala von Prof. Owen. Das Seelenleben der Thiere. Die Unterschiede von Mensch und Thier nicht absolut, sondern relativ. Bewußtsein und Selbstbewußtsein, der aufrechte Gang u. s. w. Die Lücke zwischen Mensch und Thier wird durch die Fortschritte der Cultur und das Aussterben der Mittelformen immer größer.

Die anthropoiden oder menschenähnlichen Affenarten: Gibbon, Chim=
panse, Orang=Utang, Gorilla. Foffile Affen und foffile Menschen.
Alter des Menschengeschlechts. Geschah die Entwickelung der mensch=
lichen aus der thierischen Intelligenz allmälig oder plötzlich?
Seite 177—220.

Vierte Vorlesung.

Verhältniß der Umwandlungstheorie zur Lehre vom Fortschritt.
Läugnung des Fortschritts und Gründe dafür. Die neuen Funde
höherer Formen in älteren und ältesten Erdbildungen. Die Dauer=
typen der niedersten Meeresbewohner. Vertreter der Hauptklassen
der Lebewelt in den untersten versteinerungsführenden Erdschichten.
Gesteigerte Organisation vieler Gattungen und Gruppen in der Vor=
welt. Weitere Unregelmäßigkeiten und Beweise des Rückschritts.
Anwendung derselben Gesichtspunkte auf die Geschichte. Ewiger
Kreislauf ohne Fortschritt. — Entkräftung dieser Theorie. Der For=
schritt ist nicht eine einfache Reihe sondern besteht aus vielen, neben=
einander herlaufenden Reihen, von denen sich eine über die andere
erhebt. Uebereinstimmung der Gesetze desselben in Natur und Ge=
schichte. Nacht= und Tag=Völker. Vorhistorische Existenz des
Menschen. Langsamkeit des Fortschritts. Verdichtung des Cultur=
princips in den höheren und höchsten Formen. . Seite 221—269.

Fünfte Vorlesung.

Zusammenhang der Darwin'schen Lehre mit dem Materialismus
und mit der materialistischen Philosophie. Schöpfungssagen. Der
Materialismus des Alterthums. Indien (Buddhalehre), Aegypten,
Griechenland, Thales, Anaximander, Anaximenes, Xenophanes, Par=
menides, Heraklit, Empedotles, Leukipp, Demokrit, Protagoras, Ari=
stipp, Strato, Epikur, Lehrgedicht des Lukrezius Carus. Allgemeine
Würdigung der Philosophie des Alterthums. . . Seite 271—329.

Sechste Vorlesung.

Die Periode des Christenthums und das Wiederaufleben der Wissenschaften im 15. Jahrhundert. Der Materialismus der Neuzeit: Pomponatius, Giordano Bruno, Bako, Cartesius, Gassendi, Hobbes, Locke, Collius, Bayle, Toland, der Briefwechsel von Wesen der Seele, Wolf, Stosch, de la Mettrie, das System der Natur, die Encyklopädisten, Diderot, D'Alembert, Condillac, Cabanis, Helvetius, David Hume, Gibbon, Priestley u. s. w. Der Materialismus in Deutschland und der Materialismus des 19. Jahrhunderts. Seine Unterschiede von dem Materialismus der Vergangenheit. Aufgabe der Philosophie der Neuzeit. . . . . . Seite 331—402.

Alphpabetisches Register. . . . . . . Seite 403—411.

Erste Vorlesung.

Die Vorwesen und die Paläontologie. Die Theorie der geologischen-Katastrophen und Revolutionen und der wiederholten Schöpfungsakte. Geschichtlicher Verlauf und Sturz derselben. Spontane Entstehung höher organisirter Wesen. Lyell's Ansicht darüber. Charles Darwin und sein Werk über die natürliche Züchtung der Arten im Kampf um's Dasein. Seine geschichtlichen Vorgänger und Zeitgenossen: Lamarck, Geoffroy St. Hilaire, Goethe, Oken, Lyell, Forbes, Vestiges of creation, Huxley, Hooker u. s. w. Die Darwin'sche Theorie selbst und ihre Bestandtheile: 1) Der Kampf um's Dasein; 2) die Abänderung oder Spielartenbildung und die Veränderlichkeit der Art; 3) die Vererbung und Erblichkeit; 4) die natürliche Auswahl oder Auslese während ungeheuerer geologischer Zeiträume. Entstehung dieses Gedankens bei Darwin durch das Studium der künstlichen Züchtung der Hausthiere und Culturpflanzen. Beispiele für künstliche und natürliche, für bewußte und unbewußte Züchtung. Unterstützung der letzteren durch Wechselbeziehung der Entwicklung, durch Gewohnheit, Uebung, Bedürfniß, Gebrauch und Nichtgebrauch der Organe u. s. w., sowie durch den Einfluß äußerer Umstände. Fortschritt und Vervollkommnung kein nothwendiger Begleiter der Abänderung. Beispiele stehenbleibender oder rückläufiger Organisation. Rudimentäre und embryonale Bildungen. Erbschaften des Menschen aus der Thierwelt. Nichtvollendung seiner Theorie durch Darwin und Vorwürfe dagegen. Ursprung der gesammten organischen Welt aus einer Urform, der Zelle oder dem Keimbläschen. Urzeugung und Zellenlehre. Dr. G. Jäger und Professor Häckel über die Art der ersten Organismen.

Hochgeehrte Anwesende!

Jeder Schritt, den wir auf unserer gemeinschaftlichen Mutter Erde thun, führt uns über die Gräber von Millionen und aber Millionen Wesen, welche lange vor uns auf dieser Erde gewohnt, gelebt, gekämpft und gelitten haben — und gestorben sind, indem sie ihre Spuren, Abbilder oder Ueberreste in dem Gestein zurückließen, das sich unter unsern Füßen dehnt. Diese Spuren, Abbilder oder Ueberreste hat man zwar zu allen Zeiten gesehen und beobachtet; aber man wußte sie so wenig richtig zu deuten und als das zu erkennen, was sie wirklich sind, daß man sie vielmehr ziemlich allgemein für Spiele der Natur ansah, mit denen sich diese gewissermaßen belustigt, und wobei sie versucht habe, die Formen und Umrisse lebender Wesen im starren Gestein nachzubilden. Selbst noch zur Zeit des Mittelalters war man soweit von einer richtigen Erkenntniß der Wahrheit entfernt, daß man die hier und da gefundenen riesenhaften Knochen vorweltlicher Elefanten und Mastodonten für Ueberreste eines ehemaligen Riesengeschlechtes ansah, welches lange vor dem Menschen die Erde bewohnt und bevölkert habe.

1 *

Zwar erkannten, wie dieses ja zu allen Zeiten zu geschehen pflegt, einzelne Tieferblickende und ihrem Zeitalter Vorangeeilte die Wahrheit schon sehr frühe, so unter Andern der griechische Philosoph Xenophanes von Kolophon, der erbitterte Feind der griechischen Götter und Begründer der sog. eleatischen Philosophie, welcher schon vor 2400 Jahren die versteinerten Ueberreste als das erkannte, was sie wirklich sind, d. h. als Ueberreste vormals lebender Geschöpfe. Er erklärte die versteinerten Thiere und Pflanzen für vormals lebende Wesen und schloß sehr richtig aus den Seemuscheln, welche man auf Bergen findet, sowie aus den Abdrücken der Gestalten von Fischen und Robben auf Steinen, welche in den Steinbrüchen von Smyrna, Paros und Syrakus gefunden worden waren, daß die Erde ehedem an diesen Stellen mit Wasser bedeckt gewesen sei!

Aber solche vereinzelte Geistesblitze führten nicht zur Erkenntniß der Wahrheit, da der eigentliche Schlüssel des Räthsels nicht gefunden war, und da die positiven Kenntnisse zu dürftig waren, um einer wahrheitsgemäßen Anschauung als Basis oder Grundlage dienen zu können. Erst nach und nach und sehr allmälig bahnten sich die Wege einer richtigeren Erkenntniß, und eigentlich erst in einer verhältnißmäßig sehr neuen Zeit oder zu Ende des vorigen und zu Anfang dieses Jahrhunderts wurde durch den berühmten Naturforscher Cuvier der Grund zu der jetzt so bedeutsamen Wissenschaft der Paläontologie

oder Vorwesenkunde gelegt. Es ist daher leicht vorzustellen, wie jung und unvollkommen diese Wissenschaft
noch sein muß, und was noch Alles von ihr zu erwarten
ist. Beweis dafür mögen die Worte des berühmten Na-
turforschers Agassiz sein:

„Welchen Aufwand von Arbeit und Geduld es ge-
kostet hat, um das Factum festzustellen, daß die Fossilien
oder Versteinerungen wirklich die Ueberreste von Thieren
und Pflanzen sind, welche einst auf der Erde gelebt
haben, wissen nur diejenigen zu ermessen, welche mit der
Geschichte der Wissenschaft vertraut sind. Dann war zu
beweisen, daß sie nicht die Trümmer der Mosaischen
Sündfluth sind, welches eine Zeitlang selbst unter Männern der Wissenschaft die herrschende Meinung war.
Nachdem Cuvier außer Frage gestellt hatte, daß sie die
Ueberreste von Thieren sind, welche nicht mehr lebend
auf der Erde angetroffen werden, gewann die Paläontologie erst eine feste Basis. Und selbst jetzt, wie viele
wichtige Fragen harren noch einer Antwort!"

An der Beantwortung dieser von Agassiz erwähnten
Fragen arbeitet die heutige Wissenschaft rüstig und wird
dabei in unserer Zeit auf eine früher nicht gekannte und
auch nicht geahnte Weise unterstützt durch die zahlreichen
Funde, welche bei der Anlage von Eisenbahnen und
Tunnels, in Steinbrüchen, bei Weg- und Städtebauten,
bei Brunnengrabungen, bei Erforschungen fremder Länder
u. s. w. gemacht werden, während man in früheren Zeiten viel seltener Gelegenheit zu solchen Funden hatte

und, wenn man sie dennoch machte, dieselben aus Mangel einer richtigen Erkenntniß entweder gar nicht beachtete oder höchstens als sog. Curiosa betrachtete.

Uebrigens, verehrte Anwesende, wäre es ein großer Irrthum, wenn Sie glauben wollten, daß alle Vorwesen oder auch nur die Mehrzahl derselben erhalten und auf uns gekommen seien. Im Gegentheil ist dieses nur mit einem äußerst geringen Bruchtheil derselben der Fall, welcher zu seiner Erhaltung jedesmal besonders günstiger Umstände bedurfte. Die ungeheure Mehrzahl jener Lebewesen ist durch die umgebenden Medien total vernichtet worden, während ein anderer sehr großer Theil derselben durch seine Natur überhaupt unfähig zur Erhaltung war, so die ganze große Klasse der sog. Weichthiere. Das Nämliche gilt von den sog. Weichtheilen der übrigen Thiere; und nur sehr ausnahmsweise begegnet man versteinerten Abdrücken solcher weichen Theile oder Thiere. Es sind daher meist nur Muscheln oder Kalkschalen, ferner Knochen, Knochentheile, Haare, Federn, Zähne, Fußspuren, versteinerte Kothüberreste u. dgl., welche als Ueberreste der Vorwelt auf uns gekommen sind, und aus denen man auf die Gestalt und Lebensweise jener Vorwesen schließen muß. Selten findet man ganze und wohlerhaltene Skelete oder Knochengerüste der Vorzeit, noch seltener und nur unter ganz besonderen Umständen ganze Thiere mit allem Zubehör. Das auffallendste Beispiel dieser letzten Art bilden die sibirischen Mammuthe oder vorweltlichen

Elefanten, welche überhaupt zu den interessantesten Thatsachen oder Entdeckungen der gesammten Paläontologie gehören. Es sind vollständige Thiere mit Haut, Haaren und Eingeweiden, in deren Magen man sogar noch die Ueberreste ihrer einstigen Mahlzeiten gefunden haben will, und deren Fleisch zum Theil so gut erhalten war, daß es zur Nahrung dienen konnte, obgleich viele Jahrtausende seit ihrem Verenden verflossen sein müssen. Die Erhaltung dieser Thiere geschah durch die Einwirkung des sie rings umgebenden Eises oder gefrornen Bodens, in dem sie einst, da er noch weich und schlammig war, versunken und umgekommen waren. Wie wenig der einfache und von der Wissenschaft nicht belehrte Menschenverstand diese merkwürdige Erscheinung zu begreifen vermag, zeigt der Glaube der sibirischen Nomaden-Völker, welche der Meinung sind, daß jene Thiere ungeheuere, unterirdisch lebende Wühlratten seien, welche sich unter der Erde fortwühlten, und deren Leben erst erlösche, sobald sie von dem Lichte des Tages oder der Oberwelt erreicht würden. Demselben Glauben huldigen die Chinesen Nordasiens, welche zugleich diese Thiere und ihre unterirdischen Bewegungen für Ursache der Erdbeben halten.

Wenn somit unsere Kenntniß der Vorwesen schon dadurch sehr beschränkt ist, daß nur ein äußerst geringer Theil derselben, und obendrein (mit seltenen Ausnahmen) nur in theilweisem Zustande, erhalten geblieben ist, so wird diese Beschränkung dadurch noch viel größer, daß

wir von der verhältnißmäßig so kleinen Anzahl der wirk=
lich erhaltenen wiederum nur den allerkleinsten Theil
und zwar oft nur im mangelhaftesten Zustande kennen.
Bedenken Sie, daß zwei Drittel oder drei Fünftel der
gesammten Erdoberfläche unter dem Meere begraben
liegen und daher unserer Untersuchung und paläontologi=
schen Forschung gänzlich unzugänglich sind, und daß von
dem übrigen Drittel ein großer Theil von hohen Ge=
birgsmassen bedeckt oder durch natürliche Hindernisse
unserer wissenschaftlichen Untersuchung verschlossen ist. So
sind die großen Continente oder Festländer von Asien,
Afrika, Amerika und Australien in ihrem Innern
fast so gut wie unbekannt bezüglich ihrer paläontologi=
schen Einschlüsse. Die weitaus meisten Entdeckungen
rühren aus unserm eigenen, kleinen Welttheil Europa
her und sind zumeist durch Zufall auf die schon beschrie=
bene Weise gemacht worden. Gewiß wird man daher
Darwin vollkommen Recht geben müssen, wenn er
sagt: „Unsre großartigsten paläontologischen Sammlun=
gen sind nur armselige Schaustellungen gegen die Wirk=
lichkeit und betreffen gewöhnlich nur einen sehr kleinen
und dazu noch sehr unvollständig durchforschten Theil der
Erdoberfläche." Aus dem verhältnißmäßig dennoch so gro=
ßen Reichthum dieser Sammlungen mögen Sie daher einen
Schluß auf die ungeheure Menge der Lebewesen ziehen,
welche zu allen Zeiten unsere Erde bevölkert haben müssen.*)

---

*) Der bekannte Naturforscher Moriz Wagner (Neue Bei=

Dennoch und trotz aller dieser Mängel, verehrte An=
wesende, reichte die geringe Kenntniß, welche man durch
die gemachten Funde von den Vorwesen erlangen konnte,
hin, um uns erkennen zu lassen, daß die verschiede=
nen Erdschichten und Erdbildungen, deren man eine
große Anzahl kennt, auch verschiedene organische Ein=
schlüsse enthalten, d. h. daß zu den verschiedenen Zeit=
abschnitten in der Geschichte der Erde, welche jene Bil=
dungen repräsentiren, auch eine verschiedene Lebewelt
von Pflanzen und Thieren existirt haben muß, und daß

träge zu der Streitfrage des Darwinismus) ist der auf zahlreiche
offenkundige Thatsachen gestützten Meinung, daß das Zahlenver=
hältniß der in erkennbaren Bruchstücken erhaltenen vorweltlichen
Arten höherer Wirbelthiere im Vergleich mit den spurlos ver=
schwundenen Arten sicher noch viel ungünstiger ist, als etwa von
Eins zu Zehntausend. So kennen wir aus der langen Periode
der Wealden=Formation und aus der Kreide keine Reste von Säuge=
thieren, obgleich nicht zu bezweifeln ist, daß deren in großer Menge
vorhanden sein mußten. Im bunten Sandstein finden wir zahl=
reiche Fährten von riesigen Vögeln, und dennoch ist weder in ihm,
noch in den darüber liegenden Ablagerungen (Muschelkalk, Keuper,
Lias) auch nur das geringste Bruchstück eines Vogels gefunden
worden! Während der Tertiär=Zeit haben sich die Formen der
Säugethiere allmälig in großartigster Weise entwickelt, und doch
haben sich von ihnen nur an einzelnen, besonders begünstigten
Lokalitäten dürftige Ueberreste erhalten. Sogar aus historischer Zeit
kennt man die Beispiele der jetzt völlig ausgestorbenen Steller'schen
Seekuh, sowie des durch seine Eigenschaften als Uebergangsform
höchst merkwürdigen Vogel's Dronte oder Dudu, welche beiden
Thiere ehemals an bekannten Lokalitäten in ungeheurer Menge
lebten und jetzt so vollständig vernichtet sind, daß einige spärliche
Bruchstücke davon als große Seltenheiten in den Museen aufbe=
wahrt werden.

diese Organismen von unsern heute lebenden um so verschiedener und abweichender sind, je weiter wir in der Vergangenheit der Erde rückwärts blicken. Dieses Verhältniß war so deutlich, daß manche organische Einschlüsse geradezu als charakteristisch für gewisse Bodenbildungen erschienen und man daher keinen Anstand nahm, diese letzteren selbst nach diesen Einschlüssen zu bestimmen, d. h. ihnen bestimmte Stellen im geologischen System anzuweisen. Namentlich geschah dieses bei den sog. Muscheln oder Kalkgehäusen vorweltlicher Weichthiere, welche sich ihrer steinigen Beschaffenheit wegen besonders gut in fossilem Zustande zu erhalten pflegen und daher gewöhnlich in großer Menge angetroffen werden. Lange Zeit dienten diese sog. Leitmuscheln als erstes und Haupt=Erkennungszeichen der einzelnen Bodenbildungen, und dieses wichtige Unterscheidungsmerkmal gilt auch heute noch, obgleich inzwischen viele Funde gemacht worden sind, welche die früheren Aufstellungen erschüttern.

Diese Erkenntniß nun gab, im Vereine mit falschgedeuteten geologischen Thatsachen, Anlaß zur Entstehung der berühmten Theorie der geologischen Katastrophen und Revolutionen und der damit im nothwendigen Zusammenhang stehenden wiederholten Schöpfungs=Akte — eine Theorie, welche, hauptsächlich durch den berühmten Cuvier gestützt, sich bis vor Kurzem ziemlich allgemein herrschend in der Wissenschaft erhielt. Man stellte sich zufolge dieser Theorie vor, daß von

Zeit zu Zeit eine vollständige Umwandlung der Erdober=
fläche durch großartige Revolutionen mit Austilgung
und nachheriger Neuschaffung aller lebenden Wesen auf
derselben stattgefunden, und daß sich dieser Vorgang
in der gesammten Geschichte der Erde ungefähr 30 oder
40 oder 50mal wiederholt habe.

Allerdings standen dieser Theorie schon von vorn=
herein eine Anzahl von Thatsachen aus der Paläonto=
logie selbst entgegen, welche sich damit schwer oder gar
nicht vereinigen ließen — so namentlich der Umstand,
daß ein totales Aussterben aller Lebewesen in
der Geschichte der Erde nachweisbar niemals
stattfand. Denn nicht nur kennen wir sog. Dauer=
typen, d. h. Gestalten oder Arten lebender Wesen, welche
sich durch alle geologischen Zeiträume und Katastrophen
hindurch unverändert bis auf die Jetztwelt erhalten haben
(es gehören dahin namentlich die niedersten Meeresbe=
wohner), sondern wir beobachten auch ein allmäliges
Anwachsen und Wiederaussterben einzelner organischer
Geschlechter durch verschiedene geologische Zeiträume
hindurch, oder ein Hinüberreichen derselben Lebensformen
aus einer Erdbildung in die andere. Diese Beobachtungen
sind ganz unvereinbar mit der Annahme einer totalen
Ausrottung und Neuschöpfung. Auch widersprechen einer
solchen Anschauungsweise die Einheit des Grund=
plans in der organischen Natur und der innere Zu=
sammenhang aller Lebensformen. Denn nicht nur
finden wir viele gleiche, ähnliche oder verwandte Formen

in den verschiedenen Erdschichten, sondern wir beobachten
auch eine langsam aufsteigende Stufenfolge durch alle
Zeitalter hindurch und einen innigen Zusammenhang der
einzelnen Formen der Lebewelt an bestimmten Oertlich=
keiten sowohl untereinander, als auch der ausgestorbenen
mit den heute noch lebenden. Es fehlt also durchaus
nicht alle Verbindung zwischen den einzelnen Formenkrei=
sen, wie es nach jener Theorie nothgedrungen sein müßte.

Nichtsdestoweniger wurde dieselbe von bedeutenden
Männern der Wissenschaft lange Zeit aufrecht erhalten,
und sie hat selbst heutzutage noch Anhänger. Cuvier,
dessen Name am meisten mit jener Theorie verflochten ist
und der als der Erste durch seine Untersuchungen über
die vorweltlichen Knochen (Recherches sur les ossements
fossiles, 1821) die Kenntniß der vorweltlichen Reste in
System und Ordnung brachte, erkennt zwar in seinen
„Umwälzungen der Erdrinde" jene entgegenstehenden
Thatsachen ausdrücklich an und führt sie sogar des Nä=
heren auf, selbst in einem dem Darwin'schen ganz ver=
wandten Sinne. Aber er versäumt es dennoch, dieselben
mit seiner Theorie in Einklang zu bringen — wahrschein=
lich aus keinem andern Grunde, als weil es unmöglich
war. Aber man wird wenig Neigung verspüren, den
großen Mann deshalb streng zu beurtheilen, wenn man
vernimmt, daß selbst ein heute noch lebender und so
angesehener Naturforscher, wie Agassiz, sich nicht ent=
blödet, auf jenen Vorhalt zu antworten: „Der Schöpfer
konnte ja eine Art, die ihm einmal gefiel, noch einmal

erschaffen." Mit einer solchen Antwort ist natürlich der
Wissenschaft und dem gesunden Menschenverstand die
Thüre vor der Nase zugeschlagen. Ueberhaupt ist die
ganze Lehre von den geologischen Katastrophen oder Revolutionen nichts anderes als ein Eingeständniß oder eine
Umschreibung unserer Unwissenheit. Weil uns die Einsicht in die inneren und natürlichen Zusammenhänge
jener Vorgänge mangelt, helfen wir uns sogleich mit dem
bekannten deus ex machina oder mit der Appellation
an jene übernatürliche Einmischung, welche überall da
als vorhanden angenommen wird, wo natürliche Erklärungsgründe nicht mehr ausreichen. Dieser (sogar noch
von unsern „Philosophie-Professoren" zum Theil getheilte)
Standpunkt ist freilich kaum besser, als der Standpunkt
jener wilden und unwissenden Indianer, welche, als sie
den Weltentdecker Columbus an ihrer Küste aussteigen
sahen und nicht wissen konnten, woher er komme, sofort
keinen Zweifel darüber hegten, daß er vom Himmel her-
abgestiegen sei. Dennoch hielt sich jene Lehre so lange
Zeit und hat sich zum Theil bis auf den heutigen
Tag erhalten, weil man einmal nichts Besseres an ihre
Stelle zu setzen wußte, und weil zum Zweiten der Glaube
an die sog. Unveränderlichkeit der Art in den Ge-
müthern allzufest stand. Man glaubte, eine Art sei etwas für alle Zeiten Feststehendes, Unveränderliches und
hielt daher alle Arten für neuerschaffen. Erst durch
Darwin und durch die neuesten Forschungen ist dieser
Glaube derart erschüttert worden, daß er dem Voran-

schreiten der Wissenschaft nicht mehr hindernd im Wege
steht.

Aber bereits lange vor Darwin wurde ein anderer,
der richtigen Erkenntniß ebenfalls im Wege stehender
Glaube von geologischer Seite her erschüttert und ge=
stürzt — der soeben geschilderte Glaube an die geolog=
ischen Katastrophen und Revolutionen nämlich. Das
Verdienst dieser großen Neuerung gebührt dem berühm=
ten englischen Geologen Sir Charles Lyell, welcher
in seinen „Grundzügen der Geologie" auf das Ueber=
zeugendste nachwies, daß jene Katastrophen niemals all=
gemeiner, sondern stets nur örtlicher Natur gewesen
sind; daß überhaupt niemals Umwälzungen über die
ganze Erdoberfläche auf einmal stattgefunden haben, son=
dern daß die vergangene Geschichte der Erde nur ein
stetiger, allmäliger Entwicklungsproceß ist, bedingt durch
dieselben Kräfte und Vorgänge, welche auch heute noch
und in der Gegenwart an der Gestaltung der Erdober=
fläche wirksam sind. Dieser Proceß, so fügte er hinzu,
geschieht jedoch in einer so langsamen, allmäligen und
unmerklichen Weise, daß wir während unserer kurzen
Erfahrung und Beobachtung die großen Resultate jener
allmäligen Wirkung nicht hinreichend wahrzunehmen
im Stande sind.

Diese richtige und naturgemäße Auslegung wurde
bald allgemein von den Geologen angenommen, und es
versteht sich eigentlich von selbst, daß dieses auch der Theo=
rie der wiederholten und mit den verschiedenen Erdbil=

dungsperioden zusammenfallenden Schöpfungsakte den
Todesstoß geben mußte, sowie daß die Geister durch jenen
Sturz der geologischen Doctrin auch auf eine Umwäl=
zung der bisherigen Meinungen über Entstehung und
Fortbildung der organischen Welt auf Erden vorbereitet
sein mußten. Hier entstand nun aber die große und
schwere Frage, was an deren Stelle zu setzen sei? —

Für die Entstehung der organischen Welt gab
oder gibt es überhaupt nur drei Möglichkeiten:

Die erste derselben ist die bereits geschilderte Theorie
der wiederholten Schöpfungsakte.

Die zweite Möglichkeit besteht in der successiven und
allmäligen Auseinanderentwicklung der organischen Welt
durch natürliche Ursachen.

Die dritte und letzte Möglichkeit ist die spontane,
d. h. freiwillige und unvermittelte Entstehung aller ein=
zelnen Arten, auch der höher organisirten, zu allen Zei=
ten, und zwar durch die bloße Concurrenz der Naturkräfte.

Sie werden, verehrte Anwesende, mit Leichtigkeit er=
rathen, welche von diesen drei Möglichkeiten nach dem
Sturze der Theorie der wiederholten Schöpfungsakte
allein übrig blieb. Denn was die dritte Möglichkeit
oder die spontane Entstehung aller, auch der höher or=
ganisirten Wesen zu allen Zeiten und aus der bloßen
Concurrenz der Naturkräfte angeht, so bedarf es nicht
einmal einer wissenschaftlichen Bildung, um einzusehen,
daß dies eine vollkommen unmögliche Annahme ist, welche
sich im Widerstreit mit Allem befindet, was wir über die

natürlichen Vorgänge in der organischen Welt wissen. Zwar will ich nicht vergessen, zu bemerken, daß diese Annahme dennoch von wissenschaftlicher Seite her auf= gestellt und vertheidigt worden ist, so namentlich von dem schon genannten berühmten englischen Geologen Lyell, welcher sich darüber ungefähr folgendermaßen ausge= drückt:

„Es sterben", sagt Lyell, „erfahrungsgemäß fort= während eine Menge von Wesen und organischen Arten aus, ohne daß die Welt leerer wird; woraus mit unumstößlicher Gewißheit folgt, daß durch irgend einen natürlichen Proceß neue Arten an die Stelle der aus= gestorbenen treten müssen. Wir selbst sehen diese Arten in Folge eines sehr natürlichen Irrthums als neu ent= deckte an, während sie in Wirklichkeit neu ent= standene sind."

Aber Jeder unter Ihnen, verehrte Anwesende, der nur einigermaßen mit naturwissenschaftlichen Begriffen vertraut ist, wird sofort empfinden, daß dies nur eine Ausflucht und keine haltbare Theorie ist. Man kann sich unmöglich vorstellen, daß plötzlich eine organische Art, die früher nicht da war, namentlich eine solche von hoher Organisation, wie allenfalls ein Löwe oder ein Pferd u. s. w., ohne weitere Vorbereitung und ohne daß wir etwas davon gewahren sollten, durch bloßes Zusammen= wirken der heute thätigen Naturkräfte sollte neu ent= stehen können.

Es mußte also, um hierüber irgend eine befriedigende

Erklärung geben zu können, nicht blos festgestellt werden, daß Arten neu entstehen, sondern es mußte auch eine irgend wie haltbare Vorstellung darüber beigebracht werden, auf welche Weise dieses geschehen könne, und zwar mußte eine solche Erklärung zusammenstimmen mit unsern heutigen Naturkenntnissen und mit den Vorstellungen, welche wir auf wissenschaftlichem Wege von dem Wirken der Naturkräfte gewonnen haben. Dieser wichtigen und schwierigen Forderung hat, wenigstens theilweise, der Mann genügt, von dem mein heutiger Vortrag handelt und der als einer der bedeutendsten jetzt lebenden Geister angesehen werden muß. Es ist

Charles Darwin,

englischer Naturforscher und bereits früher als solcher bekannt und geachtet in Folge der berühmten Weltumsegelung des englischen Schiffes Beagle in den Jahren 1832 — 1837. Darwin ist im Jahre 1809 geboren und lebt zur Zeit auf seinem Gute Down-Bromley in der Grafschaft Kent in England, einigermaßen zurückgezogen wegen nicht vollständig fester Gesundheit. Darwin hat, wie er uns selber erzählt, zwanzig Jahre seines Lebens einzig der Erforschung der vorliegenden wichtigen Frage gewidmet und ist schließlich zu dem großen Resultat gekommen, daß alle früheren wie jetzigen Organismen von höchstens einem halben Dutzend pflanzlicher und thierischer Grundformen oder, wenn man die Theorie bis auf ihre letzten Consequenzen ausdehnt, von einigen wenigen niedersten Urformen oder Urzellen abstammen, und daß sie in einer steten Umwandlung und Umbildung begriffen sind; sowie daß dieser ganze Vorgang auf einem feststehenden Naturgesetz beruht. Darwin's Buch ist ein Muster naturphilosophischer Behandlung, d. h. einer auf Empirie und Beobachtung gegründeten philosophischen Erklärung bestimmter Naturerscheinungen und ihrer inneren Zusammenhänge. Er verhehlt sich keine Schwierigkeit seiner Theorie und führt diese Schwierigkeiten selbst vor, um sie nach Kräften zu beseitigen. Dabei lernen wir eine Fülle der wichtigsten und interessantesten Thatsachen kennen, welche bald neu sind, bald unter neuen Gesichtspunkten betrachtet werden. Alles, was Darwin vorbringt, hängt eng mit den wichtigsten Fragen der Naturwissenschaft, namentlich aber mit der Physiologie, zusammen und muß daher nothwendig Jeden interessiren, der Interesse an den allgemeinen Fragen jener Wissenschaften nimmt. — Seit Lyell's Principles of geology oder „Grundzügen der Erdgeschichte" ist kein Buch erschienen, das eine so große und tiefgreifende Umgestaltung der gesammten naturhistorischen Wissenschaften erwarten läßt; denn es leistet dasselbe in der Organismenlehre, was Lyell's Buch in der Geologie geleistet hat, d. h. es verbannt aus der Wissenschaft das Ungewöhnliche, Plötzliche und Uebernatürliche und setzt an dessen Stelle das Princip allmäliger, naturgemäßer Entwicklung auf Grund bekannter und auch heute noch wirksamer Naturkräfte.

Aber ehe wir zur Betrachtung der Darwin'schen

Theorie selbst übergehen, ist es nöthig, einen kurzen Blick auf eine Reihe von Vorläufern Darwin's in der Wissenschaft zu werfen. Darwin selbst gibt im Vorworte seines Buches eine solche Geschichte seiner Vorgänger, die sehr interessant ist, weil sie zeigt, daß gleiche oder ähnliche Ideen schon lange im Schooße der Wissenschaft geschlummert haben, ohne daß sie sich aus Mangel hinreichender, thatsächlicher Begründung an das volle Tageslicht zu treten getraut hätten, oder ohne daß sie da, wo sie dieses dennoch wagten, eine ausreichende Unterstützung oder Anerkennung erringen konnten.

Der älteste und zugleich weitaus bedeutendste unter Darwin's Vorgängern ist der Franzose Lamarck, 1744—1829. Lamarck war nicht ein philosophischer Schwärmer oder Phantast, wofür man ihn bisher von Seiten des nicht wissenschaftlich unterrichteten Publikums ohne Grund gehalten hat, sondern einer der bedeutendsten und berühmtesten Naturforscher Frankreichs, welcher lange Zeit die Professur der Zoologie am Pariser Pflanzengarten bekleidete. Er studirte Anfangs Meteorologie und Medicin, später Botanik und Zoologie, und hat, auch abgesehen von seiner philosophischen Richtung, in diesen beiden Wissenschaften sehr Bedeutendes und Werthvolles geleistet. Sein Name schien bis vor Kurzem in Folge der von ihm aufgestellten Theorieen, mit denen er zu seiner Zeit völlig allein stand, dem Fluche der Lächerlichkeit verfallen, bis er seit Darwin wieder hervorgeholt und zu Ehren gebracht worden ist.

Bis auf Lamarck hatte man unverbrüchlich an dem
allgemeinen Glauben festgehalten, daß Arten total unver=
änderliche Wesenheiten und daß sie stets so geblieben
seien, wie sie einmal aus der Hand des Schöpfers her=
vorgegangen. Noch Linné, der große Botaniker des
vorigen Jahrhunderts, sagt ausdrücklich: Es gibt so viele
Arten, als überhaupt verschiedene Lebensformen von An=
fang an erschaffen wurden. Nur sehr wenige Gelehrte,
unter denen aber mehr Philosophen als Naturforscher
waren, hatten hin und wieder die Meinung geäußert,
daß die jetzigen oder heutigen Lebensformen durch all=
mälige Umbildung aus früher dagewesenen hervorge=
gangen sein möchten. Um so größer war das Verdienst
von Lamarck, der als ausgezeichneter Naturforscher und
Empiriker zugleich der Philosophie ihr Recht ließ und
als der Erste auf diesem Wege eine Theorie aufstellte,
die seinen Namen ungerechter Weise so lange Zeit zum
allgemeinen Gespött gemacht hat. Lamarck's Haupt=
werke in dieser Beziehung sind seine Philosophie zoolo=
gique oder „Philosophie der Thierlehre", erschienen 1809,
und seine Histoire des animaux sans vertêbres oder
„Geschichte der wirbellosen Thiere", erschienen 1815. Diese
beiden Werke enthalten die erste folgerichtige und durch=
gebildete Theorie der organischen Welt und sprechen be=
reits offen die jetzt so allgemein gewordene Ueberzeugung
aus, daß die Arten nicht unveränderlich sein können, und
daß eine allmälige Emporbildung und Auseinanderent=
wicklung der organischen Welt durch ungeheuere Zeit=

räume hindurch von ihren ersten Anfängen oder von der
Schleimzelle aufwärts bis zu ihrer heutigen Vollendung
stattgefunden habe.

Als Ursachen dieser Emporbildung macht Lamarck
folgende Umstände namhaft: Uebung, Gewohnheit, Be=
dürfniß, Lebensweise, Gebrauch oder Nichtgebrauch der
Organe oder einzelner Körpertheile, Kreuzung, Ein=
wirkung äußerer Lebensumstände u. s. w. — Alles unter
Mithülfe des wichtigen Moments der Vererbung. Auch
nimmt er ein Gesetz fortschreitender Entwicklung
an und statuirt für die niedersten Lebensformen die sog.
Generatio aequivoca oder Urzeugung, wie dieses auch
heutzutage noch von vielen Naturforschern angenommen
wird. Am meisten Gewicht scheint Lamarck auf Ge=
brauch und Nichtgebrauch der Organe, Gewohnheit und
Bedürfniß gelegt zu haben; wenigstens sprechen dafür
die von ihm bekannt gewordenen Beispiele. Es ist nöthig,
daß etwas näher auf die in obigem Sinne gegebenen
Erklärungen Lamarck's hier eingegangen werde wegen
seiner engen Verwandtschaft mit Darwin und weil man
oft beide — wenn auch ganz mit Unrecht — mit ihren
Erklärungen auf eine Linie gestellt hat. Lamarck's
Deutungen sind zum Theil willkürlich, falsch und ganz
unhaltbar, wenn sie auch den richtigen Weg andeuten,
auf welchem diese Erklärungen gefunden werden müssen
— während Darwin's Erläuterungen in ihrer allge=
meinen Richtigkeit gar nicht anzuzweifeln sind und es
sich nur fragt, ob sie wirklich das leisten, was sie leisten

sollen, d. h. ob sie zur Erklärung aller Erscheinungen, denen wir in der Geschichte der organischen Welt begegnen, ausreichen?

Lamarck nimmt also, indem er das Hauptgewicht auf Gewohnheit, Bedürfniß, Uebung und Lebensweise legt, eine allmälige Anpassung des Individuums an seine Umgebung, seine Bedürfnisse u. s. w. durch Selbstthätigkeit an, während sich nach Darwin in Wirklichkeit die Sache meistens gerade umgekehrt verhält und das organische Wesen mehr durch die äußern Umstände und deren Einwirkung willenlos umgeändert wird, als daß es sich selbst darnach umändert. Auch legt Lamarck nicht genug Werth auf den ungeheueren Einfluß der Zeit, welcher bekanntlich in Darwin's Theorie eine Hauptrolle spielt.

An einigen Beispielen aus Lamarck's Theorie mag das Gesagte deutlicher werden:

Der Maulwurf, so demonstrirt Lamarck, hat keine oder rudimentäre, d. h. verkümmerte Augen, weil er, der stets unter der Erde lebt, das Bedürfniß des Sehens oder des Lichtes nicht hat. In Verfolgung dieses Grundsatzes, so meint Lamarck, könnte man wohl ein Kind durch stetes Zubinden des einen Auges von Geburt an einäugig machen und durch Fortsetzung dieses Verfahrens während mehrerer Generationen nach und nach ein Geschlecht von Cyklopen oder Einäugigen erzeugen.

Das Geschlecht der Schlangen hat durch das Bedürfniß und die Gewohnheit des Kriechens und Hin-

durchschlüpfens nach und nach einen langen, glatten
Körper ohne Extremitäten oder Gliedmaßen bekommen.

Ebenso ist die eigenthümliche Gestalt des im Wasser
lebenden Mollusks oder Weichthieres mit seinen
verlängerten Fühlern oder Fangarmen die Folge seiner
Lebensweise und seines Strebens nach Ergreifung seiner
Beute.

Ebenso haben die Schwimmvögel, die Ente z. B.,
durch das Bedürfniß und die Gewohnheit des Schwim=
mens nach und nach Häute zwischen den Zehen erhalten.

Umgekehrt hat der Reiher durch seinen steten Auf=
enthalt am Wasser und durch das Bestreben, dem Hinein=
fallen zu entgehen, hohe, lange und starke Füße und
ferner einen langen Hals und Schnabel durch die Art
der Aufsuchung seiner Nahrung erhalten.

Der Grund, warum der Schwan einen so auffal=
lend langen, gebogenen Hals hat, liegt darin, daß er
stets bestrebt ist, mittelst desselben seine Nahrung auf
dem Grunde des Wassers zu suchen.

Umgekehrt rührt der lange Hals der Giraffe von
der Nothwendigkeit her, in welcher sie sich befindet, ihn
stets nach dem Laube hoher Bäume auszurecken.

Der Stier hat seine Hörner erhalten durch das
Bedürfniß und den Trieb des Stoßens, das Kängu=
ruh seine starken Hinterbeine und seinen langen, starken
Schwanz durch die ihm eigenthümliche Art, seine Jungen
in einem am Unterleib befestigten Beutel zu tragen.

Ebenso sind die langen Zungen der Spechte, Colibris

oder Ameisenfresser durch die Gewohnheit entstanden, ihre Nahrung aus engen, schmalen und tiefen Spalten oder Kanälen herauszuholen.

Diese wenigen Beispiele, welche ich beliebig vermehren könnte, mögen hinreichen, um Ihnen das Gezwungene und Unzulängliche einer solchen Erklärung zu zeigen, welche nur in einzelnen, untergeordneten Fällen und Beziehungen zulässig erscheint, aber gewiß nicht im Stande ist, die ganze großartige Erscheinung der Aufeinander= olge der Organismen=Welt verständlich zu machen. Uebrigens ist zu Gunsten Lamarck's nicht zu vergessen, daß auch er bereits großes Gewicht auf das so bedeutsame und von Darwin so sehr hervorgehobene und für seine Theorie benutzte Moment der Vererbung legt, nur mit dem Unterschiede, daß er noch nicht den richtigen Begriff von der Art hat, wie die Vererbung wirkt, und daher diese Wirkung im Einzelnen nicht nachzuweisen vermag, während Darwin die näheren Umstände des ganzen Vorgangs genau dargelegt hat. Nur im Allge= meinen behauptet Lamarck, daß durch die oben ge= nannten Einwirkungen und unter Mithülfe des Mo= ments der Vererbung sich nach und nach alle Organismen aus geringen Anfängen heraus entwickelt haben, nach Maßgabe ihrer Bedürfnisse und der äußeren Umstände.

Lamarck dehnt von seinem Standpunkte aus und im Sinne der Philosophie des 18. Jahrhunderts seine Theorie natürlich auch auf den Menschen aus und behauptet, daß die Wurzel des Menschengeschlechts eine menschenähnliche Affenart gewesen sei, aus welcher sich durch eine Reihe von Erwerbungen und Vererbungen das Menschengeschlecht nach und nach hervorgebildet habe.

Nur im Vorbeigehen mag an dieser Stelle bemerkt werden, daß die Lamarck'schen Anschauungen eine auffallende Aehnlichkeit mit den Ideeen eines deutschen Philosophen zeigen, welcher in den letzten Jahren viel von sich reden gemacht hat. A. Schopenhauer, welcher bekanntlich den philosophischen Versuch unternommen hat, den Willen zum Grundprincip aller Dinge zu erheben, behauptet fast mit denselben Worten, daß die Thiere ihre Organe durch Bedürfniß und Willen erhalten hätten, und daß alle Vorgänge im Leibe nichts weiter seien, als äußere Erscheinungen oder sog. Objecticationen des der Natur innewohnenden Willens. So habe der Stier seine Hörner erhalten durch den Willen und Trieb des Stoßens, der Hirsch seine schnellen Beine durch den Willen zum Laufen u. s. w.

Wenn wir nun im Obigen den Lamarck'schen Erklärungen entweder nicht oder nur in sehr bedingter Weise beipflichten können, so können und müssen wir es um so mehr nach dem heutigen Stande unserer Kenntnisse in einigen andern Punkten, in denen er bereits mit Darwin vollständig übereinstimmt, und an denen sich sein umsichtiger und seinem Zeitalter weit vorausgeeilter Geist auf das Glänzendste bewährt.

Der erste dieser Punkte ist die von ihm bereits mit aller Entschiedenheit ausgesprochene Verwerfung des

Begriffes der Art. Es gibt nach Lamarck in der
Natur keine Arten, sondern nur Individuen, welche
alle allmälig ineinander übergehen. Wir erkennen die
Veränderung unmittelbar nur deshalb nicht, weil wir
mit unserer Erfahrung einen im Vergleich zur Vorzeit
allzu kurzen Zeitraum übersehen — ein Argument, welches
auch bei Darwin eine Hauptrolle spielt.

Der zweite Punkt von Wichtigkeit ist die ebenfalls
bereits von Lamarck ausgesprochene Verwerfung der
von der Geologie seiner Zeit angenommenen allge=
meinen Katastrophen und Revolutionen. La=
marck erkennt im Gegensatz dazu nur örtliche Kata=
strophen an — eine für seine Zeit und für den dama=
ligen Zustand des Wissens in der That bewunderungs=
würdige Voraussicht des Geistes!*)

---

*) Lamarck's philosophische Richtung erstreckte sich übrigens
nicht blos auf die hier vorliegenden Fragen, sondern zog auch noch
andere, im Zusammenhang damit stehende, allgemeine Fragen in
den Kreis ihrer Betrachtung, um sie in ächt realistischem oder, wie
man sich jetzt auszudrücken liebt, materialistischem Sinne und zum
Theil bereits entsprechend dem gegenwärtigen Zustande des Wissens
zu beantworten. Zum Beweise dessen geben wir hier einige Haupt=
sätze aus seiner Philosophie des Thierreichs wieder. Sie lauten:

1) Die systematischen Eintheilungen in Klassen, Ordnungen,
Arten u. s. w. sind nur künstliche.

2) Die Arten haben sich allmälig gebildet, haben nur einen
relativen Bestand und sind nur innerhalb bestimmter Zeiträume
unveränderlich.

3) Die Verschiedenheit der äußeren Umstände beeinflußt den
Zustand der Organisation, die allgemeine Form und die einzelnen
Theile der Thiere

In Frankreich wagte es nur ein Mann von be=
deutendem wissenschaftlichem Ansehen, sich auf Lamarck's
Seite zu stellen; es war der berühmte Gelehrte Geof=
froy St. Hilaire, 1772—1844. Ein ausgezeichneter
Zoologe oder Thierkundiger, näherte er sich in seinen
philosophischen Ansichten der deutschen Schule der Natur=
philosophie. Schon im Jahre 1795 hegte er ähnliche
Vermuthungen, wie Lamarck, aber erst im Jahre 1828
wagte er es, sich in seinem Werk Sur le principe de
l'unité de la composition organique oder: „Ueber den
Grundsatz der Einheit in der organischen Natur" offen
zu der Ansicht von der allmäligen Veränderung der
Arten zu bekennen, wenn auch immer noch mit großer
Vorsicht.

Die Ursachen dieser Veränderung suchte er jedoch
zum Theil in ganz anderen Verhältnissen, als Lamarck,
und legte das Hauptgewicht auf die äußeren Momente
oder Umstände, namentlich aber auf die Atmosphäre

4) Die Natur hat die Thiere allmälig gebildet, indem sie mit
den niedersten Formen begann und mit den höchsten endete.

5) Pflanzen und Thiere unterscheiden sich nur durch die Reiz=
barkeit.

6) Das Leben ist nur eine physikalische Erscheinung.

7) Das Zellgewebe ist die allgemeine Mutter alles Organischen.

8) Es gibt keine besondere Lebenskraft.

9) Durch das Nervensystem bilden sich die Ideeen und alle Akte
der Intelligenz.

10) Der Wille ist nie wahrhaft frei.

11) Die Vernunft ist nichts weiter, als ein in der Verbindung
(nectitude) der Urtheile erlangter Entwicklungsgrad.

oder den Luftkreis und dessen Veränderungen und wech=
selnde Zustände in Bezug auf Wärme, Dichtigkeit, Ge=
halt an Wasser oder Kohlensäure u. s. w., welche die
Athmung und damit auch die Gestalt und Beschaffen=
heit der organischen Wesen wesentlich umändern sollten.
Außerdem nimmt Geoffroy St. Hilaire einen ge=
meinsamen Bauplan für alle Organismen an.

In Deutschland schrieben um jene Zeit in La=
marck's Richtung der große Dichter Goethe und der
berühmte Naturforscher und Naturphilosoph Oken.

Goethe, der mit seinen naturphilosophischen Ansichten
ganz auf der Seite Geoffroy's stand und sich in der
vergleichenden Anatomie durch die bedeutsame Entdeckung
des sog. Zwischenkieferknochens beim Menschen,
sowie durch seine Aufstellung über die Zusammensetzung
des knöchernen Schädels aus mehreren, eigenthümlich
metamorphosirten Wirbeln ausgezeichnet hat, hatte nach
Häckel schon in seiner 1790 erschienenen Metamor=
phose der Pflanzen die wichtigsten Grundsätze der
Descendenz= oder Abstammungstheorie mit voller Klarheit
und Bestimmtheit ausgesprochen, indem er die verschie=
denen Organtheile der Pflanze aus dem Blatt, als
dem Grundorgan ableitete. Auch später stellte er sich,
wie wir sogleich noch einmal zu erwähnen Gelegenheit
haben werden, ganz entschieden auf die Seite der von
Lamarck und Geoffroy vertheidigten Entwicklungs= oder
Abstammungstheorie.

Bedeutenderes Ansehen als Goethe genoß in der Ei=

genschaft als Naturforscher Lorenz Oken, 1779—1851.
Sein „Lehrbuch der Naturphilosophie" (1809—1811)
verfolgt einen dem Lamarck'schen ganz ähnlichen Ge=
dankengang. Oken sprach nicht blos die Grundzüge der
Transmutations= oder Verwandlungslehre, sondern auch
die der heute so wichtig gewordenen Zellenlehre deutlich
aus. Sein berühmter oder berüchtigter „Urschleim",
aus dem er alle Lebenserscheinungen in erster Linie
entstehen ließ, gleicht dem, was wir heute in ähnlichem
Sinne als „Plasma" oder „Protoplasma" oder auch
als „Sarkode" bezeichnen. Seine nicht weniger berühmt
gewordene Infusorien= oder Bläschen=Theorie
läßt die ganze organische Welt und so auch den Menschen
aus einer mehr oder minder verzweigten Zusammen=
setzung solcher Infusorien oder Urschleimbläschen all=
mälig entstehen und enthält also eine deutliche Vor=
ahnung der heutigen Zellentheorie. So wahr nun diese
beiden Grundgedanken der Zellen= und Entwicklungs=
theorie auch sind, so waren sie doch mit so viel mystischer
Zuthat und philosophischer Schwärmerei verbunden und
besaßen so wenig thatsächliche Begründung, daß ein
weiterer Erfolg für die Entwicklung der Wissenschaft
davon nicht erwartet werden konnte und auch nicht ein=
trat. Dabei brachte Oken seine Gedanken in einer so
dunkeln und orakelhaften Weise vor, daß auch dieses
der Verbreitung seiner Ansichten hindernd in den Weg
trat.

Ueberhaupt kam die sog. Naturphilosophie, deren

hauptsächlicher Vertreter Oken war, in den zwanziger
und dreißiger Jahren immer mehr in Mißkredit; und
dies mag mit dazu beigetragen haben, daß bei dem großen
und so berühmt gewordenen wissenschaftlichen Kampfe,
der am 22. Februar 1830 in der Pariser Akademie über
die ganze Frage, namentlich aber über die Veränder=
lichkeit der Art, zwischen Geoffroy St. Hilaire
einerseits und Cuvier andererseits und deren beider=
seitigen Anhängern ausbrach, die erstere oder philoso=
phische Schule vollständig unterlag und ihren Gegnern
das Feld überlassen mußte. Es war ein Sieg des Posi=
tivismus, der nüchternen, verstandesmäßigen Anschauung
und Auslegung des Gegebenen über die philosophische,
von höheren und einheitlichen Gesichtspunkten getragene
Naturbetrachtung, und als solcher vielleicht damals ganz
gerechtfertigt, weil die Zahl der Thatsachen, welche der
philosophischen Richtung zu Gebote stand, noch zu gering
und ihre Auslegung nicht die richtige war. Alle sehr
wohl berechtigten Ahnungen Geoffroy's wurden von seinen
Gegnern als aprioristische Speculationen zurückgewiesen,
während sie sich selbst blos auf den Boden des Thatsäch=
lichen, der Empirie und der Beobachtung stellten und so
für den Augenblick den Sieg davontrugen. Man erklärte
geradezu den Ursprung der Arten für transcendent und
außerhalb des Bereichs der Naturwissenschaften liegend.

Dieser Kampf machte damals das größte Aufsehen
in ganz Europa. Goethe, der, wie bereits erwähnt,
ganz auf der Seite Geoffroy's und der philosophischen

Richtung stand, hat eine eigene, sehr lesenswerthe Ab=
handlung darüber geschrieben, welche er wenige Tage
vor seinem Tode (1832) vollendete, und in welcher er
nicht allein eine treffliche Charakteristik von Cuvier und
Geoffroy St. Hilaire, sondern auch eine ausgezeichnete
Darstellung der beiden von ihnen vertretenen Richtungen
oder Denkweisen gibt. Der Sieg der Empiristen oder der
Gegner der philosophischen Anschauung war so entschie=
den, daß in den nun folgenden dreißig Jahren, also von
1830 bis 1860, von Naturphilosophie gar keine Rede
mehr war und mit deren Mängeln und Fehlern auch
ihre guten Seiten und ihre Verdienste vergessen wurden.
Man gewöhnte sich leider, wie Häckel sagt, an die Vor=
stellung, daß Naturwissenschaft und Philosophie in einem
unversöhnlichen Gegensatze zueinander ständen; und der
Streit schien so vollständig entschieden, daß selbst ein
Mann, wie Lyell, der große geologische Reformator, der
doch gewiß von seinem Standpunkte aus am wenigsten
Ursache gehabt hätte, dagegen aufzutreten, Partei gegen
die Lamarck'schen Ansichten nahm und sich, wie er selbst
in seinem „Alter des Menschengeschlechts“ (Seite 321)
erzählt, in seinen „Grundzügen der Geologie“ im Jahre
1832 entschieden gegen Lamarck erklärte, während er jetzt
ebendaselbst wieder weitläufig auf Lamarck zurückkommt
und ihm förmlich Abbitte leistet. „Alles“, so sagt er,
„was Lamarck damals in Bezug auf die Umwandlung
der Arten vorhersagte, ist eingetroffen.“ — „Je mehr
neue Formen wir kennen lernen, um so weniger sind wir

im Stande, zu sagen, was eine Art ist"; die Begriffe verschwimmen ineinander durch zahllose Uebergänge.

Merkwürdiger Weise sollte es trotz dieses Widerspruchs derselbe Lyell sein, welcher, wie schon angedeutet wurde, durch seine Reformation der Geologie und durch seine Verbannung der geologischen Katastrophen und Revolutionen der alten Theorie von der Beständigkeit der Arten den eigentlichen Todesstoß versetzte.

Denn nachdem hierdurch die Theorie der scharf getrennten Zeitabschnitte in der Geschichte der Erde und der damit zusammenhängenden Schöpfungsakte gestürzt war, und nachdem in Einklang hiermit der Engländer Forbes den großen Einfluß der Boden- und Clima-Aenderungen auf die Organismen nachgewiesen hatte, mußten nothwendig trotz aller Abneigung von Seiten der eigentlichen Naturforscher und Spezialisten die Ideeen von Lamarck und Geoffroy wieder in Aufnahme kommen; denn ein für die Ausbildung der Erdrinde angenommener Vorgang mußte sich auch auf die dieselbe bevölkernde Lebewelt erstrecken, und die sog. Continuität des einen Vorgangs zog nothwendig auch die des andern nach sich.

Daher tauchten allmälig alle jene Ideeen, wenn auch mehr verstohlen oder vereinzelt, wieder auf, und Darwin ist im Stande, uns in seinem Vorwort eine ganze Reihe wissenschaftlicher Namen aufzuführen, die sich seit jener Zeit in seinem Sinne ausgesprochen haben, darunter sogar — ein Umstand, der für England mehr besagen will, als für Deutschland — die Namen einiger angesehenen englischen Theologen.

Alle diese Anführungen zeigen, daß die Idee von dem innern, gesetzmäßigen Zusammenhang aller Lebens= formen und von ihrer allmäligen Auseinanderentwick= lung eine zu lebenskräftige war, als daß sie hätte zu Grunde gehen können, und daß sie daher in vielen philo= sophischen Geistern fort und fort in der Stille wirksam war, bis die Zeit kam, in welcher der Gedanke positiv ausgesprochen und mit hinreichenden, thatsächlichen Gründen gestützt werden konnte.

So erklärte 1837 der Dechant W. Herbert, daß Pflanzenarten nur eine erhöhte Stufe von Varietäten oder Spielarten seien, und dehnte dieses auch auf die Thiere aus.

1844 erschien in England das berühmte Buch: Vestiges of creation oder „Fußstapfen der Schöpfung“, welches eine lange Reihe von Auflagen erlebte, und dessen unbekannter Verfasser zwei Momente für die Um= änderung der Lebewesen aufstellt: 1) Aeußere Lebensbe= dingungen; 2) Innere, sprungweise erfolgende Vervoll= kommnung der Organisation. Er folgert zugleich aus allgemeinen Gründen, daß Arten keine unveränderlichen Produkte sein könnten. Die zehnte Auflage dieses Buches erschien 1853.

Im Jahre 1846 sprach sich ein angesehener belgischer Gelehrter, d'Omalius d'Halloy (ein Veteran unter den Geologen), in einem Aufsatz im Bulletin de l'Aca-

démie royale de Bruxelles dahin aus, es sei wahrschein=
licher, daß neue Arten durch Descendenz (Abstammung)
entstehen, als durch Einzelschöpfungen; er habe diese Idee
zuerst im Jahre 1831 aufgestellt.

1852—58 stellte ein bedeutender englischer Gelehrter,
Herbert Spencer, die Begriffe von Schöpfung
und Entwicklung einander gegenüber und folgerte aus
verschiedenen, empirischen Gründen, sowie aus der allge=
meinen Stufenfolge in der Natur, daß die Arten abge=
ändert worden sein müßten, und zwar durch den Wech=
sel der Umstände.

1852 erklärte Naudin, ein ausgezeichneter franzö=
sischer Botaniker, daß nach seiner Ansicht von der Natur
Arten ganz in derselben Weise gebildet werden, wie
Varietäten oder Spielarten von der Kunst.

1853 machte Graf Kayserling den Versuch, die
Entstehung neuer Arten aus einer Art Seuche oder
Miasma zu erklären, welches zeitweise über die Erde
sich verbreite und derart auf die vorhandenen Keime
wirke, daß neue Arten aus ihnen entständen. So unsin=
nig auch diese Idee an sich ist, so ist sie doch interessant
als Versuch einer natürlichen Erklärung.

Zwei Jahre später (1855) hat, wie uns Darwin
erzählt, der hochwürdige Baden=Powell in seinen
Essays on the unity of worlds (Abhandlungen über die
Einheit der Welten) die „Philosophie der Schöpfung" in
bewundernswerther Weise behandelt und auf die triftigste
Weise gezeigt, daß die Einführung neuer Arten in die

Schöpfung nicht ein Wunder, sondern eine regelmäßige
Naturerscheinung sein müsse.

Fast gleichzeitig mit Darwin, im Jahre 1859, er=
klärten sich zwei bedeutende englische Gelehrte, die Pro=
fessoren Huxley und Hooker, öffentlich in einer den
Darwin'schen Ideeen sehr nahe kommenden Weise.

Huxley, vergleichender Anatom und seitdem sehr
bekannt geworden durch sein unvergleichliches Buch über
die Stellung des Menschen in der Natur (deutsch
bei Vieweg 1863), hielt in der Royal Institution in
London einen Vortrag, in welchem er erklärte, daß die
Annahme besonderer, fortgesetzter Schöpfungsakte wider=
spreche:

1) den Thatsachen;

. 2) der Bibel;

3) der allgemeinen Analogie in der Natur;
und in welchem er ausführte, daß die Hypothese, wonach
die vorhandenen Lebewesen aus Abänderungen früher
vorhandener hervorgegangen, die einzige sei, der die
Physiologie einigen Halt verleihe.

Fast unmittelbar nach Darwin's Buch erschien Dr.
Hooker's, des ausgezeichneten Botanikers, bewunde=
rungswürdige „Einleitung in die Tasmanische Flora“,
worin in Bezug auf die Pflanzenwelt gezeigt wird, daß
die Entstehung der Arten nur durch Abkommenschaft
und Abänderung von früher vorhandenen zu erklären
ist. Hooker hat viele gemeinsame Gedanken mit Dar=
win, so namentlich den, daß auch er die Natur als ein

3*

Schlachtfeld betrachtet, wo im allgemeinen Kampfe um
das Dasein stets das Stärkere das Schwächere mordet,
und wo Spielarten, welche mehr kampf- und lebensfähig
sind, als andere, sich nach und nach als Arten befestigen.
Die Arten selbst als gesonderte Einheiten entstehen nach
Hooker erst nach und nach durch das Aussterben der
Zwischenglieder. Er gibt viele interessante Einzelheiten,
auf die wir später zum Theil noch zurückkommen werden.
Hooker leistet für die Botanik ungefähr dasselbe, was
Darwin für die Zoologie geleistet hat, und erklärt
schließlich bezüglich der sog. Fortschritts-Doctrin,
daß sie die tiefste von allen sei, welche je naturhistorische
Schulen in Aufregung versetzt haben.

Aber nicht blos die allgemeine Grundidee der Darwin'schen Lehre, sondern sogar einzelne Bestandtheile
derselben finden wir schon lange vor ihm mit aller Deut-
lichkeit in vereinzelten Kundgebungen ausgesprochen. So
sprach bereits im Jahre 1813 ein Dr. Wells in einem
Aufsatz, den er über eine weiße Frau mit dunkeln Haut-
flecken vor der Königlichen Gesellschaft in London vorlas,
den Gedanken der natürlichen Zuchtwahl deutlich
aus, indem er bemerkte, daß die Natur bei der Bildung
der Menschenrassen sich derselben Mittel bediene, wie der
Landwirth bei der Züchtung von Hausthierrassen. Dunkle
Menschen, so sagt er, haben eine größere Widerstandskraft gegen Seuchen, als hellgefärbte, woraus folgt, daß
eine verhältnißmäßig stärkere Vermehrung derselben in
den Tropen der heißen Zonen so lange stattfinden

mußte, bis es schließlich zu einer ausschließlichen Herr=
schaft der schwarzen Raſſe daſelbſt kam.

Auch der Kampf um das Daſein fand ſchon im
Jahre 1820 an dem berühmten Botaniker A. P. De=
candolle einen Vertheidiger, indem derſelbe ſagt, daß
alle Gewächſe eines Landes oder Ortes ſich unterein=
ander in einer Art von Kriegszuſtand oder ſteten Mit=
bewerbung befinden, und indem er die aus dieſem Ge=
danken entſpringenden Conſequenzen zieht.

Es fehlte dieſen ſo ausgeſprochenen Gedanken nur
die Verallgemeinerung und die weitere Anwendung auf
die Geſchichte der Organismenwelt, welche ihnen Dar=
win gegeben hat, um ihm den Rang abzulaufen.

Der Geſchichte vorgreifend wäre hier noch zu erwäh=
nen, daß ſich ſeit Erſcheinen der Darwin'ſchen Schrift die
bedeutendſten Gelehrten Englands und Deutſchlands für
Darwin und ſeine Theorie erklärt haben, ſo außer den
ſchon genannten Huxley und Hooker auch Wallace,
Lyell, Owen u. A. Daß dieſelbe großes Aufſehen er=
regen mußte, verſteht ſich von ſelbſt. Im Jahre 1860
ergriff in der Verſammlung brittiſcher Naturforſcher in
Oxford der Biſchof von Oxford das Wort gegen Dar=
win's Lehre, welche er als irreligiös bezeichnete,
wurde aber von den anweſenden Gelehrten ſcharf zurecht=
gewieſen.*) Faſt Alle erklärten ſich entweder für Dar=

---

*) Huxley ſoll ihm u. A. Folgendes geſagt haben: „Wenn ich
meine Vorfahren zu wählen hätte zwiſchen einem Affen, welcher
der Vervollkommnung fähig iſt, und einem Menſchen, welcher ſeinen

win oder doch wenigstens für die Freiheit der Forschung in seinem Sinne. — In Deutschland und Frankreich erregte die Lehre anfangs viel Widerspruch, der
sich aber nach und nach immer mehr sänftigte. Jetzt
stehen die meisten deutschen und französischen Gelehrten,
namentlich die der jüngeren Schule, entweder geradezu
auf der Seite von Darwin oder doch auf der Seite
der von ihm zuerst wieder mit Erfolg angeregten Trans-
mutations- oder Umwandlungs-Lehre.**) Der Haupt-
einwand, den man sofort von allen Seiten im empirist-
ischen Sinne gegen Darwin erhob, war, daß seine Theorie eine Hypothese sei, die sich nicht beweisen
lasse. Man bedachte dabei nicht, daß die ihm entgegen-
stehende Annahme einer ein- oder mehrmaligen Schöpfung
eine noch viel unbeweisbarere Hypothese ist oder vielmehr
eine solche, von der sich beweisen läßt, daß sie falsch sein
muß, da ihr alle Thatsachen widersprechen; während bei
Darwin das Gegentheil der Fall ist und durch seine

Verstand dazu gebraucht, um sich der Erkenntniß der Wahrheit
entgegenzustemmen, so würde ich — den Affen vorziehen." Siehe
G. Pennetier: Ueber die Veränderlichkeit der organischen Formen,
Paris 1866.

**) Das bedeutendste, über Darwin und seine Lehre erschie-
nene Buch ist ohne Zweifel: „Häckel: Generelle Morphologie der
Organismen", Berlin 1866, 2 Bände — welches die Lehre in vielen Stücken, namentlich bezüglich der ersten Entstehung der Organismen, selbstständig weiter bildet, und aus welchem wir verschiedene Citate entlehnt haben. — Auch in populärer Weise hat
Häckel seinen Ansichten Ausdruck gegeben in seiner, bereits in zwei Auflagen erschienenen „Natürlichen Schöpfungsgeschichte" (Berlin 1870.)

Theorie eine Menge von Naturerscheinungen erklärbar werden, die früher ganz unbegreiflich erschienen waren. Daß namentlich eine einmalige Schöpfung zu den Unmöglichkeiten gehört, wird schon bewiesen durch die sog. Schmarotzer-Pflanzen und Schmarotzer-Thiere, welche ihre Existenz nur durch Beraubung anderer, vor ihnen dagewesener Organismen fristen, sowie durch den Umstand, daß es Pflanzen gibt, welche nur im Schatten anderer gedeihen.

Uebrigens verdient die Darwin'sche Hypothese viel weniger den Namen einer Hypothese, als vielmehr den einer Erklärung oder Entdeckung. Mehr soll hier nicht zur Entkräftung jenes Einwandes gesagt werden, da wir noch einmal bei Gelegenheit der Kritik über Darwin Anlaß haben werden, darauf zurückzukommen.

Ehe ich übrigens den geschichtlichen Theil verlasse, darf ich wohl, ohne der Bescheidenheit zu nahe zu treten, mich selbst als einen derjenigen nennen, welche lange vor Darwin den Grundgedanken der Verwandlungstheorie mit aller Bestimmtheit ausgesprochen haben. Denn bereits in der 1855 erschienenen ersten Auflage meiner Schrift „Kraft und Stoff" habe ich in dem Kapitel „Urzeugung" die Entstehung neuer Arten mit der größten Entschiedenheit als einen natürlichen, durch Abstammung und Umwandlung vermittelten Proceß hingestellt und als Hauptursachen dieser Umwandlung theils den Einfluß der wechselnden Zustände der Erdoberfläche, theils eine allmälige Umänderung der Keime hingestellt. Da ich um jene Zeit natürlich außer Stande war, einen genaueren Nachweis über die Wirkung jener Ursachen oder Agentien im Einzelnen, sowie über die speziellen Zusammenhänge jener Umwandlung zu geben, so verwies ich zur Bestätigung meiner mehr aus allgemeinen Gesichtspunkten geschöpften Ansichten auf spätere Forschungen — ein Hinweis, welcher kaum fünf Jahre später durch das Erscheinen von Darwin's Werk und durch die allgemeine Wiederaufnahme der Umwandlungstheorie eine glänzende Bestätigung erhalten hat.

Sie ersehen, verehrte Anwesende, aus allen diesen Mittheilungen, daß die Darwin'sche Theorie nicht, wie man vielleicht denken könnte, vollkommen unvorbereitet in der Welt erschien, sondern daß in den drei großen Culturländern England, Frankreich und Deutschland, namentlich aber in England, die Geister genügend auf dieselbe vorbereitet waren. Jeder philosophisch Denkende fühlte deutlich die Unmöglichkeit und Unhaltbarkeit der alten Theorie, und es fehlte nur an einem Etwas, das sie ersetzen konnte. Dieses Etwas wurde geliefert durch die

Theorie von Darwin

selbst, welche den Hauptgegenstand meines heutigen Vortrags bildet. Die Theorie ist an sich unendlich einfach, so einfach, daß ich sie Ihnen trotz des an sich verwickelten Gegenstandes mit verhältnißmäßig wenigen Worten deutlich zu machen hoffe. Wir erstaunen uns dabei nur, wie die Natur mit verhältnißmäßig so geringen und unscheinbaren Mitteln so Großes zu leisten im Stande war — allerdings nur durch eine langsame und allmälige Cumulation oder Aufeinanderhäufung ihrer Wirkungen innerhalb ungeheuerer geologischer Zeiträume. So bringt uns die Theorie das alte Sprüchwort in das Gedächtniß: Simplex veri sigillum, oder: Einfachheit ist das Kennzeichen der Wahrheit. Fast alle großen Entdeckungen, Erfindungen oder Wahrheiten tragen dieses Kennzeichen der Einfachheit und leichten Begreiflichkeit an der Stirn; und das hervorstechendste Gefühl, welches sie in uns nach ihrem Bekanntwerden zu erregen pflegen, ist das Gefühl des Erstauntseins darüber, daß man die Entdeckung nicht früher gemacht oder die Wahrheit nicht früher gefunden hat.

Schon der Titel des Darwin'schen Buches enthält die ganze Theorie gewissermaßen in nuce oder eng beisammen; er heißt:

„Entstehung der Arten durch natürliche Auswahl oder Erhaltung der vervollkommneten Rassen im Kampfe ums Dasein." Ich habe das englische Wort „selection" absichtlich nicht, wie der Uebersetzer Darwin's, Professor Bronn, mit dem deutschen Worte „Züchtung", sondern ganz wörtlich mit „Auswahl" übersetzt, da dieses Wort ebenso gut ist, als das englische selection und den Gedanken des Verfassers getreuer und präciser wiedergibt, während das Wort

„Züchtung" eine Anzahl von zur Sache nicht gehörigen Nebenbegriffen weckt.*) Die Natur züchtet im Dar= win'schen Sinne nicht, wie es der Mensch thut, sondern sie wählt einfach aus — aber ohne Zweck oder Absicht.

Die ganze Theorie setzt sich, wie mir scheint, aus vier gesonderten Bestandtheilen zusammen, welche zwar Darwin selbst nicht ganz in dieser Weise getrennt hat, deren gesonderte Betrachtung jedoch, wie ich glaube, das Verständniß der ganzen Theorie wesentlich erleichtern wird. Sie heißen:

1) Der Kampf um das Dasein.

2) Die Spielartenbildung oder Abänderung der Einzelwesen.

3) Die Vererbung dieser Abänderung auf die Nach= kommenschaft.

4) Die Auswahl der Bevorzugten unter diesen Ab= geänderten durch die Natur, und zwar vermittelst des Kampfes um das Dasein.

Setzt man diese vier Bestandtheile oder Naturein= flüsse zusammen und läßt sie gegenseitig aufeinander wirken, so ergibt sich das Resultat oder die stete Um= änderung der Naturwesen ganz wie von selbst.

Als erster und wichtigster Bestandtheil, der als Grundlage des ganzen Gebäudes dient, mag betrachtet werden der

---

*) In den späteren Auflagen der deutschen Uebersetzung von Darwin's Werk ist der Ausdruck „Natürliche Züchtung" in „Natür= liche Zuchtwahl" umgeändert worden.

Kampf um das Dasein.

Die Erfahrung zeigt, daß alle pflanzlichen und thie=
rischen Individuen oder Einzelwesen mit einer viel
größeren Fruchtbarkeit und Neigung zur Vermehrung
ausgestattet sind, als Nahrung für dieselben vorhanden
ist, und als die Möglichkeit ihrer Erhaltung auf Erden
besteht. Dies gilt nicht blos von den wirklich fruchtbaren
Arten, wie z. B. von den Fischen oder den Feld=
mäusen, welche sich so ungeheuer vermehren, daß sie,
wenn alle Keime zur Ausbrütung kämen und hinreichende
Nahrung für sie vorhanden wäre, in wenigen Jahren
alle Meere ausfüllen und die Erde haushoch bedecken
würden*) — sondern auch von minder fruchtbaren und
sehr langsam sich mehrenden. Eines der am langsamsten
sich mehrenden Thiere ist z. B. der Elefant. Er wird
erst im 30sten Jahre fruchtbar und bringt von da bis
zum 90sten Lebensjahre nur drei paar Junge zur Welt.

---

*) Bei den Fischen liefert ein einziger Wurf oft tausende, ja
hunderttausende von Eiern. Ein Vogelpaar, das nur viermal in
seinem Leben vier Junge zeugt, würde binnen fünfzehn Jahren
bei ungehinderter Vermehrung eine Nachkommenschaft hinterlassen,
deren Zahl sich auf Tausende von Millionen belaufen müßte. Bei
dem Stör hat man sogar mehrere Millionen Eier gefunden.
„Es ergibt sich leicht" sagt Seiblitz (Die Darwin'sche Theorie,
Dorpat 1871), „daß wenn auch nur eine Million Eier eines
Stör's sich zu Weibchen entwickelte, schon die Großenkel als ganz
junge Fischchen keinen Platz nebeneinander auf der Erdoberfläche
hätten, und daß die vierte Generation, also die Urgroßenkel eines
Individuum's, allein an Caviar das Volumen der Erde liefern
würde."

Dennoch hat man berechnet, daß bei ungehinderter Vermehrung eines einzigen Paares die Erde binnen fünfhundert Jahren eine Zahl von 15 Millionen Elefanten beherbergen würde! In ähnlicher Weise würde eine jährige Pflanze, die nur zwei Samen erzeugte (es gibt keine Pflanze, die so wenig fruchtbar ist), binnen zwanzig Jahren schon eine Anzahl von einer Million Pflanzen liefern. Der ebenfalls langsam sich mehrende Mensch verdoppelt dennoch seine Anzahl binnen 25 Jahren, so daß bei ungehinderter Vermehrung die Erde schon nach wenigen Jahrtausenden keinen Raum mehr für ihn haben würde, u. s. w. u. s. w.

Daß dieses keine Theorie, sondern Wirklichkeit ist, zeigen einige interessante Beispiele aus unserer eigenen Erfahrung, wo in Folge geringer Hindernisse der Vermehrung diese in der That in einem ganz kolossalen Maßstabe stattgefunden hat. So stammen die wilden Pferde und Rinder, welche in zahllosen Schaaren auf den ungeheuern Ebenen Südamerikas weiden, von einigen wenigen Exemplaren ab, welche zur Zeit der spanischen Eroberung von Europa aus dorthin gebracht wurden. Ihre Zahl ist jetzt so groß, daß allein in den Pampas der Laplata-Länder nach A. von Humboldt's Schätzung circa drei Millionen wilder Pferde weiden. In dem neuentdeckten Welttheil Australien haben sich europäische Pflanzen und Thiere, welche auf Schiffen eingeführt wurden, in der kürzesten Zeit so vermehrt, daß alle Ebenen von ihnen bedeckt sind und die einheimischen Organismen ausgerottet wurden. In Ostindien findet man Pflanzen, welche jetzt in ihrer Verbreitung vom Cap Comorin bis zum Himalajah reichen und welche erst seit der Entdeckung Amerikas dort eingeführt wurden!

Was nun dieser ungeheueren Fruchtbarkeit und Vermehrung hindernd und beschränkend in den Weg tritt, das ist theils die Concurrenz oder Mitbewerbung der einzelnen Individuen untereinander, theils der Mangel der äußeren Lebensbedingungen und der dadurch erzeugte Kampf (oder Ringen) um das Dasein, welcher theils activ, theils passiv sein kann, da er bald gegen die mitbewerbenden Wesen, bald gegen die Unbilden der Natur selbst geführt wird. Mit verschwenderischer Hand, so belehrt uns Darwin, streut die Natur eine Fülle von Keimen aus; aber eine ungeheuere Anzahl derselben erreicht nie das erwachsene Alter. Millionen Keime gehen fortwährend auf die mannichfachste Weise zu Grunde. Daher strahlt die Natur scheinbar überall in Heiterkeit und Fülle oder Ueberfluß; aber in Wirklichkeit ist sie nur ein ununterbrochener, mit allen Kräften der Vernichtung und der äußersten Grausamkeit geführter gegenseitiger Zerstörungskampf.

Wenn wir, so beschreibt Darwin den Kampf um das Dasein, an einem lauen Sommerabend hören, wie die Vögel um uns her sorglos ihren Gesang erschallen lassen und die ganze Natur Ruhe und Heiterkeit zu athmen scheint, so denken wir nicht daran, wie dieses nur durch eine stete und großartige Vernichtung von Leben

möglich ist, indem die Vögel sich von Insekten oder von
Pflanzensamen nähren; wir denken auch nicht daran,
wie die Sänger, welche wir hören, nur die wenigen
Ueberlebenden von so vielen ihrer Brüder sind, welche
den Raubvögeln oder den Thieren, die ihren Eiern nach=
stellen, oder aber den Unbilden der Witterung, des
Nahrungsmangels, der kalten Jahreszeit u. s. w. zum
Opfer gefallen sind.

Es versteht sich nun von selbst, daß bei diesem all=
gemeinen Kampfe um das Dasein auf die Dauer die=
jenigen Individuen, Arten und Geschlechter die meiste
Aussicht auf Sieg und auf Erhaltung ihrer selbst sowie
ihrer Nachkommenschaft haben müssen, welche sich durch
irgend eine Eigenheit, einen körperlichen oder geistigen
Vorzug oder Vortheil oder eine nützliche Eigenthümlichkeit
von ihren Mitwesen auszeichnen. Solche Eigenheiten oder
Vorzüge können nun unendlich mannichfacher Natur sein,
wie Kraft, Stärke, Größe oder Kleinheit, Art der Be=
waffnung, Farbe, Schönheit, Schnelligkeit, Fähigkeit, Man=
gel zu ertragen, Art der besseren oder schlechteren Beklei=
dung, List, Schlauheit im Aufsuchen der Nahrung, Ver=
stand oder Vorsicht, um drohender Gefahr zu entgehen,
endlich gewisse körperliche Vorzüge oder Eigenthümlichkeiten
u. s. w. u. s. w.; für ganze Arten eine größere Frucht=
barkeit (obgleich dies letztere nur in einem beschränkten
Sinne gilt), für Pflanzen eine bessere Anpassung an den
Boden oder eine größere Widerstandskraft gegen äußere,
nachtheilige Einflüsse. Mäht man z. B. einen Rasen,

auf dem eine Anzahl verschiedener Pflanzen beisammen
stehen, stets kurz ab, so ist die Folge, daß nur die kräf=
tigsten Pflanzen und diejenigen, welche dem Boden am
meisten entsprechen, diesem steten Eingriff in ihre Existenz
widerstehen können und daher in der Mitbewerbung den
Sieg über ihre schwächeren Nebenbuhler davontragen. So
hat man bei Versuchen dieser Art von zwanzig beisam=
men stehenden Arten nach und nach neun zu Grunde
gehen sehen. Oder sät man verschiedene Weizenarten
durcheinander, erntet dieselben, sät den geernteten Sa=
men wieder frisch und fährt so eine Zeitlang stets mit
demselben Samen fort, so ist die Folge, daß nach einer
gewissen Zeit nur eine kleine Anzahl der ursprünglich ge=
säeten Arten übrig bleibt; es sind, wie Sie sich leicht vor=
stellen können, wiederum die stärksten, die fruchtbarsten
und diejenigen, die dem Boden am meisten entsprechen.
— Am Rande der Wüste ringen oder kämpfen zwei Pflan=
zen darum, wer unter ihnen der Trockniß am besten wi=
derstehen kann; und zur Zeit des Mangels besiegt das=
jenige Thier seine Mitbewerber, welches diesen Mangel
am besten zu ertragen im Stande ist. Eine Mistel ringt
mit der andern durch die Süßigkeit oder die sonstigen
Vorzüge ihrer Früchte, welche die Vögel verzehren und
damit eher oder häufiger ihren Samen ausstreuen, als
den einer andern Art. Gewisse Gebirgsvarietäten von
Schafen sterben unter andern Varietäten aus, weil sie
den Lebensverhältnissen weniger gut angepaßt sind; und
dieselbe Erscheinung hat man bei dem medicinischen Blut=

egel beobachtet. Den Wasserkäfer befähigt die Bildung
seiner Beine vortrefflich zum Untertauchen, und er hat
dadurch einen Vortheil vor seinen Mitwesen bei Verfol=
gung oder Flucht. Andere Thiere begünstigt in gleicher
Lage ihre Farbe, wie das weiße Schneehuhn oder den
weißen Bären der arktischen, ewig mit Eis und Schnee
bedeckten Regionen oder die auf Blättern lebenden grü=
nen Insekten u. f. w.; andere ihre wärmere Bekleidung
bei eintretender Kälte; wieder andere ihre Schnelligkeit
oder ihre Kraft bei Flucht und Kampf. Ein interessantes
Beispiel bietet das fast vollständige Verschwinden der
schwarzen Ratte in England unter den Zähnen der
grauen Ratte aus Hannover, welche mit den Schiffen
Wilhelm's des Eroberers über den Kanal gekommen
war, während in San Franzisko in Californien es An=
fangs nur weiße Ratten gab, bis diese durch die mit
den Schiffen eingeführte schwarze Art vertilgt wurden.
Letztere vermehrte sich bald so, daß man 50 Dollars für
eine Katze zahlte. In den vereinigten Staaten vertrieb
eine Schwalbenart vollständig eine andere; und die Ver=
mehrung der sog. Misteldrossel in England hat die Ab=
nahme der Singdrossel zur Folge gehabt. — Auch unser
eigenes Geschlecht, der Mensch, zeigt das Princip der
Mitbewerbung zwischen seinen einzelnen Rassen in hohem
Grade; und eine nothwendige Folge dieser Mitbewerbung
ist z. B. der bekannte und rasche Untergang der wilden
Menschenstämme Amerikas und Australiens unter dem
Drucke der weißen Einwanderung aus Europa. Ueber=

haupt ist die Mitbewerbung zwischen den ver wan d testen und einander am nächsten stehenden Arten immer am heftigsten, weil dieselben auf ein gleiches Eroberungs= feld angewiesen sind, während andererseits, je weiter sich die Arten voneinander entfernen, die Concurrenz um so geringer wird und zuletzt ganz aufhört. Je älter oder abgelebter dabei eine Form ist, desto unkräftiger ist sie und desto weniger im Stande, ihren jüngeren und kräf= tigeren Mitbewerbern, bei denen durch den Kampf um das Dasein die besseren und den veränderten Lebensver= hältnissen entsprechenden Formen hervorgelockt worden sind, Stand zu halten. Daher kehrt auch eine einmal geschlagene oder verdrängte Form niemals wieder, weil sie die Concurrenz nicht mehr aushalten kann. Ein sehr auffallendes und interessantes Beispiel für diese Verhält= nisse liefert A u stralien oder Neuholland, ein Welt= theil, der wegen seiner geographischen Abgeschlossenheit und seiner der Concurrenz weniger ausgesetzten Lage mit seiner ganzen Fauna und Flora oder Thier= und Pflanzenwelt gewissermaßen auf einer früheren geolo= gischen Stufe, die bei uns längst fossil oder vorweltlich geworden, stehen geblieben ist. Der hervorragendste Typus seiner Thierwelt ist der verhältnißmäßig niedrig stehende Typus der sog. Beutelthiere, welche in Europa in der sog. Secundärzeit lebten und seitdem hier längst durch kräftigere und höher specialisirte Thier= arten verdrängt worden sind, während sie sich in Neu= holland, wo es ihnen auf beschränktem und einförmigem

Terrain an kräftigeren Mitbewerbern fehlte, bis in die Neuzeit als herrschender Typus erhalten haben. Die Folgen dieses Zurückbleibens sind für die ganze Lebewelt Neuhollands, seitdem die Engländer davon Besitz genommen haben, höchst verderblich geworden, da die einheimischen Wesen eine Concurrenz mit den eingeführten absolut nicht aushalten konnten. Seit der englischen Einwanderung verschwindet diese uralte Welt eingeborener Pflanzen, Thiere und Menschen mit reißender Geschwindigkeit unter dem Andrang und der Mitbewerbung der aus England eingeführten Arten; während man noch nicht davon gehört hat, daß ein umgekehrter Fall stattgefunden habe, oder daß australische Produkte freiwillig festen Fuß in Europa gefaßt hätten.

Viele Thiere werden in ihrer Vermehrung durch Raubthiere im Zaum gehalten, diese aber wieder ihrerseits in sehr bestimmter Weise durch Nahrungsmangel. Ueberhaupt bezeichnet die Nahrung stets die äußerste Grenze, bis zu der ein Thier sich mehren kann. Neben dem Nahrungsmangel wirken sehr beschränkend das Klima und der Eintritt kalter oder trockener Jahreszeit. In dem kalten Winter von 1854 auf 1855 hat auf Darwin's Jagdgründen der Frost vier Fünftel aller Vögel getödtet; es versteht sich von selbst, daß im Allgemeinen nur die kräftigsten, bestgefiederten und gewandtesten Vögel übrig blieben, wie es denn überhaupt nach Darwin Regel ist, daß bei Nahrungsmangel nur die kräftigsten, schlauesten und verwegensten Individuen Futter erhalten. Der

Kampf gegen die nachtheiligen Einflüsse der Natur und
namentlich gegen die Kälte wird selbstverständlich um so
größer, je höher man nach Norden kommt, hört aber an
einem gewissen Punkte, wo die Uebermacht der Natur
zu groß wird, auf, erfolgreich zu sein. Uebrigens ist die
Wirkung des Klimas hauptsächlich eine indirecte und
durch Begünstigung gewisser Arten vermittelte. So ha=
ben wir in unsern Gärten eine Menge Pflanzen, welche
zwar das Klima ganz gut ertragen, nicht aber den Kampf
mit andern Mitbewerbern oder mit der Zerstörung durch
Thiere, sobald sie außerhalb der Gärten und entzogen
dem menschlichen Schutze sich selbst überlassen sind. So
ist das Vorkommen der schottischen Kiefer in England
abhängig von dem Dasein des Rindes, das sie als junge
Pflanze abweidet; sie kommt daher nur eingefriedigt fort.
In anderen Gegenden zeigt dieselbe Pflanze die gleiche
Abhängigkeit von der Anwesenheit gewisser Insekten,
welche ihr schädlich sind. — In Paraguay hat man
die merkwürdige Erfahrung gemacht, daß dort niemals
Rinder, Pferde oder Hunde verwildern, während dieses
im übrigen Südamerika im großen Maße der Fall ist.
Es hat sich gezeigt, daß dies von einer gewissen, dort
häufig vorkommenden Fliegenart herrührt, welche ihre
Eier in den Nabel der neugeborenen Thiere legt und da=
durch ihren Untergang herbeiführt. Würde in Paraguay
ein insektenfressender Vogel zunehmen, so würde die ge=
fährliche Fliege sich vermindern, damit die Verwilderung
der Rinder und Pferde wieder zunehmen und dieser Um=

stand sofort einen tiefgreifenden Einfluß auf die dortige
Pflanzenwelt, welche jenem Thiere zur Nahrung dient,
ausüben. Die Veränderung der Pflanzenwelt würde
aber auch wieder auf die Vögel zurückwirken und so der
Anlaß zu einer ganzen Kette sich gegenseitig ergänzender
Aenderungen gegeben sein.

Man sieht an diesem Beispiel, zu welchen eigenthüm=
lichen und verwickelten Verhältnissen in der Natur der
Kampf um das Dasein Anlaß geben kann und in der
That gibt, und wie hier Alles in innigster und zum Theil
großartiger Wechselwirkung steht. Darwin hat in der
Aufsuchung und Darlegung dieser Verhältnisse großen
Scharfsinn entwickelt und Bewunderungswerthes geleistet.
So zeigt er u. A., daß es eine Menge von Pflanzen
gibt, welche durch den öfteren Besuch von Insekten (wie
Bienen, Hummeln, Motten) befruchtet werden, indem
diese den Blüthenstaub von einer Blüthe auf die andere
tragen. Hält man diese Thiere auf künstliche Weise ab,
so bleiben die Pflanzen unfruchtbar. Nun hängt aber
z. B. die Anzahl oder Existenz der Hummeln ab von der
größeren oder geringeren Anzahl der Feldmäuse,
welche ihre Nester aufsuchen und zerstören. Die Zahl
der Feldmäuse hängt wiederum ab von der Zahl der
anwesenden Katzen, Krähen, Eulen u. s. w., welche ihnen
nachstellen, so daß schließlich die Anwesenheit eines katzen=
artigen Thieres an einem bestimmten Orte die Menge
gewisser Pflanzen bedingt. Ein anderes Beispiel bietet
das zeitweilige Auftreten einer Raupenart, der sog.

Nonne, in unsern Kieferwaldungen, mit deren An=
wesenheit sofort die Zahl der Schlupfwespen oder Ich=
neumonen, welche ihre Eier in die Leiber jener Thiere
legen und damit ihren Untergang herbeiführen, außer=
ordentlich zunimmt. Sind die Waldungen verwüstet, so
geht die Nonne aus Nahrungsmangel zu Grunde, aber
aus demselben Grunde sterben auch die Ichneumonen wie=
der aus, und das alte Gleichgewicht ist wieder hergestellt.

Ein drittes Beispiel mag uns die Insel St. Helena
liefern, welche im 16. Jahrhundert mit dichtem Wald
bedeckt war. Die Europäer führten Ziege und Schwein
daselbst ein, welche den jungen Nachwuchs abweideten
und dadurch bewirkten, daß innerhalb zweier Jahrhun=
derte die Insel von Wald entblößt war. Dies hatte na=
türlich große Veränderungen in der Thierwelt zur Folge,
und man findet jetzt Reste von sog. Landmollusken
im Boden, welche ehedem dort und nur auf der Insel
lebten, während sie jetzt erloschen sind.

Diese Beispiele mögen genügen. Sie zeigen allesammt,
daß die Structur und ganze Eigenheit eines jeden orga=
nischen Wesens aufs Innigste, aber auf eine oft sehr
verborgene Weise, mit der aller andern organischen
Wesen zusammenhängt, mit denen es um Mitbewerbung
in Nahrung, Wohnung u. s. w. steht. Dieses zeigt sich,
wie Darwin sagt, ebenso deutlich an den Krallen und
Zähnen des Tigers, wie an den Krallen und Beinen
des Parasiten oder Schmarotzerthieres, welches in seinen
Haaren hängt.

Wenn wir, so fügt Darwin hinzu, diesen Kampf
mit allen seinen Greueln und Schrecknissen mit dem
Auge des Menschenfreundes betrachten, so müssen wir
Trost suchen in dem Gedanken, daß der Krieg kein un=
unterbrochener ist, daß keine Furcht gefühlt wird, daß
der Tod schnell ist, und daß es gemeiniglich der Kräf=
tigere, Gesündere, Geschicktere ist, welcher den Sieg da=
vonträgt.

Uebrigens bemerkt Professor Häckel in seiner schon
angeführten Schrift nicht mit Unrecht, daß Darwin in
den von ihm angeführten Beispielen ächte und unächte
Beispiele gemischt habe. Der eigentliche Kampf um's
Dasein kann nach Häckel nur der Wettkampf der ver=
schiedenen Organismen untereinander sein, welche um
die Erlangung derselben Existenzbedürfnisse ringen. Das
Ringen mit dem Lebensbedürfniß selbst ist dagegen nach
ihm nur eine Anpassung, nicht eine Züchtung. Es
ist dies ungefähr dieselbe Unterscheidung, welche ich im
Eingang meiner Darlegung des Darwin'schen Ge=
dankens gemacht habe, indem ich einen activen und
einen passiven Kampf um das Dasein unterschied.

Soviel, verehrte Anwesende, über den seit Darwin
so berühmt gewordenen Kampf um das Dasein, welcher
ja, wie Sie wissen, im Menschenleben und in der mora=
lischen Welt geradeso und manchmal noch heftiger ge=
führt wird, wie in der Natur. Er allein würde indessen
nicht hinreichen, um daraus im Darwin'schen Sinne
den Anwachs der organischen Welt zu begreifen, wenn

nicht drei weitere, Ihnen schon genannte Momente hin=
zukämen: die Abänderung oder Spielartenbildung, die
Vererbung dieser Abänderung auf die Nachkommen und
die stete Auswahl der vortheilhaften unter diesen Abän=
derungen durch die Natur. Ich will sie Ihnen in aller
Kürze zu skizziren versuchen.

Was zunächst die

Varietäten= oder Spielarten=Bildung
angeht, so ist es nach **Darwin** Erfahrungssatz, daß
alle organischen Wesen die Neigung haben, innerhalb
gewisser Grenzen bald nach dieser, bald nach jener
Richtung hin abzuändern, d. h. sich von dem Typus
ihrer Eltern oder Erzeuger durch irgend eine Eigenthüm=
lichkeit zu entfernen, sei es in Gestalt, Farbe, Beklei=
dung, Größe, Stärke, Bildung einzelner Theile oder
Organe u. s. w. Nie sind die Nachkommen ihren Eltern
vollkommen gleich, so daß es in der Natur so wenig
zwei vollkommen gleiche Lebewesen gibt, wie man z. B.
zwei vollkommen gleiche Blätter, trotz deren zahlloser
Menge, aufzufinden im Stande sein wird. Immer ist
eine, wenn auch noch so geringe Abweichung oder Ver=
schiedenheit vorhanden; und Veränderlichkeit innerhalb
gewisser Grenzen ist daher allgemeine und durchgreifende
Regel. Eigentlich folgt dieses Gesetz der Veränderlichkeit
schon mit Nothwendigkeit aus einer ganz allgemeinen
Betrachtung über die Vorgänge und Erscheinungen bei
der Fortpflanzung der organischen Wesen. Urtheilt
man blos nach dem äußeren Anscheine, so sollte man

auf den erſten Blick glauben, daß hier nur zwei Vorgänge möglich ſeien, welche ſich ungefähr durch die beiden Formeln ausdrücken laſſen: Gleiches erzeugt
Gleiches oder: Gleiches erzeugt Ungleiches. Der
Laie wird ſofort ohne weitere Ueberlegung ſagen: „Nur
das Erſte iſt richtig oder kann richtig ſein; der Samen
einer Bohne, in die Erde gebracht, erzeugt wieder eine
Bohne; ein Hund gebiert wieder nichts Anderes, als
einen Hund; die Nachkommen eines Menſchenpaares ſind
Menſchen, wie es ihre Eltern auch waren!" In Wirklichkeit aber und bei genauerer Betrachtung zeigt es ſich,
daß weder die eine Formel richtig iſt, noch die andere,
und daß die ſog. Erblichkeit weder vollkommen
noch willkürlich iſt. Wäre ſie vollkommen, ſo müßte
ſie jederzeit und unter allen Umſtänden eine vollkommen
gleiche Lebewelt erzeugen — was ja in der That nicht
der Fall iſt, da wir überall im Laufe der geologiſchen
Zeiträume große Wechſel und Veränderlichkeit gewahren,
und da die tägliche Erfahrung lehrt, daß Erzeuger
und Erzeugtes nie vollſtändig einander gleichen.
Andererſeits iſt ſie aber auch nicht willkürlich, weil ſonſt
alsbald durch grenzenloſe Abweichung eine heilloſe Verwirrung aller organiſchen Formen eintreten müßte —
was ebenfalls wiederum nicht der Fall iſt. Die Formel
kann daher nicht anders lauten, als: „Aehnliches erzeugt Aehnliches". Nach dieſem Geſetz gleichen zwar
die Nachkommen den Eltern in allen weſentlichen Beziehungen, aber nie vollkommen; ſtets bleiben kleine,

wenn auch oft kaum bemerkbare Abweichungen. Diese Abweichungen sind indeß um so größer, je größer der Umweg ist, auf dem die Descendenz oder die Fortpflanzung geschieht. Daher gleichen Pflanzen oder Bäume, welche aus sog. Pfropfreisern gezogen werden, der Mutterpflanze weit mehr, als solche, welche durch Samen erzogen werden;*) und solche veredelte Obstsorten können nur aus Pfropfreisern erzogen werden, weil bei der Fortpflanzung durch Samen die Pflanze stets die Neigung hat, in den wilden Zustand zurückzuschlagen. Uebrigens sind die Abweichungen der Nachkommen von den Eltern oft so unbedeutend, daß sie dem Laien oder dem ungeübten Auge gar nicht erkennbar sind und daher leicht übersehen werden. So erkennt der Hirt aus einer Heerde von Schafen, welche für den gewöhnlichen Blick ganz unununterscheidbar sind, leicht jedes einzelne Stück an einer gewissen Eigenthümlichkeit heraus; und in einer noch so großen Schaar von Vögeln findet sich ein zusammengehöriges Paar leicht zueinander.

Diese hier geschilderte Neigung der Organismen zur Veränderlichkeit nun gibt Anlaß zu jenem bekannten und allgemein als solcher anerkannten Vorgang in der Natur, welchen man Bildung von Varietäten oder Spielarten nennt, und der, wie Ihnen wohl bekannt

---

*) Pflanzen, welche aus Samen erzogen werden, zeigen eine außerordentliche individuelle Verschiedenheit. Man kennt ein Beispiel, wo aus 10 Kernen einer einzigen Birne zehn verschiedene Sorten erhalten wurden.

sein wird, in der künstlichen Zucht unserer Hausthiere und unserer feinen Obstsorten, sowie in der sog. Blumistik eine große Rolle spielt, indem man theils durch sog. Kreuzung solche Varietäten absichtlich hervorzubringen, theils die einmal vorhandenen durch sog. Inzucht festzuhalten sucht.

Dieser ganze Vorgang und diese Bildung von Spielarten ist nun nach Darwin der eigentliche Ausgangspunkt für die Entstehung neuer Arten, indem eine erbliche Uebertragung individueller Eigenthümlichkeiten stattfindet und durch stete Häufung derselben im Laufe vieler Generationen und sehr langer Zeiträume eine neue Art entsteht. Spielarten sind daher im Darwin'schen Sinne entstehende oder anfangende Arten; und Arten selbst sind nichts weiter als streng ausgeprägte und bleibend gewordene Varietäten oder Spielarten.

Allerdings findet dieser Vorgang nicht immer und überall mit Nothwendigkeit statt; denn sehr oft und vielleicht meistens gleichen sich die entstehenden Abänderungen im Laufe der Jahre durch Kreuzung oder durch stete Vermischung derselben Individuen wieder aus. Namentlich tritt dieser Fall da ein, wo sich die äußeren Lebensumstände, wie Klima, Boden, Nahrung, Luft, Vertheilung von Wasser und Land u. s. w. gleich bleiben oder doch keine wesentlichen Veränderungen erleiden, während ein ganz anderes Resultat erfolgt, wenn inzwischen diese Bedingungen oder Umstände wechseln und dadurch das sogleich näher zu beschreibende Moment der „Natürlichen

Auswahl" im „Kampfe um das Dasein" Gelegenheit
findet, seine Kraft zu entfalten. Ein sehr belehrendes
Beispiel der ersteren Art bildet das alte Wunderland
Aegypten, welches so oft von den Vertheidigern der
Unveränderlichkeit der Arten als unwiderleglicher Beweis
angezogen wird, da man aus verschiedenen Umständen
und Erfahrungen geschlossen haben will, daß sich Pflanzen, Thiere und Menschen dort im Laufe mehrerer Jahrtausende so gut wie gar nicht geändert haben. Selbst
die Richtigkeit des nicht vollständig sichergestellten Fac-
tums zugegeben, hat der Beweis um deßwillen keine
zwingende Kraft, weil Aegypten ein Land ist, das
wegen seiner eigenthümlichen geographischen Verhältnisse
und abgeschlossenen Lage seit Jahrtausenden keine bemerkenswerthe Aenderung seiner klimatischen und sonstigen
Zustände erlitten hat und daher auch der in ihm existirenden Lebewelt keinen genügenden Anstoß zum Wechsel
und zur Aenderung geben konnte. Ganz anders aber ist
das Resultat da, wo durch Wechsel der äußeren Bedingungen, durch Wanderungen, durch Klimawechsel
u. s. w. das Princip der natürlichen Auswahl Gelegenheit findet, voll in Kraft zu treten. Uebrigens fand auch
Geoffroy-St. Hilaire in den ägyptischen Katakomben
Krokodil-Arten, welche heute nicht mehr leben; das
Pferd des Alterthum's war ein anderes als das heutige, und der Hund ist in seinen großen, dem Alterthum
bekannten Rassen verschwunden.

Die Neigung der Organismen, zu variiren, Spiel-

arten zu bilden, ist zu bekannt und zu allgemein ange=
nommen, als daß sie auch von den entschiedensten Geg=
nern Darwin's und der Veränderlichkeit· der Art hätte
geleugnet werden können. Um aber dieses Argument
oder Beweisstück der Veränderlichkeit zu entkräften, sagen
die Gegner der Umänderungstheorie, daß sich jene
Neigung nur auf äußerliche und unwesentliche
Merkmale, wie Farbe, Haut, Größe u. s. w. erstrecke,
nie aber soweit gehe, um auch in das Innere der eigent=
lichen Organisation einzugreifen. Dem entgegnet Dar=
win, daß diese Behauptung einfach nicht wahr sei, und
daß er durch unzählige Beispiele beweisen könne, daß
nicht blos unwesentliche, sondern auch wesentliche
Theile variiren oder abändern. Die Gegner der Verän=·
derlichkeit bewegen sich nach ihm in einem Cirkelschluß.
Sie sagen: Wichtige Organe variiren nicht. Zeigt man
ihnen nun aber ein wichtiges Organ, das variirt, so
sagen sie, es sei unwichtig. Darwin's Hauptargument
ist aber, daß die Unterscheidung von Art und Spiel=
art oder Varietät, auf die hier Alles ankommt, wissen=
schaftlich unmöglich ist. In der That ist die Meinungs=
verschiedenheit der Naturforscher über die Begriffe Art
und Spielart eine außerordentlich große, fast grenzen=
lose, und es giebt keine einzige haltbare Definition der=
selben, so daß eben wegen dieser Definitionen, deren
Zahl Legion ist, ein endloser Streit geführt wird. Das
bisherige Hauptkriterium der Artendefinition, die Frucht=
barkeit, hat die Forscher vollständig im Stich gelassen.

Alljährlich werden von den Gelehrten eine Masse neuer
Arten geschaffen, und jeder Naturforscher hat seine eigene
Manier, Arten zu unterscheiden. So erzählt Darwin,
daß der englische Botaniker Watson 182 britische
Pflanzen aufzähle, welche gewöhnlich als Spielarten ein=
gereiht werden und alle schon von einzelnen Botanikern
als Arten aufgeführt wurden. Der eine Gelehrte führt
in einer und derselben Sippe 251, der andere nur 112
Arten auf — was also einen Unterschied von nicht
weniger als 139 zweifelhaften Formen ergibt!! Hooker
äußert sich so: „Die Botaniker stellen zwischen 8000
und 15000 verschiedener Arten lebender Pflanzen auf.*)
Der Begriff der Art ist daher ein ganz unbestimmter.
Die Grenze unserer Erfahrung ist nur zu kurz für die
unmittelbare Erkenntniß der Arten=Umwandlung." —
Ebenso wie in der Pflanzenwelt verhält es sich auch
in der Thierwelt. Fortwährend werden eine Menge
von Formen bald als Arten, bald als Spielarten be=
schrieben. Giebel, Professor der Zoologie und Gegner
der Artenlehre, zeigt sehr gut die Leerheit des Artbe=
griffs und macht geltend, daß viel geringere Verschieden=
heiten, als solche, welche die einzelnen Menschenrassen

---

*) Diese Schätzung scheint zu niedrig zu sein. A. Dekandolle
zählt in seinem Prodromus gegen 60000 Arten auf, während Steu=
del in der 2ten Ausgabe des Nomenclatur Botanicus deren 78000
aufführt. Sticker rechnet circa 80000 Phanerogamen und
12—13000 Kryptogamen. Doch mag noch lange nicht die Hälfte
der wirklich existirenden Pflanzen bekannt sein.

scheiden, unter den Thieren als Beweise der Artver-
schiedenheiten gelten. Nach Häckel sind die durch künstliche Züchtung herbeigeführten Unterschiede der Hausthiere und Hauspflanzen oft viel bedeutender, als diejenigen natürlichen Unterschiede, welche Botaniker und
Zoologen für ausreichend halten, um verschiedene Spezies (Arten) und selbst Genera (Gattungen) zu begrün-
den!! In gleichem Sinne sagt Professor Bronn, der
Uebersetzer Darwin's: „Art ist kein feststehender Begriff,
nicht durch die Natur selbst gegeben." Daher es auch
sehr natürlich ist, daß, je ausgedehnter die Kenntnisse
eines Systematikers sind, es für ihn um so schwieriger
wird, Arten zu unterscheiden, da er eine um so größere
Anzahl von Varietäten und Zwischengliedern kennt.
Ueberhaupt nimmt die ehemalige Festigkeit des Artbegriffs in demselben Maße ab, in welchem unsere Kenntnisse der organischen Welt zunehmen, und schon dieser
eine Umstand zeigt auf das Deutlichste, daß der Artbegriff nichts Wirkliches, der Natur Entsprechendes, sondern nur eine Abstraction des menschlichen Geistes ist,
da es sich sonst gerade umgekehrt verhalten müßte.*)

*) Man vergleiche übrigens über den Artbegriff und die da-
mit zusammenhängenden Fragen, namentlich über die Frage, ob
Arten Werke der Natur oder künstliche Unterscheidungen sind, des
Verfassers Aufsatz: „Herr Professor Agassiz und die Materialisten"
in „Aus Natur und Wissenschaft, Studien, Kritiken und Abhand-
lungen." Zweite Aufl. Leipzig, 1869. — Die Zahl der von den
Systematikern unterschiedenen Arten, namentlich in der niederen
Pflanzen- und Thierwelt, wo die Arten mehr in einander ver-

Varietäten oder Spielarten sind für den Systematiker im alten Style von wenig Werth, ja oft unangenehm, weil sie nicht in das System passen und Verlegenheiten bereiten. Umgekehrt werden für Darwin und seine Schule diese individuellen Abweichungen von der höchsten Wichtigkeit, da sie die ersten Stufen zur Bildung neuer Arten darstellen und als Beweismittel gelten. Daher hat sich die Art des Sammelns unter den Naturforschern seit Darwin ganz umgeändert, und während man früher die Varietäten als unnütze oder störende Abweichungen in der Regel fortwarf, hebt man sie gegenwärtig sorgfältig auf. So erzählt Lyell in seinem „Alter des Menschengeschlechts", daß ihm vor dreißig Jahren ein großer Londoner Muschelhändler, welcher selbst ein geschickter Naturkundiger ist, gesagt habe, daß es nichts gäbe, was er wegen Entwerthung seiner Handelsvorräthe so sehr zu fürchten Ursache habe, als das Erscheinen einer guten Monographie oder Abhandlung über einige große Gattungen von Weichthieren, da von der Zeit an jede renommirte Art, welche als eine bloße Spielart nachgewiesen würde, unverkäuflich werden müßte.

„Glücklicherweise", fügt Lyell hinzu, „ist seitdem in England ein solcher Fortschritt in der Würdigung

schwimmen, ist geradezu Legion. So verzeichnet man z. B. 9319 Arten von s. g. Laufkäfern oder gegen 3000 Arten von s. g. Schnirkelschnecken u. s. w. Die Zahl der auf der Erde vorhandenen Insekten-Arten schätzt man auf nahe an eine Million!

der wahren Ziele und Zwecke der Wissenschaft gemacht
worden, daß Exemplare, welche einen Uebergang zwischen
gewöhnlich durch weite Lücken getrennten Formen an=
zeigen, sowohl in der lebenden wie in der fossilen
Thierwelt, mit Eifer gesucht sind und oft besser bezahlt
werden, als die blos normalen und typischen Formen."

Uebrigens darf man sich durch alles Gesagte nicht
verleiten lassen, zu glauben oder anzunehmen, daß jede
Varietät — auch unter begünstigenden Umständen —
im Darwin'schen Sinne auch zu einer Art würde. Denn
gar viele verlieren sich wieder durch Kreuzung oder er=
löschen ganz in Folge der natürlichen Auswahl oder
Ausmusterung. — Auch ist nach Häckel die Fähigkeit
zur Abänderung bei den verschiedenen Arten sehr verschie=
den. Die einen Spezies oder Arten sind äußerst va=
riabel oder veränderlich, andere dagegen sehr constant;
und noch andere sind nur bis zu einem gewissen und
mäßigen Grade abänderungsfähig. Dies hängt nach
Häckel zum Theil von den äußeren Lebensbedingungen,
von der Größe oder Kleinheit des Verbreitungsbezirks
und Aehnlichem ab. Das unbeschränkteste Anpassungs=
vermögen hat nach ihm offenbar der Mensch.

Soviel, verehrte Anwesende, über die Neigung der
Organismen, abzuändern! Sie würde im Sinne Dar=
win's werthlos sein, wenn sie nicht unterstützt würde
durch ein weiteres Moment, welches heißt:

Die Vererbung oder Erblichkeit (atavismus,
hereditas).

Alle jene Eigenthümlichkeiten, wodurch Spielarten ge=
bildet werden, zeigen die Neigung zu v e r e r b e n oder
sich auf die Nachkommen zu übertragen. Daß dieses
Regel ist, wird durch zahllose Thatsachen bewiesen. Wir
wissen, daß nicht blos Krankheiten und besondere Eigen=
thümlichkeiten aller Art, sondern sogar Mißbildungen
und von der sog. Idee der Gattung weit abweichende
Abnormitäten oder Regelwidrigkeiten, wie Ueberzahl oder
Mangel der Finger oder Zehen, Albinismus, Stachel=
haut, zufällige Verstümmelungen u. s. w., mit großer
Zähigkeit vererbt werden; wir wissen ferner, daß nicht
blos a n g e b o r e n e, sondern auch während des Lebens
e r w o r b e n e, absichtlich oder zufällig a n g e b i l d e t e
Eigenheiten auf die Nachkommen übergehen; wir wis=
sen weiter, daß nicht blos k ö r p e r l i c h e, sondern auch
g e i s t i g e Eigenthümlichkeiten, wie Neigungen, Triebe,
Gewohnheiten, Charaktere, Talente u. s. w. vererbt
werden; wir wissen endlich, daß diese Vererbungen nicht
selten durch sog. A t a v i s m u s ganze Generationen über=
springen und erst in den Enkeln oder Seitenlinien wieder
zum Vorschein kommen.

Das Moment der Vererbung und Erblichkeit
war zwar lange vor D a r w i n bekannt; aber man ver=
stand es nicht, dessen tiefe naturphilosophische Bedeutung
hinreichend zu würdigen. Man sammelte die einschlägigen
Thatsachen, aber mehr als Curiosa, denn als das, was
sie heute geworden sind, d. h. als Beiträge zur Ent=
wicklungsgeschichte der Menschheit und der organischen

Welt. Nur in der Medicin hatte man auch schon früher aus Anlaß der so wichtigen Erblichkeit der Krankheiten dem Gegenstand eine genauere Aufmerksamkeit zugewendet. Hier wußte man nicht blos, daß die meisten chronischen Krankheiten erblich werden können, sondern auch), daß sie oft erst in einer bestimmten Lebensperiode auftreten, nachdem sie vorher im latenten oder verborgenen Zustande im Körper geschlummert haben, wie z. B. die Tuberkulose im Jünglingsalter. Man kannte auch bereits die (jetzt im physiologischen und psychologischen Sinne so wichtig gewordene) Thatsache von der Vererbung der während des Lebens erworbenen Krankheiten und war genau vertraut mit der merkwürdigen Erscheinung des Atavismus, in Folge dessen manche Kinder in Neigungen, Gewohnheiten, Charakteren, Krankheitsanlagen und körperlichen Eigenthümlichkeiten wieder zu den Großeltern oder Urgroßeltern oder zu einer elterlichen Seitenlinie zurückkehren.*) Diese Thatsachen haben schon vor 10 oder 15 Jahren den ausgezeichneten, um die gegenwärtigen Fortschritte der Medicin so hochverdienten Professor Virchow zu dem Ausspruch veranlaßt, es sei anzunehmen, daß von Anfang an von dem väterlichen und mütterlichen Körper aus eine bestimmte Art materieller Bewegung auf die Keimstoffe und deren Abkömmlinge übertragen werde — eine Be-

---

*) Das Wort Atavismus kommt von dem lateinischen atavus (Vorfahr) und bezeichnet im Allgemeinen das Streben, zu dem vorelterlichen Typus zurückzukehren.

wegung, welche erst mit deren Tode ein Ende nehme.*) Auch hat derselbe Virchow damals schon mit voraus= sichtigem Scharfblick den ganzen Gegenstand als sehr wichtig und als den künftigen Ausgangspunkt einer richtigen Naturphilosophie bezeichnet. Dies muß als durchaus correct angenommen werden; denn vermittelst dieses Moments lassen sich auf eine ganz ungezwungene und natürliche Weise eine Menge von Erscheinungen im körperlichen und geistigen Leben der Einzelnen, wie der Völker erklären, die vorher nicht ohne die Zuhülfenahme einer außernatürlichen Macht oder einer unerklärbaren Anlage begreiflich schienen. Alles, was der Mensch auf seinem gegenwärtigen hohen Standpunkte ist, besitzt oder an sich hat, ist wahrscheinlich mit Hülfe dieses Momentes der Vererbung erworbener Eigenschaften und Anlagen nach und nach im Laufe vieler Generationen und während sehr langer Zeiträume mittelst langsamer und mühseliger Arbeit erworben worden, und ist nicht ein unverdientes und unbewußtes Geschenk von Oben, wie diejenigen meinen zu müssen glauben, welchen die Einsicht in dieses innere Getriebe der Natur abgeht. Darf man nach

---

*) In ganz ähnlicher Weise hat sich auch neuerdings Professor Häckel in seiner Generellen Morphologie der Organismen (Band II, S. 147) ausgesprochen: „Die ganze individuelle Entwicklung ist eine continuirliche Kette von molekulären Bewegungserscheinungen des activen Plasma, dessen Molekular=Structur und atomistische Constitution durch seine unendliche Feinheit auch in Ei und Samen im Stande ist, die unendlich verschiedenen und complicirten Ver= erbungserscheinungen zu erklären."

5 *

den bis jetzt vorliegenden Erfahrungen schließen, so
scheint es, daß geistige Anlagen, Neigungen, Triebe,
Instinkte, Talente oder Eigenthümlichkeiten (einerlei ob
angeboren oder während des Lebens erworben) eine noch
stärkere Neigung zur Vererbung zeigen, als körperliche,
und somit durch ihre Fortpflanzung von Generation zu
Generation eine Haupturfache für den geistigen Fort=
schritt der Menschheit geworden sein müssen.

Ein näheres Eingehen auf dieses ebenso interessante
als wichtige Thema würde zu weit von unserm eigent=
lichen Ziel abführen. Ich erlaube mir daher, Diejenigen
unter Ihnen, welche mehr darüber zu erfahren wünschen,
auf meinen Aufsatz „Physiologische Erbschaften" in meiner
Schrift „Aus Natur und Wissenschaft", in welchem Sie
eine Zusammenstellung der auffallendsten Beispiele der
Erblichkeit in physischer und geistiger Beziehung finden
werden, zu verweisen, sowie auf Levin Schücking's
„Geneanomische Briefe", in denen namentlich gezeigt
wird, wie sich in manchen Familien (wo nicht eine zu
große Verwischung des Familiencharakters durch demselben
ungünstige Kreuzung stattfindet) gewisse mechanische oder
künstlerische Talente durch viele Generationen hindurch
erblich erhalten haben.

Für Darwin und seine Theorie hat das Princip
der Erblichkeit und Vererbung weniger an sich, als
mehr durch die Ergänzung, welche es seiner sonstigen
Theorie liefert, Bedeutung. Er sagt daher: „Wenn
es nachgewiesen ist, daß selbst so ungewöhnliche und der

Idee der Gattung widerstreitende Abänderungen, wie Ueberzahl oder Mangel der Finger oder Zehen, Albinismus, Stachelhaut u. s. w., mit einer gewissen Hartnäckigkeit von Generation zu Generation forterben, wie viel mehr muß dieses der Fall sein mit den gewöhnlichen Abänderungen, bei denen offenbar die Erblichkeit jedes individuellen Charakters Regel ist." Im Uebrigen gesteht jedoch Darwin zu, daß die eigentlichen Gesetze der Erblichkeit noch ganz und gar unbekannt sind, und daß es hier noch eine Menge von Räthseln gibt, welche der Aufklärung durch die spätere Forschung harren.*) —

---

*) Inzwischen hat sich Professor Häckel über die von Darwin zweifelhaft gelassenen Gesetze der Erblichkeit folgendermaßen ausgesprochen:

1) Die Vererbung ist um so intensiver, je größer der abgelöste Theil ist, also stärker bei Fortpflanzung durch Knospung oder Ableger, als durch Samen.

2) Jeder Organismus vererbt auf seine Nachkommen nicht blos die von ihm selbst ererbten, sondern auch einen Theil der während seines Lebens erworbenen Eigenschaften, d. h. es gibt eine conservative und eine progressive Vererbung.

3) Der Generationswechsel ist nur ein sehr hoch gesteigerter Grad von Atavismus oder Rückschlag.

4) Im Allgemeinen gleichen die männlichen Nachkommen mehr dem Vater, die weiblichen mehr der Mutter.

5) Auch zufällige Verstümmlungen (wie Verlust des Horns, des Schwanzes u. s. w.) werden bisweilen vererbt.

6) Erworbene Charaktere werden um so leichter und dauernder vererbt, je länger und auf je mehr Generationen die Veränderung einwirkt, wie bei der Obstcultur, der Gartenzucht u. s. w.

7) Es gibt auch ein Gesetz der Vererbung im correspondirenden Lebensalter oder eine „gleichzeitliche" Vererbung — ebenfalls ein höchst wunderbarer Vorgang, der sich namentlich bei Krankheiten zeigt.

Wir kommen an den letzten, aber auch wichtigsten
Punkt der Theorie von Darwin, in welchem sich diese
gewissermaßen wie in einem Brennpunkte gipfelt. Es ist

Die natürliche Auswahl oder Auslese,
Zuchtwahl, natural selection, von Bronn auch als
natürliche Züchtung bezeichnet.

Dieselbe wird dadurch bedingt, daß die Abänderungen,
von denen die Rede war und welche sich durch Erblich=
keit fortpflanzen, für das betreffende Individuum in
seinem Kampfe um das Dasein eine bestimmte Bedeu=
tung gewinnen. Diese Bedeutung kann nun dreierlei
Art sein. Denn entweder sind jene individuellen Ab=
weichungen für das damit behaftete Einzelwesen nützlich,
oder schädlich oder indifferent. Im letztern Falle,
also wenn sie indifferent sind, haben sie keine weitere
Bedeutung und können sich wieder verlieren oder auch
forterhalten. Ein ähnliches Resultat tritt ein im schäd=
lichen Falle, welcher nur Aussicht auf den Untergang
des betreffenden Individuums und damit auf den Ver=
lust oder das Wiederverlorengehen der Eigenthümlichkeit
gewährt. Ganz anders dagegen gestaltet sich das Resultat
im ersten Falle, d. h. wenn die Abänderung eine für
das betreffende Individuum nützliche ist. Denn hier
gewährt sie demselben einen ganz bestimmten Vortheil
gegenüber seinen Mitwesen oder Mitbewerbern und eine
größere Aussicht auf Erhaltung seiner selbst und seines
Geschlechts im Kampfe um das Dasein durch Vererbung
und allmälige Steigerung jener Eigenthümlichkeit im

Laufe der Jahre und der Generationen. Fortwährend
streben alle jene Vorgänge, welche im Kampfe um das
Dasein geschildert worden sind, eine solche nützliche Ei=
genschaft gewissermaßen herauszulesen, hervorzulocken,
auszumustern und allmälig durch Vererbung bleibend
zu machen. Es versteht sich dabei von selbst, daß es
nicht mit einem solchen Vorgang gethan ist, sondern
daß deren unzählige im Laufe unzähliger Jahre und
Generationen aufeinanderfolgen und ihre Wirkungen von
Geschlecht zu Geschlecht derart summiren oder aufeinan=
derhäufen müssen, um allmälig zum Entstehen einer
neuen Art Anlaß zu geben. Es versteht sich dabei weiter
von selbst, daß der Vorgang sehr langer Zeiträume und
sehr vieler Generationen bedarf, um jenes Resultat her=
beizuführen. Es mögen in einzelnen Fällen nach Dar=
win hunderte, tausende, ja zehntausende von Generatio=
nen darüber hingestorben sein. — Dies kann jedoch nicht
als ein Mangel, sondern muß im Gegentheil als ein
Vorzug der Theorie angesehen werden, da ja bekanntlich
Zeit gerade dasjenige Moment ist, an dem es in der
Geschichte unserer Erde und ihrer Bildungen am aller=
wenigsten fehlt. Wir schwindeln bei der Betrachtung
der ungeheuern Zahlen, welche die Geologie für das Zu=
standekommen jener Bildungen ausgerechnet hat, und
im Vergleich mit denen unser eigenes Dasein nur dem
Vorüberrauschen eines Augenblick's gleicht.

Sie sehen also, verehrte Anwesende, daß Darwin's
Theorie ganz denselben Weg betritt, den die Geologie

durch Lyell und dessen Nachfolger bereits vor ihm mit
so großem Erfolge betreten hat und der überhaupt in
den Naturwissenschaften von Tag zu Tag mehr Boden
gewinnt, d. h. er erklärt die großartigen Naturwirkungen,
von deren erstaunlichen Resultaten wir uns heute um=
geben finden, aus an sich kleinen und anscheinend sehr
unbedeutenden Ursachen oder Naturkräften, welche aber
dadurch ein so großes Resultat hervorbringen, daß sie
eine Menge kleiner Wirkungen im Laufe ungeheuerer
Zeiträume allmälig aufeinander häufen.

Mit dieser natürlichen Auswahl oder Auslese
haben wir also gewissermaßen den Gipfelpunkt und Schluß=
stein der ganzen Theorie vor uns. Um diesen Gedanken
aber richtig beurtheilen zu können, muß man wissen, auf
welche Weise und durch welche Reihe von Thatsachen
Darwin auf denselben gekommen ist. Es geschah durch
das Studium der künstlichen Züchtung der Haus=
thiere und Culturpflanzen, welche, wie Ihnen be=
kannt sein wird, es nach und nach zu sehr großen und
erstaunlichen Resultaten gebracht hat und namentlich in
dem Vaterlande Darwin's, in England, auf eine
Stufe der Vollkommenheit erhoben worden ist, wie kaum
irgendwo. Große Landwirthe, Gutsbesitzer, Gartenfreunde
und reiche Liebhaber beschäftigen sich dort seit lange mit
großer Vorliebe mit diesem Gegenstand, und Darwin
selbst hat, um denselben möglichst genau kennen zu ler=
nen, viele eigene Versuche angestellt. Er hat sich sogar
mit der bekannten Energie des Engländers in zwei Lon=

doner Tauben=Clubbs aufnehmen lassen, um con=
statiren zu können, daß die zahllosen, jetzt existirenden
Tauben=Varietäten aller Art alle von der wilden Fels=
taube (Columba livia) abstammen und gelegentlich durch
Rückkehr zu einigen auszeichnenden Charakteren derselben
ihren ersten Ursprung verrathen. Dennoch zeichnen sich
diese Tauben=Varietäten durch so charakteristische Ver=
schiedenheiten und Eigenthümlichkeiten aus, daß, wenn
dieselben Thiere im wilden Zustand angetroffen würden,
man sie unbedenklich für verschiedene Arten erklären
würde; denn die Verschiedenheiten erstrecken sich nicht
blos auf äußere Merkmale, sondern auch auf Bildung
des Skeletts, der Eier, der Art des Flugs u. s. w.
Dennoch stammen, wie gesagt, alle diese Varietäten von
einer einzigen Ur= oder Stammform ab; sie sind alle
untereinander fruchtbar, und gelegentlich kehrt hier und
da die blaue Farbe der Felstaube bei einzelnen Exem=
plaren wieder. „Ehe ich", so setzt Darwin hinzu,
„selbst Tauben hielt und Zuchtversuche anstellte, hielt ich
es für undenkbar, daß alle diese Varietäten von derselben
Stammform herkommen könnten."

Die großen Resultate der künstlichen Züchtung wer=
den nach Darwin erreicht, indem der Mensch das Ver=
mögen besitzt, geringe individuelle Abweichungen oder Ab=
änderungen durch künstliche oder absichtliche Auswahl bis
zu einem enormen Grade zu häufen. Die Neigung
zu Aenderung und Abweichung ist bei der häuslichen
Zucht noch viel größer als im Naturzustand, weil hier

vielfältigere und abweichendere Lebensbedingungen ins Spiel kommen, wie bessere Unterkunft, überflüssigere Nahrung u. s. w. Es hört auch nach Darwin diese Neigung nie auf, und unsere ältesten Culturpflanzen, z. B. der Weizen, geben noch Varietäten. — Uebrigens kannte man das Princip der künstlichen Züchtung schon sehr frühe und brachte es bereits bei den alten Römern, bei den Chinesen u. s. w. in Anwendung. Es soll sogar bei vielen wilden Stämmen Afrikas angetroffen worden sein. Eigentlich verfolgt Jeder, der Hausthiere oder Culturpflanzen erzieht, das Princip schon ganz unbewußt und ohne Absicht, indem er zur sog. Nachzucht gewiß immer nur die besten Thiere oder Exemplare auswählt, z. B. bei Hühnerhunden, guten Pferden u. s. w. Selbst Wilde, welche das Princip nicht kennen, werden dasselbe unbewußt bei gewissen Anlässen in Anwendung bringen, z. B. in Zeiten einer Hungersnoth, wo man gewiß nur sehr nützliche Thiere oder die besten Exemplare am Leben läßt, während man die andern schlachtet oder dem Verderben preisgibt.

In England kommt der Kunst der Züchterei nicht blos die Liebhaberei, sondern wohl noch mehr der Umstand zu Statten, daß dieselbe durchschnittlich nicht bei armen Leuten, sondern nur bei großen Heerdenbesitzern, deren es bekanntlich in England sehr viele gibt, möglich ist; denn nur unter einer großen Anzahl von Individuen kommt hier und da eine besonders nützliche Varietät oder Abweichung vor. So hat man es in Eng-

land allmälig dahin gebracht, Hausthiere je nach dem
Zweck zu züchten, den man mit ihnen erreichen will.
Für die Erzeugung von Fleisch: Ochsen mit dickem
Wanst, dünnen Beinen, kleinem Kopf und sogar ohne
Hörner; desgleichen sog. Vollblutschweine für Erzeugung von Schinken und Speck; Schafe, welche nur
dazu da zu sein scheinen, um Wolle hervorzubringen;
Hähne und Bulldoggen für den Kampf; Tauben
mit allen möglichen dem Liebhaber angenehmen Eigenschaften; endlich Musterpferde für den Zug und andere
desgleichen für das Rennen. Das englische Rasse- oder
Rennpferd ist durch künstliche Züchtung aus dem arabi-
schen Pferd hervorgegangen und übertrifft jetzt seinen
Urstamm weit an allen guten Eigenschaften. Zu welchem
nützlichen und angenehmen Hausthier hat man überhaupt
durch allmälige Züchtung das Pferd und noch mehr
den Hund umgestaltet! Fast noch auffälliger sind die
Resultate der Blumistik, der Gartencultur und der
Obstzucht, welche erreicht wurden theils durch gelegent-
liche Erhaltung und Fortpflanzung der besten Individuen, theils durch künstliche Pflege, verbesserten Boden
u. s. w. So hat man aus der dünnen, trockenen Pfahl-
wurzel der wilden gelben Rübe durch Cultur die wohl-
schmeckende Gelbrübe gemacht; und alle unsere feinen
Obstsorten, welche unsern Gaumen so wohlthätig er-
freuen, sind, wie Sie wissen, das Resultat einer lang-
jährigen künstlichen Pflege und Auswahl durch den Menschen. — Allerdings geschieht alles dieses nicht blos

durch künstliche Auswahl, sondern auch durch Kreuzung
verschiedener Rassen und somit durch eine künstliche Vereinigung von nützlichen Charakteren, welche vorher auf
verschiedene Rassen vertheilt waren; allein gewiß würde
auch das erstgenannte Verfahren noch viel bedeutendere
Resultate liefern, wenn es mehr gebildete Viehzüchter
gäbe, welche mit Kenntniß und Absicht verführen. Ein
Beispiel absichtlicher Züchtung einer ganz zufälligen Eigenthümlichkeit will ich hier nicht unerwähnt lassen, da es
eben so interessant, als belehrend ist, obgleich Darwin
selbst desselben nicht Erwähnung thut; es ist das Beispiel der sog. Otterschafe in Amerika. In Massachusetts in Amerika wurde ein Schaf mit sehr langem
Körper und sehr kurzen Vorderfüßen geboren, welches
die für die Colonisten vortheilhafte Eigenschaft hatte, daß
es nicht, wie die andern Schafe, über die Zäune oder
die Einfriedigungen der Gehöfte springen konnte. Man
trug Sorge für seine Zucht, und die Rasse verbreitete
sich ihrer Nützlichkeit halber schnell über einen großen
Theil von Nordamerika, bis sie nach Verlauf von ungefähr 50 Jahren durch die Einführung der bessere und
reichlichere Wolle gebenden Merinoschafe wieder verdrängt wurde. — Ein dem ganz verwandtes Beispiel hat
Azara aus Paraguay berichtet. Dort wurde im Jahre
1770 ein Stier mit vollkommenem Mangel an Hörnern
geboren, der wieder eine ungehörnte Nachkommenschaft
erzeugte. Da diese Eigenthümlichkeit den Züchtern oder
Heerdebesitzern vortheilhaft erschien, so wurde sie fortge-

pflanzt, und jetzt ist (wie Rolle berichtet) der ganze dortige einheimische Viehstand ungehörnt.

Diese Beispiele mögen genügen, um daran die mannichfaltigen Wirkungen der künstlichen Züchtung aufzuzeigen. Ganz in derselben Weise nun — so vollendet in Anlehnung an diese Thatsachen Darwin seinen Gedankengang — ganz in derselben Weise, wie der Mensch künstlich die Rassen verändert und verbessert, indem er die ihm am besten, vortheilhaftesten oder einem zufälligen Zweck am meisten entsprechenden Eigenheiten einzelner Individuen auswählt und sie durch Kreuzung oder Nachzucht bleibend zu machen sucht, ganz in derselben Weise verfährt die Natur und häuft täglich und stündlich nützliche oder vortheilhafte Abänderungen von Generation zu Generation — nur mit dem Unterschied, daß die Züchtung dort bewußt, hier aber unbewußt geschieht, und daß dort der ganze Vorgang innerhalb verhältnißmäßig kurzer Zeit geschieht, während er hier ungeheuerer Zeitlängen zu seinem Zustandekommen bedarf. Wenn schon der Mensch — so argumentirt Darwin weiter — soviel durch Auswahl leisten kann, wie vielmehr muß es die Natur können, welche nicht zum eigenen Nutzen, sondern nur zum Nutzen des Wesens selbst auswählt, und zwar mit viel besserer Anpassung und größerer Meisterschaft. In jedem Augenblicke ist die Natur durch die ganze Welt hindurch bemüht oder beschäftigt, auch die geringste Abweichung ausfindig zu machen, sie zu verbessern, wenn sie gut, oder zurückzuwerfen, wenn sie schlecht

ist.*) So sind die vortheilhaften Farben gewisser Thiere
entstanden, welche sie vor Verfolgung oder Entdeckung
schützen; so das zarte Spitzchen auf dem Schnabel junger
Vögel, womit sie die sie einhüllende Eierschale durchbrechen;
so die ausgezeichnete Befähigung des Spechts durch
Farbe, Kralle, Schnabel, Schwanz und Zunge, an Bäumen
emporzulaufen und Insekten unter der Rinde derselben
hervorzuholen; so die schnellen Füße des Rehs oder das
scharfe Auge und die furchtbare Bewaffnung des Raub=
thiers; so auch durch sog. sexuelle Zuchtwahl das
kräftige Gehörn des Hirsches oder der Sporn des
Hahns**); so endlich der lange Hals der Giraffe,

---

*) Eigentlich ist es nicht die Natur, welche dieses thut, da diese
selbst blind und willenlos handelt und alle möglichen, bald zweck=
mäßigen, bald unzweckmäßigen Bildungen hervorbringt, während
der Einfluß der äußeren Umstände den guten Bildungen fördernd,
den schlechten dagegen hindernd in den Weg tritt. Eine dieses
Verhältniß treffend illustrirende Beobachtung hat kürzlich Dr. G.
Jäger veröffentlicht. Derselbe hat mehrere Jahre hindurch viele
tausende von Forellen=Eiern in ihrer Entwicklung genau be=
obachtet und dabei gefunden, daß zuerst unter den Eiern selbst eine
große Verschiedenheit der Befruchtungsfähigkeit bestand, welche einen
großen Theil derselben gar nicht oder nur zu einer unvollständigen
Entwicklung gelangen ließ, während unter den zur Entwicklung
gelangten nur diejenigen am Leben blieben, welche mit dem Schwanze
zuerst aus dem Ei ausschlüpften, während die anderen durch die
übergestülpte Eihaut erstickt wurden. Unter den ausgeschlüpften
wiederum blieb abermals nur eine kleine Zahl am Leben, welche
ganz normal gebaut war, während alle mehr oder weniger miß=
bildeten (und es waren deren sehr viele) bei der Fütterung den
normalen nachstanden und sich nicht erhalten konnten.
**) Die sexuelle oder geschlechtliche Zuchtwahl, welche durch Be=
vorzugung und durch den Kampf der Männchen um die Weibchen

der sie befähigt, das junge Laub hoher Bäume abzuwei=
den, und von welchem heute schon einmal bei Besprechung
der Theorie von Lamarck die Rede war. An diesem
etwas auffallenden Beispiel will ich zugleich versuchen,
Ihnen den Unterschied der Theorie Darwin's von der=
jenigen Lamarck's zu erläutern und dabei den großen
Fortschritt zu zeigen, der in dieser Art der Naturerklä=
rung durch Darwin's Auftreten gemacht worden ist.
Ich sagte Ihnen, Lamarck erkläre jene Eigenthümlich=
keit der Giraffe daraus, daß sie die Nothwendigkeit oder
Gewohnheit habe, ihren Hals nach dem Laube hoher
Bäume auszurecken, und daß dieses Bedürfniß nach und
nach im Laufe der Generationen durch allmälige und
selbstthätige Anpassung des Individuums an seine Le=

---

entsteht, wird in ihrer Bedeutung für die Umänderung der Orga=
nismen von Professor Häckel noch mehr hervorgehoben, als von
Darwin selbst, und erstreckt sich nach ihm nicht blos auf die
Männchen, sondern auch auf die Weibchen. Die Mähne des
Löwen, die Wamme des Stiers, das Geweihe des Hirsches, der
Hauer des Ebers, der Sporn des Hahns, der geweihähnliche Ober=
tiefer des Hirschkäfers u. s. w. sind nach Häckel lauter Einrichtungen
oder Vorzüge, welche ihre Entstehung nur der geschlechtlichen Zucht=
wahl verdanken. Nicht minder ist dieses der Fall mit der schönen
Zierde oder Färbung mancher männlichen Vögel oder Schmetter=
linge oder mit der schönen Stimme oder dem Gesang der ersteren,
weil so bevorzugte Thiere auch von den Weibchen am meisten be=
vorzugt werden. Bei den Singvögeln existirt sogar seiner Ver=
sicherung zufolge ein förmlicher musikalischer Wettkampf der bekannt=
lich allein singenden Männchen um die Weibchen. Häckel glaubt
auch versichern zu dürfen, daß diese Art der Züchtung bei dem Men=
schen sehr wichtig und hoch entwickelt sei und gewiß eine Haupt=
ursache für dessen Fortschritt in der Geschichte gebildet habe.

bensbedingungen jene Eigenthümlichkeit hervorgerufen habe. Ganz davon verschieden ist der Gedankengang oder die Erklärungsweise Darwin's. Er sagt: Unsere heutige Giraffe stammt von einer längst untergegangenen Zwischen- oder Mittelform ab, welche jenen langen Hals noch nicht besaß und sich auch sonst wohl (da alle Organe und Theile eines Thieres in sympathetischer Beziehung und Wechselwirkung zueinander stehen) in mannichfacher Beziehung durch einen andern Körperbau unterschied. Diese Mittelform mag eine unbestimmt lange Zeit, hunderte oder tausende von Jahren, bei sich gleichbleibenden Umständen ohne wesentliche Veränderung so existirt haben, bis eine Zeit des Mangels oder großer Trockniß eintrat, welche die meisten hohen Bäume zu Grunde gehen sah und nur die stärksten und somit höchsten am Leben ließ. Eine nothwendige Folge dieses Vorganges mußte sein, daß von einer beliebig großen Giraffenheerde nur diejenigen Exemplare übrig blieben oder eine größere Aussicht auf Erhaltung als die übrigen hatten, welche sich durch höheren Körperbau und längeren Hals auszeichneten und mit Hülfe dieser Eigenthümlichkeit sich ihre Nahrung trotz der Ungunst der Umstände verschaffen konnten. Diese Eigenschaft vererbte sich auf ihre Nachkommen, welche sich nun abermals unbestimmt lange Zeit fortpflanzten, bis derselbe Vorgang sich abermals wiederholte und auch wieder dieselbe Wirkung erzeugte; und dieses mag sich so lange fortgesetzt haben, bis im Laufe der Jahre und einer großen Reihe wechselnder

Generationen die Form unserer heutigen Giraffe entstand.
— Dabei darf jedoch nicht vergessen werden, daß einem
solchen Vorgang ein weiteres Moment zu Hülfe kommt,
das soeben nur im Vorbeigehen erwähnt wurde und
welches von Darwin Wechselbeziehung der Entwicklung genannt wird. Diese Wechselbeziehung der
Entwicklung besteht darin, daß alle Organe und Theile
des Körpers oder eines organischen Wesens in sympathetischer Beziehung zueinander stehen, die nicht nach Be-
lieben abgeändert werden kann, und daß daher Veränderungen eines Theiles oder Organs auch gewöhnlich
von entsprechenden Veränderungen in andern Organen
oder Theilen begleitet sind. Um einige auffallende Beispiele dieser Art anzuführen, so hat man beobachtet, daß
verlängerte Beine auch von einem verlängerten Kopf begleitet sind, daß Tauben mit kurzen Schnäbeln auch
kurze Füße haben, daß weiße Katzen mit blauen Augen
taub zu sein pflegen, daß unbehaarte Hunde unvollkommene Zähne haben u. s. w.*)

---

*) Weitere Beispiele sehe man bei Darwin: Ueber das Vari-
iren der Thiere und Pflanzen im Zustande der Domestikation, Stuttgart 1868, sowie auch bei Seidlitz: „Die Darwin'sche Theorie"
Dorpat 1871, Seite 44 u. flgde. — Am auffallendsten zeigt sich die
Wechselbeziehung der Organe in der Geschlechtssphäre und den s. g.
Sexual-Charakteren, so daß z. B. Verlust der Hoden mit Verlust der auszeichnenden Charaktere des Mannes, während umgekehrt Verlust der Eierstöcke mit Verlust der auszeichnenden Charaktere des Weibes verbunden ist. Auch die Pathologie oder Krank-
heitslehre weist eine Menge der complicirtesten Wechselbeziehungen
nach, z. B. zwischen Neben-Nieren und Färbung der Haut, u. s. w.

In derselben Weise könnte man nun, verehrte An=
wesende, an allen andern Beispielen Lamarck's den
Unterschied der beiden Doctrinen und den in Darwin's
Ansichten enthaltenen Fortschritt nachweisen. Uebrigens
wäre es ganz falsch, wenn Sie deßhalb annehmen woll=
ten, daß Darwin alle von Lamarck als Ursachen der
Abänderung aufgestellten Maximen verwürfe oder durch
andere ersetzen wolle; im Gegentheil erkennt er dieselben
ausdrücklich an und räumt ihnen neben seiner natür=
lichen Züchtung oder Auswahl, welche freilich immer
Hauptsache bleibt, eine wichtige Stelle ein. Es sind
dies, wie schon mitgetheilt, hauptsächlich Gewohnheit,
Uebung, Bedürfniß, Gebrauch und Nichtge=
brauch der Organe; und schon die Beispiele, welche
Darwin herbeibringt, lassen deutlich sehen, daß diesen
Momenten ein, wenn auch kleinerer Theil jener Umän=
derungen gewiß zugeschrieben werden muß. So hat die
zahme Ente stärkere Fußknochen und geringer entwickelte
Flügelknochen, als die wilde Ente, weil sie im zahmen
Zustande ihre Füße mehr, ihre Flügel aber weniger ge=
braucht, als ihre wilde Schwester. Kühe und Geisen
erhalten ein größeres Euter durch regelmäßiges Melken.
Fast alle Arten von Haussäugethieren haben hängende
Ohren, weil sie dieselben wenig gebrauchen, während
ihre Verwandten im wilden Zustande deren aufrecht=
stehende haben. Aus demselben Grunde haben Vögel,
welche nicht fliegen, wie die Pinguins oder die Ca=
suare und die ganze Familie der straußenartigen Vögel

überhaupt, verkümmerte Flügel, oder hat der Maul=
wurf, welcher in der Erde wühlt und des Sehorgans
nicht bedarf, verkümmerte Augen, oder sind die Insek=
ten, Fische und Flebermäuse in den berühmten un=
terirdischen Höhlen von Steyermark und Kentucky blind.
Daß diese Thiere übrigens nicht blind erschaffen wur=
den, zeigt der noch vorhandene sog. Augenstiel und
überhaupt die Anwesenheit eines Auges in sehr ver=
kümmertem Zustande.

Auch den wichtigen Einfluß der äußeren Um=
stände und Lebensbedingungen (wie Klima, Bo=
den, Nahrung, Licht, Luft, Vertheilung von Wasser und
Land u. s. w.) auf die Umänderung der Naturwesen,
auf welchen, wie Ihnen aus dem ersten Theil meines
Vortrags erinnerlich sein wird, der College Lamarck's,
Geoffroy St. Hilaire, so großes Gewicht legte, er=
kennt Darwin ausdrücklich an, wenn auch nicht in dem
Maße, wie er es in Wirklichkeit verdient, und immer
nur in Verbindung mit seiner natürlichen Züchtung oder
als Unterstützungsmittel derselben. In der That ist der
Einfluß dieser äußeren Lebensbedingungen und ihrer ste=
ten Umänderung über der ganzen Erdoberfläche (welche
selbst ja nichts Starres, sondern etwas unaufhörlich und
jeden Augenblick sich Aenderndes ist) ein so bedeutender,
daß nicht wenige Gelehrte ihn allein für hinreichend ge=
halten haben, um den steten Wechsel und den ganzen
allmählichen Anwachs der organischen Welt damit zu er=
klären. So wissen wir z. B. aus unserer eigenen kurzen

Erfahrung, daß die Bekleidung der Thiere von dem Klima, ihre Farbe von Nahrung oder Licht oder von den Gegenständen, auf denen sie sich aufhalten, ihre Größe von der Reichlichkeit ihrer Ernährung u. s. w. abhängt. Aber alle diese äußeren Umstände, für deren Einwirkung in einer späteren Vorlesung noch speciellere Beispiele werden beigebracht werden, können nach Darwin niemals die vorzügliche Anpassung der Naturwesen an ihre Umgebung, ihre Lebensbedingungen, ihre Bedürfnisse u. s. w. erklären; es kann dies nur und allein Folge der natürlichen Zuchtwahl sein, welche stets Hauptsache bleibt, während neben ihr äußere Lebensbedingungen, Gebrauch und Nichtgebrauch der Organe, Gewohnheit, Wechselbeziehung des Wachsthums, Vererblichkeit, Kreuzung u. s. w. u. s. w. mitwirken, und durch diese vielen zusammenwirkenden Umstände ein oft so complicirtes oder verwickeltes Endergebniß entsteht, daß die Einsicht in alle Ursachen' in jedem einzelnen Falle sehr schwer und oft unmöglich erscheint. Im Allgemeinen befinden wir uns nach Darwin noch in einer tiefen Unwissenheit über die Gesetze, nach denen die Abänderungen erfolgen, und können nur soviel mit Bestimmtheit sagen, daß es Gesetze sein müssen. Mögen diese aber auch sein wie sie wollen, so ist doch nicht zu leugnen, daß eine stete Häufung kleiner, für das Individuum nützlicher Abänderungen durch natürliche Züchtung stattfindet oder stattfinden muß.*)

---

*) Häckel, obgleich sonst ein sehr entschiedener Anhänger von Darwin, ist ebenfalls der Meinung, daß Darwin den unmittelba-

Uebrigens würde man irren, wenn man annehmen
wollte, daß diese stete Häufung nützlicher Abänderungen
auch immer und unter allen Umständen zur Vervoll=
kommnung des ganzen Individuums führen müsse.
Denn so sehr es auch den Anschein hat, als ob dieses
so sein müßte, und so sehr auch im Allgemeinen ein
Streben nach steter Vervollkommnung oder Verbesserung
vorherrscht, so ist dieses letztere doch durchaus nicht

---

ren Einfluß der äußeren Lebensbedingungen, welcher sehr groß sei,
zu gering anschlage. Nur mache man bei der Würdigung dieses
Umstandes gewöhnlich den Fehler, daß man den Organismus diesen
Bedingungen gegenüber zu sehr als ein passives Wesen ansehe,
während er sich doch zugleich allen diesen Einflüssen gegenüber ac=
tiv verhalte und dadurch die allmälige Anpassung herbeiführe. Das
wesentlichste Moment dabei sei stets Häufung oder Cumulation der
Einwirkungen und der Gegenwirkungen. (Consuetudo est altera
natura.) — Alle Eigenschaften oder Charaktere der Organismen sind
demnach Häckel zufolge entweder Produkt des sog. innern Bil=
dungstriebes der ursprünglichen materiellen Zusammensetzung und
Vererbung oder des sog. äußern Bildungstriebs der Wechselwir=
kung mit der Außenwelt und der dadurch herbeigeführten Anpas=
sung; andere bildende Factoren, außer diesen beiden, gibt es nicht.
Das Wort Anpassung findet Häckel am bezeichnendsten für den
Vorgang der Auswahl, und unterscheidet darnach eine directe
und eine indirecte Anpassung. Erstere bezieht sich auf die El=
tern, letztere auf die Nachkommen. Die Erfahrung lehrt, daß
Ernährungsveränderungen, welche den elterlichen Organismus be=
treffen, oft sehr auffallende Abänderungen an dem kindlichen, von
jenem erzeugten Organismus hervorbringen und überhaupt erst an
diesem zur Erscheinung kommen. So rufen z. B. Gefangenschaft
oder übermäßige Nahrung bei Thieren Sterilität (Unfruchtbarkeit)
hervor, und so kann jeder Organismus durch die Wechselwirkung
mit der umgebenden Außenwelt nutritive oder Ernährungsverän=
derungen erleiden, welche bald in seiner eigenen, bald in der Form=
bildung seiner Nachkommen in die Erscheinung treten.

immer der Fall. Oft genügt bei einem Einzelwesen nur
irgend ein kleiner Vortheil in einer bestimmten Richtung,
um demselben ein Uebergewicht über seine Mitwesen zu
verleihen, obgleich seine sonstigen Eigenschaften geringer
sind oder die ganze Summe seiner Organisation eine nied=
rigere ist. Ja, ein Vorzug kann sogar unter Umstän=
den ein Nachtheil werden, wie z. B. Größe und Stärke
bei sehr verminderter Nahrungsmenge u. dgl. Fort=
schritt ist daher ein häufiger, aber durchaus
kein nothwendiger Begleiter der Abänderung.
Die Bewegung kann sogar rückläufig werden und zur
Entartung führen. So ist z. B. unser heutiger brau=
ner Bär ein unzweifelhafter Nachkomme des ehemaligen
Höhlenbären der Diluvialzeit, welcher ihn an Größe
und Stärke bedeutend übertraf und durch die inzwischen
sehr veränderten Verhältnisse der Erdoberfläche, des
Aufenthaltes, der Jagd, der Umgebung, der Lebensweise
u. s. w. zu seinem heutigen Typus herabsank. Auch die
Eingeweidewürmer, welche unzweifelhaft von ehedem
frei lebenden Würmern abstammen, haben zufolge ihrer
sehr veränderten Lebensweise gewisse Körpertheile, die
sie ehedem in ausgebildeter Form besaßen, wie z. B. den
Darmkanal, eingebüßt und sind dadurch an Vollkommen=
heit zurückgegangen. Oder ein sog. Cirripede, der vor=
her im Freien mit einer Kalkschale lebte, verliert all=
mälig durch natürliche Züchtung diese seine Kalkschale,
sobald er sich als sog. Schmarotzer auf andere Thiere
niederläßt, da ihm hier die Schale, die ihm sonst zu

so großem Vortheil gereichte, nicht mehr nützlich, son=
dern durch unnöthige Belastung schädlich wird und er
auf sonstige Weise geschützt ist. Auf dieselbe Weise wird
nach und nach bei einem jeden Lebewesen jeder Theil
verloren gehen, der nutzlos geworden ist.

Ein recht belehrendes Beispiel dafür, wie ein Vorzug
unter Umständen ein Nachtheil werden kann, bilden die
sog. Madeira=Käfer. Auf der Insel Madeira haben,
wie uns Darwin mittheilt, die meisten der dort leben=
den Käferarten, namentlich diejenigen, welche der Insel
ausschließlich angehören, so unvollkommene Flügel, daß
sie nicht fliegen, während gewisse Käfergattungen mit
stark entwickelten Flugwerkzeugen, welche anderwärts
sehr zahlreich sind, dort ganz fehlen. Darwin erklärt
dieses daraus, daß die fliegenden und daher in die
Lüfte sich erhebenden Käfer durch die dort herrschenden
starken Winde stets in das Meer geweht werden, wo sie
zu Grunde gehen; und daß nur die indolenten oder
trägen mit schlecht entwickelten Flugwerkzeugen übrig
bleiben, um diese Eigenschaft auf ihre Nachkommen fort=
zupflanzen. Man hat daher beobachtet, daß die Käfer
selbst erst hervorkommen, wenn die Sonne scheint und
der Wind ruht, und daß die Zahl der flügellosen In=
sekten an den nackten Felsklippen, wo sie dem Winde
mehr ausgesetzt sind, größer ist, als in Madeira selbst.
Dagegen haben diejenigen Insekten auf Madeira, welche
wirklich fliegen, sehr starke Flügel, weil sie nur auf
diese Weise dem Winde widerstehen können. Es ist dies

offenbar eine Verbindung von natürlicher Züchtung mit Nichtgebrauch.

Diese Beispiele, welche beliebig vermehrt werden könnten, mögen zeigen, daß die natürliche Züchtung, wenn auch meistens, doch nicht immer zur Vervollkommnung führt. Ueberhaupt ist der Begriff von größerer oder geringerer Vollkommenheit in der organischen Welt sehr unsicher und vieldeutig, was man nie vergessen darf, wenn man versucht, die Darwin'sche Theorie an bestimmten Beispielen zu prüfen; denn eine Einrichtung, die für eine bestimmte Verkettung von Zeit, Ort und Umständen sehr zweckmäßig oder sehr vollkommen erscheint, kann unter anderen Verhältnissen das gerade Gegentheil sein. Eine an sich sehr hohe oder vervollkommnete Organisation ist sogar unter sehr einfachen Lebensbedingungen mehr ein Nachtheil, als ein Vortheil, und dies erklärt, warum in einzelnen Fällen durch die natürliche Züchtung sogar eine rückläufige, statt einer fortschreitenden Bewegung eintreten kann. Auch ist nicht zu vergessen (worauf schon einmal aufmerksam gemacht wurde), daß nur da, wo eine sehr nahe Bewerbung stattfindet, das Moment der natürlichen Züchtung voll in Kraft tritt. Daher mag es kommen, daß einige Arten Fortschritte machen, andere dagegen nicht. Oft mag es auch in einzelnen Gattungen an vortheilhaften Abänderungen überhaupt gefehlt haben. Formen gar, die durch die äußerste Einfachheit und Gleichförmigkeit ihrer Lebensbedingungen überhaupt keine Mitbewerbung haben, schreiten gar nicht fort. Dahin gehören z. B. einige Formen der niedersten Weichthiere oder Meeresbewohner, welche seit unermeß= lichen Zeiten stets auf derselben Stufe der Organisation stehen geblieben sind, während andere, etwas höher stehende Formen während derselben Zeiträume nur sehr unbedeutende Aenderungen erlitten oder nur sehr geringe Fortschritte gemacht haben. Uebrigens mag es auch noch andere verwandte Formen gegeben haben, welche schneller vorangeschritten sind, deren Urbilder aber längst verloren gegangen sind. Endlich darf man nicht vergessen, daß der ganze Proceß, welcher die organische Welt in das Dasein gerufen hat, ja nicht aufhört, sondern aller Wahrscheinlichkeit nach auch heute noch und fortwährend von Unten auf ebenso thätig ist, wie er es von jeher war; so daß eine ununterbrochene Entstehung neuer und niederster Urformen mit darauf folgender Weiterent= wicklung stattfindet.

Dieses Alles erklärt, warum trotz der natürlichen Züchtung, welche schon seit so vielen geologischen Perio= den thätig ist, doch noch so viele unvollkommene Typen und niedere Formen über die ganze Erdoberfläche ver= breitet sind — ein Umstand, den man als einen sehr wesentlichen Gegengrund gegen die Darwin'sche Theorie geltend gemacht hat, und der ihr in der That, wenn man ihn nicht genügend zu erklären vermöchte, hätte verhäng= nißvoll werden dürfen. Uebrigens kommen jene still= stehenden oder nur wenig sich ändernden Formen fast nur unter den Wirbellosen, also in der niedrigsten

Sphäre des thierischen Lebens vor, während wir die An-
gehörigen des Wirbelthier=Typus (zu denen auch
der Mensch zählt) in einem stetigen Gang zur Vervollkommnung erblicken, d. h. mit seltenen Ausnahmen.
Eine solche Ausnahme bilden z. B. die Beutelthiere,
welche schon in der sog. Jura=Epoche beginnen und heute
noch ebenso in wenig abweichenden Formen fortleben.
Ueberhaupt ist es nach Lyell Gesetz, daß die organischen
Formen um so mehr Beständigkeit zeigen, je niedriger
sie sind, während der Wechsel, die Veränderlichkeit und
das Streben nach Fortschritt um so mehr zunehmen, je
höher man in der Skala aufwärts steigt — ein Gesetz,
welches vollkommen den Gesetzen des menschlichen
Fortschritts gleicht oder entspricht. Die Ursache dieser
Erscheinung liegt bei den niedersten Formen theils in
der Einfachheit ihrer Organisation und ihrer verhältnißmäßig geringen Empfindlichkeit, theils in der Einförmigkeit und dem Sichgleichbleiben der äußeren Lebensumstände dieser Thiere — während bei den höheren Formen
die größere Empfindlichkeit und die complicirtere Organisation im Verein mit dem häufigeren Wechsel der
äußeren Lebensumstände und der gesteigerten Mitbewerbung zur Abweichung geneigter macht.

Es läßt sich nach Darwin die Verwandtschaft aller
organischen Wesen untereinander am besten mit einem
Baum vergleichen, an welchem die grünen und knospenden Zweige die jetzigen Arten, die älteren und zum
Theil verdorrten Zweige aber die erloschenen Formen

vorstellen. Alle wachsenden Zweige suchen die anderen
zu unterdrücken und geben ihrerseits wieder knospende
Zweige ab, welche sich für sich weiter entwickeln und
ihre Nachbaräste zu unterdrücken streben, so daß ein steter,
ununterbrochener Wechsel stattfindet. Um bei Kräften zu
bleiben, müssen die Arten immer variiren oder wechseln.
Jede neu entstandene Spielart hat mehr Lebensfähigkeit,
als der Urtypus, von dem sie abstammt, und eine Art,
die nicht mehr variiren kann, ist daher auf die Dauer
verloren; sie kehrt auch, wenn einmal geschlagen oder
unterdrückt, niemals wieder. Je jünger oder, was das
Nämliche sagen will, je älter in der geologischen Reihen=
folge daher eine Gattung ist, um so reicher an Arten und
um so lebensfähiger ist sie, während die älteren Gat=
tungen immer ärmer an Arten werden und allmälig
aussterben. Daher ist auch die heutige Lebewelt die
stärkste und schlägt alle andern, wie das Beispiel von
Neuseeland beweist.*) In früheren Zeiten standen
sich die organischen Formen einander viel näher, als
heute, wo durch strahlenförmige Entfernung vom Urtypus
eine viel größere Verschiedenheit und Mannichfaltigkeit
der Formen eingetreten ist. Daher vereinen auch ältere
Formen eine Menge von Charakteren in sich, die sich
jetzt durch sog. Differenzirung auf verschiedene Gat=

---

*) Die Maori oder Ureinwohner von Australien pflegen daher
mit Recht zu sagen: „Wie des weißen Mannes Ratte die einhei=
mische Ratte vertrieben hat, so vertreibt die europäische Fliege unsere
eigene. Der eingewanderte Klee tödtet unser Farrnkraut, und so
werden die Maori verschwinden vor dem weißen Manne selbst.“

tungen vertheilt haben. Agaſſiz nennt dieſe Formen prophetiſche oder Prototypen (Vorbilder). Nur auf iſolirten Inſeln, wo die Mitbewerbung eine ſchwache iſt, haben ſich ſolche ältere Formen noch bis auf den heutigen Tag gewiſſermaßen als lebende Foſſilien erhalten, wie das merkwürdige Schnabelthier (Ornitorhynchus), der Lepidoſiren u. ſ. w.

Endlich macht Darwin zur Widerlegung derjenigen, welche die vielen Unvollkommenheiten in der Lebewelt als Einwand gegen ihn geltend machen, darauf aufmerk=ſam — und es iſt dieſes auch aus andern Gründen ein ſehr wichtiger Punkt — daß manche Thiere und vielleicht ſogar die meiſten, durch Erbſchaft Organe und Eigen=thümlichkeiten überkommen haben, welche ihnen unter geänderten Verhältniſſen nicht nur nicht von Nutzen, ſon=dern ſogar von Schaden ſind, wie z. B. der Schwimm=fuß des Fregattvogels oder der Landgans, welche Vögel nie ſchwimmen und doch durch Erbſchaft von ihren ſchwim=menden Vorfahren eine Eigenthümlichkeit behalten haben, die nur ihren Vorfahren nützlich war. Dieſe Erbſtücke ohne Nutzen, welche man auch rudimentäre (d. h. verkümmerte oder nur theilweis zur Entwicklung gelangte) Organe nennt, laſſen ſich überhaupt durch die ganze Lebewelt der Pflanzen und Thiere verfolgen und dienten bisher nur zur Erleichterung der Claſſification, während ſie an ſich bei der früheren Naturanſchauung gänzlich räthſelhafte und unerklärliche Erſcheinungen bildeten. Es gehören dahin die ſchon öfter erwähnten verkümmerten

Augen der Höhlenthiere, die Flügelstummel bei Vögeln oder Insekten, welche nicht fliegen, die rudimentären Zitzen bei männlichen Säugethieren, die Rudimente oder Stummel des Beckens und der Hinterbeine bei den Schlangen, die Zähne bei den Embryonen oder Leibesfrüchten der Walthiere, welche im erwachsenen Zustand nicht einen einzigen Zahn im ganzen Kopf haben, die Schneidezähne am Oberkiefer unserer Kälber, welche nie zum Durchbruch kommen, die vollständige Reihe verbundener Fingerknochen in der Floße des Manatus und Walfisches und vieles Aehnliche. Sogar bei Vogel-Embryonen sollen Zahn-Rudimente vorkommen — ein gewiß sehr auffallendes Beispiel für Erbschaft im Sinne der Verwandtschafts-Theorie! Auch der Mensch besitzt solche Erbstücke aus der ihm zunächst stehenden Säugethierwelt, aus der er hervorgegangen, in ziemlicher Anzahl, wie der sog. Schwanzknochen (os coccygis), oder der Zwischen-kieferknochen im Oberkiefer, um dessen Nachweis bei dem Menschen sich bekanntlich Goethe so verdient gemacht hat, oder der Wurmfortsatz, ein rudimentärer Anhang des Darmkanals (processus vermiformis) u. s. w.*) Noch mehr tritt dies hervor während des mensch-

---

*) Häckel, welcher die Lehre von den rudimentären Organen Dysteleologie nennt, sagt, daß diese Organe eines der schlagend-sten Argumente für Darwin bilden und daß sie der „unmittelbare Tod der Teleologie oder Zweckmäßigkeitslehre sind." Sie sind nach ihm entweder gleichgültig oder unnütz oder geradezu schädlich und unzweckmäßig; und lassen sich solche rudimentären Theile bei fast allen Organismenarten mit Sicherheit nachweisen. Ihre Entstehung

lichen Fruchtlebens, wo unter Anderen in einer der
frühesten Perioden desselben sich Spalten an beiden
Seiten des Halses zeigen, welche ganz den kiemen=
artigen Gebilden der niedersten Wirbelthierformen, die
durch sog. Kiemen (nicht durch Lungen) athmen, glei=
chen. Es setzen sich mit diesen Spalten sogar Arterien
von schlingenförmigem Verlauf in Verbindung, als ob
es wirklich zu einer Kiemenathmung kommen sollte. Später
werden diese Gebilde jedoch umgewandelt und zu andern
Zwecken verwendet. Die Lunge der höheren Säuge=
thiere selbst ist nichts weiter, als die mehr entwickelte
und complicirte Schwimmblase der Fische. Bei dem
schon genannten Lepidosiren, einem Mittelding zwi=
schen Fisch und Kriechthier, welches gleichzeitig durch

erklärt sich entweder aus einem durch Generationen andauernden
Nichtgebrauch gewisser Organe oder aus einem Ausfallen der Func=
tion bei veränderten Verhältnissen. Die ehemalige „Schöpfungs"=
Theorie erleidet nach Häckel an diesen Thatsachen einen vollkom=
menen Schiffbruch. Aus der Fülle von schlagenden Beispielen, welche
sich uns darbieten, hebt Häckel nur hervor die rudimentären Augen
der parasitischen, unterirdischen und auf dem Grunde des Meeres
lebenden Thiere; die rudimentären Flügel mancher Vögel und sehr
vieler Insekten, von denen eine ganze Ordnung den Namen Aptera
oder Flügellose führt, obgleich offenbar alle Insekten von ge=
meinsamen, geflügelten Voreltern abstammen; den vollständigen
Schwund der vier Wirbelthierextremitäten bei den meisten Schlangen
und bei den flossenlosen Fischen; das verkümmerte Schwanzende der
Vögel, die Steißwirbelsäule bei dem Menschen und bei den unge=
schwänzten Affen u. s. w. Sehr viele auffallende Beispiele dieser
Art bietet auch die Pflanzenwelt dar, in welcher unfruchtbare
Staubgefäße, rudimentäre Blumenhüllen und unentwickelte Frucht=
blätter äußerst häufig vorkommen.

•

Kiemen und Lungen athmet, ist die letztere ganz deutlich die von zahllosen Zwischenwänden durchzogene und durch einen Ausführungsgang mit dem Schlunde verbundene Schwimmblase. Ganz dieselbe Bedeutung haben die sog. embryonischen Charaktere und die Uebereinstimmung der embryonalen Bildung, oder — was dasselbe ist — die merkwürdige Thatsache, daß alle Embryonen oder Leibesfrüchte der verschiedensten Thiere auf der ersten Stufe des Fruchtlebens einander gleichen, und daß alle aus derselben Grundform gebildet sind. Herr von Baër, der berühmte Embryolog, versichert, daß die Embryonen von Säugethieren, Vögeln, Eidechsen, Schlangen, Schild= kröten (also von ganz getrennten Abtheilungen von We= sen) im Anfang alle einander so ähnlich seien, daß eine Unterscheidung nur durch die Größe möglich sei; und diese Aehnlichkeiten erstrecken sich oft noch bis in die erste Lebenszeit hinein. Ja, man kann unschwer nachweisen, daß der Embryo der höheren Wirbelthiere und des Menschen während seiner Entwicklung allmälig alle Hauptstufen der unter ihm stehenden Thierwelt von der niedersten bis zur höchsten durchläuft; und dies gilt nicht blos für die jetzige Lebewelt, sondern auch für deren fossile oder vorweltliche Repräsentanten. Sehr be= stimmt spricht sich darüber selbst ein gegnerischer Forscher, Professor Agassiz, mit den Worten aus: „Es ist eine Thatsache, welche ich jetzt als eine ganz all= gemeine aussprechen kann, daß die Embryo= nen (Keimlinge) und die Jungen aller gegen=

wärtig existirenden Thiere, zu welcher Klasse
sie gehören mögen, das lebendige Miniatur-
bild der fossilen Repräsentanten derselben
Familien sind."

Alle diese Erscheinungen und Thatsachen sind nach
der älteren Ansicht oder nach der Schöpfungstheorie nicht
blos unbegreiflich, sondern geradezu widersinnig,
oder, wenn man sich auf den theologischen Standpunkt stellt, schädlich, während sie nach der Darwin'-
schen Ansicht von der gemeinsamen Abstammung aller
Lebewesen nicht nur vollkommen erklärlich sind, sondern
sogar directe Beweise für diese Abstammung liefern.
Wie könnte z. B. eine Gans, die nie schwimmt, mit
Schwimmfüßen erschaffen sein? Woher könnten die vielen
unvollkommenen, überflüssigen oder geradezu nachtheiligen
Einrichtungen in der Natur kommen, wenn sie nicht eine
Erklärung in obigem Sinne fänden? Aus welchem Grunde
beständen die Aehnlichkeiten der vergleichenden Anatomie?
oder die Uebereinstimmung der Embryonen? oder die rudimentären Organe? wenn nicht eine nothwendige Verbindung aller Lebewesen untereinander und eine Fortentwicklung derselben vom niedersten bis zum höchsten
als Grundprincip angenommen werden könnte? — —

Nun hat freilich Darwin — und es ist dies ein
großer und allgemein anerkannter Fehler seiner Doctrin
— entweder nicht den Muth oder nicht die Consequenz
gehabt, seinen Gedanken ganz auszudenken und diese gemeinsame Abstammung aller Lebewesen, von der soeben

die Rede war, bis in ihre letzte und äußerste Spitze zu
verfolgen. Er spricht nur von circa 4—5 Urformen
oder Stammpaaren für die Thierwelt und ebenso vielen für die Pflanzenwelt, von denen er annimmt, daß
sie ursprünglich und zwar vor langen, langen Zeiten vom
Schöpfer in das Dasein gerufen worden seien. Zwar
hat er den für seine Theorie so wichtigen Punkt durchaus nicht übersehen und spricht sich gegen Ende seines
Buches ziemlich offen darüber aus, indem er ausdrücklich
sagt, daß die Analogie nothwendig auf nur eine
einzige Urform hinführe, und daß viele Gründe
dafür sprechen, „daß alle organischen Wesen desselben
Ursprungs sind." Auch vergißt er nicht, den für diese
Frage so wichtigen Umstand hervorzuheben, daß keine
scharfe oder durchgreifende Trennung zwischen Thier- und
Pflanzenreich besteht und schließt, ohne sich indessen des
Näheren auf die ganze Sache einzulassen, mit den Worten:
„Daher ich annehme, daß wahrscheinlich alle organischen
Wesen, die jemals auf dieser Erde gelebt, von irgend
einer Urform abstammen, welcher das Leben zuerst vom
Schöpfer eingehaucht worden ist. Doch beruht dieser
Schluß hauptsächlich auf Analogie, und es ist unwesent-
lich, ob man ihn anerkenne oder nicht."

Diese letzte Behauptung kann nun in der That von
einem rationellen Standpunkte aus in keiner Weise zugegeben werden, und mit vollem Recht hält dem Darwin's
Uebersetzer, Professor Bronn, in einer Nachschrift zu seiner Uebersetzung entgegen, daß dadurch die ganze Theorie

Büchner, Vorlesungen. 3. Aufl.   7

Noth) oder Schiffbruch) leide. Denn wenn spezielle Schö=
pfungsakte für acht oder zehn Stammeltern oder Stamm=
paare nothwendig waren, warum sind sie alsdann nicht
ebensowohl für alle Wesen zulässig? und warum bemüht
man sich überhaupt um natürliche Erklärungsweisen für
die Entstehung der übrigen? Denn es ist alsdann im
philosophischen Sinne ziemlich einerlei, ob der Schö=
pfungsakt einmal oder mehreremale stattfand; und es steht
immer noch ein Wunder an der Stelle des Naturge=
setzes. Also bleibt nichts übrig, als die Theorie der sog.
Descendenz (oder der gemeinschaftlichen Abstammung
aller organischen Wesen), welche von Darwin angeregt
wurde, bis auf ihre letzte Consequenz auszudehnen und
die Entwicklung der gesammten organischen Welt aus
einem ersten und einfachsten organischen Formelement, viel=
leicht der sog. Zelle oder dem Keimbläschen, abzu=
leiten.*) „Ist dies wunderbar", fragt Bronn, „da wir
ja doch jeden Tag ganz denselben Proceß unter unsern
Augen vor sich gehen sehen, indem wir beobachten, wie sich
ein organisches Wesen (selbst von der höchsten Vollendung,
wie z. B. der Mensch) während des Vorganges der Zeu=
gung und des Fruchtlebens allmälig aus einer ein=
zigen Zelle oder aus dem Keimbläschen emporentwickelt!"

***

*) Uebrigens hat Darwin inzwischen diese Consequenz in sei=
nen späteren Schriften theils ausdrücklich, theils stillschweigend an=
erkannt und seine Uebereinstimmung mit den (namentlich deutschen)
Schriftstellern, welche jene Consequenz gezogen und vertheidigt ha=
ben, zu erkennen gegeben.

Anm. zur dritten Aufl.

Mit diesen letzten Worten spielt Bronn auf einen
Vorgang an, der allerdings als die beste Illustration
der ganzen Theorie erscheint und den wir tagtäglich in
Millionen von Gestalten und Formen unter unsern Au=
gen und Händen vor sich gehen sehen oder zu beobachten
im Stande sind — es ist die allmälige Entwicklung jedes
organischen Wesens während der Perioden der Zeugung
und des Fruchtlebens aus einer einzigen Zelle, aus
dem sog. Ei oder dem Keimbläschen — und zwar
im Laufe einer verhältnißmäßig ganz kurzen Zeit von
Stunden, Tagen, Wochen oder Monaten. Das Keim=
bläschen ist ein sehr kleines, meist nur mit bewaffnetem
Auge (also durch das Mikroskop) sichtbares, kugliges
Bläschen, bestehend aus einer dünnen, durchsichtigen
Haut, einem zähflüssigen Inhalt und einem Kern —
welches ganze Gebilde in einem noch etwas größeren
Bläschen ähnlicher Art eingeschlossen ist und selbst wie=
derum dessen Kern bildet. Beide zusammen oder das
ganze vereinigte Gebilde nennt man das Ei — wobei
Sie übrigens nicht an das Ihnen Allen wohlbekannte,
zu Küchenzwecken dienende Hühnerei denken dürfen.
Denn das Hühnerei oder das Vogelei überhaupt zeichnet
sich vor allen andern Eiern, namentlich vor dem Säuge=
thierei, dadurch aus, daß sich bei ihm um das eigentliche
Ei oder Keimbläschen, welches für sich nicht größer
als das Säugethierei auch ist, noch ein sog. Nah=
rungsdotter und eine Umhüllung mit Eiweiß und
Schale als äußere Zuthat herumgelegt, und daß dasselbe

7*

somit sein ganzes Bildungsmaterial für das neu entstehende Thier mit auf die Welt bringt, während das Säugethierei eine solche Umhüllung nicht besitzt und seine
Nahrung aus seiner Umgebung innerhalb des mütterlichen Körpers zieht.

Aus einem solchen Ei nun entwickelt sich jedes organische Wesen — einerlei ob Pflanze oder Thier — und
zwar auf die einfachste Weise von der Welt, indem der
zähflüssige Inhalt der Eizelle, der sog. Dotter, den merkwürdigen Proceß der sog. Dotterfurchung oder Dot-
terklüftung durchmacht und sich dabei in einen Haufen elementarer, organischer Bausteine oder sog. Embryonalzellen umwandelt, die nun zu allen möglichen wei-
tern Umgestaltungen fähig sind, und aus denen sich der
künftige Organismus unter fortwährender Neubildung
weiterer Zellen und Zellenmassen aufbaut. Der ganze
Vorgang ist nichts mehr und nichts weniger, als ein
Zellenvermehrungs- oder ein Zellenwucherungs-
Proceß durch Theilung, und alle Furchungskugeln von
der ersten bis zur letzten oder kleinsten können und
müssen als Zellen betrachtet werden.*)

Ein weiteres Eingehen auf diesen Gegenstand gehört
der modernen Wissenschaft der Entwicklungsgeschichte
an. Für unsern Zweck genügt es zu wissen, daß und

---

*) Das Nähere und Einzelne über diesen Gegenstand, sowie
über die Zellentheorie überhaupt sehe man in des Verfassers „Physiologische Bilder" (Leipzig, 1861 und 1872) in dem Aufsatz „Die
Zelle" (namentlich auf Seite 269 und folgende).

auf welche Weise auch heute noch alle Organismen aus dem ersten und einfachsten Formelement, das wir kennen, aus der Zelle, hervorgehen. Und dieser ganze Vorgang, den wir von Stufe zu Stufe zu verfolgen und zu beobachten im Stande sind, ist durchaus nicht weniger wunderbar und geht ganz nach denselben Principien vor sich, wie die Entstehung und Entwicklung der großen organischen Welt aus jenen ersten Keimzellen, welche sich vor Millionen und aber Millionen Jahren in dem sog. Urmeere entwickelt haben, durch die ungeheuere Zeitfolge hindurch, welche die Gegenwart von jener frühesten Vergangenheit trennt.

Aber auch mit dieser Auseinandersetzung sind wir immer noch nicht an der letzten Vollendung oder der äußersten Consequenz der Abstammungstheorie angelangt; denn es bleibt immer noch die wichtige Frage übrig: Woher kamen jene ersten Ur- oder Keimzellen? oder was ist der Ursprung jener ersten organischen Urform, welche auch Darwin voraussetzt, und von welcher er meint, daß ihr das Leben zuerst vom Schöpfer eingehaucht worden sei? Konnte sie freiwillig und auf natürlichem Wege entstanden sein, oder mußte sie von einem Schöpfer erschaffen, und mußte die Anlage zu so großartiger Weiterentwicklung künstlich in sie hineingelegt werden? — Wäre das letztere der Fall, so hätte die Theorie abermals, wie man zu sagen pflegt, ein „großes Loch"; denn sie würde eben immer noch ein Wunder oder einen übernatürlichen Vorgang zu ihrer nothwendigen

Voraussetzung haben; und man könnte immer wieder
vom theologisch-naturalistischen Standpunkt aus sagen:
So gut die Schöpferthätigkeit einmal, wenn auch vor
noch so langer Zeit, eintrat oder agitirte, so gut kann
sie es immer gethan haben!

Dies führt also nothwendig auf die wichtige, so viel=
fach erörterte und so oft in dem verschiedensten Sinne
beantwortete Frage von der Urzeugung (generatio
aequivoca) oder von der Entstehung der ersten und
niedrigsten Zellen und Organismen — eine
Frage, um die sich gegenwärtig die ganze organische Na=
turwissenschaft gewissermaßen wie um ihre Achse dreht.
Gelingt es uns, diese Entstehung auf natürlichem
Wege und durch natürliche Kräfte als möglich, wahr=
scheinlich oder gewiß erscheinen zu lassen, so haben wir
damit im Sinne der Darwin'schen oder der Descen=
denz-Theorie den Schlüssel zu der gesammten, so reich
gegliederten organischen Welt und ihrer Erklärung aus
natürlichen Ursachen in der Hand. Denn alle Pflanzen
und Thiere, auch die höchsten und zusammengesetztesten,
sind, wie man jetzt mit aller Bestimmtheit weiß, nichts
mehr und nichts weniger, als mehr oder weniger zusam=
mengesetzte Agglomerate oder Zusammenhäufungen jenes
ersten organischen Formelements oder der Zelle, und
können nicht blos, sondern müssen auch bezüglich ihrer
Entwicklungsgeschichte aus demselben hergeleitet werden.

In Uebereinstimmung mit dieser Erkenntniß handelt
es sich heutzutage bei der Frage von der Urzeugung

nicht mehr, wie ehedem, um irgendwie höhere oder aus=
gebildetere Organismen, sondern nur noch um jene nied=
rigsten und unvollkommensten organischen Wesen, welche,
wie wir jetzt wissen, nur aus einer einzigen Zelle oder
gar aus einem noch einfacheren Formelement bestehen,
während bei allen höher organisirten Wesen von einer
unmittelbaren Entstehung oder Urzeugung nicht mehr die
Rede sein kann. Zwar schrieb man, wie Ihnen nicht
unbekannt sein wird, in früheren Jahren dieser Art der
Zeugung eine sehr ausgedehnte Wirksamkeit zu und ließ
fertige Pflanzen und ganze Thiere niederer Art, deren
Ursprung man nicht zu deuten wußte, wie Insekten,
Würmer u. dgl., ja sogar Fische, Frösche, Schlangen u.
s. w. auf diesem Wege entstehen. Mit dem Voran=
schreiten der Forschung jedoch wurde diese bequeme Art
der Naturbetrachtung immer weiter zurückgedrängt und
eingeengt, da man mit Hülfe des Mikroskops oder zu=
sammengesetzten Vergrößerungsglases überall Keime und
Eier fand, von denen jene Organismen abstammen, und
da man zugleich die zum Theil sehr verborgenen Mittel
und Wege entdeckte, durch welche die Keime an jene
Orte hingelangten, wo man die Organismen entstehen
sah. So gelangte man zuletzt bis zu jenen niedersten
einzelligen und nur mit bewaffnetem Auge sichtbaren Or=
ganismen, welche man in jedem Aufguß organischer,
in Zersetzung begriffener Substanz mit Wasser rasch in
großer Menge entstehen sieht und welche man gewöhn=
lich mit dem Namen der Infusionsthierchen belegt:

Ueber diese Thierchen und ihre freiwillige oder unfrei=
willige Entstehung wird, wie Sie wohl wissen werden,
seit lange ein erbitterter Streit unter den Naturfor=
schern geführt, der, nachdem er eine Zeit lang geruht
hatte, ganz neuerdings wieder von einigen französischen
Gelehrten mit großer Lebhaftigkeit erneuert und zum
Theil vor der französischen Akademie verhandelt worden
ist. Auch diese Verhandlungen konnten den, von sehr
subtilen und zahllosen Fehlerquellen ausgesetzten Ver=
suchen und Experimentationen abhängigen, Streit nicht zu
einem bestimmten Austrag bringen; und es scheint nach
Allem, daß er auf dem bisher betretenen Wege und in
der bisher angewendeten Form der Fragestellung über=
haupt nicht zu entscheiden ist. Denn abgesehen davon,
daß man durch jene Versuche niemals im Stande sein
wird, bei gleichzeitiger Abhaltung der in Luft, Wasser
u. s. w. enthaltenen Keime gerade diejenigen Bedingun=
gen herzustellen, welche die Natur zur freiwilligen Er=
zeugung solcher Urzellen nöthig hat oder nöthig gehabt
hat, so lange man diese Bedingungen nicht kennt, so ist
es auch jetzt sehr wahrscheinlich geworden, daß die Zelle
selbst, obgleich ein sehr einfaches Gebilde, doch an sich
schon viel zu complicirt und hoch organisirt ist, als daß
man an eine freiwillige und sofortige oder unmittelbare
Entstehung derselben aus einer Vereinigung formloser
anorganischer Stoffe denken dürfte. Eine derartige Ent=
stehung würde im naturwissenschaftlichen Sinne wahr=
scheinlich ein ebenso großes Wunder oder eine ebenso

große Unmöglichkeit sein, wie die plötzliche Entstehung
eines höher organisirten Wesens aus den vorhandenen
Stoffen. Im Gegentheil ist die Zelle selbst wahrschein=
lich erst ein Produkt aus einer ganzen Reihe ihr voran=
gegangener Entwicklungsprocesse; und es ist daher der
erste Anfang des Lebens nicht bei ihr, sondern noch wei=
ter rückwärts und bei jenen noch niedrigeren, neuerdings
entdeckten Lebensformen zu suchen, welche nicht einmal
aus Zellen, sondern nur aus Klümpchen belebten und
fast noch gänzlich ungeformten Schleimes bestehen. —
Wären aber auch, geehrte Anwesende, diese Gesichtspunkte
nicht richtig und würden auch alle Versuche und Versu=
cher gegen die Urzeugung und ihr Bestehen in heutiger
Zeit entscheiden, so wäre dennoch das Räthsel von einem
allgemeineren oder philosophischen Standpunkt aus durch=
aus nicht unlösbar. Denn man müßte alsdann anneh=
men, daß, wenn auch die Urzeugung heute nicht mehr
bestünde, der Grund davon nur in dem zufälligen und
zeitweisen Fehlen derjenigen Bedingungen zu suchen wäre,
welche zu ihrem Zustandekommen nothwendig sind —
während in früheren und frühesten Zeiten oder Perioden
der Erdbildung diese Bedingungen vorhanden waren.
Eine solche Annahme ist in keiner Weise gezwungen oder
unwahrscheinlich, da ja, wie wir wissen, die Erde sehr
verschiedene Phasen ihrer Entwicklung durchlaufen hat,
welche einem Zustandekommen der Urzeugung günstiger
sein konnten als die Gegenwart. Mit andern Worten:
Die Urzeugung beruht auf einem Naturgesetz, welches in

der Gegenwart latent oder verborgen ist, d. h. nicht in
die Erscheinung tritt aus Mangel der dazu nothwendi=
gen äußeren Bedingungen (oder Vereinigung von Um=
ständen), während es in der Vorzeit zu ausgedehnter
Wirksamkeit kam.

Aber, verehrte Anwesende, höchst wahrscheinlich haben
wir, wie schon angedeutet, einen solchen Nothbehelf gar
nicht nothwendig, und wird uns die stets voranschreitende
Forschung hoffentlich bald über alle diese Schwierigkeiten
mit Leichtigkeit hinweghelfen. Ich für meinen Theil
glaube aus allgemeinen Gründen mit aller Bestimmtheit
an das Bestehen der Urzeugung in ihrem allgemeinsten
Sinne auch in heutiger Zeit und daran, daß sie auf
wissenschaftlichem Wege früher oder später mit aller Si=
cherheit gefunden werden wird. Ganz auf demselben
Standpunkte stehen auch einige bedeutende Naturforscher
der neuesten Zeit, welche sich, angeregt und angetrieben
durch das Auftreten der Darwin'schen Theorie, diesen
Fragen zugewandt und eingehend mit dem Gegenstand
beschäftigt haben.

So hat u. A. Dr. Gustav Jäger, Docent an der
Wiener Universität und Director des dortigen zoologi=
schen Gartens, den dritten der von ihm geschriebenen
„Zoologischen Briefe" (Wien 1864) ausschließlich der
Frage von der Entstehung der ersten, organischen Wesen
im Lichte der Darwin'schen Theorie gewidmet. Zu=
gleich sagt derselbe in der Einleitung zu seinem Schrift=
chen sehr treffend, daß in der Frage von der Entstehung

der organischen Wesen sich bisher zwei Parteien einan=
der schroff gegenübergestanden hätten und noch gegen=
überständen, eine supernaturalistische und eine na=
turalistische, und fährt dann so fort:

„Als diese Gegensätze zum erstenmal aufeinander prall=
ten, waren die Anhänger der letzteren Lehre gegen die
Supernaturalistiker in der traurigen Lage, nach der Er=
klärung gefragt, nur höchst ungenügende, heutzutage bei=
nahe lächerlich scheinende Antworten zu geben, weil die
lückenhafte Thatsachenkenntniß ein Hinderniß für sie war,
das selbst dem höchsten Scharfsinn und der reichsten
Phantasie trotzte."

„Heutzutage steht die Sache anders. Paläontologie,
Geognosie und Geologie, die Erfahrungen auf dem Ge=
biete der Pflanzengeographie, der Anatomie, Physiologie
und Entwicklungsgeschichte bilden ein riesiges Arsenal
für die Anhänger der realistischen Schule, und die Menge
dessen, was — einst für unerklärbar gehalten — heut=
zutage bereits erforscht und erklärt ist, ist so groß, daß
die größte Hälfte des Schlachtfeldes in den Händen der
realistischen Schule war, ehe Darwin durch das Er=
scheinen seines Werkes das Signal zum Kampfe gab;
und die Supernaturalisten, welche unter Cuvier's Füh=
rung einst so siegreich gekämpft, sind heute von ihren
Gegnern, wenn auch noch nicht gänzlich aus dem Felde
geschlagen, doch bereits in einige wenige, unter den Ge=
schossen einer unerbittlichen Logik wankende Verschanzun=
gen zurückgedrängt."

„Es ist ein epochemachender Kampf auf dem Gebiete der Wissenschaft, der gegenwärtig gekämpft wird, so epochemachend auf diesem Gebiete, wie der dreißigjährige Krieg auf dem Boden des religiösen Lebens, und wenn wir zugeben, daß auf dem Gebiete des organischen Lebens die höchsten Probleme der Wissenschaft gelöst werden müssen, so können wir mit Recht behaupten, daß dieser Kampf der bedeutungsvollste in der ganzen Geschichte der Wissenschaft genannt werden muß."

Was nun die von Jäger aufgestellte Theorie selbst angeht, so waren nach ihm die ersten organischen Wesen der Erde Wasserbewohner und entstanden aus denselben organischen Elementen, aus denen auch noch heutzutage alle organischen Wesen bestehen — also vor Allem aus Kohlenstoff, Wasserstoff, Sauerstoff und Stickstoff und ausgehend von der Kohlenstoff und Sauerstoff enthaltenden Kohlensäure (welche sich in ungeheurer Menge in dem die Erde damals umgebenden Dunstballe befand) und von dem den Stickstoff in großer Menge einschließenden Ammoniak, so daß eine wässerige Lösung von kohlensaurem Ammoniak der erste chemische Ausgangspunkt für Entstehung der organischen Wesen gewesen sein mag. — Was die Form dieser Wesen angeht, so bestanden dieselben nach Jäger aus einfachen Zellen oder waren, was man in der Sprache der Wissenschaft einzellig nennt, und bezogen ihre Nahrung, wie z. B. heute noch die sog. Hefezellen, aus unorganischen Stoffen, namentlich aus dem kohlensauren

Ammoniak.*) Man darf übrigens dabei nicht an ein einziges Schöpfungscentrum denken, sondern muß annehmen, daß diese Bildung über den weitaus größten Theil der Erdoberfläche gleichmäßig vor sich ging, wobei die Monotonie oder Einförmigkeit des damaligen Zustandes dieser Oberfläche auch eine ziemliche Monotonie dieser ersten Bildungen hervorrief oder — mit anderen Worten — die Gesammtheit der e r st e n Schöpfung muß e i n z e l l i g gewesen sein. Dies stimmt auch mit der Thatsache überein, daß wir diese einzelligen Wesen auch heute noch über fast die ganze Erdoberfläche mit derselben Monotonie der Form verbreitet finden. —

Was die N a t u r jener einzelligen Wesen angeht, so waren sie nach J ä g e r weder Thier, noch Pflanze, sondern eine Zwischenform oder ein Mittelding zwischen beiden, ähnlich denjenigen Formen, welche wir ja auch heute noch als solche Zwischenglieder zwischen Pflanze und Thier in großer Menge kennen. Aus diesen Urformen bildeten sich erst bei der weiteren und späteren Entwicklung gleichzeitig zwei große Zweige oder Aeste hervor — das T h i e r r e i c h und das P f l a n z e n r e i c h.

---

*) Die Zelle selbst ist zwar wohl nicht, wie schon angedeutet, die allererste oder Urform des Lebens, da sie hierzu als ein schon zu sehr zusammengesetztes Gebilde erscheint, sondern die sog. S a r k o d e, ein formloser, belebter Schleim, der die Fähigkeit besitzt, Stoffaustausch mit den umgebenden Flüssigkeiten zu unterhalten. Aus dieser Sarkode, die wir noch weiter als P l a s m a oder P r o t o p l a s m a kennen lernen werden, mögen sich die ersten Zellen hervorgebildet haben.

Zwischen diesen beiden gibt es bis auf den heutigen Tag durchaus keinen prägnanten naturhistorischen Unterschied; wir kennen im Gegentheil eine Menge von Uebergangs= formen, welche, indem sie an der untersten Grenze des Lebens stehen, weder Thier noch Pflanze und so unbe= stimmter Natur sind, daß man neuerdings ein beson= deres Reich, das sog. Protistenreich oder Reich der Urwesen, aus ihnen zu machen versucht hat. Das einzig haltbare Zeichen des Unterschieds findet Jäger in der Contractilität oder in der Fähigkeit, sich zu= sammenzuziehen und wieder auszudehnen. Ist eine Zelle contractil, so nennt man sie ein Thier; ist sie es nicht, so nennt man sie eine Pflanze.*) — Nun gibt es aber einzellige Wesen, welche in einer gewissen Periode ihres Lebens contractil, in einer andern es nicht sind, so daß

---

*) Auch dieses Unterscheidungszeichen ist durch neuere Unter= suchungen hinfällig geworden, da man die Contractilität auch an vielen Pflanzenzellen beobachtet und überhaupt gefunden hat, daß die Bewegungs=Erscheinungen im Pflanzenreich viel allgemeiner ver= breitet sind, als man bisher annahm. Die Unterschiede zwischen Pflanze und Thier zeigen sich eigentlich nur in den höheren Regi= onen des Lebens, während sie in den niederen und niedersten ver= schwinden und damit offenbar auf einen gemeinschaftlichen Ursprung beider Reiche hinweisen. Die sog. Zoophyten oder Pflanzenthiere bewegen sich nicht frei, sondern sitzen fest, indem sie von der Nah= rung leben, die ihnen das Wasser zufällig zuführt. Sie haben keine Spur von Gehirn oder Nervensystem und daher wahrscheinlich auch keine Empfindung und willkürliche Bewegung. Die letztere ist viel= leicht nur scheinbar willkürlich und nur eine mechanische oder sog. Reflex=Bewegung, ähnlich wie die Bewegungen der Mimose oder der Fliegenfalle. Auch die Bewegungen der niedersten Organismen,

also damit offenbar der Uebergang oder Zusammenhang beider Reiche dargelegt ist. Solche Wesen sind nun weder Thier noch Pflanze, sondern ein Mittelding zwischen beiden. Ganz gleiche oder ähnliche Fälle treten übrigens auch bei mehrzelligen Organismen ein, so daß aus Allem klar hervorgeht, daß wir den Unterschied von Thier und Pflanze ohne wissenschaftliche Kenntniß nur nach der äußeren Erscheinung der uns täglich begegnenden zahllosen höheren Formen gebildet haben. Daher ist es auch nach Jäger gar nicht zu verwundern, daß wir schon in den ältesten versteinerungsführenden Erdschichten Thiere und Pflanzen nebeneinander finden — während man früher nach der Theorie der Stufenfolge ganz irriger

bei denen die einfache Zelle selbst Thier wird, wie Gregarinen, Amoeben, Infusionsthierchen, und welche weder Mundöffnungen noch Nerven haben, sind wohl nur einfache Reizbewegungen, ebenso wie die Bewegungen der pflanzlichen Schwärmsporen, welche man von Infusionsthierchen nicht immer unterscheiden kann; und sie sind lediglich veranlaßt durch die Contractilität und Reizbarkeit der Sarkode oder jener lebenden, eiweißartigen Substanz, welche im Pflanzen- und Thier-Reich in fast gleicher Weise vorkömmt und den Inhalt jeder lebenskräftigen Zelle bildet. Man kennt die verschiedensten Meinungen der Beobachter über die Pflanzen- oder Thiernatur derselben einfachen Gebilde, was deutlich zeigt, daß es ein bestimmtes Unterscheidungsmerkmal nicht gibt. Auch der Stoffwechsel liefert dieses Merkmal nicht, da es Pflanzen gibt, die sich nur von organischen Stoffen nähren, wie Pilze oder Schmarotzerpflanzen, und andre, die den gleichen Respirationsproceß wie das Thier unterhalten. Erst auf den Stufen höherer Ausbildung erscheint das Thier als solches durch die vorzugsweise Ausbildung der animalen Functionen, während der Pflanze die vorzugsweise Ausbildung der vegetativen Sphäre des Lebens obliegt.

Weise annehmen zu müssen glaubte, das Pflanzenreich sei als das Unvollkommnere zuerst dagewesen, und das Thierreich sei als das Vollkommnere erst später gefolgt.

Aus den beschriebenen einzelligen Organismen wurden nun allmälig durch Aneinanderreihen der einzelnen Zellen sog. mehrzellige: und alle mehrzelligen Wesen (zu denen auch die höchsten der Schöpfung gehören) stammen, wie Jäger nachweist, von jenen einzelligen ab. Die ganze paläontologische oder vorzeitliche Entwicklung der Organismen zeigt nach ihm die größte Aehnlichkeit und Uebereinstimmung mit der embryonalen oder foetalen Entwicklung während der Perioden der Zeugung und des Fruchtlebens, welche wir noch tagtäglich unter unsern Augen vor sich gehen sehen und zum Gegenstand unseres unmittelbaren Studiums gemacht haben. So haben z. B. die ältesten fossilen oder versteinerten Fische ein knorpliges, statt eines knöchernen Skeletts, gerade so wie unsere heute lebenden während ihrer ersten Lebensperiode, und sind die ältesten Wirbelthiere nur aus drei großen Abtheilungen zusammengesetzt (Kopf, Rumpf, Schwanz), gerade so wie unsere heutigen Säugethiere in ihrer ersten Foetalperiode. — Daß man übrigens auch heute noch Repräsentanten aller Stufen, selbst der untersten, antrifft, erklärt Jäger daraus, daß dieselbe Entwicklung aus einzelligen Wesen heraus auch heute noch gerade so und in derselben Weise, wie früher, fortdauert.

Was die Frage anlangt, ob man die Ueberreste jener

ersten organischen Wesen in der Erde anzutreffen hoffen
darf, so muß sie nach Jäger entschieden mit Nein be=
antwortet werden, da jene Wesen viel zu klein und zart
zur Erhaltung waren, und da überdem die ältesten Ge=
steine durch die Länge der Zeit und durch stete Umwand=
lung viel zu sehr in ihrem Innern verändert sind, als
daß man hoffen dürfte, solche Ueberreste in ihnen aus=
findig zu machen.*) —

Fast ganz in derselben Weise, aber noch weit ent=
schiedener und eingehender, hat sich ganz neuerdings ein
Mann ausgesprochen, dessen Ansichten bereits mehrmals
besondere Erwähnung fanden, und der, geleitet von
Darwin'schen Grundsätzen, sehr eingehende Studien
über den Gegenstand gemacht hat. Nach den sehr gründ=
lichen Untersuchungen von Professor Häckel in Jena,
welche, wie es scheint, das ganze große Räthsel auf eine
sehr einfache Weise zu lösen bestimmt sind, gibt es eine
Anzahl niederster, organischer Wesen, welche noch tiefer
stehen, als die von Jäger beschriebenen einzelligen
Organismen, ohne jegliche Structur, ohne die Form einer
Zelle, ohne Hülle oder Kern, ohne Organe, welche sich
lediglich durch sog. Einsaugung vermehren und durch
sog. Theilung fortpflanzen. Es sind diese Wesen in
der That nichts weiter, als contractile, d. h. der Zusam=

---

*) Uebrigens hat man nichtsdestoweniger inzwischen in einem
allerältesten Gestein die merkwürdige Entdeckung eines solchen Ur=
thieres (Eozoon Canadense) gemacht, von dem noch des Näheren
die Rede sein wird.

menziehung und Wiederausdehnung fähige Eiweiß-
klümpchen. Sie machen sehr langsame und schwache
Bewegungen und grenzen unmittelbar an die sog. Rhizopoden oder Wurzelfüßer, eine Gattung niederster
Meeresbewohner, welche sich nur dadurch von jenen
einfachen Wesen unterscheiden, daß sie mit einer aus-
Kalk gebildeten Schale umgeben sind. Sie vermögen
es, ihre äußeren Umrisse zu wechseln, indem sie formlose,
schleimige Fortsätze, sog. Pseudopodien oder falsche
Füße, von ihrer Körperoberfläche ausstrecken. Häckel
nennt diese Wesen ihrer Einfachheit wegen nach dem
griechischen Wort μονηρης (einfach) Moneren, und
versteht also unter dieser Bezeichnung organische, formlose, in sich gleichartige, der Ernährung und Fortpflanzung
fähige Eiweiß-Klumpen oder Klümpchen, bei denen alle
organischen Functionen oder Verrichtungen nicht, wie
bei den höheren Thieren, Verrichtungen besonderer Organe, sondern unmittelbare Ausflüsse der ungeformten,
organischen Materie selbst sind.

Die Frage, wie diese Moneren oder Plasma-
klumpen*), aus denen sich nach ihm alle übrigen Lebe-

---

*) Plasma = Bildungsmasse; Protoplasma = Urbildungs-
masse. Die merkwürdigen Lebenseigenschaften des Protoplasma
und der von ihm abgeleiteten Gewebe und Körperbestandtheile sind
nach Häckel bedingt durch die eigenthümlichen chemischen und
physikalischen Eigenschaften des Kohlenstoff's und seiner verschiedenen Verbindungen mit den übrigen im Text genannten Elementen. Der Kohlenstoff ist dasjenige Element, welches jenen
Verbindungen ihren eigenthümlichen „organischen" Charakter auf-

wesen durch einfache Descendenz hervorbilden, entstehen, beantwortet Häckel dahin, daß sie sich ähnlich, wie die Krystalle aus einer Mutterlauge, aus einer Flüssigkeit abscheiden, in der sich vorher sog. ternäre und quaternäre Verbindungen aus Kohlenstoff, Wasserstoff, Sauerstoff und Stickstoff spontan, d. h. freiwillig, ausgeschieden haben — und zwar auf dem Wege einer allmäligen, gegenseitigen Anziehung.

Die Annahme einer generatio aequivoca oder Urzeugung bot nach Häckel nur so lange Schwierigkeit, als man diese einfachsten Wesen oder Moneren noch nicht kannte, während jetzt kein Zweifel darüber sein kann, daß sie es sind, welche die erste Stufe des Lebens bilden, und aus denen sich Zellen oder zellige Organismen entwickeln. Dieses letztere geschieht, indem zuerst durch größere Verdichtung des Mittelpunktes ein sog. Kern in der Plasmamasse der Moneren auftritt, welcher sich nach und nach mit einem zähflüssigen Inhalt und schließlich mit einer das Ganze abschließenden Membran oder Haut umkleidet — also ganz in der Weise des ehemals für den Zellenbildungsproceß angenommenen Schleiden-Schwann'schen Schemas, welches die Zellen unmittelbar und spontan aus einer plasmatischen oder Bildungs-

---

prägt und das Protoplasma oder den „Lebensstoff" zur materiellen Basis aller Lebens-Erscheinungen macht. Daher auch die neuere Chemie die Bezeichnung „organische Verbindungen" durch die tiefer greifende „Kohlenstoff-Verbindungen" ersetzt hat.

material enthaltenden Flüssigkeit sich abscheiden ließ.*)
Im Gegensatz hierzu entstehen nach Häckel zellige Orga=
nismen niemals spontan oder freiwillig — wodurch also
die Urzeugung in dem bisherigen Sinne ganz beseitigt
ist — sondern sie entwickeln sich stets erst aus
den Moneren. Durch verhältnißmäßig ganz geringe
Unterschiede der chemischen Zusammensetzung oder der
äußeren Umstände, unter denen sich die Moneren ent=
wickelten, mögen in dem ehemaligen Urmeere, das die
Erde nach ihrer ersten Abkühlung umgab, zahlreiche ver=
schiedene Monerenarten oder Monerenformen unabhängig
von einander entstanden, die meisten derselben aber im
Kampfe um das Dasein wieder zu Grunde gegangen
sein. Eine Anzahl derselben jedoch erhielt sich, und sie
wurden die Stammväter der gesammten organischen Welt.
Jede der großen Hauptgruppen der Organismenwelt
ist nach Häckel aus einer besonderen Monerenart her=
vorgegangen — wobei es übrigens auch möglich sein
kann, daß alle diese verschiedenen Monerenarten selbst
wieder durch allmälige Differenzirung aus einer einzi=
gen gemeinsamen Urmonerenform hervorgegangen sind,
d. h. einer einzigen nicht der Zahl, sondern nur dem

---

*) Genauer angesehen, haben sich nach Häckel die sog. ächten
Zellen, für deren Begriff ein innerer Kern und eine denselben
umgebende Bildungsmasse nothwendig erscheint, aus den Moneren
durch innere, die sog. unächten Zellen oder zellenähnlichen,
kernlosen Bläschen dagegen durch äußere Weiterbildung hervor=
entwickelt.

Wesen nach. „Viele Generationen von Moneren", sagt
Häckel, „mögen Jahrtausende lang das Urmeer, welches
unsern abgekühlten Erdball umschloß, bevölkert .haben,
ehe die Differenzirung der äußeren Lebensbedingungen,
denen sich diese homogenen Urwesen anpaßten, auch eine
Differenzirung ihres eigenen gleichartigen Eiweißleibes
herbeiführte" u. s. w.*)

Die Frage endlich, ob dieser·Proceß, den Häckel
Autogonie oder Selbstzeugung nennt, auch heute
noch fortdauert, läßt der gelehrte Verfasser unentschieden;
nur das ist nach ihm gewiß, daß er jedenfalls in der
Urzeit einmal stattgefunden hat. Jedoch kann uns die

---

*) Eine Monographie (Einzelbeschreibung) der Moneren mit Ab=
bildungen von E. Häckel ist ganz neuerdings in der „Jenaischen
Zeitschrift für Medicin und Naturwissenschaft" (Band IV, Heft 1)
erschienen. „Einfachere, unvollkommenere Organismen", sagt darin
der Verfasser, „als die Moneren sind, können nicht gedacht werden."
Uebrigens hat die Häckel'sche Moneren=Theorie ganz neuerdings
eine wesentliche Stütze erhalten durch die Entdeckung des merk=
würdigen Tiefsee=Gebildes oder untermeerischen Organismus,
welchem sein Entdecker, Prof. Huxley, den Namen des Bathybius Haeckelii gegeben hat. Dieses interessante Moner, welches
vielleicht noch heutzutage fortwährend durch Urzeugung neu entsteht,
bedeckt in Gestalt von nackten Protoplasma=Klumpen und Schleim=
netzen mit eingestreuten kalkigen Concretionen in ungeheuren Mas=
sen die tiefsten Abgründe der heutigen Meere in derselben Weise,
wie es vielleicht schon vor Millionen von Jahren den Boden des
Urmeeres bedeckt hat, und erinnert auffallend an den ehemaligen
„Urschleim" der Oken'schen Naturphilosophie, der, im Meere
entstehend, den Urquell alles Lebens bilden sollte! Siehe Näheres
bei Häckel: „Beiträge zur Plastiden=Theorie." (Jenaische Zeitschrift,
Band V, Heft 3.)

Paläontologie oder die Erforschung der versteinerten
Ueberreste über diese ersten Anfänge nichts sagen, aus
den schon von Jäger entwickelten Gründen. Auch be=
züglich der Unterscheidung von Thier und Pflanze
stimmt Häckel vollständig mit Jäger überein, indem
er eine solche für unmöglich hält und eine Zwischen=
abtheilung, die sog. Protisten, d. h. Erstlinge oder Ur=
wesen, aufstellt. Der einzige wesentliche Unterschied ist
nach Häckel nur der, daß die Zelle, aus der sich alle
organischen Wesen zusammensetzen, bei der Pflanze
während der spätern Entwicklung als solche eine größere
Selbstständigkeit behält, als bei dem Thier. Seine ge=
sammte Anschauungsweise faßt Häckel selbst schließlich
in den Worten zusammen: „Alle Organismen, welche
heutzutage die Erde bewohnen und welche sie zu irgend
einer Zeit bewohnt haben, sind im Laufe sehr langer
Zeiträume durch allmälige Umgestaltung und langsame
Vervollkommnung aus einer geringen Anzahl von ge=
meinsamen Stammformen (vielleicht selbst aus einer
einzigen) hervorgegangen, welche als höchst einfache
Urorganismen vom Werthe einer einfachen Plastide
(Moneren) durch Autogonie aus unbelebter Materie
entstanden sind.“

Diese Theorie von Häckel ist einfach und wahrschein=
lich und macht der ganzen bisherigen Schwierigkeit be=
züglich der generatio aequivoca oder Urzeugung ein
Ende. Sie findet auch eine sehr merkwürdige thatsächliche
Bestätigung in einer ganz neuen Entdeckung der Palä=

ontologie, welche vor Kurzem in Amerika gemacht wurde
und nicht verfehlen konnte, großes Aufsehen zu machen.
Um sie zu erläutern, muß ich jedoch etwas weiter ausholen:

Bisher hielt man bekanntlich die sog. silurischen
und cambrischen Formationen für die ältesten verstei=
nerungsführenden Schichten der Erdrinde, und es war
einigermaßen auffallend und der Descendenztheorie nicht
gerade günstig, wenn auch wohl aus geologischen Grün=
den erklärlich, daß man in diesen untersten Schichten
schon eine ziemliche Anzahl von weiter entwickelten Thie=
ren und Pflanzen, wenn auch der untersten Arten, bei=
sammen fand. Nun hat aber S. W. Logan in Canada,
nördlich vom Lorenzo=Strom, eine Reihe von Erdschichten
von ungeheurer Mächtigkeit entdeckt, die noch weit äl=
ter als die ältesten silurischen und cambrischen Bil=
dungen sind und ungeheure Zeiträume zu ihrem Zu=
standekommen in Anspruch genommen haben müssen.
Man hat diese Schichten die Laurentian=Bildung
genannt. In dieser Laurentian=Bildung nun (welche
übrigens inzwischen theilweise auch in Böhmen, Bai=
ern u. s. w. aufgefunden worden ist) findet sich ein tau=
send Fuß mächtiger Kalkstein mit organischen Ueberresten;
und diese Ueberreste bestehen aus den Kalkschalen einer
großen Rhizopoden= oder Wurzelfüßer=Art, d. h.
einer Thierart, welche die beinahe niederste Stufe des
Lebens bezeichnet*) und welche in der That nichts weiter

---

*) Sie bildet eine Ordnung der untersten Thierklasse, der sog.
Urthiere oder Protozoën.

ist, als einer jener von Häckel beschriebenen Schleim-
oder Plasma-Klumpen, der sich aber mit einer kalkigen
Hülle umgeben hat. Diese Hülle blieb erhalten und ist
heute noch in jenem Kalkstein Amerikas sichtbar — gewissermaßen als der erste wahrnehmbare Anfang des
Lebens auf Erden, während natürlich von dem Thiere
selbst nichts mehr zu sehen ist. Gleiche oder ähnliche
Thiere leben noch heute in großer Anzahl auf dem Boden unserer Meere; sie bestehen aus einem Klümpchen
belebten Schleimes, in dem sich noch keine Zellen oder
sonst geformten Gebilde entdecken lassen und welcher
von einem winzig kleinen Kalkgehäuse umgeben ist. Diese
Thierchen haben sich in beinahe derselben Form erhalten
von jenem ersten Augenblicke an, wo das Licht der Sonne
den die Erde umgebenden Dunstball durchbrach und das
beginnende Leben zum Dasein erweckte bis auf den heutigen Tag, wo wir Wasser, Luft und Erde mit zahllosen
Wesen aller Art auf das Reichlichste bevölkert sehen.
Das in Canada gefundene Thier hat man Eozoon Canadense oder das Canadische Morgenröthe-Thier
genannt, um damit anzudeuten, daß mit ihm oder mit
Seinesgleichen die Morgenröthe des Lebens auf Erden
beginnt.*)

*) Nach Darwin zählt das Eozoon zwar zu der niedrigsten
bekannten Thierklasse, erscheint aber durch die Bildung seiner Schale
innerhalb der Klasse selbst bereits sehr hoch organisirt. — Uebrigens ist das Eozoon neuerdings auch im körnigen Kalk der Gneiß-
formation von Obernzell bei Passau in Baiern (Siehe: Gümbel:

Mit diesen Thieren oder dieser Thierklasse stünden
wir also, verehrte Anwesende, ganz oder beinahe am
ersten Anfang alles Lebens auf Erden und, was die
Hauptsache ist, vor einer natürlichen oder naturge=
mäßen Erklärung dieses merkwürdigsten aller Vor=
gänge, dieses größten aller Naturwunder! — Indessen
könnte, um diese Behauptung zu entkräften, vielleicht
noch von chemischer Seite aus ein letzter Einwand
erhoben und gefragt werden: Woher kommen die orga=
nischen Verbindungen, aus denen sich jene frühe=
sten Wesen, jene Plasma= oder Eiweißklumpen, jene sog.
Moneren, jene Urwesen und Urzellen entwickeln? Ist
es möglich, anzunehmen, daß sich dieselben freiwillig aus
den unorganischen Stoffen der Natur entwickelt haben,
nachdem wir wissen, daß sich sog. organische Verbin=
dungen nur in organischen Körpern zu bilden im
Stande sind?

Auch dieser Einwand, verehrte Anwesende, war noch
vor wenigen Jahrzehnten stichhaltig, während er es heut=

Geognostische Beschreibung des ostbayerischen Grenz=Gebirges,
Gotha 1868), sowie im körnigen Urkalk von Irland, Standinavien
und in den Pyrenäen entdeckt worden. Dasselbe kann jetzt gerade=
zu als s. g. leitendes Fossil der Urgneiß=Formation angesehen
werden. Das Thier besaß, wie alle s. g. Foraminiferen, eine
kalkige, durch innere Zwischenräume in viele Kammern abgetheilte
Schaale, welche Kammern von einer gallertartigen Protoplasma=
Substanz eingenommen waren und sich nach dem Absterben des
lebenden Inhalts mit Schlamm und fremder, mineralischer Sub=
stanz ausfüllten.

zutage nicht mehr ist. Die großartigen Resultate der sog. synthetischen Chemie haben auch diesen letzten Hoffnungsanker der sog. Vitalisten in der Naturwissenschaft und der Supranaturalisten in der Naturphilosophie über den Haufen geworfen. Man stellt heute auf chemischem Wege und blos unter Mithülfe anorganischer Stoffe die ausgezeichnetsten organischen Verbindungen her, wie Alkohol, Traubenzucker, Oxalsäure, Ameisensäure, Buttersäure, Fett, stärkmehlartige Stoffe, Alkaloide u. s. w.; ja man hegt die gegründetsten Hoffnungen, daß selbst die künstliche Darstellung solcher Stoffe gelingen werde, welche, wie Eiweiß, Faserstoff und Leimstoff, gar nichts mehr von der sog. unorganischen Natur an sich haben, nicht krystallsirbar, sondern nur gerinnbar und solche Stoffe sind, von denen man noch bis in die allerjüngste Zeit herab glaubte, daß sie sich unter allen Umständen nur durch die unmittelbare Thätigkeit des Lebens selbst bilden könnten. Was aber im Laboratorium des Chemikers möglich ist, ist es natürlich noch weit mehr im großen, geheimnißvollen und mit den gewaltigsten Kräften arbeitenden Laboratorium der Natur! und es kann daher kein Zweifel darüber bestehen, daß die Natur fähig ist, organische Körper aus unorganischen auch ohne Beihülfe organischer Wesen hervorzubringen; sowie daß wir selbst im Stande sein werden, ihr diese Leistung künstlich nachzuahmen.*)

---

*) Alle organische Materie, welche heutzutage auf unserer Erde

Vielleicht wird Mancher oder Manche unter Ihnen, verehrte Anwesende, bei diesen Worten denken, daß damit auch eine künstliche Erzeugung organischer Wesen möglich sein müsse, und daß wir alsdann auch nicht mehr weit von dem ehedem so vielbesprochenen Homunculus, welcher als fertiges Wesen aus den Tiegeln der Chemiker emporsteigen sollte, entfernt sein könnten. Davon kann jedoch in ernstlichem Sinne nicht die Rede sein, da wir niemals im Stande sein werden, auf künstlichem Wege die mannichfaltigen und schwierigen Umstände und Bedingungen herzustellen, welche bei der Erzeugung von einigermaßen höheren Organismen concurriren. Namentlich gilt dies von der Zeit, welche überall bei diesen Vorgängen im ausreichendsten und unbeschränktesten Maße als vorhanden vorausgesetzt werden muß. Höchstens würden wir dahin gelangen können, aus künstlich hergestellten organischen Verbindungen verschiedener Art durch künstliche Herbeiziehung aller dazu nöthigen äußeren Lebenseinwirkungen jene Wesen oder Urformen niederster Art entstehen zu lassen, von welchen die Rede war. Was aber deren Weiterentwicklung zu höheren Formen anlangt, so ist es sehr unwahrscheinlich, daß wir jemals im Stande sein werden, die dazu nöthigen Be-

.

existirt, stammt unzweifelhaft in letzter Linie aus der unorganischen oder sog. mineralischen Natur her; und schon lange Zeit, ehe nur überhaupt organisirte Wesen auf der Erde erschienen, konnten oder mußten sich solche organische Stoffverbindungen auf derselben entwickeln.

dingungen mit unſeren nach Raum und Zeit ſo ſehr be=
ſchränkten Mitteln derart herzuſtellen, daß wir von ei=
ner künſtlichen Erzeugung beliebiger Formen würden ſpre=
chen können — auch wenn wir jene Bedingungen als
vollkommen bekannt vorausſeßen. Uebrigens hat der
menſchliche Geiſt bereits ſo Vieles und Großes geleiſtet,
daß er möglicherweiſe auch in dieſem Punkt unſere Er=
wartungen von heute übertreffen wird.*) Nur der Ho=
munculus und alles dem Verwandte wird uns ewig un=
erreichbar bleiben, da ja die heute lebenden entwickelten
Formen und Geſchöpfe der organiſchen Welt das leßte
Reſultat einer viele Millionen Jahre umfaſſenden, müh=
ſamen Arbeit der Natur ſelber ſind — einer Arbeit,
welche wir auch nicht im Allerentferntesten nachzuahmen
im Stande ſein werden. Mit dieſem Troſt will ich Sie
für heute, verehrte Anweſende, entlaſſen, um in der zwei=
ten Vorleſung mit den gegen die Darwin'ſche Theorie
erhobenen Einwänden und deren Entkräftung weiter
fortzufahren.

---

*) „Das Genie des Menſchen", ſagt G. Pouchet in ſeiner vor=
trefflichen Schrift über die Vielheit der menſchlichen Raſſen (Paris
1864), „kennt keine Grenzen. Wer kann ſagen, wohin daſſelbe
noch gelangen wird? Wer weiß, ob der Menſch, ein neuer Pro=
metheus und Selbſtſchöpfer, nicht eines Tages irgend einer neuen,
aus ſeinen Laboratorien hervorgegangenen Art das Leben einbla=
ſen wird?"

Zweite Vorlesung.

Einwände gegen die Darwin'sche Theorie: 1) Theologischer Einwand; 2) Einwand vom Fehlen der Zwischenglieder. Vorhandensein von Uebergangsformen in der Vorwelt. Falsche Auffassungen der Darwin'schen Lehre. Unvollkommenheit des geologischen Berichts. Weitere Ursachen der Lücken in der Reihenfolge der Vorwesen. Neue Entdeckungen. Geringere Lebensdauer und Haltbarkeit der Mittelformen. Das leichtere Aussterben der Zwischenglieder an den Sprachen nachgewiesen. Gleichheit der Entwicklung der Sprachen und Arten nach Darwin'schen Prinzipien. A. Schleicher über den Ursprung und die Entwicklung der europäischen Sprachen aus der indogermanischen Ursprache. Kritik der Darwin'schen Theorie. Verdienst und Mangel derselben. Reicht nicht aus zur Erklärung aller Erscheinungen. Weitere Wege der Entwicklung der Organismen. Aeußere Einflüsse. Wandern der Thiere und Pflanzen. Generationswechsel. Theorie von Kölliker. Verdienst von Darwin für Wiederbelebung der philosophischen Richtung in der Naturwissenschaft und für Beseitigung der Zweckmäßigkeits-Begriffe. Beispiele gegen die Teleologie. Schleiden über Darwin und die Zweckmäßigkeit. Die Triebe und Instinkte der Thiere vom Darwin'schen Standpunkte aus erklärt.

Ich habe Ihnen, verehrte Anwesende, in meiner vorigen und ersten Vorlesung eine gedrängte Darlegung des Darwin'schen Gedankenganges und seiner letzten Consequenzen gegeben — eines Gedankenganges, der gewiß nicht verfehlen kann, in dem Geiste jedes überlegenden Menschen den nachhaltigsten Eindruck zurückzulassen. Daß man zwar gegen diesen Gedankengang und gegen die ganze, damit zusammenhängende Theorie viele und bedeutende Einwände erheben könnte und würde, hat Niemand besser als Darwin selbst vorausgesehen. Er widmet daher einen großen und sogar den größten Theil seines Buches diesen Einwänden, welche er mit bewundernswerthem Scharfsinn und ausgezeichneter Sachkenntniß zu entkräften sucht, und wobei er Gelegenheit findet, seine Theorie selbst nach verschiedenen Seiten weiter zu entwickeln und genauer auszulegen. Er entwickelt dabei eine große Unparteilichkeit im Abwägen der beiderseitigen Gründe und läßt keinen Zweifel darüber, daß es ihm nur um die Wahrheit und um strenge Ermittelung derselben zu thun ist.

Ein Eingehen auf alle gegen Darwin und von Darwin selbst erhobenen Einwände würde mich an dieser Stelle zu weit führen; nur einen Einwand, und zwar den bedeutendsten, kann ich nicht unerwähnt laffen, da er zu sehr auf offener Hand liegt und auf den ersten Anblick unwiderleglich erscheint. Wahrscheinlich werden ihn auch die Meisten unter Ihnen bereits in Gedanken selbst erhoben oder sich wenigstens eine darauf bezügliche Frage vorgelegt haben. Ich meine übrigens damit nicht den sog. theologischen Einwand, an den vielleicht Einige unter Ihnen gedacht haben mögen und den Dar= win nicht direct zurückweist, sondern nur damit zu ent= kräften sucht, daß er meint, es spräche mehr für die Weisheit und Größe Gottes, wenn er einige Urformen erschaffen und ihnen die Fähigkeit zu so großartiger Weiterentwicklung eingepflanzt hätte, als wenn man ein= zelne wiederholte Schöpfungsakte annehme. Eine solche Aeußerung ist natürlich nur eine Ausflucht, die sich Darwin hätte ersparen können, und die er mehr dem frommen Sinn seiner bibelgläubigen Landsleute, als der Wahrheit zu Liebe, gethan zu haben scheint.*) Denn seine ganze Theorie basirt, wie Sie gehört haben, auf dem blin= desten Ohngefähr und dem absichtslosesten Zusammen= wirken der Naturkräfte und Naturverhältniffe; und von

---

*) „Was Kemp und Darwin in dieser Richtung erwähnten", sagt Rabenhaufen (Isis, Bd. IV, S. 66), „war augenscheinlich eine Bewilligung, welche sie ihren bibelgläubigen Landsleuten machen mußten, um nicht als Atheisten geächtet zu werden; als Teutsche oder Franzosen würden sie dieser Deckung vor Gefahren sich nicht bedient haben."

einem mit Weisheit vorher angeordneten Entwicklungs=
gesetz ist nirgends die Rede. Wenn eine gewisse Ord=
nung in der Natur herrscht, so ist nach Darwin's
Gesichtspunkten diese Ordnung nichts weiter, als jenes
Gleichgewicht, in welches sich nach und nach die be=
lebten Wesen der Schöpfung durch gegenseitiges Rin=
gen gebracht haben. Die Theorie ist also in dieser Be=
ziehung die naturalistischste, welche man sich denken kann,
und viel atheistischer, als die seines verrufenen Vorgän=
gers Lamarck, welcher wenigstens ein allgemeines
Fortschritts= und Entwicklungsgesetz annahm, während
nach Darwin die ganze Entwicklung nur auf einer
allmäligen Summirung unendlich viel kleiner und zu=
fälliger Naturwirkungen beruht.

Also nicht dieser theologische, sondern ein wis=
senschaftlicher Einwand ist es, von dem ich Ihnen
Mittheilung machen wollte. Er ist um so wichtiger, als
er nicht blos der Darwin'schen Theorie in specie gilt,
sondern gleicherweise gegen alle und jede Umwandlungs=
theorieen vorgebracht werden kann und in der That, wenn
er nicht entkräftet werden könnte, alle solche Theorieen
unmöglich machen würde. Er hat aber auch noch um
deßwillen eine ganz besondere Bedeutung, weil er bei
der Anwendung der Umwandlungstheorie auf den Men=
schen und auf dessen Stellung in der Natur und zu
der Thierwelt sehr in Frage kommt. Der Einwand
selbst ist folgender:

Wenn, so sagt man, es wahr ist, daß sich alle leben=

den Wesen nach und nach auseinander hervorentwickelt
haben, so muß es auch eine große Menge von Ueber=
gangsstufen oder Zwischenformen gegeben haben,
deren Ueberreste oder Spuren man gleicherweise in der
Erde antreffen müßte, wie die der vollendeten Formen.
Aus welchem Grunde nun sind diese Zwischenformen
nicht vorhanden? oder warum findet man sie nicht? —

Auf diese Fragen gibt es drei Antworten: Erstens
ist der Einwand nicht durchgreifend, da in der That sehr
viele solcher Zwischenglieder vorhanden sind und deren
täglich neue gefunden werden. Namentlich gilt dieses
für das Reich der Muscheln, welche durch ihre Stein=
oder Kalkgehäuse sich am besten unter allen Vorwesen
erhalten haben und welche sich daher auch in ihren zu=
sammenhängenden Reihen am besten übersehen und ver=
vollständigen lassen. Man kennt jetzt lange Reihen von
Uebergangsformen sog. fossiler Muscheln und ist im
Stande, solche Reihen zusammenzustellen, deren Anfangs=
und Endglieder so verschiedene Gestalten zeigen, daß man
sie für ganz verschiedene Wesen erklären müßte, wenn
nicht die vorhandenen Zwischenglieder den allmäligsten
Uebergang von einer Form zur andern unzweifelhaft er=
kennen ließen.*) Auch sind große, früher gänzlich un=

---

*) Herr Davidson, Verfasser einer ausgezeichneten Monogra=
phie oder Abhandlung über die brittischen Brachiopoden, sagt, daß
z. B. Spirifera trigonalis und Spir. crassa, zwei Endglieder einer
solchen Reihe, einander so unähnlich seien, daß die Idee, sie unter=
einander zu mischen, denjenigen abgeschmackt erscheinen müsse, welche

ausgefüllte Lücken in der Aufeinanderfolge der chonchio=
logischen Formen neuerdings durch Entdeckungen bisher
unbekannter, versteinerungsführender Erdschichten ausge=
füllt worden. So hat man z. B. in den letzten Jahren
die sog. Hallstadt= und St. Cassian=Lager an der
Nord= und Südseite der österreichischen Alpen richtig be=
stimmt und damit zwischen Lias und mittlerer Trias
eine Meeresthierwelt von nicht weniger als 800 Arten
eingeschoben, welche nun plötzlich eine vorher bestandene
große Lücke ausfüllt; und derartige Entdeckungen wer=
den ohne Zweifel noch gar viele gemacht werden. Auch
darf man in Beurtheilung dieses Umstandes nicht ver=
gessen, daß man vor Darwin von den sog. Spiel=
arten nichts wissen wollte und sie als unnützen Ballast

nie die verbindenden Zwischenglieder gesehen haben. — Etwas dem
ganz Aehnliches ist vor Kurzem durch Dr. Hilgendorf (Ueber
Planorbis multiformis im Steinheimer Süßwasserkalk. Monats=
ber. der Berl. Akademie 1866, S. 474) bekannt geworden. H.
fand im genannten Kalk eine zu Millionen vorkommende Schnecke
der Gattung Planorbis, von der er 19 Varietäten unterscheidet,
welche so wesentlich von einander verschieden sind, daß man sie
für Arten halten müßte, hätte man nicht die verbindenden Zwischen=
glieder vor sich. Aber — noch mehr — die Untersuchung lehrt,
daß jede Varietät oder Abart sich nur in einer ganz bestimmten
Zone der Ablagerung findet und zwar so, daß sie nach ihrer Ver=
wandtschaft geordnet über einander liegen, und daß die Hauptfor=
men durch Uebergänge verknüpft sind, die wiederum nur in den
Grenzschichten der Zonen vorkommen!! Also eine vollkommene
paläontologische Entwicklungsgeschichte einer einzelnen Art, welche
man jederzeit finden kann, wenn man sich nur die Mühe nehmen
will sie aufzusuchen (Siehe Dr. Weißmann: Ueber die Darwin'sche
Theorie, Leipzig 1868).

9*

bei Seite warf, während man jetzt erst anfängt, sie zu sammeln und ihren Werth zu begreifen.

Uebrigens ist es, verehrte Anwesende, bei den höhe= ren Thierformen und so namentlich bei den Säuge= thieren, sobald man die Sache im richtigen Lichte be= trachtet, eigentlich auch nicht anders, als in der Weich= thierwelt der Meeresbewohner. So bildet der Elephas primigenius (Mammuth oder vorweltlicher Elefant) nur das letzte vorweltliche Glied einer langen Reihe von nicht weniger als 26 vorhergegangenen Arten vorweltlicher und elefantenartiger Thiere. Der Unterschied zwischen dem Mastodon (einem elefantenartigen Thier, dessen Ursprung sich bis auf den Anfang der Tertiärperiode zurückführen läßt) und unserm heutigen Elefanten ist durch diese Uebergangsformen ganz aufgehoben. Ganz ebenso verhält es sich mit dem den Elefanten stets be= gleitenden Rhinoceros und dessen vorweltlichen Ver= tretern. So auch hat der englische Anatom Owen eine Menge fossiler (vorweltlicher) Zwischenglieder zwischen Wiederkäuern und Dickhäutern entdeckt, so daß dadurch die anscheinend gewiß sehr weite Lücke zwischen zwei so entlegenen Formen, wie z. B. Kameel und Schwein, ganz ausgefüllt erscheint. Der ebenfalls neu entdeckte merkwürdige Vogel Archaeopterix macrurus verspricht sogar, zwei so ganz getrennte und auseinan= dergehende Formenreihen, wie Vogel und Reptil oder Kriechthier, einander näher zu bringen.*)

*) Gestützt auf diese Entdeckung kann man, wenn man will,

Viele Geologen, Zoologen und Paläontologen be=
gehen auch den Fehler, daß sie nach Zwischenformen
zwischen zwei gegebenen und lebenden Species oder Ar=
ten suchen. Dies ist nun nach Darwin ganz falsch,
da ja die jetzt vorhandenen Formen nicht auseinander
hervorgegangen, sondern nur die Abkömmlinge, Endglie=
der oder letzten Ausläufer einer ihnen vorangegangenen,
langen Entwicklungsreihe sind. Man muß daher, um

Vögel und Reptilien aus demselben Stamme herleiten, wie dieses
Geoffroy St. Hilaire schon 1828 zu thun versucht hat, indem
er die Vögel von den Reptilien herleitete. Im Jahre 1861 ent=
deckte man den Archaeopterix macrurus in Solenhofen im oberen
Jura; und welch' großen Werth man auf die Entdeckung legte,
zeigt der Umstand, daß das Fossil für 5000 Thaler nach England
verkauft wurde. Das ganze Thier hat eine Länge von 1 Fuß 8 Zoll
und eine Breite von 1 Fuß 4 Zoll. Es besitzt einen langen, eidech=
senartigen Schwanz von 11½ Zoll Länge, welcher aus 20 dünnen,
längeren Wirbeln besteht, von denen jeder ein Federnpaar trägt,
während der Schwanz aller heutigen Vögel kurz und zusammenge=
drückt erscheint, indem er aus 5—9 kurzen Wirbeln besteht, deren
letzter allein die Schwanzfedern trägt. Nur im Embryonalzustande
oder während des Fruchtlebens haben unsere Vögel geschiedene
Schwanzwirbel, so z. B. der Strauß deren 18—20, welche später
auf 9 zusammenwachsen. Auch die fächerförmige Anordnung der
Flügelfedern bei dem Archaeopterix macrurus am Vorderende des
Vorderarms ist eine unvollkommenere Einrichtung, als die unserer
heutigen Vögel, und alles deutet somit auf einen entlegenen Bil=
dungstypus von embryonalem Charakter, welcher den großen Abstand
zwischen Vogel und Reptil zum Mindesten verkleinert.
    Eine Art von Ergänzung findet die Entdeckung des Archäopterix
in der ebenda gemachten Auffindung des Compsognathus longipes,
eines Reptil's oder Kriechthier's, welches sich seinerseits durch eine
Reihe anatomischer Eigenthümlichkeiten sehr der Bildung des Vogel=
typus nähert. Andreas Wagner hat dieses Thier beschrieben.

zwei gegebene Species zu vereinigen, nicht nach einer
Zwischenform zwischen diesen, sondern nach einem ge=
meinsamen, aber unbekannten Stammvater für beide
suchen. So stammen z. B. Pfauentaube und Kropf=
taube nicht voneinander ab, sondern beide stammen
ab von der Felstaube, und zwar durch Zwischenglie=
der, welche nur Aehnlichkeit mit der Felstaube und mit
einem der beiden Abkömmlinge haben. Ebenso giebt es
keine Zwischenform zwischen Pferd und Tapir, ob=
gleich beide von einem ihnen gemeinsamen, aber unbe=
kannten Stammvater herrühren, der von ihnen sehr ver=
schieden gewesen sein kann, jetzt aber längst erloschen ist.
Ein uns noch weit näher liegender, aber ebenfalls erlo=
schener Stammvater verbindet die vier heute lebenden
Formen Pferd, Esel, Zebra und Quagga, ohne
daß deßhalb directe Zwischenformen zwischen den Vieren
aufgefunden werden könnten. Es versteht sich von selbst,
daß die erloschenen Stammväter um so weiter rückwärts
gesucht werden müssen, je verschiedener die Formen der
heutigen Lebewelt sind, welche man zusammenstellt.

Dieses erste und oberste Erforderniß in Beurthei=
lung und Anwendung der Darwin'schen Theorie haben
unbegreiflicher Weise sehr Viele vergessen, welche sich
ein Urtheil anmaßen. Ich habe in Rede und Schrift
Aeußerungen über Darwin begegnet, welche zeigen,
daß ihre Urheber in dieser Beziehung in die kolossalsten
Mißverständnisse verfallen sind. Man hört z. B. sagen:
Wie kann man uns zumuthen, zu glauben, daß allen=

falls aus einem Esel ein Löwe oder aus einem Tiger
ein Elefant geworden sei!!

In der That, verehrte Anwesende, wenn die Dar=
win'sche Theorie uns zumuthen würde, so etwas oder
nur etwas Aehnliches zu glauben, so könnte man sie
wohl nur in die Klasse der wissenschaftlichen Curiosa
rechnen. Aber die Antwort auf einen solchen Einwurf
ergibt sich aus dem oben Gesagten von selbst. Denn
die heute lebenden Formen der Organismenwelt stam=
men nicht von einander ab, sondern sind nur die letzten
Resultate oder Endglieder einzelner Abzweigungen aus
den großen Entwicklungsstämmen der Vergangenheit, ge=
bildet durch eine Millionen Jahre dauernde, langsame
Arbeit der Natur. Daß solche letzte Ausläufer einer
für sich verlaufenden Reihe an ihren Endgliedern oder
Endpunkten ineinander übergehen könnten, ist natürlich
ganz unmöglich oder undenkbar, während es andererseits
ebenso begreiflich oder natürlich ist, daß sie nebeneinander
auf demselben Terrain und zu derselben Zeit leben.*)
In derselben oder in ähnlicher Weise sehen wir z. B.
zwei Blätter eines Baumes, welche verschiedenen Zwei=
gen angehören, sich unmittelbar nebeneinander im Winde

---

*) „Die nebeneinander lebenden Organismenformen", sagt Pro=
fessor Hallier (Darwin's Lehre 2c., Hamburg 1865), „sind neben=
einander, nicht auseinander entwickelt. Manche stellen sich den Dar=
winismus vor als ein Verschwimmen einer Art in die andere. Wer
solche Vorstellungen hat, beweist, daß er Darwin's Buch gar nicht
gelesen hat."

schaukeln und vielleicht sich gegenseitig an verschiedenen Punkten auf das Innigste berühren, während sie doch ihren ersten Ursprung aus ganz verschiedenen Theilen des Baumes nehmen, und sich vielleicht ihr erster, getrennter Anfang durch Zweige, Aeste und Stamm bis in besondere Wurzeln hinein verfolgen läßt. Sehr richtig bemerkt Darwin in dieser Hinsicht an einer Stelle seines Buchs: „Der Satz: Natura non facit saltum (die Natur macht keinen Sprung) scheint unrichtig, wenn wir die heutige Lebewelt oder die jetzigen Erdbewohner betrachten; er wird aber sogleich richtig, sobald wir die Vergangenheit mit hereinziehen und nach den Wurzeln fragen, aus denen die jetzt lebenden Wesen entsprungen sind. Ihre Trennung durch weite Lücken ist nur scheinbar, da die sie verbindenden Zwischenglieder längst ausgestorben sind." — Ueberhaupt standen sich ehedem, wie ich schon in meiner ersten Vorlesung ausführte, alle Gruppen oder einzelnen Typen viel näher, während sie heute durch strahlenförmige Entfernung vom Urtypus viel größere, scheinbare Lücken zwischen sich lassen. —

Eine zweite, noch schlagendere Wiederlegung des Einwandes von dem Fehlen der Zwischenglieder liegt in der außerordentlich großen Unvollkommenheit des geologischen Berichts. Ich habe Sie schon im Eingang meines ersten Vortrags darauf hingewiesen, welch' verhältnißmäßig kleiner Theil der Erdoberfläche erst paläontologisch durchforscht ist, und welche große Lücken daher

unsere Kenntniß der Vorwesen nothwendig haben muß.
Dreiviertel oder Dreifünftel der versteinerungsführenden
Erdschichten liegen unter dem Meere begraben; von dem
übrigen Viertel ist ein großer Theil von hohen Gebirgs=
massen bedeckt oder durch sonstige Hindernisse der For=
schung unzugänglich. Aber auch die zugänglichen Theile
sind uns nur sehr mangelhaft und zum allerkleinsten
Theile bekannt. Namentlich ist das ungeheuere Festland
von Amerika, welches in früheren Zeiten eine Land=
verbindung mit Ostasien besaß und daher viele wichtige
Aufschlüsse bieten müßte, fast noch ganz undurchforscht.
Wie viele wichtige Theile der Erdoberfläche sind überdem
in der Vorzeit durch Meere und Flüsse ganz hinwegge
waschen und die darin enthaltenen Reste vertilgt wor=
den! Da wir also nur Bruchstücke der Erdgeschichte
kennen, so ist es wohl nicht zu verwundern, daß auch
die uns bekannte Reihenfolge der Geschlechter nur als
eine bruchstückweise und unterbrochene erscheint.*)

---

*) „Unter diesen Umständen", sagt Professor Huxley (Ueber
unsere Kenntniß von den Ursachen der Erscheinungen in der orga=
nischen Natur), „ergibt sich, daß selbst bei jener unvollkommenen
Kenntniß, die wir haben können, nur etwa der zehntausendste Theil
der zugänglichen Theile der Erde gehörig untersucht worden ist.
Deshalb besteht man mit Recht auf der Behauptung, daß unsere
geologische Urkunde noch sehr unvollkommen ist; denn, ich wiederhole
es, es ist nach der Natur der Dinge durchaus unvermeidlich, daß
diese Urkunde einen höchst fragmentarischen und unvollkommenen
Charakter hat." — „Die Geologie", sagt G. Pouchet (a. a. O.),
„gleicht einer großartigen, für immer zerrissenen Inschrift. Jedes
Zeitalter wird einen Fetzen davon entziffern; aber wir werden sie

Dazu kommt, daß die organischen Wesen selbst meist nur sehr unvollständig erhalten werden und schon ganz besonderer Zufälligkeiten bedürfen, um an einem bestimmten Orte erhalten zu bleiben. Sind schon ganz weiche Organismen überhaupt unfähig zur Erhaltung, so verschwinden auch selbst Schaalen und Knochen da, wo nicht eine langsame Anhäufung sog. Sedimente oder schichtweiser Erdabsätze stattfindet, in denen sie eingeschlossen und vor nachfolgender Zerstörung bewahrt werden. Bis zu welchem Grade diese Zerstörung in einer selbst verhältnißmäßig kurzen Zeit gehen kann, beweist ein von Lyell in seinem „Alter des Menschengeschlechts" angeführtes Beispiel sehr deutlich. Im Jahre 1853 wurde die berühmte Austrocknung des Haarlemer Meeres in Holland vollendet; und obgleich auf diesem Meere Schiffbrüche und Seegefechte in Menge stattgefunden haben; obgleich hunderte von holländischen und spanischen Soldaten darauf zu Grunde gegangen sind; obgleich endlich ungefähr 30—40,000 Menschen Jahrhunderte hindurch an den Ufern dieser Wasserfläche gewohnt haben, fand sich nach der Austrocknung dennoch keine Spur von menschlichen Knochen, obgleich man den Boden nach den verschiedensten Richtungen hin mit Kanälen durch-

niemals ganz lesen." — Nach Wallace (Essais, Erlangen 1870) ist es sogar wahrscheinlich und selbst sicher, daß ganze Erd=Formationen, welche die Geschichte ungeheurer geologischer Perioden enthalten, vollständig unter dem Ocean vergraben und für immer außer unserm Bereiche liegen. Vergl. a. a. O., Seite 24 etc.

schnitt. Einige Schiffswracke, Münzen, Waffen u. s. w.
war Alles, was man fand.

Alles dieses würde hinreichen, um die großen Lücken
in unserer Kenntniß der organischen Vorwelt und damit
auch das häufige Fehlen der Zwischenglieder hinreichend
zu erklären. Allein es kommt noch ein weiterer Umstand
hinzu, auf den Darwin sogar das Hauptgewicht legen
zu müssen glaubt. Er sagt: „Nach Maßgabe der geologischen Vorgänge kann es gar nicht anders sein, als
daß Lücken angetroffen werden, weil die verschiedenen
geologischen Formationen durch lange Zeiträume voneinander getrennt sind. Denn jedes Gebiet der Erdoberfläche erleidet fortwährend viele langsame Niveauschwankungen von weiter Ausdehnung; es hebt sich bald
aus dem Meere empor oder wird bald von demselben
bedeckt."*) Auf diese Weise muß der geologische Schöpfungsbericht nothwendig unterbrochen sein. Denn während der
Hebung, also gerade zu der für die Bildung neuer

---

*) Daß diese Behauptung richtig ist, kann nicht bezweifelt wer-
den. Auch noch in der Gegenwart kennt man derartige langsame
Niveauschwankungen von den verschiedensten Punkten der Erdoberfläche, so aus Skandinavien, aus Südamerika, Italien u. s. w. In
Valparaiso z. B. hat sich die Küste seit 220 Jahren um 19 Fuß, in
Chiloë noch stärker gehoben. In Coquimbo hob sie sich seit 150 Jahren um mehrere Fuß. Ueberall beobachtet man zwischen diesen Er-
hebungen längere Pausen der Ruhe Die fortwährende und allmälige Erhebung Skandinaviens wird auf 200 Fuß in historischer Zeit
veranschlagt. Noch viele weitere Beispiele dieser Art sehe man bei
Lyell, Alter des Menschengeschlechts, deutsch vom Verfasser. (Leipzig 1864.)

Anm. des Verfassers.

Lebensformen günstigsten Zeit, geschehen keine die Auf=
bewahrung organischer Ueberreste vermittelnde Erdab=
lagerungen, sondern nur während der Senkung. Er=
hebt sich dann später das Land wieder über Wasser, so
wird es von den inzwischen anderwärts neu gebildeten
Arten neu bevölkert, ohne daß es im Stande ist, durch
vermittelnde Einschlüsse den Zusammenhang seiner Lebe=
welt mit der früheren an den Tag zu legen. Wollte
man daher eine ausgiebige Vergleichung anstellen, so
müßte man viele Exemplare von verschiedenen Orten her
zusammenbringen — was der Paläontolog fast niemals
zu thun im Stande ist. Nichtsdestoweniger liefert jedes
Jahr, das verfließt, neue Entdeckungen, welche zu Gun=
sten der Theorie sprechen, und neue Zwischenglieder,
überhaupt ein größeres Material zur Widerlegung ehe=
maliger Irrthümer. Wie lange glaubte man, daß es
keine großen Säugethiere vor der Tertiärzeit, oder daß
es keine fossilen Affen gäbe! Jetzt kennt man fossile
(vorweltliche) Affen in Menge und große Säugethiere aus
der Secundärzeit, ja aus noch früheren Zeitabschnitten.
Ebenso erging es mit den Vögeln. Denn bis 1858
kannte man keine Vogelreste aus einer Zeit, die älter
war, als die Tertiärzeit, während man in diesem Jahre
die Reste eines Schwimmvogels aus der Familie der
Möven im oberen Grünsand der Kreideschicht (obere Se=
cundärzeit) antraf. Noch viel älter ist der schon beschrie=
bene Archaeopterix macrurus, das merkwürdige gefe=
derte Fossil aus dem Solenhofner Schiefer, welcher ein

Glied des sog. Oolith aus der Secundärzeit bildet.
Nach Darwin kennt man jetzt sogar die Fußspuren von
dreißig riesigen Vogelarten schon aus dem rothen Sand=
stein, obgleich man noch kein Stückchen Knochen von
ihnen gefunden hat. Auch zeigt es sich immer mehr in
Folge der neueren Entdeckungen, daß ein ganz plötzliches
und unvermitteltes Auftreten einer ganzen Artengruppe
(wie z. B. der echten Knochenfische zu Anfang der Kreide=
zeit), woran man früher glaubte, in Wirklichkeit nie
stattgefunden hat!*) .

Die dritte und letzte Antwort, welche Darwin gegen
den Einwand vom Fehlen der Zwischenglieder bereit hat,
bezieht sich auf die Lebensbedingungen jener Zwischen=

---

*) Die Paläontologie ist eine Wissenschaft, welche, wie schon öfter
erwähnt, noch in der Wiege liegt. Jeder neue Tag läßt uns
neue Entdeckungen erwarten und bringt sie uns wirklich. So hat
u. A. der gelehrte Naturforscher A. Gaudry aus Pikermi in
Griechenland, einem vier Stunden von Athen gelegenen Kloster,
bei welchem große miocäne Thonlager mit massenhaften Fossilien
aus der Tertiär=Zeit aufgefunden worden sind, eine große Anzahl
dort gesammelter Fossilien nach Paris gebracht, welche eine Menge
der interessantesten Uebergangsformen darbieten, und über welche
G. Pennetier in seinem Schriftchen: De la mutabilité des formes
organiques (Ueber die Veränderlichkeit der organischen Formen,
Paris 1866) einen sehr interessanten Bericht gibt. Nicht blos
einander nahe, sondern sogar sehr entfernt stehende Familien von
Säugethieren, wie z. B. Bär und Hund, Schwein und Pferd
u. s. w., werden durch diese Entdeckungen aufs Engste miteinander
verbunden, so daß Gaudry selbst erstaunt ausruft: „Wo wird
die Paläontologie in der Entdeckung der verbindenden Zwischenglieder
stehen bleiben?" Das Nähere wolle man in dem Schriftchen selbst
nachsehen.

und Mittelformen selbst. Man findet nach ihm schon um deßwillen verhältnißmäßig seltener die Ueberreste der Uebergangsformen, weil sie eine geringere Lebensdauer und Haltbarkeit haben, als die aus ihnen hervorgegangenen, befestigten Formen selbst. Sie sterben schneller und leichter aus, als diese, und zwar aus zwei Gründen:

Der erste Grund besteht darin, daß die Veränderung der äußeren Lebensverhältnisse, welche hauptsächlich Anlaß oder Anstoß zur Entstehung neuer Lebensformen durch natürliche Züchtung gibt, meistens verhältnißmäßig rasch vor sich geht und einen viel kürzeren Zeitraum umfaßt, als derjenige ist, in welchem die veränderten Lebensformen, nachdem sie sich in einen gewissen Einklang mit ihrer Umgebung gesetzt, unbestimmt lange Zeit verbleiben. Daß dieser Gesichtspunkt richtig ist und der Wahrheit entspricht, kann ich Ihnen an einem schon früher citirten Beispiel erhärten, welches Karl Vogt in seinen Vorlesungen über den Menschen (Band II, S. 266 und 269) anführt. Nach ihm stammt der heutige braune Bär unzweifelhaft von dem ehemaligen Höhlenbären der Diluvialzeit ab, und sind die drei Uebergangsformen zwischen beiden ganz genau bekannt. Dennoch werden die Ueberreste dieser Formen sehr selten angetroffen, während dagegen Höhlenbär und brauner Bär außerordentlich häufig sind und namentlich die Ueberreste des ersteren kaum in einer der zahllosen Höhlen der Diluvialzeit, welche man bis jetzt untersucht hat, vermißt werden. Der Grund dieser merkwürdigen Erscheinung

kann kein anderer sein, als die verhältnißmäßig rasche
Umänderung der umgebenden Medien und die baldige
Erschöpfung jener Uebergangsformen im Kampfe gegen
jene Umänderung.*)

Uebrigens will ich an dieser Stelle noch bemerken,
daß der Einfluß der veränderten Medien jedesmal da
am stärksten und nachhaltigsten gewesen sein mag, wo
ein Uebergang vom Wasserleben zu Land= und Luft=
leben stattfand. Jedesmal erscheint eine Form, sobald
sie im Laufe der geologischen Geschichte diesen Uebergang
durchmacht, alsbald von einer bedeutend gesteigerten Or=
ganisation. Auch gibt es nach Darwin selbst heute noch
solche Uebergangsformen, wie z. B. der Mink (mustella
vison), der im Sommer Fische im Wasser, im Winter
aber Landthiere jagt.

Der zweite Grund für das leichtere und schnellere
Aussterben der Zwischenglieder oder Uebergangsformen
liegt in dem leicht begreiflichen Umstand, daß, da der
Kampf und die Mitbewerbung zwischen den verwandtesten
oder einander am nächsten stehenden Formen am heftig=
sten ist, hier auch am meisten Anlaß zum Zugrundegehen

---

*) Neuerdings glaubt man in dem Leben jeder einzelnen Art
s. g. Fortschritts= und s. g. Ruhe=Epochen unterscheiden
zu müssen, wobei die letzteren im Allgemeinen viel länger dauerten,
als die ersteren, und wobei die Wahrscheinlichkeit des Auffindens
einer Uebergangsform im Verhältniß zu den bleibenden Formen
sich ungefähr wie 1 : 100 oder noch ungünstiger gestaltet. Siehe
das Nähere bei Seidlitz (a. a. O.), Seite 152—161.

der noch nicht befestigten Mittelformen gegeben ist —
während solche Formen, welche sich durch den Fortgang
des Processes allmälig am weitesten voneinander entfernt haben, auch am leichtesten nebeneinander existiren
können, weil sie sich den Rang bezüglich der Existenz-
bedingungen am wenigsten streitig machen. Je mehr
Anlaß daher zum Entstehen der Zwischenformen gegeben
ist, um so mehr Gelegenheit ist auch da zum Wiederzu-
grundegehen derselben, und je rascher und bedeutender
der Fortschritt ist (er ist dieses am meisten bei den höchsten Formen der Wirbelthiere), um so weniger sichtbar
sind seine Uebergänge. —

Dieses sog. Aussterben der Zwischenglieder
zeigt sich auch sehr deutlich auf einem Gebiete, das dem
hier behandelten scheinbar sehr entfernt liegt, doch aber
ganz analoge und übereinstimmende Verhältnisse darbietet
— auf dem Gebiete der Sprachen nämlich. Die einzelnen Sprachen verhalten sich ganz wie die Arten, entwickeln sich auseinander, stehen miteinander in Mitbewerbung und haben zur Beurtheilung der einschläglichen
Verhältnisse den großen Vorzug, daß sie sich viel rascher
als die Arten und Rassen ändern und daher der unmittelbaren Erfahrung und Beobachtung ein viel zugäng-
licheres Feld bieten. Denn während Arten hunderttausende von Jahren leben können, hat noch keine Sprache
länger als tausend Jahre gelebt. Zwar thut Darwin selbst dieser ebenso interessanten als wichtigen Analogie nur sehr kurz auf Seite 426 seines Buches Er-

wähnung; dagegen widmet der berühmte Geologe Lyell, indem er sich auf den ausgezeichneten Sprachforscher Max Müller stützt, in seinem „Alter des Menschengeschlechts" der Anwendung der Darwin'schen Theorie auf die Sprachwissenschaft ein ganzes Kapitel und weist darin auf schlagende Weise nach, daß die Gesetze, nach denen sich die Arten in der Natur und die Sprachen in der Geschichte ändern, ganz dieselben sind. Alle Sprachen machen denselben Wechsel durch, wie die Arten; keine von ihnen ist zu ewiger Dauer bestimmt. Ebenso schwer wie Arten und Spielarten voneinander zu unterscheiden sind, sind es auch Sprachen und Mundarten; und die Philologen sind aus diesem Grunde fast ebenso uneinig über die Anzahl der existirenden Sprachen, wie die Naturforscher über die Zahl der Arten. Man unterscheidet deren zwischen 4—6000. Auch gibt es ebensowenig eine genügende Definition des Begriffs „Sprache" im Vergleich zu dem Begriff „Dialekt", wie von den Begriffen „Art" und „Abart".

Auch bei der Entwicklung der Sprachen sind „Abänderung" und „Natürliche Auswahl" die bestimmenden Momente; auch hier summiren sich eine Menge kleiner und an sich sehr unbedeutend scheinender Einflüsse zu großen Wirkungen, wie Einschleichen fremder Ausdrücke, Auftreten bedeutender Redner oder Schriftsteller, neue Erfindungen und Entdeckungen, Erwerbung neuer Kenntnisse, stete Mitbewerbung der einzelnen Worte untereinander u. s. w. Alle diese Einflüsse reichen hin,

um die Sprachen fortwährend und allmälig zu ändern,
— und ein Hauptresultat bei dieser Aenderung ist der
leicht zu beobachtende fortdauernde Verlust der
Zwischenglieder oder Zwischenformen. So hat
z. B. die Luther'sche Bibelübersetzung dem sächsischen
Dialekt das Uebergewicht in Deutschland verschafft; aber
schon jetzt (nach 300 Jahren) ist Luther fast unverständ-
lich. Man hat beobachtet, daß in einer abgezweigten
Colonie, welche für sich bleibt und daher wenig Gelegenheit zur Mitbewerbung bietet, sich die Muttersprache so
sehr erhält, daß schon nach 5—600 Jahren die Ansied-
ler nicht mehr mit den Bewohnern des Mutterlandes,
welche inzwischen durch Fortschritt und Verkehr ihre
Sprache geändert haben, reden können. So fand Prinz
Bernhard von Sachsen-Weimar auf seinen Reisen in
Nordamerika in den Jahren 1818—26 in Pennsylvanien
eine deutsche Colonie, welche während der Kriege der
französischen Revolution (1792—1815) beinahe ein Vier-
teljahrhundert von häufiger Verbindung mit Europa ab-
geschnitten war, und in welcher er die Bauern (trotz
dieser kurzen und unvollkommenen Vereinzelung) noch so
redend fand, wie man in Deutschland im vorigen Jahrhundert geredet hatte, und in einer zu Hause beinahe
obsoleten oder veralteten Mundart. Eine norwegische
Colonie in Island, welche sich im 9. Jahrhundert dort
ansiedelte und ungefähr 400 Jahre lang ihre Unab-
hängigkeit erhielt, redete das alte Gothische fort, während
in Norwegen selbst durch Verkehr mit dem übrigen Europa

eine ganz neue Sprache sich bildete, welche nur eine Ab=
zweigung von jener war.

Aus demselben Grunde verstehen wir heute nicht
mehr Altdeutsch, die Engländer nicht mehr Alteng=
lisch und die Franzosen nicht mehr Altfranzösisch;
und unser großes nationales Heldengedicht, das Nibe=
lungen=Lied, kann in seiner Ursprache jetzt nur noch
von Gelehrten gut verstanden werden, obgleich es erst
700 Jahre alt ist.

Je mehr die Bildung zunimmt, um so rascher ge=
schieht der Fortschritt der Sprache durch vermehrte Ar=
beitstheilung, d. h. durch genauere Bestimmung der Be=
griffe und Bezeichnung derselben durch abgesonderte Worte.
Daher ist Wortreichthum ein charakteristisches Kenn=
zeichen sehr gebildeter Sprachen und sehr gebildeter Men=
schen. (Shakspeare soll nach Berechnungen müßiger Eng=
länder das stärkste, bekannte Vocabularium haben.*)

Für das Aussterben der Zwischenglieder bei
den Sprachen und dessen Consequenzen führt Lyell ein
sehr interessantes und uns ganz nahe liegendes Beispiel
an: Die holländische Sprache ist bekanntlich ine
Zwischenform zwischen Deutsch und Englisch, welche
beide Sprachen durch Uebergänge miteinander verbindet.
Sollte nun Holländisch eine todte Sprache werden, was
sehr leicht geschehen könnte, entweder durch politische Ab=

---

*) Shakspeare soll 15000 Worte, ein englischer Tagelöhner
deren nur 300 haben!

forbirung des Landes oder durch Naturereigniſſe, ſo wür=
den Engliſch und Deutſch durch eine viel weitere Lücke
getrennt ſein, als jetzt; und zukünftige Philologen wür=
den ohne Kenntniß dieſer verloren gegangenen Sprache
kaum an eine Verbindung der beiden großen Völker=
ſprachen glauben wollen, während ſie doch in der That
einmal beſtand. So iſt es der fortwährende Verluſt der
Zwiſchenformen, durch welchen die große Unähnlichkeit der
überlebenden Sprachen und — Arten hervorgebracht
wird; und die anſcheinend weite Trennung derſelben iſt
nur nothwendige Folge des allmäligen Ausſterbens der
Zwiſchenglieder. Eine einmal ausgeſtorbene Sprache kann
übrigens ebenſowenig jemals wieder neu belebt werden,
wie eine ausgeſtorbene Art.

Wer ſich über dieſe intereſſanten Analogieen näher
belehren will, den verweiſe ich neben Lyell ſelbſt auch
auf das Buch von Profeſſor Schleicher: „Die Dar=
win'ſche Theorie und die Sprachwiſſenſchaft (1863)." Der
Verfaſſer dieſes Buches, der ſich durch Studien über
Urſprung und Entwicklung der Sprachen ausgezeichnet
hat, gibt zu, daß die Darwin'ſchen Grundſätze auf die
Entwicklung der Sprachen vollſtändig paſſen. So haben
faſt alle unſere europäiſchen Sprachen ihren Urſprung
aus einer gemeinſchaftlichen Wurzel, der indogerma=
niſchen Urſprache, genommen; und dieſe Urſprache
hat ſich in verſchiedene Zweige, dieſe Zweige haben ſich
wieder in Zweige u. ſ. w. geſpalten. Und dieſes iſt,
wie Schleicher bemerkt, nicht eine bloße Hypotheſe,

sondern eine wissenschaftlich nachgewiesene Thatsache. Der Sprachforscher hat in diesen Dingen einen großen Vortheil vor dem Naturforscher voraus durch die leichtere Zugänglichkeit seines Objects. Man kann einzelne Sprachen, z. B. das Lateinische, im Verlauf ihrer Entwicklung ganz genau beobachten und verfolgen; man weiß daher auch mit aller Bestimmtheit, daß die Sprachen sich ändern, so lange sie leben; und das Mittel der Beobachtung ist das untrügliche Zeugniß, welches die Schrift hinterläßt. Ohne Schrift wäre dieß nicht möglich und die Beobachtung selbst noch schwieriger, als bei den Arten. Auch geht die Veränderung in einem viel kürzeren und daher viel leichter zu übersehenden Zeitraum vor sich. Ferner zeigen sämmtliche höher organisirte Sprachen durch ihren Bau ganz augenfällig, daß sie durch allmälige Entwicklung aus niedrigeren und einfacheren Formen hervorgegangen sind; und das, wovon schließlich alle Sprachen ihren Ausgangspunkt genommen haben, waren sog. Bedeutungslaute oder einfache Lautbilder oder Lautformen für Anschauungen, Vorstellungen, Begriffe u. s. w. ohne alle grammatikalische Bedeutung. Diese Anfänge oder Wurzeln bildeten sich Anfangs in Menge, aber überall in formell gleicher Weise, geradeso wie die organischen Zellen, so daß man zwar eine unzählbare Menge von Ursprachen annehmen, aber doch für alle eine und dieselbe Form der Entwicklung annehmen muß. Wie sich die anfänglichen, weder als Pflanzen noch als Thiere anzusprechenden Formen des

organiſchen Lebens in derſelben Art und Weiſe bildeten,
aber dann nach verſchiedenen Richtungen weiter entwickelten, ſo auch die Wurzeln der Sprachen!

Jedenfalls muß nach Schleicher die vorgeſchicht-
liche Exiſtenz der Sprachen eine zeitlich viel längere
geweſen ſein, als die geſchichtliche — alſo ein
Schluß, welcher vollkommen zuſammenſtimmt mit den
Reſultaten, zu denen die neuere Forſchung über das
Alter des Menſchengeſchlechts und deſſen vorgeſchichtliche
Exiſtenz auf Erden gekommen iſt. Kennen wir doch die
Sprache erſt ſeit Erfindung der Schrift, welche, wie
wir wiſſen, ein bereits ſehr vorgeſchrittenes Stadium in
der Entwicklungsgeſchichte der Menſchheit bezeichnet!

In dieſer vorhiſtoriſchen, wie in der hiſtoriſchen Zeit
nun ſind bereits eine Menge von Sprachen untergegan-
gen, während andere und neue ſich auf Koſten der alten
entwickelt und ausgebreitet haben. Wahrſcheinlich
gingen in der vorhiſtoriſchen oder vorgeſchicht-
lichen Zeit viel mehr Sprachgattungen, von denen wir nichts wiſſen, unter, als deren heute noch
fortleben. Gegenwärtig ſind die ſog. indogermani-
ſchen Sprachen Sieger in dem Kampfe um das Daſein; ſie ſind ungemein verbreitet, ungemein differenzirt,
ungemein hoch entwickelt und haben eine große Maſſe
von Arten und Unterarten. Durch den maſſenhaften
Untergang der ſog. Mittelformen, durch Wanderungen der Völker und Aehnliches haben ſich heutzutage die
Uebergänge verwiſcht, und weſentlich verſchiedene Spra-

chen erscheinen auf demselben Gebiete nebeneinander, ohne daß sie durch Uebergänge verbunden sind — Alles ganz genau so wie in der Natur und in der Organismen-Welt auch! Näheres und Einzelnes bitte ich in dem angeführten Schriftchen selbst nachzulesen. —

Aus allem Gesagten ersehen Sie, verehrte Anwesende, mit welchem Scharffinn und mit welchem Glück Darwin die seiner Theorie entgegenstehenden Schwierigkeiten zu beseitigen versteht (namentlich den gewichtigen Einwand von der Abwesenheit der Zwischenglieder), und wie sich seiner Theorie sogar wichtige und erklärende Analogieen oder Aehnlichkeiten aus scheinbar ganz entfernten Gebieten des menschlichen Wissens an die Seite stellen. Man hat, wie ich Ihnen bereits in meiner ersten Vorlesung mittheilte, seiner Theorie dadurch an Werth zu benehmen gesucht, daß man sie eine bloße Hypothese oder Unterstellung nannte, welche sich nicht beweisen lasse. Dieser Vorwurf hat, selbst wenn er gegründet wäre, um deßwillen wenig zu bedeuten, weil die bedeutendsten Entdeckungen und Fortschritte der Wissenschaften und namentlich der Naturwissenschaften aus solchen Hypothesen hervorgegangen sind und ohne diese gar nie gemacht worden wären. Bei der Beurtheilung des Werthes einer Hypothese kommt es wesentlich nur darauf an, ob dieselbe auf eine genügende Anzahl von Thatsachen gebaut und daraus logisch richtig abgeleitet ist. Daß aber dieses Erforderniß bei der Darwin'schen Theorie zutrifft, kann gewiß nicht bezweifelt werden, und der beste

Prüfstein ihrer Richtigkeit ist wohl darin zu finden, daß sie für eine Menge von bisher unerklärten und unerklärbaren Thatsachen und Zusammenhängen eine leichte und ungezwungene Erklärung liefert, und zwar — was eigentlich das Wichtigste ist — eine Erklärung auf natürlichem Wege und durch natürliche Ursachen.*) Jede andere Erklärung auf nicht natürlichem Wege ist ja in der That keine Erklärung, sondern nur ein Eingeständniß oder eine Umschreibung unserer Unwissenheit und ein Anrufen des der Naturforschung mit Recht so sehr verhaßten Wunders, anstatt des Geschehens durch Naturgesetze. Daher lautet es namentlich in dem Munde der orthodoxen (oder kirchlich rechtgläubigen) Gegner Darwin's sehr sonderbar, wenn sie ihm den Vorwurf der Hypothese machen, da ja ihre eigene Ansicht (welche sich auf die Unveränderlichkeit der Art und auf einzelne Schöpfungsakte gründet) in noch viel höherem Grade eine Hypothese genannt werden muß, und zwar eine solche im schlechtesten Sinne. Denn nicht nur, daß sie keine andern Thatsachen für dieselbe vorzubringen wissen, als den hergebrachten Glauben der Kirche an eine Erschaffung der Welt und der Organismen durch eine außer- und übernatürliche Macht, so steht auch diese Hypothese im grellsten Widerspruch mit den wirklichen That-

---

*) Schon daraus geht hervor, daß Darwin's Theorie viel weniger den Namen einer Hypothese oder „Annahme", „Voraussetzung", als den einer wirklichen Theorie oder „Erklärungsweise" verdient.

sachen der Natur und mit dem ganzen logischen Verfah=
ren der Wissenschaft, welche kein anderes Verhältniß kennt,
als das eines natürlichen und nothwendigen Zusammen=
hangs zwischen Ursache und Wirkung. Was wir auf
diesem Wege noch nicht zu enträthseln vermögen, mag
für uns vorerst noch ein Räthsel bleiben; aber wir
haben darum kein Recht, dasselbe sofort in die Form ei=
nes Wunders zu kleiden und damit jeder echten For=
schung Thür und Thor zu verschließen.

Also von dieser Seite, verehrte Anwesende, hat
Darwin, wie mir scheint, für seine Ansichten wenig
oder nichts zu befürchten; und es kann, wie ich glaube,
nachdem Darwin einmal seine Aufklärungen gegeben
hat, von unterrichteten Leuten nicht mehr bezweifelt
werden, daß sich Arten auf dem von ihm ange=
gebenen Wege wirklich gebildet haben und noch
bilden. — Etwas Anderes ist es freilich, wenn wir
uns fragen, ob dieser Weg und die von Darwin an=
gegebene Weise der Umänderung auch **hinreichen**, um
daraus den gesammten Anwachs der organischen Welt
zu begreifen? — und so bestimmt ich mich von der einen
Seite für Darwin erklären zu müssen glaubte, ebenso
bestimmt glaube ich andererseits sagen zu müssen, daß
dieses letztere nicht der Fall ist. Wenn Sie mit der
Darwin'schen Theorie in der Hand alle einzelnen Fälle
und Erscheinungen in der organischen Natur betrachten
und prüfen, so werden Ihnen immer noch eine Anzahl
solcher Fälle oder Erscheinungen oder Wirkungen übrig

bleiben, welche sich mit Hülfe jener Theorie entweder
nicht erklären lassen oder gar mit ihr im Widerspruch zu
stehen scheinen, oder welche auf noch andere Wege der
Natur bei der Umänderung der Arten hindeuten. Und
in der That kann es, wie ich glaube, nicht bezweifelt
werden, daß es solche andere Wege noch in ziemlicher
Anzahl gibt — wie dieses ja auch eigentlich gar nicht
anders vorausgesetzt werden kann, da die Natur in ihrer
unendlichen Vielheit und Mannichfaltigkeit selten auf
einem einzigen Wege, sondern auf vielen Wegen zugleich
ihr Ziel erreicht. Daher ich in dieser Hinsicht ganz mit
Karl Vogt übereinstimme, welcher bei Gelegenheit einer
Besprechung der Darwin'schen Theorie in der Kölnischen
Zeitung (nachdem er im Uebrigen seine volle Beistimmung
erklärt hat) die Aeußerung thut: „Es führen viele Wege
nach Rom." Namentlich hat man mit Recht Darwin
zum Vorwurf gemacht, daß er den unmittelbaren
Einfluß der äußern Lebensbedingungen (wie
Klima, Boden, Nahrung, Luft, Licht, Wärme, Verthei=
lung von Wasser und Land u. s. w. u. s. w.) und ihrer
Wechsel auf die Umänderung der Naturwesen zu gering
anschlage — wohl hauptsächlich aus Liebe zu seiner The=
orie und um dieser nicht zu kurz zu thun. Zwar ist
bei Darwin, wie Sie ja in meiner ersten Vorlesung
vernommen haben, von diesen äußeren Lebensbedingun=
gen viel und oft die Rede, aber — was nicht zu vergeß=
sen ist — immer nur in Verbindung mit seiner
„Natürlichen Zuchtwahl": während auch schon ohne

diese jener Einfluß ein sehr bedeutender ist und gewiß mit Recht angenommen werden muß, daß die immerfort wechselnden Zustände der Erdoberfläche und namentlich die wechselnde und complicirtere Gestaltung der Conti= nente oder Festländer einen sehr tiefgreifenden Einfluß auf die Umänderung der Naturwesen geübt haben. Die= ser Einfluß muß namentlich d a groß gewesen sein, wo das sog. Wandern der Thiere und Pflanzen mit hinzukam. Das Wandern findet sich bei fast allen Or= ganismen und wird veranlaßt bald durch das Ausgehen der Nahrung an einem Ort, bald durch Verdrängung, bald durch Wechsel des Klimas oder des Bodens u. s. w.; bald auch unfreiwillig durch Meeres= oder Luftströmun= gen, durch Zugvögel, welche Pflanzensamen von einem Orte zum andern tragen, und noch mancherlei andere, dem ähnliche Ursachen. Solche Wechsel der äußeren Ein= flüsse in Folge des Wanderns erfolgen meist verhältniß= mäßig ziemlich rasch und werden daher auch meist ein ziemlich auffälliges Resultat hervorbringen.*) Man denke

---

*) Dieses Moment des Wanderns hat ganz neuerdings eine eingehende Würdigung in seiner Bedeutung für die Darwin'sche Theorie gefunden in einem vortrefflichen Schriftchen von Professor Moritz Wagner: „Die Darwin'sche Theorie und das Migra= tionsgesetz der Organismen" (Leipzig 1868). Nach dem Verfasser ist das Wandern der Organismen und deren Colonieenbildung eine nothwendige Bedingung der natürlichen Zuchtwahl, welche letztere erst durch Hinzutreten jenes Momentes ihre eigentliche Wirksamkeit und Bedeutung empfängt. Ohne Wanderung oder wenigstens ohne örtliche Sonderung, welche meistens durch Wan=

nur, um an ein von unserm eigenen Geschlecht und aus
unserer eigenen jüngsten Erfahrung entnommenes Bei=
spiel zu erinnern, an die großen und auffallenden Ver=
änderungen, welche innerhalb eines verhältnißmäßig sehr
kurzen Zeitraums mit dem englischen Typus in
Amerika und Australien vor sich gegangen sind —
Veränderungen, welche so bedeutend sind, daß man meist
im Stande sein wird, einen Amerikaner oder Australier
auf den ersten Blick von einem Engländer zu unterschei=
den. Was aber noch längere Zeiträume und Wechsel
in dieser Beziehung zu leisten vermögen, mag das Bei=
spiel des großen, aus Asien (zwischen Ganges und Hima=
lajah) nach Europa eingewanderten indogermanischen
Sprach= und Völkerstammes lehren. So müssen z. B.
nach den Resultaten der Sprachforschung die Schweden
und die arischen Hindus in Indien, als die beiden
äußersten Endglieder des ganzen Stammes, eine gemein=

---

derung veranlaßt wird, könnte die Zuchtwahl nicht wirksam wer=
den, und beide Erscheinungen stehen in enger Wechselwirkung. Ar=
ten, welche nicht wandern, sterben allmälig aus oder ändern sich
so wenig, wie gewisse andere Organismen, denen die Natur ein
allzu großes Verbreitungsvermögen verliehen hat. Diese Behaup=
tungen belegt der vielgereiste Verfasser mit zahlreichen, interessanten
Beispielen und findet, daß durch sein von ihm aufgestelltes Gesetz
eine wesentliche Lücke in der Umwandlungstheorie ausgefüllt und
viele Einwürfe gegen die Darwin'sche Lehre beseitigt werden. In
früheren Erdbildungsperioden waren die Wanderungen der Orga=
nismen viel großartigere, während mit der beginnenden menschli=
chen Cultur die Wanderung der Organismen wesentlich eingeschränkt
oder bestimmt wird, und an die Stelle der natürlichen Zuchtwahl
die künstliche tritt.

same Abstammung haben. Denn sämmtliche Glieder der
großen arischen Familie haben ursprünglich wahrschein=
lich eine gemeinsame Heimath im Osten oder Südosten
des kaspischen Meeres bewohnt. Und welcher Unter=
schied besteht heute zwischen einem Hindu und einem
Schweden oder Norweger!*) Man denke auch daran,
wie sehr sich die ursprünglich aus Afrika eingeführten
Neger in ihrem neuen Vaterlande Amerika — und
zwar zu ihrem Vortheil — verändert haben! Sie sind
heller von Haut und in geistiger Beziehung rühriger und
intelligenter geworden. Ein Weißer kann freilich nie ein
Neger werden oder umgekehrt — wie manche unverstän=
dige Leute annehmen zu müssen glauben, wenn man die
Umwandlungstheorie gelten lasse; denn Weißer und Ne=
ger stammen nicht voneinander ab, sondern von unzäh=
ligen Mittelgliedern oder Zwischenformen, die sich mit
ihren letzten Wurzeln wahrscheinlich bis tief in die Thier=
welt hinab erstrecken.

------

*) „Die Türken in Europa", sagt Sir H. Holland (Essais,
Hamburg 1864), „und Westasien gehören ohne Zweifel zu demselben
Stamme, wie die Türken in Mittel=Asien, trotzdem haben sie,
wahrscheinlich innerhalb weniger Jahrhunderte, die Schädelform
und Gesichtszüge der Kaukasischen Rassen angenommen, während
diejenigen, welche ihrer ursprünglichen Heimath und Lebensweise
treu blieben, auch die pyramidalen Schädel und mongolischen
Charakter=Züge der Rasse beibehalten haben." — In Indien gibt es
Juden, die vollkommen schwarz geworden sind, während es in
Skandinavien nicht an solchen mit blauen Augen und blonden
Haaren fehlen soll. In China findet man sogar Juden, welche
den chinesischen Typus angenommen haben, ohne daß sie sich ge=

Aber auch ohne Herbeiziehung des wichtigen Mo=
mentes des Wanderns fehlt es uns nicht an selbst=
beobachteten Beispielen für den unmittelbaren Einfluß
der äußeren Umstände auf die Gestaltung und die Um=
änderung der Naturwesen. So hat der neuentdeckte
Welttheil Australien, der durch Klima, Boden, Luft
u. s. w. ganz besondere, von allen andern Ländern ab=
weichende Verhältnisse darbietet, auch eine ganz eigen=
thümliche Pflanzen= und Thierwelt mit zum Theil sehr
sonderbaren und abenteuerlichen Gestalten. Die Bäume
haben keine grünen, sondern mattweiße, schmale Blätter,
welche durch ihre aufrechte Stellung keinen Schatten
geben, und sind mit Stacheln besetzt. In Südamerika
sind alle parallelen Arten (wie Kaiman, Puma, Strauß,
Jaguar ꝛc.) kleiner, als die ihnen entsprechenden Formen
der Alten Welt. In Syrien und Persien bekommen
alle Säugethiere (auch die von außen eingeführten) ein
langes weiches Haar; auf Corsika werden Hunde und
Pferde gefleckt. Die Schweine auf Cuba haben doppelte
Körpermasse, aufrecht stehende Ohren und schwarze Borsten
bekommen. Die nach Paraguay eingeführten euro=
päischen Katzen haben sich dort so verändert, daß die
frisch eingeführten eine Abneigung zeigen, sich mit ihnen
zu begatten, und umgekehrt ist es mit unserm Meerschwein=
chen ergangen, welches unzweifelhaft von der Cavia Aperea

---

misscht hätten. In Amerika verlieren die Europäer (wie auch in
Australien) allmälig den Bart und nähern ihre Gesichtsform der=
jenigen der Rothhäute.

in Amerika abstammt, einem im wilden Zustand davon
ganz verschiedenen Thier mit andern Gewohnheiten
u. s. w., mit dem sich die zahmen Meerschweinchen nicht
mehr paaren wollen. Alle Pferde der südamerikanischen
Pampas stammen von einer Horde, welche die Spanier
1537 daselbst verloren haben, und sind gänzlich ver=
schieden von ihrem Urgroßvater, dem grauen, schwach=
mähnigen Pferd der mittelasiatischen Steppen, aus denen
es die Araber nach Spanien gebracht hatten. Der Pelz
oder die Art der Bekleidung der Thiere richtet sich be=
kanntlich überall ganz nach dem Klima.*) Ueberhaupt ist
es eine merkwürdige Erscheinung, daß sich die meisten
Thiere in ihrer äußeren Erscheinung nach dem Boden
und der Umgebung richten, wo sie leben. So zeigen
uns die Tropen oder heißen Zonen lauter intensive, glän=
zende Farben, während in den kalten Klimaten die weiße
Farbe und eine allgemeine Blässe vorherrschen. Thiere,
welche in Sandwüsten leben, haben die Sandfarbe, Thiere
auf Baumstämmen die Farbe der Bäume, solche auf
Blättern sind grün, u. s. w. u. s. w.

Wenn nun solche Beispiele, die man beliebig ver=
mehren oder vervollständigen könnte, aus unserer heu=
tigen, so beschränkten Erfahrung schon den großen Einfluß

---

*) Im Himalajah, wo englische Hunde und Pferde nach ein bis zwei
Wintern feine Wolle zwischen den Haaren erhalten, bekommt selbst
der Elefant manchmal Haare. Andererseits erhalten im aequatori=
alen Afrika die Schaafe statt der ganz schwindenden Wolle straffes,
dünnes Haar.

äußerer Lebensumstände und ihres Wechsels auf die
Organismen zur Genüge darthun, so kann gewiß nicht
bezweifelt werden, daß während der unendlich langen
Entwicklungsgeschichte der Erde, wo stete, langsame
Wechsel von Klima, Luft, Temperatur, Vertheilung von
Wasser und Land, Aufsteigen einzelner Länder und
Unterfinken anderer, Entstehung hoher Gebirge oder Zerstörung anderer, zeitweise Ueberschwemmungen oder Aus-
trocknungen u. s. w. u. s. w. stattgefunden haben, auch
die bedeutendsten Wechsel der thierischen und pflanzlichen
Organismen die nothwendige Folge gewesen sein müssen;
und manche Forscher, welche sich nicht zu Darwin bekennen, schätzen diesen Einfluß der äußeren Umstände so
hoch, daß sie ihn für vollkommen hinreichend halten, den
ganzen Artenwechsel der Vergangenheit und Gegenwart
damit zu erklären.*)

Stellt man sich nun aber auf einen vermittelnden
Standpunkt und nimmt die Darwin'sche „Natürliche
Auslese" oder „Zuchtwahl" noch mit hinzu, so ist die Erklärung natürlich um so leichter, und man hat alsdann
zunächst zwei mächtige und unzweifelhafte Momente oder
Ursachen der Umwandlung in der Hand, welche sich
überdem gegenseitig einander ergänzen oder gewissermaßen in die Hände arbeiten.

Aber es kann kaum bezweifelt werden, daß außer

---

*) Zu ihnen gehört z. B. der schon in der ersten Vorlesung
genannte Geoffroy St. Hilaire, welcher das Hauptgewicht auf
die wechselnden Zustände der Atmosphäre legte.

diesen zwei genannten Momenten bei der Umänderung der Naturwesen noch ein weiteres oder drittes, bisher wenig beachtetes und von Darwin nicht berücksichtigtes Moment mit in Thätigkeit war — ein Moment, welches sich auf die Vorgänge während der Generation, d. h. der ersten Entstehung der organischen Wesen im Keimzustande, oder auf den sog. Generationswechsel bezieht. Vermuthungen dieser Art sind zwar schon früher gehegt und auch mehrmals ausgesprochen worden, so z. B. von Professor Baumgärtner in Freiburg, welcher 1855 die Theorie aufstellte, daß die höheren Thiere aus den Keimen oder Eiern niederer Thiere durch sog. Keimspaltungen und Metamorphosirungen der Keime hervorgegangen sein möchten. Aber die Thatsachen auf diesem Gebiete des organischen Lebens sind noch zu wenig zahlreich und die einschläglichen Vorgänge meist in ein zu tiefes Dunkel gehüllt, als daß sich bisher etwas Positives oder Haltbares in dieser Beziehung hätte aussagen lassen können. Dennoch ist man durch die Darwin'sche Theorie und die von ihr ausgegangene Anregung auf diese sehr fruchtbare Gedankenreihe wieder zurückgekommen, und zwar auch von Seiten streng wissenschaftlicher Forscher. Ich denke dabei vor Allem an einen Vortrag, den der als Anatom und Physiolog ausgezeichnete Professor Kölliker in Würzburg in der dortigen Physikalisch-Medicinischen Gesellschaft gehalten und im Druck veröffentlicht hat (Leipzig 1864).

Nachdem Kölliker in diesem Vortrag zuerst sehr

scharf das hervorgehoben, was er als Mängel der
Darwin'schen Theorie ansehen zu müssen glaubt, stellt
er auch ihre Vorzüge ans Licht und sagt, daß Darwin
auf jeden Fall den einzig richtigen Pfad be=
treten habe, auf dem die Frage nach dem Ursprung
der organischen Formen zu lösen sei. Eine Entstehung
der Organismen als sofort fertiger Wesen ist nach Köl=
liker eine Unmöglichkeit. Also kann sie nur in Folge
eines allgemeinen Entwicklungsgesetzes geschehen sein.
Dieses Gesetz erblickt nun aber Kölliker weniger in der
Darwin'schen „Natürlichen Züchtung oder Auswahl",
als vielmehr in einem Vorgang, den er Theorie der
heterogenen Zeugung nennt, und der darin bestehen
soll, daß die befruchteten oder auch unbefruchteten Eier
oder Keime niederer Organismen unter besonderen
Umständen in andere und zum Theil höhere Formen
übergehen; und daß dieser ganze Proceß nicht allmälig,
wie bei Darwin, sondern vielmehr sprungweise ge=
schehe. Kölliker beruft sich zur Unterstützung dieser
Theorie auf die merkwürdigen Vorgänge des Genera=
tionswechsels, der Parthenogenesis, der Meta=
morphose und auf die Möglichkeit, daß ein Embryo
(Keimling) während seiner ersten Entwicklung durch ver=
hältnißmäßig sehr geringe Einflüsse zur Entwicklung abwei=
chender Formen geführt werden könne. Es soll darnach
der gesammten organischen Welt ein großer Entwicklungs=
plan zu Grunde liegen, der die einfacheren Formen zu
immer mannichfaltigeren Entfaltungen treibt.

Wenn ich nun auch bezüglich dieses letzteren Punktes
Grund genug zu haben glaube, in Uebereinstimmung mit
Darwin an das Vorhandensein eines solchen großen Ent=
wicklungsplanes nicht zu glauben, so halte ich doch den
von Kölliker angeregten Gedanken für einen sehr frucht=
baren, der nur einer weiteren Ausführung und speciellerer
Begründung durch die positive Forschung bedarf, um
eine tiefgreifende Bedeutung zu erlangen. Jedenfalls
findet er Unterstützung in einer großen Reihe von That=
sachen, welche lehren, daß eine große Empfindlichkeit der
sog. Reproductionsorgane oder Keime, der Eier und
der Embryonen gegen äußere Einflüsse und Einwirkun=
gen besteht. So kann man die Ausbrütung von Hüh=
nern durch künstliche Behandlung der Eier so verändern,
daß bestimmte Mißbildungen entstehen, wie denn über=
haupt bei allen Thieren eine willkürliche Herstellung von
Mißgeburten durch absichtliche Verletzungen des Embryo
oder der Frucht möglich ist. Sehr großen Einfluß auf
die Entwicklung der Nachkommen hat die größere oder
geringere Zufuhr von Nahrung. So erziehen die Bie=
nen durch besondere Verpflegung in abgesonderten Räu=
men und durch vermehrte Nahrungszufuhr aus gewöhn=
lichen Arbeitsbienenlarven Königinnen; und die Amei=
sen bringen geschlechtslose Arbeiter durch eigenthümlich
zubereitete Nahrung zu vollkommenerer Entwicklung. So
auch verhinderte umgekehrt Edwards durch Entziehung
von Licht Froschquappen, Frösche zu werden; sie wuchsen
fort und erreichten eine ungeheure Größe, aber als ge=

schwänzte Quappen. — Auch Agassiz sagt ausdrücklich, daß zwei verschiedene Gattungen dadurch entstehen können, daß gleiche Keime durch äußere Umstände auf verschiedenen Stufen ihrer Entwicklung festgehalten werden.

Wenn nun also, verehrte Anwesende, nach dem Gesagten die Darwin'sche Theorie wahrscheinlich nicht ausreicht, um das große Räthsel des organischen Lebens mit Einemmale zu lösen, sondern wenn dazu noch andere Momente mit herbeigezogen werden müssen, so wird hiermit doch, wie ich glaube, dem Werthe der Theorie selbst nicht der geringste Abbruch gethan. Denn in einer so schwierigen und dunkeln Frage, wie die vorliegende, genügt es schon vollkommen, auch nur einen wirksamen Schritt zur Aufklärung gethan, auch nur einen Weg zur Lichtung des Dunkels gefunden zu haben; und wenn auch durch die einmal angeregte Forschung noch weitere Mittel und Wege der Natur zur Umänderung entdeckt werden sollten, so kann dieses Darwin's Ruhm nicht mindern, sondern muß ihn im Gegentheil erhöhen, da ja er gerade derjenige ist, welcher zuerst an der Hand der positiven Forschung den richtigen Weg in einer Frage eingeschlagen hat, an welche Andere vor ihm, die ebensowohl dazu berufen gewesen wären, nicht einmal zu rühren sich getrauten. Ueberhaupt hat Darwin das große und gar nicht hoch genug zu schätzende Verdienst, zuerst wieder eine philosophische oder philosophirende Richtung in die organische Naturwissenschaft eingeführt und damit die bisher unbestrittene

Herrschaft der rohen und geistlosen Empirie gebrochen zu haben. Bis auf Darwin schien es in dieser Wissenschaft und bei deren eigentlichen Matadoren geradezu verpönt, über bloßes Suchen nach Material, über bloße Beobachtung und systematische Zusammenstellung des Beobachteten, über Messen, Wägen u. s. w. hinauszugehen. Auch erschwerte die in unserer Zeit so sehr weit getriebene Arbeitstheilung oder Spezialisirung (d. h. Richtung auf ein einzelnes Fach oder einen einzelnen Gegenstand) außerordentlich jede mehr auf das Allgemeine gerichtete Geistesarbeit; und nur ein Mann von dem umfassenden, positiven Wissen eines Darwin, verbunden mit ächt philosophischem Sinn und Bedürfniß, konnte ein solches Beginnen wagen, ohne das allgemeine Anathema der Empiristen auf sich zu ziehen, und ohne die Gefahr, sich in die haltlosen und gänzlich discreditirten Speculationen der ehemaligen Naturphilosophie zurückzuverlieren — während andererseits die in ihre Detailstudien vergrabenen Spezialisten zu einer solchen Arbeit ebenfalls unfähig sind und gewöhnlich vor lauter Bäumen den Wald nicht sehen.

Daß übrigens ein Mann, wie Darwin, früher oder später kommen mußte, ist außer Zweifel; denn ein fortwährendes, bloßes Aufhäufen von Material ohne einigenden Gedanken und ohne Verwendung dieses Materials zu einem Bau des schaffenden Geistes hat ja für sich fast gar keinen Werth, mit Ausnahme jenes geringen Nutzens, welchen zufällige Verbindungen mit der Technik oder mit

den Bedürfnissen des täglichen Lebens oder mit anderen
Wissenschaften liefern mögen. Diese Wiedereinführung
der Philosophie in die positive Wissenschaft hat denn auch
sofort noch eine andere Frucht getragen, welche ich vom
philosophischen Gesichtspunkt aus für fast noch werthvol=
ler, als die Darwin'sche Theorie selbst, halten möchte
— ich meine die endgültige und durch positive Nachweise
gestützte Verbannung des verderblichen sog. Zweckmä=
ßigkeitsbegriffes aus der organischen Naturwissen=
schaft und damit wohl auch aus der Wissenschaft über=
haupt. Zwar hat man von Seiten philosophisch gebildeter
Naturforscher schon seit lange, wie Sie wissen, mit allen
Waffen der Logik gegen den ebenso verkehrten, wie schäd=
lichen Zweckmäßigkeitsbegriff angekämpft, und auch in
der That mit solchem Erfolg, daß innerhalb der engeren
und namentlich der physikalischen Wissenschaft selbst jener
Begriff so ziemlich als ausgetilgt angesehen werden kann,
und daß man mit einer gewissen Aengstlichkeit alle
Schlüsse zu vermeiden sucht, welche an seine (wenn auch
nur versteckte) Anwesenheit erinnern könnten. Um so
weniger jedoch war es möglich, denselben Erfolg auch
in den weiteren Kreisen der Gebildeten und auf dem
Gebiet der übrigen Wissenschaften zu erzielen und einen
Begriff zu verbannen, der, wie Ihnen ja Allen aus per=
sönlicher Erfahrung bekannt sein wird, schon in dem
Schulunterricht den jugendlichen Köpfen fast gewaltsam
eingetrichtert und Tag für Tag benutzt wird, um mit=
telst desselben an den mannichfaltigen Einrichtungen der

Natur die endlose Güte und Weisheit eines Schöpfers zu demonstriren, dessen Verhältniß zu der von ihm geschaffenen Welt man sich ungefähr gerade so vorzustellen pflegt, wie das Verhältniß des Uhrmachers zu der von ihm gemachten und in Gang gebrachten Uhr. Die stärkste und andauerndste Verwendung findet übrigens der Zweckmäßigkeitsbegriff von Seiten der Herren Theologen, welche daraus ein nie sich erschöpfendes Thema gemacht haben und es schließlich ebenso weise und bewunderungswürdig eingerichtet finden, daß wir die Nase mitten im Gesicht, als daß wir die Augen nicht auf den großen Fußzehen haben.

In der That zeigt uns die Natur, wenn wir sie blos mit dem Auge des Laien und ohne Rücksicht auf die Vorgänge der Vergangenheit nach ihren jetzt vorliegenden mannichfaltigen Beziehungen und unter dem Gesichtspunkte der Zweckmäßigkeit betrachten, eine solche Menge nützlicher, passender und vortrefflicher Einrichtungen, Anpassungen, Vorkehrungen, Ergänzungen und, wie es scheint, aufeinander vorher und voraussichtlich berechneter Beziehungen, daß man durchaus nicht darüber erstaunt sein darf, wenn der einfache, nicht durch Ueberlegung oder Logik geschulte Menschenverstand, welcher der wissenschaftlichen Einsicht in das innere Getriebe des Naturvorganges entbehrt, zu den oben geschilderten Schlüssen und Anschauungen bezüglich einer zweckmäßig angelegten Weltordnung gelangt. Anders freilich sieht die Wissenschaft die Sache an; sie fragt nicht blos

darnach), wie die Dinge gegenwärtig beschaffen und
geordnet sind], sondern wie sie es früher waren, und
auf welche natürliche Weise jene geordneten Beziehungen
oder Zusammenhänge allmälig entstanden sein mögen?
— Hier gibt nun plötzlich die Darwin'sche Theorie
eine Reihe der überraschendsten Aufschlüsse und Beweise,
welche nicht blos auf philosophischer Reflexion beruhen,
sondern welche sich unmittelbar an den Thatsachen und
an lebendigen Beispielen demonstriren lassen und welche
daher auch auf den nicht vorbereiteten Verstand impo=
nirend wirken müssen. Sogar Herr Professor Schlei=
den, welcher in den letzten Jahren durch mehrere sehr
ungeschickt gehaltene und schlecht motivirte Angriffe auf
den Materialismus seinem welkenden Ruhme keine neuen
Lorbeeren hinzugefügt hat, kann doch nicht umhin, nach
Lectüre der Darwin'schen Schrift öffentlich zu erklären,
daß nach Darwin Niemand mehr, ohne sich bloß=
zustellen, von Zweckmäßigkeit in der Natur reden könne.*)
    In der That haben Sie, verehrte Anwesende, im
Laufe meines Vortrags bereits mehrfach Gelegenheit ge=
habt, an den vorgetragenen Beispielen die von Dar=

---

*) In ähnlicher Weise sagt der bereits öfter citirte Professor
Häckel (Gener. Morphologie der Organismen, I. Band, Seite 160):
„Wir erblicken in Darwins Entdeckung der natürlichen Zuchtwahl
im Kampfe um das Dasein den schlagendsten Beweis für die aus=
schließliche Gültigkeit der mechanisch wirkenden Ursachen auf dem
gesammten Gebiete der Biologie; wir erblicken darin den de=
finitiven Tod aller teleologischen und vitalistischen
Beurtheilung der Organismen."

win gegebenen Aufschlüsse und seinen Ideengang kennen
zu lernen, und werden darnach gewiß geneigt sein, die
Ursache der vielen vortrefflichen Anpassungen und zweck=
mäßigen Einrichtungen in der Natur mehr in solchen
und ähnlichen Vorgängen zu finden, wie sie Darwin
schildert, als in einer absichtlichen und vorausbedachten
Zurechtmachung. Denn in nothwendiger Folge des Vor=
gangs der „Natürlichen Zuchtwahl" und des „Kampfes
um das Dasein" konnte es einerseits gar nicht an=
ders sein, als daß alle vortheilhaften und somit auch
zweckmäßigen Eigenheiten und Einrichtungen, alle nütz=
lichen Zusammenhänge bei den Naturwesen und in der
Natur überhaupt im Laufe unendlich langer Zeiträume
gewissermaßen methodisch hervorgelockt und zuletzt blei=
bend gemacht wurden — während andererseits die
Wachsthumsvorgänge und die erblichen Uebertragungen
auch wieder eine Menge von Dingen oder Einrichtungen
bei einzelnen Naturwesen zurückließen, welche in keiner
Weise zweckmäßig genannt zu werden verdienen, sondern
im Gegentheil bald nachtheilig, bald indifferent, d. h.
gleichgültig sind. So erinnert z. B. Darwin an die
ausgezeichneten Ranken mancher Kletterpflanzen, welche
für diese vom größten Nutzen sind und eben wegen die=
ses Nutzens angeordnet scheinen könnten, wenn wir nicht
wüßten, daß ganz dieselben Ranken bei vielen Pflanzen
vorkommen, welche nicht klettern; oder an die nackte
Kopfhaut des Geiers, welche vortrefflich dazu einge=
richtet zu sein scheint, damit das Thier in faulenden

Kadavern wühlen und seine Nahrung suchen könne, während dagegen der Wälschhahn, welcher jene Gewohnheit nicht hat und ganz säuberlich frißt, dieselbe glatte Kopfhaut besitzt; oder an die sog. Nähte an den Schädeln junger Säugethiere, in welchen man eine vortreffliche und absichtliche Einrichtung für Erleichterung des Geburtsaktes hat erblicken wollen. In der That ist dieses auch so und bringt die Einrichtung in dieser Beziehung oft den allergrößten Nutzen. Aber unmöglich können wir sie als absichtlich für diesen Fall gemacht ansehen, da die anatomische Untersuchung lehrt, daß auch die Schädel junger Vögel und Reptilien (Kriechthiere), welche aus Eiern ausschlüpfen und daher jenes Vortheils nicht bedürfen, dieselben Nähte zeigen. Der schon erwähnte Schwimmfuß des Fregattvogels oder der Landgans ist diesen Thieren gewiß nicht nützlich, sondern bei ihrer gegenwärtigen Lebensweise schädlich: sie haben denselben durch Erbschaft überkommen. Die übereinstimmenden Knochen im Arm des Affen, im Vorderfuß des Pferdes, im Flügel der Fledermaus und im Ruder des Seehundes bringen diesen Thieren durchaus keinen Nutzen und sind nur Ueberbleibsel der von längst untergegangenen Stammvätern überkommenen Erbschaft. Der Giftzahn der Otter oder die Legeröhre des Ichneumon können diesen Thieren gewiß nicht aus teleologischen oder Zweckmäßigkeitsgründen verliehen worden sein, da beide nur zum unmittelbaren Nachtheil anderer lebender Wesen gereichen. Der Stachel der Wespe oder

der Biene ist gewiß nicht zweckmäßig eingerichtet, da er, wenn gebraucht, den unvermeidlichen Tod des Besitzers nach sich zieht, u. s. w. Sogar in unserm eigenen menschlichen Körper, den wir gewöhnlich als den Ausdruck unendlicher Weisheit und Fürsorge und höchster Vollendung der Organisation anzusehen pflegen, lassen sich bei genauerer Betrachtung eine ganze Anzahl zweckloser, ja sogar schädlicher Theile, Einrichtungen oder Organe auffinden, welche zum Theil nur dazu da zu sein scheinen, um zu den schwersten und quälendsten Krankheiten oder Krankheitszufällen Anlaß zu geben; so die Schilddrüse, welche den Kropf erzeugt, die sog. Mandeln, welche durch Entzündung und Schwellung Erstickung herbeiführen können, der sog. Wurmfortsatz, welcher bei Kindern Anlaß zu tödtlichen Unterleibsentzündungen gibt, der sog. Blinddarm, welcher oft die gefährlichsten Stockungen erzeugt, die sog. Thymusdrüse, der Schwanzknochen, die männlichen Brustdrüsen, die äußeren Ohrmuscheln, die Nickhaut des Auges, die Behaarung der Haut u. s. w. u. s. w. Ueberhaupt gibt es kaum eine Einrichtung in unserm Körper, welche man sich nicht vom Standpunkte einer unbefangenen Kritik aus als vollkommener, zweckentsprechender und weniger gefährlich für Leben oder Gesundheit vorstellen könnte. Wir betrachten heute staunend den wunderbaren Bau des Auges, dieses vollkommensten und feinsten aller Organe, von welchem wir nach den durch Darwin gegebenen Nachweisen und nach den

Resultaten der vergleichenden Anatomie überhaupt voll=
ständig berechtigt find, anzunehmen, daß es sich nur auf die
allmäligste und langsamste Weise von den unvollkommen=
sten Anfängen an und durch unzählige Abstufungen hindurch
aus einem einfachen, empfindenden Nerven bis zu seinem
heutigen Zustande entwickelt habe. Und dennoch ist
auch dieser Zustand noch nicht vollkommen, indem die
Verbesserung im Auge für die sog. Abweichung des Lichtes
auch in dem besten Auge noch nicht vollständig ist. *)
Die ursprüngliche Einheit oder Vermischung der Speise=
und Luftröhre und der unvollkommene Schutz der letz=
teren durch den Kehldeckel ist eine höchst mangelhafte
Einrichtung, welche zum Eindringen fremder Körper in
die Athmungswege, zu Erstickung u. s. w. Anlaß gibt,
und welche ihre Erklärung in den Thatsachen der ver=
gleichenden Anatomie findet.

Auch die in der Thierwelt so auffallend hervortreten=
den Triebe und sog. Instinkte, welche so oft als
ausgezeichnete Beispiele weiser Vorsehung und zweckmä=
ßiger Voraus=Anordnung geltend gemacht werden, er=
scheinen im Lichte der Darwin'schen Lehre in einer

---

*) Ein ausgezeichneter Kenner der Sinnesverrichtungen führt
in einem Aufsatz über die Theorie des Sehens (Preuß. Jahrbücher,
1858) von Professor Helmholtz als „Fehler" des Auges auf: Die
Farbenzerstreuung, der sog. Astigmatismus, die sog. Lücken, die
Gefäßschatten, die unvollkommene Durchsichtigkeit der Medien u. s. w.
— lauter Mängel, welche zum Mindesten zeigen, daß die so oft
gerühmte „Vollkommenheit" des Auges in mehrfacher Beziehung
eine sehr illusorische ist.

ganz anderen Beleuchtung. Mit welchen Lobeserhebun=
gen im teleologischen Sinne hat man z. B. den sog.
Wandertrieb der Vögel überhäuft und darauf hinge=
wiesen, daß hier recht augenfällig durch eine höhere Weis=
heit in absichtlicher Weise ein unwiderstehlicher Instinkt
in diese Thiere behufs ihrer Erhaltung und ihres Wohls
gelegt worden sei. Geht man aber der Sache auf den
Grund, so wird man eine ganz andere und sehr natür=
liche Ursache dieses Triebs entdecken. Denn offenbar ist
derselbe entstanden durch eingetretene Temperaturwechsel
und durch allmälige Zunahme der Kälte von den Polen
her zu einer gewissen Zeit und an einer bestimmten Oert=
lichkeit. Die strengeren Winter veranlaßten die leicht
beweglichen Vögel, vor der andringenden Kälte etwas
nach Süden zurückzuweichen, während sie bei Wiederkehr
der besseren Jahreszeit, getrieben von der bei allen
Thieren so mächtigen Liebe zur Heimath, zu ihren ur=
sprünglichen Wohnsitzen und alten Brutplätzen zurück=
kehrten. Dieser Wechsel wiederholte sich von Jahr zu
Jahr und zwar mit zunehmender Intensität oder Stärke,
da, je kälter die Winter wurden, oder je weiter die
Kälte jedesmal südwärts vordrang, das Zurückweichen
vor derselben um so größere Ausdehnung annahm.
Dieses periodische Wandern oder Gehen und Wieder=
kommen wurde allmälig zu einer Gewohnheit, welche
sich durch Erblichkeit auf die Nachkommen übertrug und
somit endlich Anlaß zur Entstehung eines Triebes gab,
welcher jetzt allerdings sehr wohlthätig und zweckentspre=

chend erscheint, aber doch auf sehr einfache und natür=
liche Weise entstanden ist. — In ganz ähnlicher Weise
mag der sog. Winterschlaf der Thiere entstanden sein,
indem diejenigen Thiere, welche durch geringere Fähig=
keit der Ortsbewegung der Kälte nicht ausweichen konn=
ten oder wollten, sich an dunkle oder geschützte Orte zu=
rückzogen und hier die kalte Jahreszeit im Schlaf ver=
brachten. Durch stetige und allmälige Zunahme des ver=
anlassenden Wechsels der Temperatur wurde die Periode
des Winterschlafs immer länger, bis sie allmälig zur Ge=
wohnheit wurde und sich durch Erblichkeit auf die Nach=
kommen übertrug.*) — Aehnliche, höchst interessante

---

*) Daß während des Lebens erworbene Gewohnheiten, Triebe,
Neigungen u. s. w. auf die Nachkommen vererbt und bei diesen
bleibend werden, fand schon in der ersten Vorlesung in dem Kapitel
über die Erblichkeit Erwähnung. Beobachtungen dieser Art hat
man namentlich an abgerichteten Thieren gemacht. So vererbt
sich bei dem Schäferhund die Neigung, die Heerde zu umkreisen,
und bei dem Vorsteherhund die Neigung zum Stellen des Wildes.
Bei Katzen ist die Neigung erblich, Ratten statt Mäuse zu fangen.
Nachkommen von Zugthieren (Ochsen, Pferde u. s. w.) ziehen
besser, als wilde Thiere oder solche, die von nicht an den Zug ge=
wöhnten Eltern abstammen. Im spanischen Amerika haben alle
Pferde durch Erbschaft nach und nach die Neigung zu dem sog.
Paßgang angenommen. Die Purzeltaube in England hat die
erbliche Gewohnheit, sich in dichten Massen zu erheben und dann
herunterzupurzeln zu lassen. Das englische Schaf bequemte sich nach
Einführung der Steckrübe erst in der dritten Generation zum Genuß
derselben. Ueberhaupt vererben alle abgerichteten Thiere ihre erlernte
Anlage auf die Nachkommen, welche sich durch leichtere Erziehungsfä=
higkeit vor wilden Thieren auszeichnen. Entsprechende Beispiele bei
dem Menschen sehe man in meinem Aufsatze „Physiologische Erb=
schaften" in: „Aus Natur und Wissenschaft". 2te Aufl. (Leipzig 1869.)

Nachweise gibt Darwin noch über eine ganze Reihe
weiterer Instinkte, so über den Instinkt der Vögel zum
Nesterbauen: über den bekannten Instinkt des Vor=
steherhundes, der gewiß nichts weiter ist, als eine
künstlich hervorgerufene und erblich gewordene Vermeh=
rung der kurzen Pause, welche alle jagenden Thiere vor
dem Einspringen zu machen pflegen; über den Instinkt
der Hinneigung der Hausthiere zum Menschen; über den
Instinkt des Kukuks, seine Eier in fremde Nester zu
legen; über den höchst merkwürdigen und fast Unglaub=
liches zu Tage fördernden sog. Sclavenmacher=In=
stinkt der Ameisen; über den zellenbauenden Instinkt
der Bienen, welcher ja auch so oft fälschlicherweise als
ein schlagender Beweis für die teleologischen Absichten
der Vorsehung herhalten muß und ganz gewiß ebenfalls
nur aus natürlicher Züchtung entstanden ist, u. s. w. —
lauter Beispiele, deren interessante Einzelheiten ich Sie
bei Darwin selbst nachzulesen bitten muß, da mich ein
näheres Eingehen hierauf zu weit von meinem eigent=
lichen Ziel ablenken würde. Wie sich übrigens Instinkte
durch veränderte Lebensweise ganz verändern können und
damit zeigen, daß sie auf keinem angeborenen, unwider=
stehlichen Naturtrieb der Art selbst beruhen, zeigt unter
Anderen das Beispiel des amerikanischen Spechts,
welcher dort das Baumklettern ganz verlernt hat und
die Insekten im Fluge hascht; oder das Beispiel des
amerikanischen Kukuks, welcher die bekannte Ge=
wohnheit des europäischen Kukuks nicht hat, während

es andererseits dort a n d e r e Vögel gibt, welche die eigenthümliche Gewohnheit des Eierlegens in fremde Nester angenommen haben. —

Hiermit, verehrte Anwesende, glaube ich Ihnen eine ziemlich deutliche und, soweit es möglich war, auch er= schöpfende Darlegung der berühmten D a r w i n'schen Lehre von der Umwandlung der Arten, welche von Jahr zu Jahr eine größere Bedeutung nicht blos für die Wis= senschaft, sondern auch für unsere gesammte Weltan= schauung gewinnt, gegeben zu haben. So interessant und wichtig diese Theorie übrigens auch an sich und ohne jede Nebenrücksicht ist, so erhält sie doch ihr höchstes und unmittelbarstes Interesse erst dadurch, daß wir uns fragen: Läßt sich dieselbe auch auf unser eigenes Ge= schlecht oder auf den M e n s c h e n anwenden? und wenn ja, welche Folgerungen müssen alsdann aus derselben gezogen werden? Wie verhält sich weiter die Umwand= lungslehre zu den bisher gültigen Theorieen des F o r t= s c h r i t t s in der organischen Natur? erhalten die letzte= ren durch die erstere eine Bestätigung? und wenn ja, welche Gesetze lassen sich daraus für den Fortschritt der organischen Welt nicht nur, sondern auch für den des menschlichen Geschlechts in der Geschichte ableiten? Von diesen wichtigen Fragen sollen die beiden nächsten Vorlesungen handeln.

Dritte Vorlesung.

Anwendung der Darwin'schen Theorie auf den Menschen, dessen Herkunft und Entstehung. Verhältniß des Menschen zu der ihm zunächst stehenden Thierwelt. Classifications-Systeme. Die „Primaten" Linné's durch Blumenbach's „Zweihänder" und „Vierhänder" verdrängt und durch neuere Forscher wiederhergestellt. Die Archencephala von Professor Owen. Das Seelenleben der Thiere. Die Unterschiede von Mensch und Thier nicht absolut, sondern relativ. Bewußtsein und Selbstbewußtsein, der aufrechte Gang u. s. w. Die Lücke zwischen Mensch und Thier wird durch die Fortschritte der Cultur und das Aussterben der Mittelformen immer größer. Die anthropoiden oder menschenähnlichen Affenarten: Gibbon, Chimpanse, Orang-Utang, Gorilla. Fossile Affen und fossile Menschen. Alter des Menschengeschlechts. Geschah die Entwicklung der menschlichen aus der thierischen Intelligenz allmälig oder plötzlich?

Hochgeehrte Anwesende!

Die von mir in zwei Vorlesungen Ihnen geschilderte
Darwin'sche Theorie ist gewiß schon an und für sich
und ohne jede Nebenrücksicht höchst anziehend und zum
Theil auch bestimmend für unsere allgemeinen Ueber=
zeugungen, da sie uns Aufschlüsse ertheilt über eine der
auffallendsten und großartigsten Naturerscheinungen oder
über Herkunft und Entstehung der uns umgebenden Or=
ganismenwelt, sowie darüber, ob wir diese Entstehung
in den bisher angenommenen theologischen oder in
natürlichen Ursachen zu suchen haben.

Aber diese Wichtigkeit und Bedeutung wird noch viel
größer, und die ganze Sache wird uns gewissermaßen
zur Herzensangelegenheit, wenn wir uns die
wichtige Frage vorlegen: Muß die Umwandlungstheorie
auch auf unser eigenes Geschlecht, auf den Menschen
oder auf uns selbst angewendet werden? Müssen wir
uns gefallen lassen, daß dieselben Principien oder Regeln,
welche die übrigen Organismen in das Leben gerufen
haben, auch für unsere eigene Entstehung und Herkunft
gelten sollen? oder machen wir — die Herren der
Schöpfung — eine Ausnahme?

12 *

Sie wissen, geehrte Anwesende, daß bisher die Mehr=
zahl aller Philosophen und selbst Naturkundigen (mit
Ausnahme der wenigen sog. Materialisten und der älte=
sten griechischen Kosmologen) ganz auf Seite der letzten
Meinung stand. Man betrachtete den Menschen als
etwas so gründlich Verschiedenes von der gesammten
übrigen Thierwelt, daß man zwischen Beiden, sowohl in
körperlicher, wie noch mehr in geistiger Hinsicht,
fast so gut wie gar keinen Zusammenhang annahm; und
bei dem ehemaligen, dürftigen Stande unserer positiven
Kenntnisse, sowie bei dem vollständigen Mangel an be=
kannten Uebergangsformen war am Ende auch eine solche
Meinung mehr oder weniger gerechtfertigt — so sehr
auch die allgemeine Einheit in der Natur und der phi=
losophische Begriff des Weltalls dagegen zu sprechen
schienen. Von dem Standpunkte dieser Meinung aus
war natürlich die uns jetzo so nahe liegende Frage:
Woher kam der Mensch? wie ist er entstanden?
— wissenschaftlich unlöslich oder transcendent, d. h.
über die Möglichkeit einer erfahrungsmäßigen Erkenntniß
hinausgehend. Eine Lösung derselben konnte man nur
in dem religiösen Glauben oder Mythus finden, welcher
ja auch, wie Sie wissen, sich in den mannichfachsten
Deutungen dieses Räthsels versucht und eine nicht geringe
Anzahl darauf bezüglicher Sagen oder Erzählungen zu
Tage gebracht hat. In den religiösen Mythen fast aller
Völker begegnen wir einer Anzahl mehr oder weniger
naiver, mehr oder weniger geistvoller, mehr oder weniger

fein ausgedachter Erfindungen oder Vorstellungen über
diesen Gegenstand — welche aber alle zeigen, wie sehr
die große Frage nach dem eigenen Ursprung seines Ge=
schlechts oder das „Geheimniß der Geheimnisse", wie es
ein englischer Philosoph genannt hat, auch den unge=
bildetsten menschlichen Verstand von Anfang an beschäf=
tigen mußte.

Auf einem ganz anderen Standpunkte dieser Frage
gegenüber befinden wir uns — Dank den Fortschritten
der menschlichen Erkenntniß — heutzutage; und es
ist gewiß eine höchst merkwürdige und für das geistige
Leben des Menschen bezeichnende Erscheinung, daß die
Wissenschaft nach und nach so weit gekommen ist, um
sich selbst einer solchen Frage zu bemächtigen und auf
einem Boden festen Fuß zu fassen, der ihr so lange Zeit
hindurch ganz und für alle Zeiten verschlossen zu sein
schien.*) Es mag darin eine ernste Mahnung für uns
liegen, daß man dem Fortschreiten des Geistes nicht zu
wenig zutrauen und an der Lösung auch der schwersten
Räthsel nicht von vornherein verzweifeln soll — oder
auch, was noch wichtiger ist, daß man dem menschlichen
Geiste nicht, wie dieses so manche Philosophen gethan
haben, voreilig gewisse Grenzen ziehen und erklären soll,

---

*) „Den wahren Ursprung des Menschen erkannt zu haben, ist
für alle menschlichen Anschauungen eine so folgenreiche Entdeckung,
daß eine künftige Zeit dieses Ergebniß der Forschung vielleicht für
das größte halten wird, welches dem menschlichen Geiste zu finden
beschieden war." (Prof. H. Schaaffhausen.)

daß er diese Grenzen nicht überschreiten könne oder dürfe.
Allerdings geschieht ein solches Verfahren gewöhnlich mehr
in einem theologischen oder systematisch = philosophischen
Interesse, als in dem Interesse der Wahrheit, welche
wir auf jedem Wege und durch jedes uns zu Gebote
stehende Mittel (sei es Beobachtung, Forschung oder
Spekulation) zu erreichen suchen müssen.

Was nun, verehrte Anwesende, die Beantwortung
der von mir aufgestellten Frage selbst (ob nämlich jene
Principien der großen Natur auch auf den Menschen
anzuwenden seien) im wissenschaftlichen Sinne an=
geht, so kann dies, wie wohl die Meisten unter Ihnen
bereits selbst im Stillen gethan haben werden, natürlich
nur mit dem allerentschiedensten Ja! geschehen. Denn
eine Theorie oder ein Gesetz, welches für die gesammte
organische Natur gilt, muß gleicherweise auch für den
Menschen gelten, da die Principien, nach denen diese
Welt gebildet ist, überall die gleichen und unveränder=
lichen sind — ein Satz, über den unter den wirklich Ge=
lehrten eigentlich keine Meinungsverschiedenheit besteht.
Anatomie und Physiologie oder die Wissenschaften
vom Bau und von den Verrichtungen des thierischen
Leibes lassen auch nicht den leisesten Zweifel darüber be=
stehen, daß der Mensch im anatomischen und physiolo=
gischen Sinne nur der höchste Repräsentant des sog.
Wirbelthier=Typus ist, eines Typus, welcher be=
kanntlich durch seine hohe Ausbildung an der Spitze des
gesammten Thierreichs steht und sich vom Menschen ab=

wärts in absteigender Linie in unzähligen Abstufungen
wiederholt. Wenn es eine anatomische oder physiologische
Lücke gibt, welche den Menschen von den ihm am nächsten
stehenden Säugethieren trennt, so ist sie unter allen Um=
ständen nicht weiter, als diejenigen Lücken, welche auch
andere Säugethiergattungen, und zwar die am nächsten
verwandten, voneinander trennen, und zeigt nirgendwo
wesentliche oder absolute, sondern nur rela=
tive Unterscheidungsmerkmale.*) Diese Wahrheit wird
besonders deutlich, wenn man die verschiedenen Classifi=
cations= oder Eintheilungssysteme der Zoologen oder der
Naturforscher überhaupt studirt und dabei die ver=
geblichen Versuche einiger derselben beobachtet, aus
dem Menschen ein besonderes Reich im Unterschied vom
Pflanzen= und Thierreich zu machen. Im Gegensatze zu
diesen Versuchen hatte bereits Linné, der große Gesetz=
geber der systematischen Zoologie, das richtige Princip er=
faßt und in seiner obersten Ordnung der sog. Primaten
(Primates) Mensch, Affen und Halbaffen unterge=
bracht.**) Aber schon Blumenbach wich im Jahre 1779

---

*) „Es ist in der That leicht zu beweisen", sagt der englische
Professor Huxley, der sich gerade mit dieser Frage und den ein=
schläglichen Untersuchungen sehr eingehend beschäftigt hat, in seinem
Buche: „Ueber unsere Erkenntniß von den Ursachen der Erscheinungen
in der organischen Natur" (Braunschweig 1865) — „daß, soweit
es den Bau betrifft, der Mensch sich nicht mehr von den unmittelbar
unter ihm stehenden Thieren unterscheidet, als diese von anderen
Thieren derselben Ordnung."‗

**) Wie richtig schon Linné die ganze Frage ansah, erhellt
aus seinen in den Amoenitates Acad. „Anthropomorpha" ge=

wieder von dieser Eintheilung ab und erfand die sog. Bimana oder Zweihänder (mit welchem Namen er den Menschen belegte) im Gegensatz zu den Quadrumana oder Vierhändern, welcher Namen den Affen zugetheilt wurde. Er nennt den Menschen ein animal erectum, bimanum, findet also seine charakteristischen Merkmale in seiner „aufrechten Haltung" und seinen „zwei Hän= den". Diese Eintheilung, welche zum Theil schon im Jahre 1766 von Büffon angewandt worden war, wurde nach Blumenbach auch von dem berühmten Cu= vier adoptirt und von ihm officiel in die Wissenschaft eingeführt. Sie gilt eigentlich auch heutzutage noch, wenn auch sehr mit Unrecht. Doch haben inzwischen viele neuere Zoologen die alte Linné'sche Eintheilung wieder angenommen und seine bereits halbvergessenen „Primaten" wieder hervorgesucht. Dies ist auch das einzig Mögliche oder Richtige, da die bekannte Unterschei= dung von Zwei= und Vierhändern anatomisch ganz unzulässig erscheint. Das Verdienst, den genaueren Nach= weis dieser Unzulässigkeit geführt zu haben, gebührt dem schon öfter genannten, englischen Anatomen Professor

---

schriebenen Worten: „Vielen könnte es scheinen, die Verschiedenheit zwischen Affe und Mensch sei größer, als die zwischen Tag und Nacht; dennoch würden sie, wenn sie eine Vergleichung zwischen den höchstgebildeten Europäern und den Hottentotten am Cap der guten Hoffnung anstellen würden, sich schwerlich überreden, daß diese den= selben Ursprung hätten; oder wenn sie ein edles — — Hoffräulein mit dem sich selbst überlassenen Waldmenschen vergleichen wollten, würden sie sich kaum überzeugen können, daß beide derselben Spe= cies angehören."

Hurley, welcher namentlich die Bildung der Knochen und Muskeln von Hand und Fuß bei Mensch und Affe vergleichend anatomisch studirt und gezeigt hat, daß bei dieser Frage nicht blos der äußere Anschein oder das äußere Ansehen jener Theile zu Rathe gezogen werden darf, sondern daß die Untersuchung der inneren Theile entscheidend ist. Diese Untersuchung ergibt aber nach Hurley, daß sowohl Hand als Fuß bei dem Menschen und bei den menschenähnlichen Affen oder sog. Anthropoiden (namentlich bei dem Gorilla) ganz nach denselben anatomischen Principien gebaut sind, d. h. daß der Gorilla nicht, wie es nach der alten Aufstellung sein müßte, vier Hände, sondern daß er zwei Hände und zwei Füße besitzt. Namentlich ist die hintere Extremität des Gorilla nach Hurley nichts Anderes, als ein Fuß mit einer sehr beweglichen großen Zehe, welche, ähnlich wie ein Daumen, den übrigen Zehengliedern opponirt oder entgegengestemmt werden kann, also ein sog. Greiffuß.*) Und dieses selbe Verhältniß geht nach

---

*) Diese Behauptung ist allerdings neuerdings gerade von ana= tomischer Seite aus angefochten worden — jedoch nur bis zu einem gewissen Grade. Prof. Schaaffhausen, welcher darüber in einem in der XLI. Naturforscherversammlung gehaltenen Vortrage berich= tet, sagt in dieser Beziehung: „Für den Gorilla ist der Streit der Ansichten wohl dahin zu schlichten, daß seine Hinterhand halb Fuß, halb Hand ist. Der Fersentheil ist Fuß, der vordere Theil ist Hand. Dieser Deutung entspricht auch der Gebrauch des Gliedes. Die eigenthümliche Form des menschlichen Fußes ist darin begrün= det, daß er wie ein festes Gewölbe die ganze Last des aufgerichteten Körpers trägt. Haltung und Gang des Gorilla stehen aber gerade

Huxley) durch die ganze Ordnung der Affen= und Halb=
affenarten hindurch); jeder von ihnen besitzt die charak=
teristische Anordnung der Fußwurzelknochen und hat an
Muskeln einen kurzen Beuger und Strecker und einen
langen Wadenbeinmuskel. Immer bleibt daher diese
hintere Extremität im anatomischen Sinne ein Fuß und
kann niemals mit einer Hand verwechselt werden. Da=
her verwirft Huxley mit aller Entschiedenheit den Aus=
druck „Vierhänder" und betrachtet den Menschen nur
als eine besondere Familie der sog. Primaten oder
Oberherrn, welche Familie er unter dem Namen „An=
thropini" von den übrigen Familien dieser Klasse oder
Ordnung unterscheidet. Wäre übrigens auch der Unter=
schied in der Fußbildung des Menschen und der großen
Affenarten noch größer, als er wirklich ist, so würde dies
doch um deßwillen im Sinne einer strengeren Trennung
nichts beweisen, da z. B. der Orang=Utang sich durch
die sonstige Bildung seines Fußes noch weiter von dem
Gorilla entfernt, als dieser von dem Menschen!!

Ganz dasselbe Resultat, wie durch die Vergleichung
von Hand und Fuß, erhält man nach Huxley durch eine

in der Mitte zwischen der ganz aufrechten Stellung des Menschen
und dem Gang des Vierfüßers. Seine gewöhnliche Haltung ist die
hockende; auch wenn er geht und läuft, ist sein Rumpf fast aufge=
richtet, aber seine hinteren Gliedmaßen tragen noch nicht allein den
Körper, sondern dieser stützt sich zugleich mit dem Rücken der Hände
auf den Boden. Wir können uns den Uebergang des Gan=
ges der Thiere in den des Menschen nicht wohl anders
denken, als so, wie ihn uns der Gorilla zeigt."

vergleichend anatomische Betrachtung aller übrigen Theile,
wie Muskeln, Eingeweide, Zähne, Gehirn u. s. w.
In der Zahnbildung, welche bekanntlich ein sehr
charakteristisches Kennzeichen der Verwandtschaft bei den
Säugethieren abgibt, gleicht der Gorilla dem Menschen
durchaus in Bezug auf Zahl, Art und allgemeine Bil=
dung der sog. Krone und weicht nur in weniger wesent=
lichen Beziehungen von ihm ab, während Aehnlichkeiten
und Verschiedenheiten derselben Art — und zwar die
letzteren in noch viel höherem Grade — zwischen den
einzelnen Affenarten oder Affenfamilien gefunden werden.
Dem entsprechend weist Schaaffhausen darauf hin,
daß auch das sog. erste oder Milchgebiß des Menschen
eine auffallende Aehnlichkeit mit dem Gebiß des
Affen besitzt, indem es an der Stelle der späteren vor=
deren Backenzähne mit kleinen Kronen und verwachsenen
Wurzeln echte Mahlzähne mit Kronen und Wurzeln
wie beim Affen hat — daß also der Mensch mit seinem
ersten Gebiß auf eine tieferstehende Bildung oder auf
seine Herkunft hinweist und erst mit dem zweiten Ge=
biß die echte menschliche Form erreicht. Aber auch in
dieser Form gleicht das Gebiß des Menschen, abgesehen
von der Größe der Zähne, so sehr dem der höheren
Affen, „daß man daraus schließen kann, er habe wie
diese ursprünglich von Früchten gelebt" (Schaaffhausen).
Aehnlicher anatomischer Anklänge in der Bildung des
menschlichen Körpers an die Anatomie der höheren Affen
gibt es übrigens noch eine ziemliche Anzahl, und man

findet, z. B., wie Huxley mittheilt, bei der Zergliederung
menschlicher Leichname nicht selten Eigenthümlichkeiten in
der Anordnungsweise der Muskeln bei einzelnen Leichen,
welche denen bei Affen sehr ähnlich sind.*) So weisen,
wie Schaaffhausen ausführt, „nicht nur das embryonale und foetale (Zeugungs= und Frucht=) Leben,
wofür die Thatsachen längst bekannt sind, sondern auch
der wachsende und selbst der ausgebildete Organismus
noch auf die niedere Lebensform zurück, deren Reste nur
allmälig schwinden." Selbst der Bau der drei edelsten
Sinnesorgane (Auge, Ohr und Tastsinn) zeigt nach demselben Schriftsteller bei dem Affen eine Uebereinstimmung
mit dem Menschen, die allen anderen Säugethieren fehlt.
„Außer dem Menschen hat nur noch der Affe die Tast-
körperchen, welche das feinere Gefühl vermitteln, nur
der Affe hat, wie der Mensch, die fovea centralis und
den gelben Fleck der Retina (Sehhaut), und nur die
wahren Affen haben mit dem Menschen ein wesentlich übereinstimmendes Labyrinth (inneres Ohr), von

---

*) Nach Dr. Dunkan (Verhandl. der Londoner Anthropol. Ge=
sellschaft, 1869) ist es ein unbestrittenes Faktum, daß die Ano=
malieen oder Abweichungen im Ursprung und Ansatz der Muskeln
des Menschen der normale Zustand bei den Affen sind; und die
menschliche Anatomie kennt zahlreiche individuelle Muskel=Varietäten
oder Nüancirungen, welche den Muskelbildungen der Thiere, ins=
besondere der Affen, analog sind. Bei einem einzigen männlichen
Leichnam wurden, wie Darwin nach I. Wood mittheilt, nicht
weniger als sieben Muskelabweichungen beobachtet, welche sämmt=
lich deutlich Muskeln repräsentirten, die verschiedenen Arten von
Affen eigen sind.

dessen Bildung schon das der Halbaffen völlig ab=
weicht." —

Den letzten, aber auch bedeutendsten Versuch, dem
Menschen ein besonderes anatomisches Vorrecht vor den
Thieren zuzuweisen, hat man in Bezug auf das Gehirn
gemacht — ein Versuch, der aber schließlich nur dazu
gedient hat, die allgemeine Uebereinstimmung der ana=
tomischen Form und Bildung durch die genauesten Unter=
suchungen um so sicherer nachzuweisen. Wegen der her=
vorragenden Wichtigkeit des Gehirns als obersten und
Seelenorgans halte ich es für nöthig, mit einigen Wor=
ten des Näheren auf diesen Gegenstand einzugehen und
Ihnen mitzutheilen, daß einer der hervorragendsten, noch
lebenden englischen Anatomen, Professor Owen nämlich,
es vor nicht langer Zeit versucht hat, gerade auf dieses
Organ ein spezifisches, anatomisches Unterscheidungs=
zeichen zwischen Mensch und Thier zu gründen und,
hierauf gestützt, aus dem Menschen eine besondere Un=
terklasse der Säugethiere zu machen. Er zählte drei
besondere Kennzeichen auf, welche ausschließlich dem Ge=
hirn des Menschen angehören sollten: 1) Die Ueber=
wölbung und Bedeckung des sog. kleinen Gehirns durch
die hinteren Lappen des großen Gehirns; 2) das sog.
hintere Horn der großen Seitenhirnhöhlen, und endlich
3) den sog. kleinen Seepferdfuß, d. h. eine weiße, läng=
liche Anschwellung, welche sich auf dem Boden oder auf
der inneren Wand des soeben genannten hinteren Horns
befindet und welche von einer an der entsprechenden

äußeren Stelle des Gehirns gelegenen Vertiefung oder
Einbiegung herrührt. Mit dieser höchsten Form oder
Ausbildung des Gehirns sollten dann auch nach Owen
eigenthümliche und hervorragende Geisteskräfte verbun=
den sein, welche uns berechtigen, aus dem Menschen
eine besondere Unterklasse der Säugethiere, die sog. Ar=
chencephala (von ἄρχω, ich beherrsche, und Encepha-
lon, Gehirn) im Gegensatz zu den von ihm weiter unter=
schiedenen Lyencephala, Lissencephala und Gy=
rencephala (von λύω, ich löse, λισσός, glatt, und
γυρόω, ich krümme mich) zu machen.

Schon sehr bald nach der im Jahre 1847 geschehenen
Veröffentlichung der Arbeit Owen's erfolgten zahlreiche
Widersprüche von Seiten der Gelehrten, und der Streit
gab Anlaß zu dem Erscheinen einer ganzen Anzahl von
Schriften über den Gegenstand, sowie zur Anstellung zahl=
reicher Untersuchungen von Affengehirnen. Das schließ=
liche Endergebniß aller dieser Untersuchungen war, daß
sich Owen's Behauptung in jeder Richtung als unbe=
gründet bewies, und daß er seine Schlüsse zum Theil
auf Grund falscher oder mangelhafter Abbildungen eines
Chimpansegehirns, welche von einigen holländischen Ana=
tomen (Vrolik und Schröder van der Kolk) veröffentlicht
worden waren, gebaut hatte. Im Gegentheil wurde
durch diese Untersuchungen bewiesen, daß alle echten
Affengehirne ein hinteres Horn der Seitenhirnhöhle, so=
wie einen kleinen Seepferdfuß besitzen, und daß sie mit
ihren hinteren Großhirnlappen das kleine Gehirn zum

Theil noch weiter als bei dem Menschen selbst über=
ragen.*) Das Nähere und Einzelne über den Gegenstand
wolle man in Huxley's Schrift über die Stellung des Men=
schen in der Natur, in der zweiten Abhandlung, nachlesen.

Auch bezüglich der Größe des Gehirns, welche na=
türlich von großer Wichtigkeit ist, hat Huxley gezeigt,
daß der Größenunterschied zwischen dem niedrigsten Men=
schen= und dem höchsten Gorillaschädel zwar immer noch
ein sehr bedeutender ist, aber doch nicht so bedeutend,
wie der Größenabstand unter den einzelnen Menschen=
rassen selbst. Unter den von Morton gemessenen mensch=
lichen Schädeln hatte der höchste einen Inhalt von 114
Cubikzoll, der niedrigste einen solchen von 63 Cubikzoll
(wobei ich übrigens nicht vergessen will, zu bemerken,
daß man Hinduschädel bis zu 46 Cubikzoll herab ange=
troffen haben will); während das höchste bei dem Gorilla=
schädel angetroffene Maß 34 Cubikzoll beträgt. Also
wäre der Abstand zwischen dem höchsten und niedrigsten
Menschen bezüglich der Gehirngröße immer noch bedeuten=
der, als der zwischen Mensch und Affe! — Auch was die
berühmten Windungen des Gehirns anlangt, auf die

*) Neuerdings gesteht Owen selbst ein, sich geirrt zu haben,
und sagt wörtlich: „— — haben bewiesen, daß alle homologen
Bestandtheile des menschlichen Gehirns unter abweichenden Formen
und auf einer niederen Stufe der Entwicklung auch bei den Vier=
händern (Affen) vorhanden sind." Nur die verhältnißmäßig hohe
Ausbildung dieser Theile soll nach seiner Meinung auch jetzt noch
zur Aufstellung einer besonderen zoologischen Klasse für den Men=
schen berechtigen.

man bisweilen einen spezifischen Vorzug des Menschen hat
gründen wollen, so zeigen die Gehirne der Affen jede
Stufe des Fortschritts, von dem beinahe glatten Gehirn
des Marmosets an bis zu Orang und Chimpanse, welche
mit ihren Windungen nur wenig unter dem Menschen
stehen. Die Oberfläche eines Affengehirns bildet gewissermaßen eine Art von Gerippe oder Grundriß des
Menschengehirns, dessen Einzelheiten in den menschenähnlichen Affen mehr und mehr ausgefüllt werden,
während die beiderseitigen Unterschiede, abgesehen von
der Größe, nur in untergeordneten Charakteren zu
finden sind.

So — welche Organe oder welches System von Organen man auch stubiren mag — stets erhält man dasselbe Resultat — ein Resultat, welches Huxley als
allgemeines und sichergestelltes Endergebniß aller seiner
Untersuchungen und Betrachtungen dahin ausspricht, daß
die Unterschiede der Bildung zwischen Mensch
und menschenähnlichen Affen nicht so groß sind,
wie diejenigen der einzelnen Affenfamilien
untereinander.

Auch Professor Häckel spricht sich a. a. O. in ganz
gleicher oder ähnlicher Weise aus, indem er sagt, daß
die Unterschiede zwischen den niedersten Menschen und
den höchsten Thieren nur quantitativer Natur oder Unterschiede der Größe oder Menge und viel geringer seien,
als die Unterschiede zwischen höheren und niederen Thieren. Ja selbst die Unterschiede zwischen dem höchsten und

dem niedersten Menschen sind nach ihm größer, als die=
jenigen Unterschiede, welche den niedersten Menschen von
den höchsten Thieren trennen. Anthropologie oder die
Lehre von dem Menschen ist daher für ihn nur ein Theil
der Zoologie oder Thierlehre überhaupt.

Ein solches Resultat, verehrte Anwesende, reicht ei=
gentlich schon vollkommen hin, um jede spezifische oder
qualitative Unterscheidung zwischen Mensch und Thier
als unmöglich erscheinen zu lassen; und zwar nicht blos,
wie Manche unter Ihnen denken könnten, in körper=
licher, sondern auch in geistiger oder intellectueller
Beziehung. Denn es kann ja wohl heutzutage kein Zwei=
fel mehr darüber bestehen, daß das Gehirn Seelenorgan
ist, und daß geistige Kraft und Entwicklung vollständig
parallel geht mit Größe, Form, Zusammensetzung und
Entwicklung des Gehirns; daß überhaupt das geistige
und leibliche Wesen bei Mensch und Thier ein einziges,
untrennbares Ganze bildet, und daß daher das sog.
geistige Sein nur gewissermaßen als die höchste Blüthe
der Organisation angesehen werden kann.

Allein, wie Sie wissen, giebt es viele (Philosophen,
Theologen und theologische Naturforscher), welche einen
solchen Schluß nicht anerkennen und den Menschen als
ein vorzugsweise geistiges Wesen betrachten, dessen
Gesetze sich den Gesetzen des gewöhnlichen, natürlichen
Geschehens entziehen. Sie geben, wenn es hoch kommt, zu,
daß der Mensch zwar leiblich ein Thier, geistig aber
etwas ganz Anderes sei, und daß daher von einer unmit=

telbaren Anwendung der für das thierische Leben gefun=
denen Gesetze auf den Menschen nicht die Rede sein könne!

Diesen Behauptungen muß man nun erwidern, daß
auch eine unmittelbare Vergleichung der Intelligenz
des Menschen mit derjenigen der ihm zunächststehenden
Thiere ganz dasselbe Resultat für das geistige Wesen
ergibt, wie die vergleichend anatomische Untersuchung für
das leibliche Wesen; sowie daß die Metaphysiker und
die Philosophen überhaupt bei dieser Unterscheidung von
jeher ganz dieselben Schwierigkeiten empfunden haben,
wie die Anatomen bei der ihrigen. Es existirt geistig
ebensowenig eine bestimmte Grenzlinie zwischen Mensch
und Thier, wie leiblich. Auch die höchsten Seelenver=
mögen des Menschen keimen in niederen Regionen, und
seine erhabensten und tiefsten Empfindungen, wie Liebe,
Dankbarkeit, Vergnügen, Zorn, Schmerz, Haß, Kummer
u. s. w., theilt er mit den Thieren. Alle Vorzüge des
Menschen sind in der Thierwelt gewissermaßen prophetisch
vorgebaut und nur in ihm durch natürliche Auswahl
weiter entwickelt. Der Unterschied zwischen Mensch
und Thier besteht blos in der größeren Vervollkommnung
und vortheilhafteren Ausbildung der mit den Thieren
gemeinsamen Züge und darin, daß die Verstandeskräfte
bei dem Menschen auf Kosten der niederen Triebe und
Neigungen mehr entwickelt sind.*) Aber deßwegen darf

*) Nach Häckel besteht der Vorzug des Menschen vor den Thie=
ren lediglich darin, daß er in sich einen höheren Entwicklungsgrad
von mehreren, sehr wichtigen thierischen Organen und Functio-

man nicht glauben, daß das Thier jene Verstandeskräfte
nicht besitze. Das Thier vergleicht, folgert, zieht Schlüsse,
macht Erfahrungen, denkt nach u. s. w., gerade so wie
der Mensch — nur in quantitativ geringerem Grade.
Auch die Gesetze des Denkens sind bei den höheren
Thieren und bei dem Menschen ganz dieselben, und
die sog. Inductionen und Deductionen werden hier wie
dort ganz in gleicher Weise gebildet. Auch alle staat-
lichen und socialen oder gesellschaftlichen Einrichtungen
der menschlichen Gesellschaft sind bei den Thieren in den
Anlagen und Anfängen schon vorgebildet, ja zum Theil
sogar relativ höher entwickelt, als bei dem Menschen.
Ueberhaupt hat man das so reiche und wissenschaftlich
bedeutsame Seelenleben der Thiere bisher viel zu
wenig gekannt und daher sehr unterschätzt, weil die Herren Philosophen, die solche Dinge seither als ihre ausschließliche Domäne ansahen, nur aus Abstraction ur-
theilen und nicht aus Erfahrung.*) Wer sich aber näher

nen combinirt, oder daß er mehrere hervorragende Eigenschaften
vereinigt, welche bei den Thieren nur getrennt vorkommen.
Solche Eigenschaften sind namentlich eine größere Differenzirung
oder Vervollkommnung des Kehlkopfs und damit der Sprache, des
Gehirns und damit der Seele, der Extremitäten und damit des
aufrechten Ganges, des Gebrauch's der Hände u. s. w.

*) „Es haben nun aber alle neueren Forschungen über die
Natur der thierischen Seele gelehrt, daß wir die Thiere höher stellen
müssen, als bisher geschehen, daß sie Vieles mit Ueberlegung thun,
was man sie nur als einem blinden Triebe folgend verrichten ließ,
und daß für jede Regung und Leistung der menschlichen Seele bei
ihnen sich ein entsprechender, wenn auch wenig entwickelter Zug,

mit diesem Gegenstande beschäftigt, begegnet sofort einer Menge höchst wunderbarer oder auffallender Züge von sehr weitgehender Intelligenz bei den Thieren. Will man darüber ein Urtheil fällen, so muß man freilich nicht die Leute hinter dem Schreibtisch, sondern diejenigen fragen, welche mit Thieren umgehen und Gelegenheit haben, wirklich deren Seelenthätigkeiten kennen zu lernen, wie Jäger, Hirten, Landwirthe, Menageriebesitzer, Wärter u. s. w. Da wird man denn ganz andere Dinge als die gewöhnlichen zu hören bekommen. Die Thiere haben nicht blos Verstand und moralische Empfindungen so gut wie der Mensch; sie haben auch eine Sprache, die wir freilich nicht verstehen; sie bilden Gesellschaften und Staaten, die oft besser organisirt sind, als die menschlichen; sie verfertigen Bauwerke und Paläste, gegen welche die menschlichen im Verhältniß oft nur armselige Stümpereien sind; sie haben Soldaten und Sclaven, Gefängnisse und Justizhöfe; sie lernen aus Erfahrung gerade so wie der Mensch;*) und das Princip

ein nur in der ersten Anlage vorhandenes Vermögen nachweisen läßt."   (Schaaffhausen.)

   *) Alle menschliche Erkenntniß stammt aus der Erfahrung; es gibt keine sog. Erkenntnisse a priori, und sie scheinen nur bisweilen so, weil sie vererbt sind, wie z. B. die Dressur der Spürhunde. Auch von der Mathematik (welche man so lange für eine Wissenschaft a priori hielt) hat J. St. Mill zur Evidenz gezeigt, daß sie eine Wissenschaft a posteriori ist. Aus Allem diesem folgert Häckel (a. a. O.) die absolute Einheit der Natur (der organischen wie der unorganischen) und der Wissenschaft. Alle menschliche Wissenschaft ist empirische Philosophie oder

der Erziehung der Jungen durch die Alten ist bei
ihnen gerade so geltend, wie bei uns. Nur wird dieses
Princip bei ihnen verhältnißmäßig nicht immer so ver=
nachlässigt, wie von den Menschen, bei denen die Schulen
und Erziehungshäuser durchschnittlich in demselben Maße
klein, in welchem die Kasernen und Gefängnißhäuser
groß zu sein pflegen. Sie bilden sich auch weiter und
schreiten namentlich (wie man dieses an Hausthieren
beobachten kann) im Umgang mit dem Menschen geistig
voran — obgleich man gerade in der Unfähigkeit zur
Weiterbildung ein spezifisches Unterscheidungszeichen zwi=
schen Mensch und Thier hat finden wollen. Wenn die=
ses aber auch nicht so wäre, so könnte doch darin kein sol=
ches Unterscheidungszeichen liegen, da ja auch unsere
Wilden nicht voranschreiten, und da bekanntlich durch=
aus nicht alle menschlichen Rassen entwicklungsfähig sind.
Rothhaut, Eskimo, Polynesier, Maori, Australier u. s. w.
gehen bekanntlich in Berührung mit der Cultur zu Grunde,
aber entwickeln sich nicht; und nur der Neger hat sich
in Nordamerika im Sclavereizustande und im Umgang
mit der weißen Rasse (ähnlich wie das Hausthier im
Umgang mit dem Menschen) über den gewöhnlichen Zu=
stand seiner Rasse erhoben. Sagt man endlich, der Mensch
besitze allein eine Sprache zum Ausdruck abstracter oder
abgezogener Begriffe, so ist auch dieses nicht zutreffend,

---

philosophische Empirie. Alle wahre Wissenschaft aber ist
Naturphilosophie.

da die vergleichende Philologie oder Sprachenkunde lehrt,
daß allen amerikanischen Sprachen Ausdrücke für solche
abstracte Begriffe fehlen; und dasselbe gilt von den
australischen, einem Theil der polynesischen und wahr=
scheinlich auch von der Mehrzahl der Negersprachen in
Mittelafrika. Ueberhaupt mache man doch bei der Ver=
gleichung zwischen Mensch und Thier nicht immer wieder
den Fehler, daß man den höchstgebildeten Europäer mit
den Thieren zusammenstellt, wo sich denn allerdings eine
scheinbar durch nichts auszufüllende Kluft offenbart, son=
dern man nehme den Wilden Afrikas oder Australiens,
der dem Thiere viel näher steht und doch auch ein
Mensch ist, so gut wie wir selbst! Wenn daher der
berühmte Anatom und Physiolog Professor Bischoff in
München (Münchener Vorträge) den spezifischen Unter=
schied zwischen Mensch und Thier darin erkennen will,
daß der erstere nicht blos Bewußtsein, wie das Thier,
sondern auch Selbstbewußtsein besitze, und wenn er
das letztere (allerdings sehr willkürlich) definirt als „die
Fähigkeit und Nothwendigkeit, über sich selbst, über die
ganze eigene Erscheinungsweise und ihren Zusammenhang
mit der übrigen Schöpfung nachzudenken", so muß man
den Herrn Professor fragen, ob er denn glaube, daß
allenfalls der neuseeländische Papua oder der Wilde am
Amazonenstrom oder der Urbewohner der Philippinen,
der Eskimo, der Botokude oder auch nur der auf der
untersten Stufe der Gesellschaft stehende europäische
Proletarier das Bedürfniß empfinde oder auch nur die

Fähigkeit besitze, über jene schönen Dinge nachzudenken? Allerdings thut der Herr Professor jenen Eskimos, Botokuden, Neuseeländern u. s. w. die Ehre an, sie als „wilde, verirrte Menschen" zu bezeichnen, bei denen der „eigentliche Menschencharakter" nicht ausgebildet oder entwickelt sei; aber er hat leider vergessen, hinzuzufügen, aus welchen Quellen er denn seine Ansicht über das, was er „eigentlichen Menschencharakter" nennt, geschöpft hat, oder aus welchen anderen Quellen er sie schöpfen will, als aus der Betrachtung des Menschen selbst. Er schlägt sich daher mit seinen eigenen Worten, indem er seinen mystischen „eigentlichen Menschencharakter" bei wirklichen und unzweifelhaften Menschen zu vermissen genöthigt und auch nicht im Stande ist, nachzuweisen, daß jener Charakter durch irgend welche Mittel bei ihnen geweckt werden könne! Im Gegentheil beweisen, wie schon öfter erwähnt, die augenfälligsten Thatsachen, daß die niedersten und niederen Menschenrassen, welche im Allgemeinen der Thierwelt weit näher stehen, als dem von Bischoff aufgestellten Ideal der Menschheit, der Cultur nicht nur unzugänglich sind, sondern an derselben zu Grunde gehen. — Uebrigens steht auch Herr Bischoff mit seiner sonderbaren Definition des Selbstbewußtseins unter den Philosophen, zu denen er sich verirrt hat, sehr allein. Nicht blos der Mensch in allen seinen Abstufungen, sondern auch das Thier besitzt jenes Bewußtsein seines Ich, welches man gewöhnlich als Selbstbewußtsein bezeichnet und welches, wie der wirkliche Philosoph Schopenhauer sagt, dem Thiere von manchem thörichten Philosophen ohne den Schein eines Grundes abgesprochen wird. Ein solcher Philosoph, ruft Scho= penhauer vortrefflich aus, sollte sich einmal zwischen den Klauen eines Tigers befinden und bald zu seinem Schaden inne werden, welchen Unterschied derselbe zwi= schen Ich und Nichtich zu machen weiß!

Ebenso wenig, wie das Selbstbewußtsein, ist die Ver= nunft, die ja kein Vermögen für sich ist, sondern nur in einer höheren Steigerung der Verstandesthätigkeiten oder der Thätigkeiten des Ueberlegens, Schließens und Vorstellens besteht, ein ausschließliches Vorrecht des Men= schen. „Wie wenig es begründet ist", sagt Professor Schaaffhausen a. a. O., „mit dem vielgebrauchten Satz: „der Mensch hat Vernunft, das Thier nicht", eine unübersteigliche Scheidewand zwischen Mensch und Thier aufrichten zu wollen, läßt sich auch noch auf andere Weise zeigen. Wie kann man behaupten, daß die Vernunft eine allen Menschen in gleichem Maße zukommende Ueberlegenheit sei, da man doch für die einzelnen Men= schen und Menschenrassen verschiedene Grade der Ver= nunft annehmen muß?*) Vernunft hat Jeder nur

---

*) Oder auch gänzlich vermissen muß! In der deutschen Zeitung von Porto Alegre berichtet K. von Koseritz unter dem 1. Februar 1865 von den Negern: „Wir haben die feste Ueberzeugung, daß die afrikanische Rasse die intellectuelle Entwickelung der weißen Völkerstämme nicht erreichen kann. Die Fähigkeit, abstract zu denken, zu systematisiren, strenge Vernunftgesetze zu befolgen und

soviel, als er Bildung hat. Wo ist die menschliche Ver= nunft, wenn der Kannibale seinen Feind niederschlägt und das warme Blut aus seinem Schädel mit Wollust trinkt? Und wollte man behaupten, daß nicht die Ver= nunft selbst, sondern die Anlage zur Vernunft ein allge= meiner Vorzug des Menschen sei, so spricht auch dagegen die Erfahrung; denn was zur Vernunft befähigt, ist nur jene Steigerung der Sinnesthätigkeit und aller geistigen Vermögen, wodurch wir thatsächlich über das Thier ge= stellt sind, die aber in sehr verschiedenen Graden an die Menschen ausgetheilt ist u. s. w." — Daher muß man nach Allem gewiß Lyell Recht geben, wenn er sagt: Dasselbe geistige Princip, mag man es nun Instinkt, Seele oder Vernunft nennen, zieht sich durch die ganze organische Welt von Unten bis Oben und unter= scheidet sich nur durch seine verschiedenen Abstufungen; und die Wurzeln aller, auch der höchsten, Geistesthätig= keiten des Menschen lassen sich nach Abwärts in die Thierreihe verfolgen." Auch ist es noch weiter nach Schaaffhausen durchaus irrig, wenn man behauptet, der Mensch unterscheide sich dadurch wesentlich von dem Thiere, daß nur er sich eines Werkzeuges bediene. „Wir wissen aus zuverlässigen Berichten, daß der Affe mit Steinen Nüsse aufschlägt und einen Stein zwischen die

---

sich auf Grund derselben zu vereinigen, geht ihnen gänzlich ab. Sie sind dem Vernunftleben fremd und gehören dem Naturleben an u. s. w."

sich öffnenden Schalen der Auster zu stecken weiß, um des Thieres habhaft zu werden." (A. a. O.)*)

Sie werden es mir wohl erlassen, verehrte Anwesende, näher auf jene populären Unterscheidungen zwischen Mensch und Thier einzugehen, welche eine Hauptrolle in den Schulbüchern und im Schulunterricht spielen und den auf ihre hohe Stellung als Menschen stolzen Zuhörern nichtsbestoweniger nach 1) 2) 3) von den Schulpedanten mit dem Stock eingebläut zu werden pflegen. Nur zwei derselben will ich in Kürze erwähnen, um die Absurdität der ganzen Lehre und Anschauungsweise an denselben nachzuweisen: es sind der aufrechte Gang und das zum Himmel gerichtete Auge. Was das letztere anlangt, so ist dieses schöne Merkmal des Menschencharakters einfach nicht wahr. Das Thier blickt weder stets zur Erde, noch der Mensch stets zum Himmel: sondern Mensch und Thier blicken beide gerade vor sich aus, wie es auch das einzig Naturgemäße für sie ist; und Solche, welche die Nase mehr nach dem Himmel, als nach den Gegenständen vor sich richten,

---

*) Bekannter als Obiges ist die Thatsache, daß Affen mit Steinen oder sonstigen Gegenständen werfen, und daß sie sich der Stöcke oder Knittel zur Vertheidigung bedienen. — Auch hat Forbes (Elf Jahre in Ceylon) beobachtet, daß wilde Elefanten Baumzweige abbrechen, um sich mit ihnen die Fliegen abzuwehren. — Darwin sah im Londoner Zoologischen Garten einen Affen, der wegen schwacher Zähne einen Stein gebrauchte, um sich Nüsse zu öffnen, und diesen Stein jedesmal nach gemachtem Gebrauch im Stroh seines Käfigs verbarg, indem er nicht litt, daß andre Affen ihn berührten.

pflegt man mit Spottnamen zu belegen und rechnet sie
jedenfalls nicht zu den Denkern. — Was den auf =
rechten Gang angeht, so findet man denselben bei
vielen Affen und würde ihn wahrscheinlich noch viel mehr
finden, wenn diese Thiere nicht meist auf Bäumen lebten
und ihr Fuß dem entsprechend ein sog. Greiffuß wäre.
Dagegen ist bei dem Gibbon, dem kleinsten unter den
menschenähnlichen Affenarten, die aufrechte Haltung die
gewöhnliche, sobald er sich auf ebenem Boden befindet;
und Castelnau erzählt von den sog. Lagotrichen am
Amazonenstrom (einer intelligenten, leicht zähmbaren
Affenart), daß sie, wenn man ihnen die Hände auf den
Rücken bindet, stundenlang ohne Anstrengung und ohne
Unterstützung auf den Hinterfüßen gehen. Auch die
sehr intelligenten und lebhaften Ateles oder Klammer =
affen stehen oft aufrecht.*) Chimpanse und Gorilla
berühren beim Gehen nur mit der Rückseite ihrer sehr
menschenähnlichen Hand oder mit den Fingern den Bo =
den; und daß der Gang des letzteren ein Mittelding
zwischen dem Gang des Menschen und dem des Thieres
bildet, ist schon erwähnt worden. Umgekehrt gibt es
aber auch nicht wenige wilde Völkerschaften, welche, wie
die Affen, mehr auf Bäumen als auf der Erde leben,

---

*) Diese Ateles (Klammeraffen) schildert Dr. Weinland als
sehr menschenähnlich, mit gut gebauter Stirn, klugen, großen Augen
und viel Wechsel im Gesichtsausdruck. Sie erscheinen nach ihm nicht
wie der Pavian als Fratze des Menschen, sondern als ein gut =
müthiges, unentwickeltes, treuherziges, unsere Sympathie erregen =
des Kindergesicht; man kann sie liebgewinnen.

und bei denen die große Zehe ganz so zu einem Greif=
fuß eingerichtet ist, wie bei den Affen; so die Neufa=
ledonier, deren Fuß nach den Berichten des Herrn
von Rochas ebensowohl zum Greifen, wie zum Erflet=
tern von Bäumen dient, indem derselbe den Zweig wie
eine Hand umfaßt; oder die Urbewohner der Phi=
lippinen, welche eines Ursprungs mit den Pa=
puas von Neuholland sind, nur 4½ Fuß groß werden
und als Wilde nackt oder nur mit einem Gürtel aus
Baumrinde bekleidet halb auf den Bäumen, halb auf
der Erde leben und sehr bewegliche, auseinanderstehende
Fußzehen (namentlich aber eine sehr abstehende große
Fußzehe) haben, mit denen sie sich wie mit Fingern an
Baumzweigen und Seilen festhalten (die Ajetas, einer
der wildesten Stämme, stellen sogar Wachen auf Bäu=
men aus) u. s. w.   Den Malayen auf Java, welche
Füße und Zehen gleich Händen gebrauchen, sind
gewisse Affeninstinkte eigen, die der kaukasischen Rasse feh=
len, so Schwindelfreiheit, Schlafen auf Geländern u. s. w. *)

---

*) Die Malayen leiden auch an einer eigenen affenartigen
Krankheit, der sog. Läta, wobei der Kranke alles nachahmt, was
ihm vorgethan wird. — Aus Englisch=Ostindien schreibt ein deut=
scher, sehr unbefangener Berichterstatter von den dortigen niedersten
Kasten: „Diese Menschen haben nicht allein in allen Gewohnheiten,
sondern auch in ihren Körperstellungen die treffendste Aehnlichkeit
mit dem Affen, den sie nicht tödten, indem sie glauben, der Affe
sei ein verwunschener Mensch; ich aber glaube, daß diese Menschen
verwunschene Affen sind." — Und Dr. R. Avé=Lallemant
schreibt nach einer Schilderung des brasilianischen Waldmenschen
oder Botokuden wörtlich: „Ich überzeugte mich mit tiefer Wehmuth

Ohne Zweifel hat der menschliche Fuß erst nach und
nach durch anderen Gebrauch und durch Bekleidung seine
frühere Beweglichkeit eingebüßt, wie dieses das Beispiel
der Bewohner von Südfrankreich beweist, welche durch
Harzsammeln in den Wäldern und Erklettern der Bäume
eine solche Beweglichkeit der Fußzehen erlangen, daß sie,
wie der Affe, die große Zehe den anderen entgegenstem-
men und die kleinsten Gegenstände damit fassen können.
(Schaaffhausen). Uebrigens ist auch bei dem Menschen
der aufrechte Gang selbst durchaus nichts völlig Natur-
gemäßes, da der einseitige Stand der Wirbelsäule dem
durchaus nicht entspricht, und daher die Neigung zum
Vorwärtsfallen bei Kindern und Greisen bekanntlich sehr
groß ist; sowie auch das aufrechte Gehen von den Kindern mühsam und langsam erlernt werden muß. Auch
die leider so häufigen krankhaften Verkrümmungen der
Wirbelsäule beim Menschen dürften ihren letzten Grund
in diesem Verhältniß und in dem Umstand finden, daß
die ganze Last des Körpers diesem geschweiften, einsei-
tigstehenden und nicht übermäßig starken Knochenapparat
aufgebürdet ist.

Ganz zuletzt will ich noch in Kürze eines physiologischen Unterscheidungszeichens Erwähnung thun, auf
welches man großen Werth legen zu sollen glaubte,
welches aber bei genauerer Betrachtung ebenso im Stich

davon, daß es auch zweihändige Affen gebe." (Reise durch Nord-
brasilien, 1859.)

gelassen hat, wie alle andern — es ist das Vorhandensein eines sog. Hymen und der monatlichen Reinigung, welches beides man als ein ausschließliches
Vorrecht des menschlichen Weibes betrachtet wissen
wollte. Aber beide kommen auch bei den Affen und
sogar bei anderen Säugethieren vor, und Dr. Reubert
in Stuttgart fand bei mehreren Gattungen von Affen,
namentlich der Alten Welt, unzweifelhafte Menstruation mit vierwöchentlichem Typus, während andere Gattungen nur eine zweimalige Brunstzeit jährlich haben. —

Also scheint es durch eine Fülle von Thatsachen bewiesen, daß weder körperlich, noch geistig ein absoluter oder qualitativer, sondern daß nur ein relativer und quantitativer Unterschied zwischen Mensch
und Thier besteht. Allerdings wird die schon vorhandene große Lücke zwischen Beiden durch die Fortschritte
der Cultur und durch das Aussterben der Zwischenglieder immer tiefer und weiter gerissen, so daß die Wahrheit um so schwerer zu erkennen ist, je weiter sich der
Mensch von seinem ersten Ursprunge entfernt. Denn sowohl die höheren Affenformen, als die niedersten Menschenrassen stehen seit lange auf dem sog. Aussterbe-
Etat der Natur und werden von Jahr zu Jahr weniger
oder seltner, während umgekehrt der Culturmensch immer
höher emporsteigt und sich immer weiter über die Erde
verbreitet. Denken wir uns daher um einige hundert
oder tausend Jahre weiter in die Zukunft hinein, so
wird den alsdann lebenden Menschen die Lücke zwischen

Menſch und Thier noch viel größer und weiter, als uns
erſcheinen; und die Gelehrten jener künftigen Zeit wür=
den dieſelbe gewiß für ganz unausfüllbar halten, wenn
ſie nicht in Schriften, Sammlungen und Syſtemen die
Zeugniſſe der Vergangenheit beſäßen und ſich durch die=
ſelben in ihrem Urtheil könnten beſtimmen laſſen.

Allerdings gleicht ſich dieſes Mißverhältniß durch die
Entdeckungen der Reiſenden und die damit zuſammen=
hängenden Fortſchritte der Wiſſenſchaft einigermaßen
wieder aus. So hat man noch am Ende des vorigen
und zu Anfang dieſes Jahrhunders ſo wenig von den
ſog. anthropoiden oder menſchenähnlichen Affenarten
gewußt, daß der große Cuvier die darüber umlaufen=
den Erzählungen ungeſcheut für Fabeln erklären oder
als phantaſtiſche Einbildungen ſeines Collegen Büffon
bezeichnen durfte. Jetzt kennt man deren bereits vier:
es ſind Gibbon, Chimpanſe, Orang=Utang und
Gorilla; und iſt namentlich das Bekanntwerden des
letzteren eine Errungenſchaft der allerjüngſten Jahre. Er
kommt dem Menſchen am nächſten in Bezug auf Größe,
Skelettbau, Bildung von Hand, Fuß, Becken u. ſ. w.
Er erreicht Menſchengröße, und wenn auch du Chail=
lu's Erzählungen über ſeine ungeheuere Kraft und
Wildheit übertrieben zu ſein ſcheinen, ſo haben ſich doch
im Uebrigen ſeine Angaben im Weſentlichen alle beſtätigt.*)

*) Das Nähere über dieſe Angaben und über den Gorilla
überhaupt findet man in meinem Buche: „Aus Natur und Wiſſen=
ſchaft". 2te Aufl. (Leipzig 1869), Seite 297.

Jedenfalls ist er derjenige unter allen menschenähnlichen Affen, der mit der geringsten Anstrengung
aufrecht gehen und stehen kann. Dagegen wird er wieder in einigen anderen Beziehungen an Menschenähnlich-
keit von anderen Affen übertroffen, so namentlich in
dem Bau des Schädels und Gehirns von dem
Chimpanse, der die menschenähnlichste Kopfbildung
hat, während dagegen wieder der Gibbon, der übrigens
nur drei Fuß hoch wird, durch den Bau seines Brust-
korbs und durch seine allgemeine Körperhaltung dem
Menschen am nächsten kommt.*)

Sie ersehen, verehrte Anwesende, aus diesen Mittheilungen, daß die menschenähnlichen Eigenschaften nicht
auf eine Affenart beschränkt oder gewissermaßen in ihr
concentrirt, sondern daß sie auf mehrere Arten vertheilt sind. Schon dieser Umstand allein würde genügen,
um uns auf den Irrthum derjenigen aufmerksam zu
machen, welche die Anwendung der Darwin'schen
Lehre auf den Menschen so verstehen, als stehe der letztere in einem unmittelbaren Zusammenhang mit
jenen heute lebenden großen Affenarten, und als müßten
Uebergänge oder Zwischenglieder zwischen beiden aufge-

---

*) Nach den holländischen Anatomen Schröder van der Kolt
und Vrolik steht das Gehirn des Orang demjenigen des Menschen
noch näher, als das des Chimpanse, und ist das Skelett des Siamang oder Gibbon (abgesehen von den Gliedmaaßen) wiederum
menschenähnlicher, als das des Gorilla.

funden werden. Ich machte Sie auf diesen Irrthum
schon in einer früheren Vorlesung aufmerksam und zeigte
Ihnen, daß man nicht nach Uebergängen zwischen den
heute lebenden Formen, sondern nach solchen zwischen
diesen und einem unbekannten, längst ausgestorbenen
Stammvater, welcher verschiedene Charaktere heute leben=
der Arten in sich vereinigte, suchen müsse. So führte
ich Ihnen beispielsweise die vier heute lebenden Formen
Pferd, Zebra, Esel und Quagga an und sagte
Ihnen, daß dieselben unzweifelhaft einen gemeinsamen
Ursprung haben müßten, ohne daß man jedoch im
Stande sei, heute lebende Zwischenformen zwischen ihnen
aufzufinden. „Die nebeneinander lebenden Organismen“,
sagt Professor Hallier (Darwin's Lehre und die Spe=
zification, 1865) „können also sehr verschieden sein, und
es braucht keineswegs Uebergänge aus einer Form in
die andere zu geben; denn beide sind nebeneinander,
nicht auseinander entwickelt. Sie haben einen gemein=
samen Stammvater, aber sie können sehr verschieden
sein.“

In ganz gleicher Weise nun, wie in obigem Beispiel,
müssen wir, wenn wir im Darwin'schen Sinne die
Entstehung des Menschen aus der Thierwelt heraus an=
nehmen, nicht nach Zwischenformen zwischen Gorilla
und Mensch suchen, sondern nach einer Zwischenform
zwischen diesem letzteren und einem oder mehreren unbe=
kannten Stammvätern, welche Anlaß zu den jetzt vorhan=
denen Abzweigungen, die sich einmal in dem heutigen

Menschen= und einmal in dem heutigen Affentypus gipfeln, gegeben haben.*) —

Hier werden Sie denn sofort die sehr natürliche Frage an mich richten: Hat man denn bereits solche Uebergänge gefunden? oder wenigstens solche Funde gemacht, welche auf einen derartigen Vorgang hindeuten?

Auch diese wichtige Frage kann wieder unbedenklich mit Ja! beantwortet werden; und daß dieses der Fall ist, verdanken wir auch hier wieder jener Fülle merk= würdiger, wissenschaftlicher Entdeckungen, welche in den letzten Jahrzehnten gemacht wurden. Obgleich, wenn auch diese Entdeckungen oder Funde nicht gemacht wor=

---

*) Seitdem Obiges, sowie die ganze dritte Vorlesung niederge= schrieben wurde, hat Darwin, welcher bekanntlich die Anwendung seiner Theorie auf den Menschen in seinem Buch über die Ent= stehung der Arten vollständig mit Stillschweigen übergegangen und die Verfolgung dieser Consequenz Andern überlassen hatte, sein ausgezeichnetes Buch: „Ueber die Abstammung des Menschen" (deutsch bei Schweizerbart in Stuttgart, 1871) veröffentlicht und darin unumwunden nicht bloß alle jene Consequenzen anerkannt, welche sowohl der Verfasser dieser Vorträge, als auch etwas später Prof. Häckel in seiner „Natürlichen Schöpfungsgeschichte" (II. Aufl. 1870) bezüglich der Anwendung seiner Theorie auf die Frage der Menschenentstehung gezogen hatten, sondern auch bezüglich des hypothetischen Stamm=Vater's des Menschengeschlecht's sich ganz in obigem Sinn ausgesprochen. Alle so vielfach ausgesprochenen Vermuthungen über die Gründe, welche Darwin zu seinem früheren Verhalten bestimmten, sind damit unnütz geworden; und das Tri= umphgeschrei der Antimaterialisten über Darwin's Zurückhaltung hat sich als ebenso verfrüht und thöricht herausgestellt, wie das Anathema über seine „voreiligen und dilettantenhaften Nachäffer", welche allein es wagen konnten, sich zu so unsinnigen Consequenzen zu versteigen!!

den wären, dieser Umstand dennoch die Anwendung der
Darwin'schen Lehre auf den Menschen nicht unmöglich
machen oder erschüttern würde. Denn es könnte und
müßte in diesem Falle ganz dasselbe wiederholt werden,
was ich Ihnen bereits in meiner zweiten Vorlesung als
Antwort auf den Einwand von dem Fehlen der
fossilen Zwischenglieder gesagt habe. Es ist: dieser
Einwand nicht stichhaltig wegen der außerordentlichen Unvollkommenheit des geologischen Berichtes — eine Unvollkommenheit, die gerade in dem vorliegenden Falle ganz
besonders begreiflich oder erklärlich ist. Denn gerade diejenigen Länder, in denen die großen, menschenähnlichen
Affen leben, und in denen wir daher am ersten erwarten
dürfen, jenen Zwischenformen zu begegnen, sind bekanntlich bezüglich ihrer paläontologischen Einschlüsse so gut
wie noch gar nicht durchforscht — es sind die tropischen
Regionen Afrikas, sowie die Inseln Java, Borneo und
Sumatra. Namentlich sind diese Länder in Bezug auf
ihre pliocenen und nachpliocenen Säugethiere noch vollkommen unbekannt. Dennoch hat man auch sogar in
Europa in den sog. miocenen Erdschichten — also
aus einer Zeitperiode, da das Klima Europas noch bedeutend wärmer war, als heute, und welche vielleicht
durch Millionen Jahre von der Gegenwart getrennt ist —
Reste von fossilen (vorweltlichen) Affen entdeckt, nachdem man noch bis vor Kurzem an dem Satze festgehalten
hatte, daß es keine fossilen Affen gäbe — geradeso
wie man auch den fossilen Menschen (der bekannt-

lich jetzt ein unzweifelhaftes Factum geworden ist) mit größter Beharrlichkeit ableugnete. Während einer verhältnißmäßig sehr kurzen Zeit hat Europa bereits sechs Arten fossiler Affen geliefert, und darunter auch solche, von denen sich die heutigen Affen- und Menschencharaktere wenigstens zum Theil herleiten lassen. So hat Rütimeyer aus den tertiären Bohnerzlagern der Schweiz den Fund eines fossilen Affen angezeigt, welcher Charaktere von drei heute lebenden Affengruppen (Katarrhinen, Platyrhinen und Makis) in sich vereinigt und sich also später in drei verschiedene Formen gespalten haben muß. Ferner ist zu erwähnen der sog. Dryopithecus von Lartet oder Dryopithecus Fontani, ein Gibbon oder langarmiger Affe, dessen spärliche Reste bei St. Gaudens am Fuße der Pyrenäen in Südfrankreich im Jahre 1856 in den oberen Miocenschichten gefunden wurden (ein Schenkelknochen desselben Affen, welcher bei Eppelsheim in Rheinhessen gefunden wurde, befindet sich im Museum in Darmstadt). Er übertraf den Gorilla an Größe und den Chimpanse an menschenähnlicher Bildung des Gebisses, kommt also dem Menschen näher, als die heute lebenden Anthropoiden; sowie auch sein heute noch lebender, wenn auch viel kleinerer Verwandter, der Gibbon oder Siamang, in manchen Einzelheiten seiner Skelett- und Gesichtsschädel-Bildung sich dem menschlichen Typus noch mehr nähert, als selbst der Orang und der Chimpanse*).

---

*) Auch sind ganz neuerdings an dem berühmten Fundort vorweltlicher Versteinerungen, Pikermi in Griechenland, die zahlrei-

Wurden also solche Funde, verehrte Anwesende, schon in Europa gemacht, wo sie kaum zu erwarten sind, wieviel mehr sind sie zu erwarten aus den äquatorialen Gegenden, wo die eigentliche Heimath der großen Affen= arten ist — und zwar aus deren pliocenen oder nach= pliocenen Erdschichten. Daß diese jetzt erloschenen Mittel= oder Zwischenformen sich nicht lange erhielten, begreift sich übrigens leicht aus der mächtigen und nahen Mit= bewerbung des Menschen, dem sie allmälig im Kampfe um das Dasein erliegen mußten. —

Hat man so einerseits fossile Affen entdeckt, welche dem Menschen näher stehen, als die heute lebenden, und hofft man deren noch mehr und noch deutlicher redende zu entdecken, so hat man auch andererseits in den letzten Jahrzehnten zahlreiche Funde fossiler Menschen und von Menschenwerken gemacht, welche das ehedem für so kurz gehaltene Alter des Menschengeschlechts auf Erden in bisher ungeahnte Fernen hinaufrücken und die 4—5000 Jahre der Geschichte des Menschen im Vergleich zu seiner sog. vorhistorischen oder vorge= schichtlichen Existenz zu einem sehr kleinen Zeitraum

---

chen Ueberreste einer aus der Tertiär=Zeit stammenden Affen=Art entdeckt worden, welche eine ausgezeichnete Mittelform zwischen einigen heute lebenden Affen=Gattungen (Schlankaffen und Makaken) bildet, und deren verhältnißmäßig kürzere Beine nach dem Entdecker Gaudry mehr zum Gehen, als zum Klettern eingerichtet gewesen sein müssen. Dieser Mesopithecus pentelicus war wohl in großer Anzahl während der mittleren Tertiärzeit über den Boden des jetzigen Griechenland verbreitet und fand wahrscheinlich durch irgend ein Natur=Ereigniß eine massenhafte Vernichtung.

zusammenschrumpfen lassen. Zugleich ist die anatomische
Beschaffenheit dieser gefundenen Reste derart, daß auch
von dieser Seite her die Lücke zwischen Mensch und Thier
abermals etwas eingeengt oder verkleinert wird. Ein
näheres Eingehen auf diesen so sehr interessanten Gegenstand würde mich an dieser Stelle zu weit führen; ich
muß mir daher erlauben, Sie auf die Schriften eines
Lyell, Karl Vogt, Huxley, Pouchet und mehrerer
Anderen, sowie auf meine eigenen, zu verweisen. Nur
soviel will ich Ihnen in Kürze mittheilen, daß alle von
dem Menschen gefundenen Schädel und Knochenreste aus
sehr alter Zeit, so namentlich der berühmte Neanderthalschädel und der ganz neuerdings von Dupont
in Belgien in der Höhle la Naulette am Lessefluß
gefundene fossile menschliche Unterkiefer eine sehr nied-
rige, thierähnliche und dem Affen nahekommende Bildung zeigen und also gleicherweise auf thierischen Ursprung hinweisen; und wenn auch im Allgemeinen zugegeben werden muß, daß, wie sich Schaaffhausen
ausdrückt, „der uns gewiß einmal begegnende Affen-
mensch bis jetzt noch nicht gefunden ist", und daß die
rohesten fossilen Ueberreste des Menschen, welche man
bis jetzt entdeckt hat, nicht sehr viel tiefer in ihrer Organisation stehen, als die auch heute noch lebenden auf
der tiefsten Stufe stehenden Wilden, so mag dies seinen
Grund hauptsächlich in dem Umstande finden, daß —
abgesehen von der bereits erwähnten allgemeinen Unvollkommenheit des geologischen Berichts — die geolo-

gifchen Umſtände für die Erhaltung noch älterer und
der älteſten menſchlichen Knochenreſte viel ungünſtigere
waren, als für die Erhaltung der uns bekannten Reſte
der menſchlichen Zeitgenoſſen des Mammuth und der
ſog. Höhlenthiere. „Es iſt deshalb die Auffindung der
älteſten menſchlichen Ueberreſte nur bei einem Zu=
ſammentreffen ungewöhnlicher Verhältniſſe denkbar" ꝛc.
(Schaaffhauſen). Dennoch können wir faſt mit Beſtimmt=
heit vorausſagen, daß auch dieſe Funde und Entdeckun=
gen auf die Dauer nicht ausbleiben werden'; und ſchließe
ich mich in dieſer Beziehung den Worten Georg Pou=
chet's des Jüngeren an, welcher in einem trefflichen
Aufſatz über anthropologiſche Studien (Philoſophie po-
ſitive von Littré, Nr. 2, 1867) ſagt:

„Die Paläontologie (Vorweſenkunde) läßt uns bereits
errathen, daß ſie uns eines Tages mit ſolchen Weſen
zuſammenbringen wird, von denen wir nicht wiſſen
werden, ob wir ſie als Menſchen oder als menſchen=
ähnliche Affen betrachten ſollen." Und an einer andern
Stelle ſeines vortrefflichen Buches über die Mehrheit
der menſchlichen Raſſen (Paris 1864) bemerkt der=
ſelbe Schriftſteller: „Wer könnte heute wagen zu be=
haupten, daß man nicht ſchon morgen einen Schädel
finden wird, welchen man, mag man wollen oder nicht,
mitten inne zwiſchen die menſchenähnlichen Affen und
den Menſchen ſelbſt ſetzen muß?"

Jedenfalls, verehrte Anweſende, iſt ſoviel gewiß,
daß alle bis jetzt gemachten Funde und alle bekannt

gewordenen Thatsachen, mögen sie auch verhältniß=
mäßig noch wenig zahlreich oder immer noch nicht auf=
fallend genug sein, doch ohne Ausnahme nur in einer
und derselben Richtung zeigen, d. h. daß sie allesammt
auf eine nähere Verbindung unsrer Natur mit der Thier=
heit deuten! Warum ist noch nicht eine einzige
Thatsache bekannt geworden, die das Gegentheil
besagen würde? Warum hat man noch nicht einen
einzigen Fund gemacht, der an das Paradies der Bibel
und an eine höherstehende Menschenform, als die heutige,
erinnert? an eine von Gott erschaffene, vollkommene
Form, von der wir nur die herabgekommenen und durch
Sünde entarteten Nachkommen sind?? Einfach, weil es
unmöglich ist, und weil es nichts geben kann, das den
klaren Resultaten der Wissenschaft und der großen Ein=
heit der Natur zuwiderläuft. „Die Natur ist eine ein=
zige, und alle Arbeit der modernen Wissenschaft strebt
dieser Einheit nach." (G. Pouchet a. a. O.) —

Die einzige zu erörternde Frage bliebe jetzt, nachdem
das Resultat im Ganzen festgestellt ist, nur noch die:
Wie und auf welche Weise haben sich die Gestalt und
der höhere Verstand des Menschen aus der thierischen
Form und Intelligenz heraus entwickelt?

Eine directe oder positive Beantwortung dieser Frage
in wissenschaftlichem Sinne erscheint unmöglich, da das
hierfür zu Gebote stehende Material noch viel zu gering
oder ungenügend ist; doch kann man zur theilweisen
Erledigung derselben wenigstens darüber streiten, ob ein

solcher Vorgang auf eine plötzliche oder auf eine all=
mälige Weise geschehen sei. Lyell, welcher in seinem
Buch über das Alter des Menschengeschlechts diese in=
teressante Frage aufwirft und ziemlich ausführlich behan=
delt, hält es für am wahrscheinlichsten, daß jene Ent=
wicklung auf eine mehr plötzliche Weise geschehen sei.
Um dies glaubhaft zu machen, erinnert er an das plötz=
liche Auftreten einzelner Genies in der Geschichte, ohne
daß ihr Erscheinen durch besonders geniale oder bedeu=
tende Eltern oder Erzeuger vorher angekündigt gewesen
sei, und hält es für möglich, daß in ähnlicher Weise,
mehr durch Sprünge, als durch langsame Entwicklung,
menschenartige Eigenschaften bei einzelnen Thieren und
Thierformen zum Vorschein gekommen wären und als=
dann Anlaß zur Abzweigung einer mehr menschenähn=
lichen Form gegeben hätten. Es erinnert diese Hypothese
einigermaßen an die Ihnen schon früher vorgeführte
Theorie der heterogenen Zeugung oder Entwicklung von
Professor Kölliker.

Was die Sache selbst anlangt, so kann man, wenn
man will, eine solche Möglichkeit annehmen; für nöthig
halte ich sie jedoch nicht. Allmälige Entwickelung erklärt
Alles zur Genüge; und auch die Genies fallen nicht, wie
Lyell anzunehmen scheint, vom Himmel, sondern sind
fast immer das Product bestimmter Naturgesetze und
eines besonders günstigen Zusammenwirkens verschiedener
Umstände, unter denen die Natur der Eltern oder Er=
zeuger und eine glückliche Mischung ihrer beiderseitigen

Charaktere gewiß eine der hervorragendsten Rollen spielt. Dazu kommen weiter Erziehung, Familie, Stellung, Zeit- oder Glücks=Umstände u. s. w., welche alle zusammenwirken müssen, um einer genialen Natur zum Durchbruch zu verhelfen, während die Welt von denjenigen Genies, welche solcher Begünstigungen, Hülfen oder Stimulationen entbehrten, selten oder nie etwas zu hören bekommt. Uebrigens darf man sich bei dieser Frage daran erin- nern, daß zufolge einem Naturgesetz, das ganz allgemein zu sein scheint, bei allen Jungen und Kindern von Thieren, Affen und niederen Menschenrassen nicht blos die Schädelbildung, sondern auch dem entsprechend die geistigen Anlagen und die Bildungsfähigkeit verhältniß- mäßig größer und besser entwickelt sind, als bei erwach- senen und älteren Individuen. So zeigen namentlich junge Affenschädel in ihrer schönen, rundlichen Wölbung eine auffallende Aehnlichkeit mit menschlichen Kinderschä- deln, und erst mit der Zunahme des Alters treten die eigentlichen Affencharaktere, so namentlich die Leisten und Kämme, die eckige Form und das starke Ueberwiegen des Gesichtstheils über die eigentliche Gehirnkapsel, mehr hervor. Ganz dasselbe offenbart sich auch in dem gei- stigen Charakter der großen Affenarten, welche bekanntlich mit zunehmendem Alter stets roher, scheuer, unzähm- barer, thierischer und bildungsunfähiger werden, während ihre Jungen von alledem das Gegentheil zeigen. Die nämliche Beobachtung hat man auch nach vielen zuver- lässigen Berichten an Negerkindern gemacht, welche sich

in den für sie errichteten Schulen unerwartet intelligent,
bildungsfähig und von leichter Auffassung zeigten, bis
mit Eintritt der Pubertät oder Altersreife das erlangte
Resultat durch stärkeres Hervortreten der rohen und unin-
telligenten Natur des Wilden wieder verloren ging. Aus
solchen Thatsachen darf man also zum Wenigsten schließen,
daß die Anlage zu höherer Entwicklung in der Jugend
körperlich und geistig vorhanden ist; und man kann sich
vorstellen, daß es in einem einzelnen Falle nur der Sti-
mulation durch besonders günstige äußere Umstände bedurft haben mag, um eine niedriger stehende Form in
der Zeit ihrer bildungsfähigen Jugend zu gesteigerter
Entwicklung, körperlich wie geistig, emporzutreiben.*) —

Also, verehrte Anwesende, welches schließliche Resultat haben wir durch die Anwendung der Umwandlungstheorie auf den Menschen erhalten? Ist dasselbe schön
oder häßlich? niederdrückend oder erhebend? angenehm
oder unangenehm? Hat Herr Wolfgang Menzel Recht,
welcher bei Gelegenheit einer gegen mich gerichteten Kritik voll Abscheu ausruft: „der Mensch ein Affensohn!
eine zur Bestialität abgerichtete Maschine!", oder müssen
wir Herrn Huxley beistimmen, welcher erklärt, daß,
weit entfernt, in dem niedrigen Ursprung des Menschen
etwas Entwürdigendes oder Entmuthigendes zu finden,
man im Gegentheil aus diesem Ursprung und aus der

---

*) Weiteres hierüber sehe man in des Verfasser's: „Die Stel-
lung des Menschen in der Natur" (Leipzig 1869), Seite 202 und
folgt.

Erfahrung dessen, wozu der Mensch durch Bildung nach
und nach geworden, den höchsten Antrieb zur Erreichung
immer noch größerer und höherer Ziele empfinden müsse?

Ich für meinen Theil stelle mich ganz auf die Seite
der letzteren Anschauungsweise und schließe meinen heu=
tigen Vortrag mit den schönen Worten Lange's, des
Verfassers der „Geschichte des Materialismus":

„Es ist unphilosophisch, mit Plinius über die Jäm=
merlichkeit unseres Ursprungs zu erröthen. Denn eben
was gemein scheint, ist hier die kostbarste Sache, auf
welche die Natur die größte Kunst verwendet hat. Wenn
der Mensch auch noch aus einer viel niedrigeren Quelle
entspränge, würde er nichtsdestoweniger das edelste der
Wesen sein."

Vierte Vorlesung.

Verhältniß der Umwandlungstheorie zur Lehre vom Fortschritt. Leugnung des Fortschritts und Gründe dafür. Die neuen Funde höherer Formen in älteren und ältesten Erdbildungen. Die Dauer= typen der niedersten Meeresbewohner. Vertreter der Hauptklassen der Lebewelt in den untersten versteinerungsführenden Erdschichten. Gesteigerte Organisation vieler Gattungen und Gruppen in der Vorwelt. Weitere Unregelmäßigkeiten und Beweise des Rückschritts. Anwendung derselben Gesichtspunkte auf die Geschichte. Ewiger Kreislauf ohne Fortschritt. — Entkräftung dieser Theorie. Der Fortschritt ist nicht eine einfache Reihe, sondern besteht aus vielen nebeneinander herlaufenden Reihen, von denen sich eine über die andere erhebt. Uebereinstimmung der Gesetze desselben in Natur und Geschichte. Nacht= und Tag=Völker. Vorhistorische Existenz des Menschen. Langsamkeit des Fortschritts. Verdichtung des Cultur= princips in den höheren und höchsten Formen. A. Wallace über die Zukunft des Menschengeschlechts nach Darwin'schen Grundsätzen.

Hochgeehrte Anwesende!

Mein heutiger Vortrag gilt der Anwendung der Darwin'schen Theorie und der Umwandlungslehre überhaupt auf die Lehre vom Fortschritt und die Gesetze desselben in Natur und Geschichte. Ich habe schon in einem früheren Vortrage erwähnt, daß Fortschritt ein zwar häufiger, aber durchaus nicht nothwendiger Begleiter der Abänderung ist, und habe zur Bekräftigung dessen hingewiesen auf die sog. beharrlichen oder Dauer= typen der niedersten Meeresbewohner, denen die natür= liche Züchtung nicht oder nur in verhältnißmäßig geringem Maße zu Gute kommt, weil sie wegen der äußersten Einfachheit ihrer Organisation und ihrer Lebensumstände keinen Vortheil aus ihr schöpfen; ich habe ferner hinge= wiesen auf einzelne Beispiele rückschreitender Organisation, sowie auf den Umstand, daß die natürliche Züchtung in einzelnen Fällen geradezu zu Rückschritt und zu einem Rückgang der ganzen Organisation Anlaß gibt — und auf Aehnliches. Ich kann dem heute noch hinzufügen, daß nachgewiesenermaßen einzelne Gruppen oder Formen= kreise, namentlich aus den untersten Thierklassen, in der Vorwelt höher oder mannichfaltiger organisirt gewesen sind, als heute. Alles dieses und noch eine Reihe an=

derweiter Anomalieen hat nun einer Anzahl von Gelehrten
Anlaß gegeben, den Fortschritt in der organischen
Natur ganz zu leugnen. Sogar entschiedene An=
hänger Darwin's und seiner Lehre haben sich auf diese
Seite geschlagen, und selbst Lyell, obgleich Anhänger
der Fortschrittsdoctrin, spricht sich doch bezüglich einzelner
Punkte sehr zweifelhaft aus. Seien auch Fortschritte
innerhalb einzelner Klassen oder Gattungen unverkenn=
bar, so sagen die Gegner der Lehre vom Fortschritt, so
fehle doch jeder Beweis für einen aufsteigenden Entwick=
lungsgang im Großen und Ganzen.

Daher haben sich (namentlich in England, wo diese
Fragen bisher am meisten ventilirt wurden) die Gelehrten
in zwei ganz getrennte Lager geschieden, in Anhänger
der Umwandlungstheorie und in Anhänger der
Fortschrittstheorie nämlich. Es gibt Anhänger der
Umwandlungstheorie, welche den Fortschritt leugnen,
während es andererseits wieder Anhänger der Fort=
schrittstheorie gibt, welche der Umwandlungslehre entge=
gen sind. Diese letzteren gehören übrigens selbstverständ=
lich in das theologische Lager, da der Fortschritt in ih=
rem Sinne nur durch göttliche Dazwischenkunft veran=
laßt sein kann. Auch in Deutschland sind inzwischen
diese Gegensätze lebendig geworden, und man hat sich
hier und in England zum Theil mit noch größerer Er=
bitterung gegen die Fortschrittsdoctrin, als gegen die
Umwandlungslehre gewehrt — obgleich man gerade das
Gegentheil denken sollte. Namentlich geschah und ge=

schieht dieses von Seiten einer geologischen Doctrin oder Anschauungsweise, welche ziemlich neu ist und zuerst von Professor Bischoff in Bonn angebahnt wurde. Die Vertreter dieser Richtung gehen so weit, jeglichen Fortschritt in der organischen Welt im Großen und Ganzen zu leugnen, und würden sich nicht erstaunen, wenn man heute die Ueberreste eines Menschen im silurischen oder devonischen Gestein, d. h. in Erdschichten antreffen würde, welche bisher als die ältesten oder beinahe ältesten aller versteinerungsführenden Erdschichten angesehen wurden. Dieses hängt eng mit ihrer geologischen Doctrin selbst zusammen, welche nur ein ewiges Auf und Ab, ein stets sich wiederholendes Einerlei ohne Anfang und Ende in der Geschichte der Erde zuläßt und daher auch in der organischen Welt dasselbe Einerlei erblicken und behaupten möchte, daß es auf Erden niemals wesentlich anders gewesen sei, als heute. Uebrigens ist selbstverständlich die Geologie hier nicht allein competent oder berechtigt zur Beurtheilung, da neben ihr auch die Paläontologie, die Anatomie, die Physiologie, die Entwicklungsgeschichte u. s. w. mitzureden haben, und nur unter Benutzung aller von den genannten Wissenschaften gefundenen Resultate ein richtiges Urtheil gefällt werden kann.

Als ein Hauptvertreter der Ihnen soeben gezeichneten Richtung ist Herr Otto Volger theils in einer Schrift „Erde und Ewigkeit" (Frankfurt a. M. 1857), theils in einem auf der Naturforscher-Versammlung zu Stettin

im Jahre 1863 gehaltenen Vortrag aufgetreten. Nach
ihm ist die alte und bisher gültige Theorie oder Auf=
stellung von einem sog. Primär=Reich der Fische,
einem Secundär=Reich der Eidechsen, einem Ter=
tiär=Reich der Säugethiere und Vögel und
einem Quartär=Reich des Menschen durch neuere
Funde vollständig erschüttert und durchbrochen, und sind
die Anfänge der einzelnen Thierklassen in weit frühere
Perioden zurückverwiesen, als man ehedem glaubte. Man
kennt jetzt Säugethiere und Vögel aus der Secundärzeit,
sog. Saurier aus dem Muschelkalk, Eidechsen aus dem
Kupferschiefer und sogar aus der Steinkohlenbildung oder
der Primärzeit u. s. w. Uebergangsformen, wie sie
bisweilen in der Erde gefunden werden, gibt es auch
heutzutage noch, so die Fledermäuse als Zwischenform
zwischen Säugethieren und Vögeln, die Walthiere,
welche Säugethiere mit fischartigem Körper sind, u. s. w.;
und ebenso gibt es auch heute noch zusammengesetzte
Naturen oder Naturwesen, wie man sie aus der Vorzeit
als Urbilder für spätere Entfaltungen aufgestellt hat.
Höhere Gruppen treten in der Vorzeit nicht selten vor
den niederen auf, und wenn Fortschritte da sind, so
sieht man auf der andern Seite auch Rückschritte, und
bemerkt eine oft regellose Zu= oder Abnahme höherer und
niederer Formen. Es besteht daher nach Volger wohl
ein ewiger organischer Formenwechsel, dessen Gesetze noch
nicht gefunden sind, nicht aber ein allgemeiner, aufstei=
gender Entwicklungsgang. Somit ist also Volger ein

Anhänger jener Richtung, welche wohl die Umwandlungslehre in ihrem allgemeinsten Sinne annimmt, die Fortschrittstheorie aber zurückweist.

In ähnlicher Weise hat sich ganz neuerdings Medici-
nalrath und Professor Dr. F. Mohr in seiner „Geschichte
der Erde" (1866) erklärt. Nach ihm ist die ganze bisherige Unterscheidung einzelner Erdperioden nach ihrer zeit-
lichen Stellung zueinander ein Irrthum. Was die Organismen-Welt anlangt, so gibt es wohl im Einzelnen Fortbildung und Rückbildung, bis zur gänzlichen Vernichtung,
nicht aber im großen Ganzen. Hier halten sich Fortschritt und Rückschritt einander stets die Wage, und die
Ansicht von einem ewigen Fortschritt ist nichts als ein
wohlwollender Traum. Ebenso ist es nach Mohr und
nach den übrigen Gegnern des Fortschritts in der Geschichte, und es ist merkwürdig und sehr bedeutungs-
voll, daß die dafür angeführten Gründe auf beiden Gebieten ganz die gleichen oder analogen sind. Ich werde
sie Ihnen in gedrängtester Kürze und Uebersicht vorzu-
führen suchen.

Was zunächst die aus der Natur hergenommenen
Gründe angeht, so sagt man:

1) Die niedersten Meeres-Organismen und Urthiere
(wie Rhizopoden, Infusorien, Foraminiferen, Spongien,
Algen u. s. w.) sind heutzutage noch gerade so beschaffen,
wie sie es im Anbeginn der Welt waren. Wo ist also
hier der Fortschritt?*)

---

*) Auch die ältesten bekannten Brachiopoden oder Arm-

2) Schon in den untersten versteinerungsführenden
Erdschichten findet man Vertreter der vier oder fünf
Hauptklassen der organischen Welt beisammen oder neben=
einander, also Pflanzen, Urthiere, Strahlthiere,
Weichthiere, Gliederthiere und selbst Wirbel=
thiere, während doch nach der Fortschrittsdoctrin sich stets
das Vollkommnere aus dem Unvollkommneren hätte ent=
wickeln müssen. Es hätten also zuerst Pflanzen da sein
müssen, alsdann Urthiere u. s. w., und zuletzt erst hät=
ten die Wirbelthiere erscheinen dürfen. Auch findet
man zum Theil schon bei den ältesten Formen sehr aus=
gebildete Zustände. So gehören z. B. die ältesten, uns
bekannten Seepflanzen nicht den niedersten, sondern viel=
mehr den höchsten Bildungsstufen ihrer allerdings sehr
unvollkommenen oder niedrig stehenden Familien an.

3) Wir begegnen sehr häufig in verhältnißmäßig jün=
geren Schichten zum Erstenmal organischen Gattungen
oder Geschlechtern, welche in der großen Reihenfolge der

---

füßler-Arten dürften den heute lebenden schon in allen wesent=
lichen Beziehungen gleichgestanden haben, nur mit dem Unterschied,
daß sie in den früheren Schöpfungsperioden einen größeren Arten=
reichthum und eine heute bei ihnen nicht gekannte Formen-Mannich=
faltigkeit entwickelten. Sogar unter den Fischen soll es nach
Huxley (Ueber unsere Kenntniß von den Ursachen der Erscheinungen
in der organischen Natur, S. 126) solche Dauertypen geben,
wenigstens für gewisse Zeiträume der Erdgeschichte, während welcher
jene Typen stets dieselben blieben, indeß Alles um sie her sich än=
derte. — Das älteste, uns bekannte Weichthier ist die Gattung der
Brachiopoden Lingula, eine Muschelart, welche in allen Erdschich=
ten gefunden wird und noch heute lebt, ohne daß sie Zweige abgibt.

Geschlechter weit tiefer stehen, als ihre Vorgänger; und
ebenso erheben sich innerhalb der einzelnen Klassen des
Thierreichs selbst einzelne Repräsentanten niederer Klassen
oder Ordnungen weit über solche höherer Klassen. So
haben z. B. nach Agassiz in der Klasse der Strahlthiere
manche Echinodermen (Stachelhäuter) eine complicir=
tere Structur, als irgend ein Repräsentant der Weich=
thiere oder Gliederthiere und vielleicht sogar als einige
Wirbelthiere; und gibt es innerhalb der Klasse der Glie=
derthiere Insekten, deren Superiorität über manche der
in der allgemeinen Reihenfolge viel tiefer stehenden Kru=
stenthiere oder Crustaceen schwer nachzuweisen sein
dürfte. Auch gibt es Würmer, welche in jeder Hinsicht
höher stehen, als gewisse Crustaceen; die vollkommensten
Acephalen scheinen höher organisirt, als einige Gastero=
poden oder Schnecken u. s. w. u. s. w.

Endlich und viertens haben viele organische Gattun=
gen und Gruppen in der Vorwelt eine viel höhere Stufe
der Entwicklung und der Organisation erreicht,˙ als dies
selbst heutzutage der Fall ist — was offenbar ganz un=
möglich wäre, wenn ein stetiger und ununterbrochener
Fortschritt stattfände. Im Gegentheil ist dies ein schla=
gender Beweis des Rückschritts. Man denke nur, so
sagen die Gegner der Fortschrittstheorie an die so reiche
und mannichfaltig gegliederte Weichthierwelt der sog.
Primär=Zeiten! und an die damals in so hoher Ent=
wicklung und großer Mannichfaltigkeit der Formen, so=
wie in enormer Individuen=Zahl auftretenden Gruppen

der Cephalopoden oder Kopffüßer und der Bra=
chiopoden oder Armfüßer; während diese beiden
Gruppen heute nur noch die dürftigen Formenkreise der
jetzt lebenden Mollusken oder Weichthiere aufweisen.*)
Man stößt dabei auf einzelne, außerordentlich entwickelte
Formen von hoher Organisation, wie z. B. die zur Zeit
der permischen und triasischen Bildung lebende Seelilie
(Encrinus liliiformis), deren Schale aus mehr als 30000
gesonderten Stücken in so besonderer Weise zusammen=
gesetzt war, daß dadurch allen Bedürfnissen des in ihr
wohnenden Thieres auf das Beste entsprochen wurde. —
Aber das Nämliche gilt nicht blos von den Weichthieren,
sondern auch von den übrigen Thierklassen. So sind
die Reptilien oder Kriechthiere der Secundär=Zeit
zugestandenermaßen in einigen ihrer Ordnungen viel
höher in ihrer Organisation gewesen, als irgend ein
jetzt lebender Repräsentant dieser Klasse (z. B. das Kro=
kodil); sie lebten in zahllosen Arten und Exemplaren

---

*) Man kennt in den jetzigen Meeren nicht ganz hundert Bra=
chiopoden=Arten, während aus den paläolithischen Zeiten trotz uns=
rer unvollkommnen Kenntniß fossiler Ueberreste davon schon min=
destens 1400 bekannt sind. Die Klasse erreichte schon in der Silur=
Zeit den Höhepunkt ihrer Entwicklung. — Bei den Cephalopoden
zeigt sich der Typus des Weichthier's bis zu einer solchen Voll=
kommenheit ausgebildet, daß dieselben trotz eines im Ganzen un=
vollkommneren Bauplan's die niedrigsten Wirbelthiere an Orga=
nisationshöhe weit überragen. In den mittleren Silur=Bildungen
treten sie auf einmal in solchen Massen auf, daß Barrande nicht
weniger als 1577 verschiedene silurische Arten aufzuzählen im Stande
ist.

von oft ungeheuerer Größe und sind erst später vor den höheren Wirbelthierformen zurückgetreten. Ebenso zeigt uns die darauf folgende Tertiär=Zeit eine so groß= artige Entwicklung der Vögel= und Säugethierwelt, welche die heute lebenden Formen zum Theil weit hin= ter sich läßt. — Ein Nachweis des Rückschritts bei ein= zelnen Arten wurde schon in einer früheren Vorlesung gegeben, so bei den Eingeweidewürmern, den Schmarotzerthieren u. s. w.

Als Beweise des Rückschritts innerhalb einzelner Klassen pflegen auch angeführt zu werden: Die Schlan= gen innerhalb der Klasse der Kriechthiere; die Riesen= vögel und Fettgänse innerhalb der Klasse der Vögel, wegen ihrer verkümmerten Flügel; endlich die Wal= thiere innerhalb der Klasse der Säugethiere.*) —

Von ganz ähnlichen Gesichtspunkten geht man aus

---

*) Ganz ähnliche Erscheinungen bietet auch die Pflanzenwelt. So existirt z. B. die Familie der s. g. Calamiten, welche in der Steinkohlenzeit neben einer ungeheuer individuellen Entwicklung einen großen Formenreichthum und sehr mannichfaltige Organe auf= weist, heutzutage nur noch in einer einzigen Gattung, welche eben= sowohl durch ihre geringere Größe, als auch durch die Einförmigkeit ihrer vegetativen Organe sehr von ihrem Vorbild aus der Urzeit abweicht. — Sehr bemerkenswerth ist auch bezüglich der Pflanzen= welt, daß grade die niedersten pflanzlichen Bildungen sich durch ihre physiologischen Erscheinungen der Thierwelt am meisten nähern, während die höchsten sich am weitesten davon entfernen, indem sie das eigentliche pflanzliche Princip im Gegensatz zum thierischen zum vollendeten Ausdruck gelangen lassen. An der Wurzel zu= sammenhängend entfernen sich eben die organischen Reihen um so weiter von einander, je weiter jede einzelne ihren besonderen Cha= rakter zu entwickeln bestrebt ist.

bei der Beurtheilung des Fortschritts in der Geschichte und wendet gegen denselben ungefähr Folgendes ein:

1) gibt es wilde Völker, welche heutzutage und nach Ablauf unendlich langer Zeiträume noch gerade da stehen, wo sie bei ihrem ersten Anfange gestanden haben, und welche heute noch die Culturstufe des sog. vorhistorischen Menschen, des Zeitgenossen des Mammuth, des Höhlenbären, des Riesenhirsches, des vorweltlichen Rhinoceros u. s. w. repräsentiren. Es sind Völker, welche noch mit Steinwaffen kämpfen, mit Steinwerkzeugen arbeiten, in elenden Laubhütten oder Pfahlbauten wohnen und in einer thierischen Versumpfung ohne jeden geistigen oder materiellen Fortschritt dahinleben. Also ist hier kein Vorangehen, keine Entwicklung zu bemerken, sondern nur ein ewiges Stillestehen.

2) gibt es Völker, welche zwar eine gewisse Stufe des Fortschritts erklommen haben, dann aber auf dieser Stufe stehen geblieben und seit tausend und mehr Jahren nicht mehr vorangeschritten sind. Als hervorstechendstes Beispiel solcher Völker dient China.

3) fehlt es noch weniger an Völkern, welche zwar eine hohe Stufe der Cultur erstiegen haben, dann aber von derselben derart zurückgesunken sind, daß eine um so tiefere Nacht auf sie folgte. Man vergleiche, so sagen die Bekämpfer des Fortschritts, die herrlichen Zeiten des klassischen Alterthums, die Blüthe von Hellas und Rom mit dem nachmaligen Verfall der Künste und Wissenschaften, oder das glückliche Zeitalter eines Perikles

mit dem darauf gefolgten finsteren und abergläubischen Mittelalter; man denke an Länder wie Aegypten, Persien, Indien, Kleinasien, Nordafrika, Griechenland, Italien, Spanien, Meriko u. s. w., oder an Städte, wie Babylon, Ninive, Susa, Ekbatana, Persepolis, Rom u. s. w. u. s. w., und erinnere sich dabei der zahlreichen und großartigen Rückschritte, welche zu allen Zeiten in der Geschichte gemacht worden sind. Auch vergesse man nicht, daß in der Geschichte, geradeso wie in der Paläontologie, jedes Jahr neue Entdeckungen gemacht werden, welche die Cultur in stets frühere und bisher nicht gekannte Zeiten zurückrücken, z. B. in Aegypten. — Auch auf dem geistigen und moralischen Gebiet, auf welchem man jederzeit den Fortschritt als besonders wirksam zu betrachten sich gewöhnt hat, sind wir vielfach nicht fort-, sondern zurückgeschritten. Man vergleiche z. B. die politische Reife der Griechen und Römer mit unserer politischen Unreife und Unmündigkeit; die freie Philosophie vor der Einführung des Christenthums mit der unmündigen und der Theologie als Magd dienenden Philosophie der späteren Zeiten, oder die vielfachen und ehrsamen Bürgertugenden der ehemaligen Republiken mit der frivolen Genußsucht und dem egoistischen, nur auf Erwerb und gegenseitige Uebervortheilung gerichteten Streben unserer heutigen politischen und gesellschaftlichen Zustände; man bedenke endlich, daß eine mehr als tausendjährige Entwicklung des sog. Rechtsstaates nichts anderes zur Folge gehabt hat, als die Erhebung der physischen Gewalt und der rohen Machtmittel auf die Throne der in der Cultur am meisten vorangeschrittenen Völker.*)

Aus Allem diesem folgt, daß es auch in der Geschichte nicht anders ist, als in der Natur, d. h. daß wohl eine ewige Umwandlung von Zeit, Ort und Menschen, oder daß ein unaufhörlicher Wechsel und Kreislauf von Vor= und Rückschritt, von Aufbau und Zerfall, von Wachsthum und Fäulniß, von Entstehung und Untergang stattfindet, daß aber in Wirklichkeit die Idee von einem ewigen Fortschritt oder einem aufsteigenden Entwicklungsgang nur ein wohlwollender Traum ist; und daß sich vielmehr Alles in einem ewigen Kreislauf bewegt, der schließlich immer wieder in sich selbst zurückkehrt, ähnlich dem bekannten Bilde der Schlange, welche sich in ihren eigenen Schweif beißt; oder auch einem Theater, auf welchem zwar die Schauspieler und Bilder stets wechseln und Alles voll Thätigkeit und Unruhe erscheint, schließlich aber doch Alles auf demselben Punkte stehen bleibt.

Sogar in die Poesie hat diese Anschauung Eingang gefunden und Anlaß zu einem der schönsten Gedichte unseres großen Liedermeisters Rückert gegeben, welcher den ewig jungen Chidher**) (eine persische Mythenge-

---

*) Die letzte und äußerste Consequenz dieses Zustandes ist der gegenwärtig in Europa herrschende Cäsarismus und Militarismus, welcher wie eine epidemische Krankheit täglich mehr um sich greift und die Völker nicht blos materiell ruinirt, sondern auch ihr Gewissen unterdrückt und sie geistig und moralisch zu versumpfen droht.

**) Chidher, auch Khedher, Khizir oder Chisr genannt,

stalt) durch die Welt reisen und seine Eindrücke des
ewigen, stets zum Alten zurückkehrenden Wechsels in
folgenden, herrlichen Strophen wiedergeben läßt:

> Chidher, der ewig junge, sprach:
> Ich fuhr an einer Stadt vorbei,
> Ein Mann im Garten Früchte brach.
> Ich fragte, seit wann die Stadt hier sei?
> Er sprach und pflückte die Früchte fort:
> „Die Stadt steht ewig an diesem Ort
> „Und wird so stehen ewig fort."

> Und aber nach fünfhundert Jahren
> Kam ich desselbigen Wegs gefahren.

> Da fand ich keine Spur von der Stadt.
> Ein einsamer Schäfer blies die Schalmey,
> Die Heerde weidete Laub und Blatt.
> Ich fragte: Wie lang ist die Stadt vorbei?
> Er sprach und blies auf dem Rohre fort:
> „Das eine wächst, wenn das Andere dorrt;
> „Das ist mein ewiger Weideort."

> Und aber nach fünfhundert Jahren,
> Kam ich desselbigen Wegs gefahren.

—————

ist der Name eines Propheten, welcher aus der Quelle des ewigen
Lebens getrunken hatte und welcher oft mit dem Propheten Elias,
der ebenfalls ewige Jugend genießt, verwechselt wird. Nach der
a r a b i s c h e n Sage war C h i d r Feldherr eines altpersischen Herr=
schers K h r i k h o b a d und ein Prophet, der aus der Lebensquelle
getrunken hat und nun bis zum jüngsten Tage lebt. Alexander
der Große suchte diese Quelle, welche im Kaukasus liegen soll, ver=
geblich. — Uebrigens rührt der Stoff obigen Gedichtes nicht von
Rückert selbst her, sondern ist einer morgenländischen, in dem
Adschaib al-machlukat (dem berühmtesten Werk des Morgenlan=
des über Naturgeschichte) enthaltenen Sage entnommen. Siehe:
„Rosenöl" (Cotta 1813), Seite 118 und 119.

Da fand ich ein Meer, das Wellen schlug,
Ein Schiffer warf die Netze frei,
Und als er ruhte vom schweren Zug,
Fragt' ich, seit wann das Meer hier sei?
Er sprach und lachte meinem Wort:
„So lang als schäumen die Wellen dort,
„Fischt man und fischte in diesem Port.“

 Und aber nach fünfhundert Jahren
 Kam ich desselbigen Wegs gefahren.

 Da fand ich einen waldigen Raum
Und einen Mann in der Siedelei.
Er fällte mit der Axt den Baum:
Ich fragte, wie alt der Wald hier sei?
Er sprach: „Der Wald ist ein ewiger Hort!
„Schon ewig wohn' ich an diesem Ort,
„Und ewig wachsen die Bäume hier fort.“

 Und aber nach fünfhundert Jahren
 Kam ich desselbigen Wegs gefahren.

 Da fand ich eine Stadt — und laut
Erschallte der Markt vom Volksgeschrei.
Ich fragte: Seit wann ist die Stadt erbaut?
Wohin ist Wald und Meer und Schalmey?
Sie schrieen und hörten nicht mein Wort:
„So ging es ewig an diesem Ort
„Und wird so gehen ewig fort!“

 Und aber nach fünfhundert Jahren
 Will ich desselbigen Weges fahren.

Wenn wir, verehrte Anwesende, den Leugnern des
Fortschritts glauben wollen, so ist die ganze Geologie
oder Erdgeschichte und ist die ganze Geschichte des mensch=
lichen Geschlechts nur ein Commentar zu dieser wunder=
vollen Anschauung des Dichters, welche freilich auch für

denjenigen, der an den Fortschritt glaubt, an ihrer vollen
Berechtigung nichts verliert, da sie zeigen soll, wie auf
der Erde und bei den Menschen stets die großartigsten
Wechsel der Natur und des Lebens einander ablösen,
aber in verhältnißmäßig so langen Zeiträumen, daß der
im Leben selbst darin Stehende nichts davon gewahrt,
sondern sich von einem ewigen Stillstande umfangen
glaubt, während der nie sterbende und über Ewigkeiten
hinwegschauende Gott etwas ganz Anderes erblickt. Was
aber im Gedicht der Gott ist, das ist in Wirklichkeit die
Wissenschaft, welche ebenfalls über das Zeitliche und
Augenblickliche hinwegsieht und durch den bunten Wechsel
der Erscheinungen hindurch das Ewige gewahrt. Vom
wissenschaftlichen Standpunkte aus ließe sich gegen den
Dichter Rückert vielleicht nur das einwenden, daß er
seine Perioden zu kurz gegriffen hat. Hätte er statt
500 Jahren deren 5000 gesetzt, so würde sein Gedicht an
Großartigkeit nicht verloren, sondern gewonnen haben;
und er wäre überdem der Wahrheit näher gekommen.

Wären also, verehrte Anwesende, diese Gesichtspunkte
richtig, und wären die vorgebrachten Einwände gegen
den Fortschritt in allen Punkten stichhaltig, so ständen
wir allerdings vor einer der trostlosesten und entmuthi-
gendsten Thatsachen, welche uns jemals die menschliche
Wissenschaft kennen gelehrt hat; und wenn wir uns auch
gestehen müßten, daß die Wahrheit höher steht, als
alle menschlichen und göttlichen Rücksichten, und daß keine
Gründe stark genug sein können, um sie veräußern zu

laſſen, ſo hätten wir doch in dieſem Falle die Wahrheit mit einem geiſtigen Opfer erkauft, deſſen Größe nur noch durch ſeine Schmerzlichkeit übertroffen werden könnte. Nicht blos unſer eigenes Daſein, ſondern auch das Daſein der Völker, der Geſchlechter, ſowie der geſammten Na⸗ wäre ſeit undenklichen Zeiten oder ſeit den vielen Mil⸗ lionen von Jahren, welche die Geſchichte der Erde bereits ausgemeſſen hat, nichts Anderes, als ein ewiges, in ſich ſelbſt wiederkäuendes Einerlei ohne Anfang, ohne Ende, ohne Ziel und ohne Vollendung. Individuen, Geſchlechter, Nationen und Syſteme tauchen auf und gehen wieder unter, ähnlich den Waſſerwogen auf der Meeresoberfläche, und laſſen keine andere Spur ihres Daſeins zurück, als den leeren Platz, auf welchem ſofort eine zweite Woge mit demſelben endloſen Reſultat ihr Spiel beginnt und endet. —

Glücklicherweiſe aber können wir nach Allem, was wir wiſſen, mit ziemlicher Beſtimmtheit ſagen, daß dieſe Anſicht vom ewigen Stillſtand oder, beſſer geſagt, von der ewigen Bewegung oder Verwandlung, vom ewigen Wechſel ohne Fortſchritt falſch iſt und falſch ſein muß, und daß im Gegentheil die Thatſachen ebenſowohl in der Natur wie in der Geſchichte für einen ewigen, wenn auch nach menſchlichen Begriffen und Berechnungen unendlich langſamen Fortſchritt ſprechen. Nichtsdeſto⸗ weniger haben jene Einwände ihre Berechtigung und ihren Werth; ſie zeigen, daß die Verhältniſſe nicht ſo einfach liegen und nicht ſo leicht zu überſehen ſind, wie

von Manchen geglaubt worden ist und zum Theil noch
geglaubt wird. Namentlich in der Naturwissenschaft hat
man lange Zeit der falschen Ansicht gehuldigt, die ganze
Reihe der organischen Wesen durch Vergangenheit und
Gegenwart müsse sich als eine sog. einfache und in re-
gelmäßiger Reihenfolge von unten nach aufwärts stei-
gende Entwicklungsphase begreifen lassen. Im Sinne dieser
Theorie dachte man sich die ganze Reihe allenfalls mit
der Monade oder dem Seeschwamm oder auch mit den
untersten Pflanzenformen beginnend und mit dem Menschen endigend. Die Pflanzen als die niedrigst stehenden
organischen Wesen — so stellte man sich vor — seien
zuerst da gewesen; alsdann seien die niedrigsten Thiere
entstanden; aus den Urthieren die Strahlthiere und Weichthiere; aus den Weichthieren die Gliederthiere; aus den
Gliederthieren die niedrigsten Wirbelthiere oder die Fische;
aus den Fischen die Kriechthiere; aus diesen die Säugethiere und Vögel und aus diesen endlich der Mensch.
Ganz in derselben Weise, dachte man, sei es auch im
Innern der einzelnen Klassen selbst gegangen, so daß
immer das nächst Höhere seinen Ursprung aus dem nächst
Niederen genommen habe.

Diese Theorie nun von einer einfachen Reihe oder
Aufsteigungslinie und namentlich von der Umwandlung
einer Hauptklasse in die andere hat, wie sich Dr.
Weinland (Zoolog. Garten I. Nr. 3.) ausdrückt, „ihre
Tage gehabt"; sie ist ganz haltlos und widerspricht allen
Thatsachen. Im Gegentheil ist der Gang der organischen

Entwicklung und des damit verbundenen Fortschritts ein
ganz anderer und viel verwickelterer gewesen, und hat
es nicht e i n e, sondern sehr viele, nebeneinander herge=
hende geologische Entwicklungsreihen gegeben, welche zwar
alle ursprünglich aus denselben Wurzeln oder aus der=
selben Wurzel hervorgegangen sind, sich aber seitdem un=
endlich und auf das Mannichfaltigste verzweigt und ver=
ästelt haben. Ehe ich jedoch auf die Darlegung dieses
interessanten Verhältnisses selbst eingehe, will ich zuvor
die einzelnen, Ihnen citirten Einwände gegen die Fort=
schrittstheorie zu beantworten suchen.

Was zunächst den von D. Volger so sehr betonten
Einwand betrifft, daß höher organisirte oder in der all=
gemeinen Reihenfolge höher stehende Formen in stets äl=
teren Erdschichten angetroffen werden, in denen man sie
vorher nicht zu finden gedachte, so wirft dieser Einwand,
vorausgesetzt, daß alle hierfür vorgebrachten Thatsachen
auch wirklich richtig oder richtig beobachtet sind, die Fort=
schrittstheorie an sich nicht um, sondern rückt nur die An=
fänge des organischen Lebens und seiner einzelnen Ab=
zweigungen in entferntere Zeiträume oder frühere geo=
logische Perioden zurück. Je früher wir eine schon hoch
organisirte Form antreffen, um so längere Zeiträume der
organischen Entwicklung müssen wir als bereits voraus=
gegangen annehmen. Dies hat auch gar keine Schwie=
rigkeit, da es ja an Zeit in der Geologie oder Erdge=
schichte in keiner Weise fehlt, und da wir ja die älte=
sten versteinerungsführenden Erdschichten noch gar nicht

kennen, sondern im Gegentheil erwarten müssen, deren immer noch ältere zu finden. Abgesehen von dem den silurischen Zeiten vorausgehenden Cambrischen System, welches bei seiner außerordentlichen Mächtigkeit schon Millionen Jahre zu seiner Entwicklung bedurft haben muß und nur höchst undeutliche Spuren des Lebens in sich birgt, so hat man, wie ich Ihnen bereits in meiner ersten Vorlesung bei Gelegenheit der Erwähnung des Eozoon Canadense mittheilte, ganz neuerdings in Amerika eine ungeheuere Serie oder Reihenfolge von geschichteten und krystallinischen Gesteinen entdeckt, welcher man den Namen der Laurentianbildung gegeben hat. Diese Gesteine sind älter, als die ältesten versteinerungsführenden Europas oder diejenigen, denen man voreilig den Namen der primordialen oder uranfänglichen beigelegt hat; und in ihnen wurden die Ueberreste eines Fossils oder organischen Wesens, des Eozoon Canadense, entdeckt. „Wir haben allen Grund zu vermuthen", sagte Sir Charles Lyell in seiner ausgezeichneten Eröffnungsrede bei der Versammlung der brittischen Naturforscher in Bath, im September 1864, „daß die Gesteine, welche diese Thierreste enthalten, ebenso alt, wenn nicht älter sind, als irgend eine der sog. azoïschen oder thierlosen Bildungen in Europa, so daß sie der Zeit nach Gesteinen voranstehen, welche man sonst **vor** jeder Erschaffung organischer Wesen gebildet glaubte."*)

---

*) Prof. Cotta sagt in seiner „Geologie der Gegenwart" über die Entdeckungen in Canada Folgendes:

Büchner, Vorlesungen. 3. Aufl.   16

Ueberhaupt sind wir vollkommen berechtigt anzuneh=
men, daß das organische Leben durchaus nicht da begonnen
habe, wo wir zuerst organische Ueberreste in größerer
Menge beisammen finden, sondern es muß schon Tau=
sende von Zeitaltern existirt haben, ehe es nur eine dau=
ernde Spur in den Gesteinen hinterlassen konnte. Die
Anfangsbildung ist daher unserer Beobachtung unzugäng=
lich, und die uns bekannten Gesteine, welche bisher als
der Anfang der versteinerungsführenden Erdschichten be=
trachtet wurden und keine oder nur undeutliche Spuren
des Lebens enthalten, müssen bei ihrer bedeutenden Mäch=
tigkeit schon ungeheuerer Zeiträume zu ihrer Entwicklung

Durch Sir W. E. Logan sind in Canada Schichten aufgefun=
den worden, welche 18000 Fuß tief unter den tiefsten silurischen
jener Gegend liegen sollen und welche das Eozoon Canadense
enthalten. Diese Schichten sind zum Theil schon krystallinische. Man
hat sie in zwei Abtheilungen gebracht, die Oberlaurentianischen,
welche bei 1000 Fuß Dicke Kalkstein=Einlagerungen enthalten, und
die Unterlaurentianischen, welche wohl 20000 Fuß mächtig
sind und aus Gneiß, Quarzit, Conglommerat und körnigem Kalk=
stein bestehen. Das Eozoon findet sich in den krystallinischen Kalk=
stein=Einlagerungen. Die 18000 Fuß mächtigen Ablagerungen
zwischen den silurischen und laurentianischen Schichten, welche un=
gefähr dem Cambrischen System entsprechen, werden in Amerika
huronische genannt.

Diese laurentianischen Bildungen, die sich übrigens in Böhmen
und Baiern ebenfalls finden, sind die ältesten mit organischen Ue=
berresten, die man bis jetzt kennt ꝛc.

Unter den sedimentären Ablagerungen mit noch erkennbaren
organischen Resten liegen gewöhnlich die sehr mächtigen sog. krystal=
linischen Schiefer=Umwandlungsprodukte der ältesten Ablagerungen.
Die in ihnen enthalten gewesenen organischen Ueberreste sind in
Folge der Umwandlung nicht mehr erkennbar.

bedurft haben. Daß wir die ältesten Spuren orga=
nischer Wesen nicht oder nicht in größerer Menge finden,
liegt theils an deren Kleinheit, Weichheit und Unvoll=
kommenheit, welche sie unfähig zur Erhaltung machten,
theils an den Gesteinen selbst, welche sich in ihrem ei=
genen Innern um so mehr umändern, je älter sie sind
oder je länger sie in der Erde lagern. Dennoch ist, wie
schon gesagt, zu erwarten, daß mit der Zeit immer noch
ältere versteinerungsführende Erdschichten aufgefunden
werden — wie ja auf das deutlichste durch das ganz
neue Auffinden der Laurentianbildung bewiesen wird.
Häckel (a. a. O.) geht sogar so weit, jene neptunischen
oder silurischen Schichten, in welchen wir bereits hoch
entwickelte und weit differenzirte Repräsentanten aller
einzelnen thierischen Stämme finden, und welche bisher
fälschlich als die ältesten versteinerungsführenden Schich=
ten galten, im Gegentheil für Bildungen von verhältniß=
mäßig jungem Ursprung zu erklären, und spricht sich
dahin aus, daß die Zeit der organischen Erdgeschichte vor
ihrer Ablagerung jedenfalls sehr viel länger ge=
wesen sein muß, als die Zeit nach derselben bis heute.
Dafür spreche auch direct die ungeheuere Mächtigkeit der
Cambrischen und laurentianischen Schichtensysteme.*)

---

*) In ähnlicher Weise spricht sich auch Prof. Huxley über das
ungeheure Alter der ältesten, versteinerungsführenden Erdschichten
aus und sagt bei Gelegenheit der Erwähnung des Eozoon, daß
der Anfang des Lebens auf der Erde durch diese Entdeckung bis
zu einer Periode zurückgeschoben würde, welche von der cambrischen

Diese ganze Auseinandersetzung, verehrte Anwesende, mag zugleich dazu dienen, den weiteren, Ihnen schon genannten Einwand von dem Zusammenvorkommen der Repräsentanten der vier oder fünf Hauptklassen der Lebewelt in den untersten, versteinerungsführenden Erdschichten zu entkräften. Denn da wir diese wirklich untersten oder ältesten Erdschichten und die in ihnen enthalten gewesene Lebewelt bisher entweder gar nicht oder nur in höchst unvollkommener Weise kannten, so können wir auch nicht aus jenem Zusammenvorkommen in Schichten von verhältnißmäßig jungem Datum oder daraus, daß wir dabei schon einigen Formen von verhältnißmäßig gesteigerter Organisation begegnen, einen Schluß g e g e n den Fortschritt ziehen; sondern wir müssen im Gegentheil annehmen, daß das Leben schon Millionen Jahre vorher bestanden und also Zeit genug zu allmäliger Entwicklung und Differenzirung in einige Hauptstämme gehabt haben muß.

Ferner — und es ist dies noch ein wichtigerer Punkt — beruht jener Einwand zum Theil auf der ganz haltlosen Vorstellung, als ob sich die vier oder fünf Hauptklassen des Thierreichs nach und nach auseinander entwickelt haben müßten, sowie auch das letztere aus der Pflanzenwelt; und als ob es daher im Sinne der Fortschrittsdoctrin ganz unmöglich sei, daß man Vertreter aller

---

Zeit ebensoweit entfernt sei, wie diese selbst von der großen Tertiär-Epoche. Mit andern Worten, die Dauer des organischen Lebens auf der Erde ist mit einem Schlage verdoppelt!

dieser Klassen, sowie auch des Pflanzenreichs in den ältesten oder auch nur in sehr alten Schichten beisammen
finde. Diese Ansicht ist nun aber, wie ich Ihnen schon
angedeutet habe, ganz haltlos, und haben sich diese verschiedenen Hauptklassen nicht auseinander, sondern
nebeneinander entwickelt, ähnlich den auseinander-
gehenden und übereinander emporwachsenden Zweigen
eines Baumes oder Strauches. So sind die Strahlthiere
nicht die Stammeltern der Weichthiere, die Weichthiere
nicht die der Gliederthiere, die Gliederthiere nicht die der
Fische oder Wirbelthiere, und ist das Pflanzenreich noch
viel weniger Vater des Thierreichs. Im Gegentheil ha-
sich Pflanzen und Thiere von Anfang an nebeneinander
entwickelt, hervorgehend aus denselben Zuständen und
Formelementen; und ebenso mögen sich schon in den frühesten Zeiten die verschiedenen Hauptabtheilungen der
wirbellosen Thiere in ihren ersten Anfängen oder
Anlagen vorgefunden oder doch sehr frühzeitig von dem
gemeinsamen Urstamm abgezweigt haben. Von da an hat
sich dann jede Abtheilung für sich weiter gebildet, ohne
directen Zusammenhang mit den anderen Abtheilungen,
und hat sich mit jedem Schritt weiter von ihrem ersten
Vorbild entfernt.*) Was dagegen die Wirbelthiere

---

*) Herr Prof. Häckel hat auf acht Tafeln die verschiedenen
Stammbäume der einzelnen Abtheilungen des Thier= und Pflanzen=
reichs genealogisch zu entwerfen gesucht. Sie bilden alle baumförmig
verzweigte Figuren und lassen aus einem gemeinsamen Urstamm
drei Hauptäste entspringen, von denen der eine das Pflanzen=, der

angeht, diese höchste Abtheilung der Thierwelt, welche nach einer gemeinsamen Uranlage von den niedersten bis zu den höchsten Formen, die überhaupt existiren, aufsteigt, und bei welchen der Fortschritt am deutlichsten und sichtbarsten ausgeprägt ist, so finden sich deren erste Anfänge allerdings nicht in den untersten und bisher als die frühesten versteinerungsführenden angesehenen Erdschichten — und ist daher jene so oft gehörte Behauptung von dem Zusammenvorkommen aller Hauptabtheilungen der Lebewelt in den silurischen Bildungen auch schon thatsächlich unrichtig. Wenigstens erklärt bezüglich dieses Punktes Lyell (der gewiß als Autorität in diesen Dingen angesehen werden muß), und zwar in Uebereinstimmung mit fast allen übrigen Autoren, wörtlich Folgendes: „Was die fossilen Repräsentanten des Fischtypus anlangt, so glaubte man vor 1838, daß sie nicht älter als die Kohle seien, aber seitdem hat man sie rückwärts bis in die Devon= und sogar bis in die obere Silurbildung verfolgt. Keine Spuren indessen von ihnen oder von irgend einem andern Wirbelthier sind bis jetzt in den unteren siluri=

---

andere das Thierreich und der dritte als Zwischenform zwischen beiden das Reich der Protisten darstellt. Der Stammbaum des Thierreichs verzweigt sich dann weiter in die Cölenteraten oder Pflanzenthiere, Echinodermen oder Sternthiere, Artikulaten oder Gliederthiere, Mollusken oder Weichthiere, Vertebraten oder Wirbelthiere; und der Zweig der Wirbelthiere zerspaltet sich weiter in die Fische, Amphibien, Reptilien, Vögel und Säugethiere mit ihrem letzten und höchsten Ausläufer, dem Menschen.

ſchen Schichten, ſo reich dieſe auch an wirbelloſen Foſſilien ſind, noch in dem noch älteren Urerdgürtel von Barrande gefunden worden; ſo daß wir wohl ſchließen dürfen, daß der Wirbelthiertypus in dieſen älteſten Perioden, welche oft als Urperioden bezeichnet werden, welche aber, wenn die Entwicklungstheorie richtig iſt, wohl nur die letzten Glieder einer langen, vorangegangenen Reihe von Zeitaltern mit lebendigen Weſen ſind, entweder ganz fehlte oder äußerſt ſelten war." (Lyell, Alter des Menſchengeſchlechts, Seite 338.)

Auch iſt zu bemerken, daß die älteſten Fiſche, welche wir kennen, nur Repräſentanten der niedrigſten Stufe des Fiſchtypus oder ſog. Knorpelfiſche ſind, und daß darauf erſt ſpäter die ſog. Ganoïden oder Schmelzfiſche, welche durch Skelett- und Schwanzbildung den embryonalen oder Keim-Zuſtand der heutigen Knochenfiſche repräſentiren, und die ächten Knochenfiſche folgten. Obgleich nun die Fiſche Repräſentanten des höchſten thieriſchen Formenkreiſes oder des ſog. Wirbelthiertypus ſind, ſo beginnen ſie doch in ihrem erſten Anfang mit einigen ſo ganz und gar niedrig organiſirten Weſen, daß dieſe von den erſten Entdeckern gar nicht als Fiſche betrachtet, ſondern für Würmer oder Schnecken gehalten wurden — es ſind Amphioxus und Myxine. Amphioxus lanceolatus oder das Lanzettfiſchchen lebt heute noch in der Nordſee als wahrſcheinlicher Abkömmling jener niederſten Formen und iſt ſo niedrig organiſirt (es hat keinen Schädel, kein besonderes Gehirn, kein Herz, kein gefärbtes Blut, keine Rippen und Gliedmaaßen, keine Sinnesorgane außer einem sehr unvollkommen ausgebildeten Auge; das Rückenmark ist nur von einer häutigen Scheide umschlossen), daß es an anatomischer Ausbildung weit hinter den höheren Formen der Weich= und Gliederthiere zurücksteht, obgleich diese letzten als Klassen weit unter den Wirbelthieren stehen.*) Solcher oder ähnlicher Beispiele könnte ich Ihnen

---

*) Aeußerlich hat das Lanzettfischchen keine Aehnlichkeit mit Wirbelthieren, indem es nur einem schmalen, halb durchsichtigen, lanzettförmigen Blatte von ungefähr zwei Zoll Länge gleicht. Daß es aber doch ein Wirbelthier ist, wird bewiesen durch sein Rückenmark und durch einen unter dem Rückenmark liegenden, vorn und hinten zugespitzten knorpligen Stab, den s. g. Rückenstrang oder Chorda dorsalis, indem bei allen Wirbelthieren ohne Ausnahme (den Menschen eingeschlossen) Rückenmark und Wirbelsäule während der embryonalen Entwicklung aus dem Ei oder wenigstens des Keimzustandes ursprünglich ganz in derselben einfachen Form angelegt werden, welche sie beim Amphioxus oder Lanzettfischchen zeitlebens behalten. Daß aber dieses merkwürdige Thierchen die große Abtheilung der Wirbelthiere ganz nahe mit den Wirbellosen oder Weichthieren verbindet, ist bewiesen durch die höchst interessanten Untersuchungen von Kowalewsky über die Gleichheit der individuellen Entwicklung des Amphioxus und der zu den Würmern oder Weichthieren zählenden und zur Klasse der s. g. Mantelthiere gehörenden Ascidien oder Seescheiden. Diese theils festsitzenden, theils freischwimmenden Meeresthiere von sackförmiger Gestalt, ohne alle Gliederung und höchst einfach organisirt, zeigen in erwachsenem Zustande keine Spur von Verwandtschaft mit den Wirbelthieren, während sie im ersten Jugend=Zustande oder als frei umherschwimmende Larven die unzweifelhafte Anlage zum Rückenmark und Rückenstrang ganz in derselben Weise entwickeln, wie der Amphioxus, und also damit die Anlage zu einer viel höhern Entwicklung an den Tag legen, als sie ihr erwachsener Zustand darstellt. Welch'

noch eine Menge beibringen; sie zeigen auf das deut=
lichste, daß nicht die einzelnen Klassen an ihren beider=
seitigen Endpunkten ineinander übergehen, sondern daß
jeder Typus, nachdem er sich einmal von dem gemein=
samen Urstamm abgezweigt, sich für sich bis zu einer
solchen Höhe entwickelt, der er überhaupt seiner Anlage
nach fähig ist; daß aber in dieser Anlage zur Vervoll=
kommnung ein Typus von dem andern übertroffen wird.
So besitzt offenbar der Wirbelthiertypus die höchste
Organisationsanlage und hat daher alle andern Klassen
weit hinter sich gelassen, obgleich er selbst, wie ich Ihnen
soeben sagte, mit Formen anfängt, welche tief u n t e r
den höheren Repräsentanten anderer Klassen stehen.

Nach dieser Aufklärung, verehrte Anwesende, wird es
Sie auch nicht mehr erstaunen, daß einzelne Gruppen,
Abtheilungen oder Geschlechter in der Vorwelt eine höhere
Organisation erreicht haben, als die neben ihnen her=
laufenden Vertreter einer an sich höheren Reihe oder als
selbst ihre Vertreter in der heutigen Lebewelt. Denn
offenbar hat jede solche Reihe oder haben die meisten
unter ihnen einen gewissen Lebens=Cyclus gehabt (gerade
so wie jedes einzelne Individuum), nach dessen Erreichung
und Vollendung sie entweder auf der einmal erreichten
Höhe stehen blieben oder aber einen Rückweg antraten;
während andere, neben ihnen her laufende und selbst

---

unerwartetes Licht fällt durch diese Entdeckung auf die wirbellosen
Vorfahren der Wirbelthiere!

später begonnene Reihen ihren Weg fortsetzten und einen relativ wie absolut höheren Standpunkt erklommen — gerade so wie beim Emporwachsen eines Baumes die unteren Aeste absterben oder stehen bleiben, während die oberen weiter wachsen, neue Zweige abgeben und sich stets höher erheben. „Es ist ein allgemeines Gesetz", sagt H. Tuttle, „daß Arten so lange existiren, als ihre Anlage eine weitere Entwicklung ermöglicht; sobald sie aber stationär werden, beginnen sie auch abzunehmen und gehen im Laufe der Zeit zu Grunde."*) Daß aber diese Entwicklung der Arten selbst in aufsteigender Linie geschah, kann nicht bezweifelt werden; da es ja allgemeiner Erfahrungssatz ist, daß jede einzelne, für sich abgegrenzte Reihe in der Vorwelt, wie in der Jetztwelt mit den niedrigsten und einfachsten Formen anfängt und sich erst allmälig immer mehr emporhebt, während es, wenn die Fortschrittsdoctrin unrichtig wäre, zum Theil gerade umgekehrt sein müßte.

Mit dieser Aufklärung oder mit diesem Schlüssel in der Hand werden Sie, verehrte Anwesende, auf einmal die vielen scheinbaren Anomalieen, Widersprüche und

---

*) „Nach einem von den Herren Verneuil und d'Archiac erkannten Gesetz," sagt Prof. Le-Hon in seinen Prolegomenen zu Omboni's „Darwinismus", „steht die Dauer einer Art in geradem Verhältniß zu ihrer geographischen Verbreitung; und nach dem Gesetz der nummerischen Entwicklung, welches theoretisch durch Herrn d'Archiac nachgewiesen wurde, erscheint die Art und vermehrt sich nummerisch bis zu einem Maximum, nach dessen Erreichung sie zurückgeht und verschwindet. Diese beiden Gesetze darf man bei Beurtheilung des Darwinismus nicht vergessen."

sogar Rückschritte in der Entwicklungsgeschichte der Vor
welt leicht begreifen, ohne daß Sie nöthig hätten, deß=
wegen der Fortschritts=Doctrin überhaupt Valet zu sagen.
Denn das ist ja doch im Großen und Ganzen zweifel=
los, daß stets die höheren Kreise oder Reihen in ihrer
Gesammtentwicklung auch die späteren sind; daß also
das Thierreich höher steht, als das Pflanzenreich, die
Wirbelthiere höher als die Wirbellosen, welche vor je=
nen da waren, und daß innerhalb des Wirbelthiertypus
selbst stets die höheren Formen auf die niedrigeren ge=
folgt sind. Denn auf die Fische folgten die Lurchen und
Kriechthiere, auf die Kriechthiere die Säugethiere und
Vögel, auf diese der Mensch, und ebenso ist es auch im
Einzelnen der Wirbelthierklassen selbst gegangen, wäh=
rend noch Niemand zu behaupten gewagt hat, daß jemals
ein umgekehrter Gang der Natur stattgefunden habe.
Auch bei den wirbellosen Thieren, obgleich bei ihnen
die Gesetze der geologischen Entwicklung nicht so deutlich
ausgeprägt sind und sich manche Erscheinungen von regel=
loser Zu= und Abnahme zeigen, gingen doch stets die
einfachsten Formen den höheren voraus, wie man dieses
z. B. bei der höchsten Abtheilung der Weichthiere, den
sog. Cephalopoden oder Kopffüßern, sehr deutlich nach=
weisen kann. Und wenn bei ihnen die Formen=Mannich=
faltigkeit in früheren Erdperioden größer war, als heute,
so ist dagegen zu bemerken, daß, wenn diese Formen=
Mannichfaltigkeit in den niederen Kreisen der Thier=
welt im Laufe der geologischen Entwicklung theilweise

abgenommen hat, sie dagegen gerade in den höheren
Formen eine um so größere Zunahme zeigt. — Wenn
ferner von den Leugnern des Fortschritts darauf hinge=
wiesen wird, daß einzelne Arten in der Vorwelt eine sehr
zusammengesetzte Bildung gezeigt haben, wie z. B. die
schon erwähnte Seelilie, so ist darauf zu erwidern, daß
Zusammengesetztheit der Bildung an und für sich
noch kein Zeichen höherer Entwicklung ist; im Gegentheil
geht das Zusammengesetzte oft dem Gesonderten voraus,
indem gerade ein Hauptbestreben der Natur bei ihrer
Fortschrittsentwicklung darin besteht, die früher in ein=
zelnen Formen vereinigten Eigenschaften auf verschiedene
Formen zu vertheilen und so durch sog. Arbeitsthei=
lung eine höhere Entwicklung in einer einzelnen Rich=
tung möglich zu machen. Ueberhaupt beruht in dieser
Arbeitstheilung ein eben solches Grundprincip für Ver=
vollkommnung in der Natur, wie im gesellschaftlichen,
politischen und industriellen Leben des Menschen. Je
mehr ein Lebewesen in seiner Gesammtorganisation für
nur einen einzelnen Zweck angelegt und ausgebildet ist,
um so mehr ist es im Stande, diese seine Bestimmung
vollständig zu erfüllen; und je mehr wiederum in seinem
eigenen Körper die verschiedenen Functionen an einzelne
Organe vertheilt oder differenzirt sind, eine um so
höhere Organisationsstufe nimmt es ein. Die Körper=
masse der niedrigsten Thiere erfüllt ohne besondere Or=
gane alle Functionen oder Verrichtungen durch einfache
Stoff=Aufnahme und Stoff=Abgabe in Wechselwirkung mit

den umgebenden Medien auf einmal. In den höchsten
Thieren dagegen hat jede einzelne Function ihr besonderes
Organ, so das Herz für den Kreislauf, die Lungen für
die Athmung, der Darmkanal für die Verdauung, die
Nieren für die Ausscheidung, das Hirn für geistige Func=
tion u. s. w.; und sie sind eben darum die höchsten.*) —
Uebrigens muß ich Sie, ehe ich diesen Punkt verlasse,
zur Vermeidung von Irrthümern darauf aufmerksam
machen, daß auch der Wirbelthiertypus, welcher,
wie ich Ihnen sagte, die deutlichsten Spuren des Fort=
schritts zeigt, nicht eine einfache Reihe darstellt, sondern
ebenfalls in seinem eigenen Innern wieder eine Menge
von Unterabtheilungen oder Einzelreihen besitzt; und daß
auch hier einzelne Formenkreise in ihrer höchsten Vollen=

---

*) In dieser Arbeitstheilung und der stets zunehmenden Dif=
ferenzirung der Organisation, sowie aller irdischen Verhältnisse
und Existenz=Bedingungen erblickt auch Häckel (a. a. O.) die ein=
zige Ursache des Fortschritts, welcher nach ihm durchaus nicht auf
einem alle Organisations=Verhältnisse stetig vorwärts treibenden (und
vom Schöpfer gegebenen) Fortschritts= oder Entwicklungs=Gesetz be=
ruht, sondern lediglich durch mechanische und natürliche Ur=
sachen als unmittelbare und nothwendige Folge der von Darwin
dargelegten Einwirkungen veranlaßt ist. Meistens entsteht da=
durch ein Fortschritt. Sehr oft aber geschieht dies auch nicht, oder
es tritt gar ein Rückschritt ein, so daß also Fortschrittsgesetz und
Divergenz= oder Abweichungs=Gesetz keineswegs identisch sind.
Nur im Großen und Ganzen ist in der Natur wie in der Geschichte
der Fortschritt stetig und überall, während im Einzelnen und Klei=
nen oft große und viele Rückschritte stattfinden. Es existirt in Wirk=
lichkeit nach Häckel weder ein Ziel, noch ein Plan der organi=
schen Entwicklung.

dung andere nebenherlaufende Kreise übertreffen, welche doch schließlich zu einer weit höheren Entwicklung bestimmt sind. Dies gilt namentlich von demjenigen Formenkreis der höchsten Wirbelthiere, welcher für uns der weitaus wichtigste und interessanteste ist, weil er unser eigenes Geschlecht oder den Menschen umfaßt — ich meine den Kreis der Quadrumanen oder — wie man jetzt passender nach dem Vorgang Linné's und Huxley's sagt — den Kreis der Primaten oder Oberherrn. Dieser Kreis, an dessen äußerster Spitze der Mensch steht, und der eine lange Reihe vermittelnder Formen (also zunächst dem Menschen die sog. Anthropoiden oder menschenähnlichen Affen) umfaßt, wurzelt gleichwohl mit seinen niedersten Ausläufern nicht, wie man vielleicht glauben könnte, in den höchsten, sondern beinahe in den niedersten Regionen der Entwicklung des sog. Placentar-Säugethier-Typus und grenzt somit ganz nahe an eine ziemlich tief stehende Stufe dieser an sich allerdings hoch gesteigerten Entwicklungsreihe. Sehr treffend bezeichnet Huxley, welcher die Primaten in sieben Familien oder Unterabtheilungen eintheilt (a. a. O.), dieses interessante Verhältniß mit den Worten:

„Vielleicht keine Ordnung der Säugethiere zeigt uns eine so umfassende Reihe von Stufenfolgen, als diese — indem sie uns unmerkbar von der Krone und dem höchsten Gipfel der Schöpfung bis herunter zu Geschöpfen führt, von denen, wie es scheint, nur ein Schritt bis zu den niedrigsten und wenigst intelligenten der Placentar-

Säugethiere*) ist;" und er fügt dem vortrefflich hinzu: „Es ist als ob die Natur selbst die Anmaßung des Menschen vorausgesehen und mit römischer Strenge da= für gesorgt hätte, daß sein Verstand, eben durch seine Triumphe, die Sclaven herbeirufen mußte, welche den Eroberer daran erinnern, daß er nur Staub ist!" —

Als letzten Einwand gegen die Fortschrittstheorie hätte ich, wenn dies überhaupt ein Einwand genannt werden kann, die Existenz der schon öfter erwähnten beharr= lichen oder Dauertypen zu erwähnen. Ich zeigte Ihnen schon in meiner ersten Vorlesung, daß aller Wahr= scheinlichkeit nach eine fortwährende Neu=Entstehung dieser niedersten Urformen durch alle Zeitalter hindurch stattfindet. Wäre dieses aber auch nicht der Fall, so könnte doch ihr Vorhandensein nichts gegen den Fort= schritt im Allgemeinen, sondern nur im Einzelnen beweisen. Denn während diese niedersten Formen wohl wegen der äußersten Einfachheit ihrer Organisation und dem steten Sichgleichbleiben ihrer einfachen Lebensbedin= gungen immer dieselben bleiben, schreiten andere höher organisirte und mannichfacheren Lebensbedingungen un=

---

*) Placentar=Säugethiere sind solche, deren Junge wäh= rend des Zustandes der Trächtigkeit mittelst einer sog. Placenta oder eines Mutterkuchens ernährt werden. Einen Gegensatz zu ihnen bilden die niedriger stehenden Marsupialien oder Beutelsäugethiere, welche ihre Jungen in einem am Unterleibe hängenden Beutel tra= gen und dort säugend ernähren. Die Placentar=Säugethiere bilden die höchste Verzweigung des Säugethiertypus; dieser letztere wieder bildet die höchste Verzweigung des Wirbelthiertypus.

terworfene Wesen stetig vorwärts. Es kann uns diese
Erscheinung um so weniger befremden, als wir ihr ganz
in gleicher Weise auch in der Geschichte und im Leben
der Völker selbst begegnen. Denn was in der Natur
jene niedersten, immer sich gleichbleibenden Meeresbe=
wohner sind, das sind in der Geschichte die sog. stag=
nirenden oder Nachtvölker (auch passive oder Neger=
völker genannt), welche heute noch auf derselben Stufe
der Civilisation oder vielmehr der Uncultur stehen, auf
der sie vor Tausenden von Jahren gestanden haben. Im
Innern der großen Continente oder Festländer, sowie
auf den Inseln der tropischen Regionen leben heute noch
große Mengen wilder Völker, deren Zustände, sowie deren
geistige und sittliche Bildung sich kaum über die Stufe
der Thierheit erheben; andere wieder, deren ganze Civi=
lisation keine andere ist, als die des sog. vorhistori=
schen Menschen in Europa, dessen Hauptbeschäftigung in
dem Anfertigen roher Steinkeile bestand, mit denen er
theils gegen Thiere oder gegen Seinesgleichen kämpfte,
theils Holz und Knochen zu verschiedenen Zwecken be=
arbeitete. So wenig nun wie dieser vorhistorische Mensch
Europas eine Geschichte, eine Ueberlieferung oder einen
Fortschritt besaß, so wenig besitzen unsere heutigen Wil=
den solche Dinge; ihr ganzes Dasein ist ein dumpfes
Dahinbrüten auf ewig gleicher Stufe und mit kaum höhe=
ren Bedürfnissen, als wie sie das Thier auch kennt. Ne=
benbei bemerkt, zeigt diese Erfahrung auf das deutlichste,
daß der menschlichen Natur als solcher ebenso wenig, wie

der Natur überhaupt, ein angeborener oder naturnoth=
wendiger Trieb des Fortschritts innewohnt, sondern daß
zum Zustandekommen desselben stets eine gewisse vor=
wärts treibende Verkettung äußerer und innerer Umstände
nothwendig ist.

Dieser rohe Urzustand der culturlosen Völker, der in
sich selbst die Neigung zu fast endloser Dauer trägt,
konnte nun aber nicht verhindern und hat nicht ver=
hindert, daß andere Rassen oder andere Zweige der großen
Völkerfamilie, gerade so wie in der Natur auch, die Bahn
des Fortschritts betreten haben und auf derselben stetig
bis zu einer gewissen Höhe oder Grenze vorangeschritten
sind. Hier begegnen wir denn sofort abermals einer ge=
schichtlichen Erscheinung, welche ganz analog einer schon
geschilderten in der Natur ist und auch ganz auf dieselbe
Weise gedeutet werden muß. Denn wie wir in den älte=
sten oder wenigstens bisher für die ältesten gehaltenen
Erdschichten mit einigen verhältnißmäßig schon sehr hoch
organisirten Formen zusammentreffen, so erblicken wir
auch in den ältesten Zeiten, von denen uns die Geschichte
nothdürftige Kunde gibt, schon verhältnißmäßig sehr hoch
entwickelte Culturstufen. Hier ist namentlich das alte
Wunder= und Stammland aller menschlichen Cultur und
Weisheit, Aegypten, zu nennen. Sie wissen, welche
großartigen und interessanten Resultate die Forschungen
und Nachgrabungen der Gelehrten in jenem uralten
Lande gehabt haben, und ich will Sie daher nur in
Kürze daran erinnern, daß alle diese Resultate noch in

den Schatten gestellt worden sind durch die neuesten Aus=
grabungen des Franzosen Mariette, welcher Sculp=
turen, Inschriften und Standbilder entdeckte, die bis auf
4000—4500 Jahre vor Chr. hinaufreichen. Zugleich
fand er in den Gräbern und Todtenhäusern jener Zeit
Bilder und Inschriften an den Wänden, welche keinen
Zweifel darüber lassen, daß zu jener im geschichtlichen
Sinne so ungeheuer entfernten Zeit schon eine sehr hohe
Stufe der Civilisation in Aegypten bestanden haben muß.*)
Hier nun laufen wir Gefahr, ganz in denselben Fehler
zu verfallen, wie in der Geologie, wenn wir schließen
wollten, daß ein Fortschritt um deßwillen nicht anzuneh=
men sei, weil ja schon zu so früher Zeit eine so hohe
Cultur bestanden habe! Im Gegentheil muß der Schluß
ein ganz anderer sein und uns die Ueberzeugung auf=
drängen, daß jene altägyptischen Zeiten nur die letzten
Endglieder einer langen Reihe voraufgegangener Ge=
schlechter sind, von deren Dasein uns keine Geschichte
Kenntniß gibt. Glücklicherweise ist eine solche Annahme
in diesem Falle keine bloße Hypothese, da wir bekannt=
lich in Folge der neueren Forschungen über das Alter
des Menschengeschlechts auf Erden wissen, daß die uns

---

*) Im Jahre 450 vor Chr. zeigten die ägyptischen Priester
dem Herodot an der Außenseite des großen Tempels in Theben
345 Mumienkästen, in denen ehemalige Oberpriester enthalten wa=
ren, welche ebenso viele Menschenalter vom Vater auf den Sohn in
Theben geherrscht hatten. Es war eine vieltausendjährige Ponti=
fical=Monarchie (J. Braun: Geschichte der Kunst in ihrem Ent=
wicklungsgang durch alle Völker der alten Zeiten hindurch ꝛc.).

bekannte Geschichte von 4—6000 Jahren der Zeit nach
verschwindend ist im Vergleich zu den **vor**geschicht=
lichen Zeiten des Menschengeschlechts. Das Dasein
des Menschen auf Erden reicht nicht blos rückwärts bis
in die Zeiten des sog. Diluviums oder Schwemm=
landes, einer der unserigen voraufgegangenen Erd=
bildungsepoche, sondern höchst wahrscheinlich über diese
ganze Periode hinaus noch bis in die letzten oder so=
gar mittleren Abtheilungen der großen Tertiär=Periode
hinauf.

Diese Erfahrung kann auch wieder als Rückschluß
auf die Natur verwendet werden und spricht für die
Richtigkeit der dort aufgestellten Gesichtspunkte. —

Ganz in ähnlicher Weise, verehrte Anwesende, be=
seitigen sich auch die übrigen Einwände gegen den Fort=
schritt in der Geschichte. Wenn einzelne Völker oder
einzelne Reiche, nachdem sie eine hohe Stufe der Civili=
sation erreicht hatten, entweder zu Grunde gegangen oder
aber stehen geblieben oder endlich allmälig zurückgegan=
gen sind, so entsprechen sie in diesem Verhalten nur je=
nen einzelnen Reihen oder Formenkreisen in der Ge=
schichte der organischen Vorwelt, von denen ich Ihnen
gezeigt habe, daß sie nach Erreichung eines gewissen
Zieles oder einer gewissen Vollendung ihren Lebenscyclus
abgeschlossen und anderen jüngeren und kräftigeren Zwei=
gen der großen Entwicklungsreihe Platz gemacht haben.
So ist auch in der Geschichte Aegypten von Griechenland,
Griechenland von Rom, Rom von den germanischen

Stämmen auf der großen Stufenleiter des Fortschritts
abgelöst worden, ohne daß dieser selbst dadurch eine an=
dere, als zeitweise Unterbrechung erlitten hätte; und
auch Europa mit all seiner so hoch gesteigerten Cultur
und Intelligenz wird einst unzweifelhaft von einem jün=
geren und kräftigeren Zweige des großen Entwicklungs=
baumes der Menschheit, dessen Zukunft wohl jetzt schon
im fernen Westen zu reifen beginnt, verdrängt und abge=
löst werden. Mögen daher auch große Städte, glänzende
Namen, reiche Länder und hochgesteigerte Civilisations=
kreise da oder dort zu Grunde gehen und zunächst von
weniger entwickelten Völkern oder Zuständen abgelöst
werden, so tragen doch die neuen Ankömmlinge in sich
selbst den Keim zu einer endlichen, noch höheren Ent=
wicklung, so daß der Rückschritt nur örtlich und zeitlich,
der Fortschritt aber dauernd und allgemein ist. Und
wenn dabei das Voranschreiten der neuen Ankömmlinge
oder Abzweigungen sehr wesentlich dadurch gefördert
wird, daß sie sich gewissermaßen von den Atomen oder
zerfallenden Bestandtheilen der Bildung ihrer Vorgänger
nähren, ohne doch eine directe Fortsetzung derselben zu
sein, so entsprechen sie auch wieder in diesem Verhalten
ganz den jüngeren und jüngsten organischen Formen
kreisen, welche ebenfalls von der gesteigerten Entwicklung
ihrer Vorgänger den größten Nutzen ziehen, ohne doch
durch einen directen Uebergang mit denselben verbunden
zu sein. — Auch für jene Organisationskreise der Natur
und der Vorwelt, welche eine gewisse Höhe der Ent=

wicklung erreichen, alsdann aber ohne Weiterbildung auf derselben stehen bleiben (wie z. B. die Beutelthiere, manche Fischformen u. s. w.), haben wir im Leben der Völker ein recht deutliches und interessantes Analogon: es ist das berühmte Reich der Mitte, China, dessen ur= alte und in seiner Weise so außerordentlich hoch gesteigerte Civilisation uns doch heute darum keine Achtung mehr abnöthigt, weil wir wissen, daß sie eine stagnirende und nicht mehr mit dem Flusse der Zeit voraneilende ist. Sie ist daher auch unzweifelhaft auf die Dauer zum Untergange bestimmt. —

Man hat oft den Fortschritt des menschlichen Ge= schlechts in der Geschichte, welcher übrigens nach unserer Ansicht und nach den Grundsätzen der Umwandlungs= theorie nur eine einfache Fortsetzung des Fortschritts der organischen Vorwelt und der geologischen Entwicklungs= perioden ist, mit einer aufsteigenden Spirale verglichen, welche sich langsam in immer drehenden und scheinbar zum Theil wieder rückläufigen Bewegungen doch stetig und gleichmäßig aufwärts hebt. Besser würde man das Bild einer aufsteigenden Zickzacklinie gewählt haben, wo= bei Vor= und Rückschritte stetig einander ablösen, wobei aber doch die ganze Linie einen nach aufwärts steigenden Gang einhält; oder noch besser das schon öfter gebrauchte Bild eines emporwachsenden Baumes, an welchem die älteren und unteren Zweige, nachdem sie eine gewisse Höhe erreicht haben, stets durch jüngere und kräftigere ersetzt werden, die zwar ihr erstes Auge an einer viel tieferen Stelle ansetzen, als bis wohin der ältere Zweig mit seiner höchsten Spitze reicht, die aber doch schließlich mit ihrer äußersten Spitze sich weit über ihre älteren Nebenbuhler erheben.*)

Zwar, verehrte Anwesende, ist nicht zu leugnen, daß auf diese Weise der Fortschritt, wenn wir ihn an dem kurzen Maße unseres eigenen Daseins messen, nicht rasch, sondern äußerst langsam von Statten geht, gerade so wie ja auch die Geschichte der Vorwelt nur nach Millionen von Jahren gerechnet werden darf, und wie auch hier alle vorwärts treibenden Elemente ungeheurer Zeitlängen zu ihrer endlichen Entwicklung bedürfen. Aber was ist Zeit im ewigen Lauf der Natur und Geschichte?? Der Mensch geizt mit der Minute, weil er sein Ende täglich und stündlich vor sich sieht; der Gang der Weltentwicklung aber rauscht von Ewigkeiten zu Ewig=

---

*) Darwin selbst gebraucht dieses Bild mit Vorliebe, um den Gang der organischen Entwicklung zu charakterisiren. Die grünen und knospenden Zweige des Baumes vergleicht er den jetzigen Arten; die älteren den erloschenen. Alle wachsenden Zweige suchen die älteren und übrigen zu unterdrücken; und die großen Aeste waren ehedem selbst knospende Zweige. Von den vielen ursprünglichen Zweigen leben jetzt vielleicht nur noch zwei oder drei, die jetzo alle anderen Aeste abgeben. Mancher Ast oder Zweig ist verdorrt, verschwunden, stehen geblieben u. s. w., und diese verdorrten und abgefallenen Zweige repräsentiren alle jene Ordnungen, Familien und Geschlechter, welche heute nicht leben, aber welche wir im fossilen Zustande antreffen. Dieses Verhältniß an sich bedingt nach Darwin noch nicht eine stetig voranschreitende Vervollkommnung, sondern nur eine stete Veränderlichkeit, so daß die Arten variiren können, ohne sich doch nothwendig zu vervollkommnen.

keiten, und Millionen Jahre sind vor ihm nicht mehr
als ein Tag!!

Noch will ich Sie schließlich darauf aufmerksam ma=
chen, daß sich das Culturprincip in demselben Maße ver=
dichtet, d. h. an Intensität und Zähigkeit gewinnt, je
höher entwickelt die Formen sind, in denen sich dasselbe
geltend macht; und zwar aus leicht begreiflichen Gründen
und einerlei, ob wir dabei an die Natur oder an die
Geschichte denken. Denn je mannichfaltiger die Orga=
nisation und die äußeren Lebensumstände, je höher ge=
steigert die Bedürfnisse, der Verstand, die Ideeen und Al=
les, was damit zusammenhängt, um so zahlreicher und
mächtiger sind auch die Anregungen und die Mittel der
Vervollkommnung, sowohl von Innen wie von Außen.
Sehr gut sagt in dieser Beziehung Lyell, daß wir in
unserm Jahrhundert sehen, daß der Fortschritt in Kün=
sten und Wissenschaften in demselben geometrischen
Maßstabe mit der allgemeinen Bildung und Kenntniß
anwächst; und daß er umgekehrt in demselben Maße ab=
nimmt oder sich verlangsamt, in welchem wir tiefer
in die Vergangenheit zurückblicken, „so daß der Fortschritt
eines Jahrtausends aus einer entfernten Zeit dem=
jenigen eines Jahrhunderts in neueren Zeiten ent=
sprechen mag." „In noch entfernteren Zeiten", fügt
Lyell hinzu, „mochte der Mensch mehr und mehr den
Thieren gerade in der Eigenschaft gleichen, welche Ur=
sache dafür ist, daß ein Geschlecht das ihm vorangegan=
gene in allen Dingen nachahmt" —es ist die Neigung zur

Stabilität. Auch in unserm eigenen Leben ist es nicht
anders; man vergleiche z. B. nur den Fortschritt in der
Stadt mit dem auf dem Lande, wo der Sinn für Er=
haltung des Bestehenden aus Mangel äußerer und in=
nerer Anregungen bekanntlich so ungemein stark zu sein
pflegt.

Von solchen Gesichtspunkten geleitet, werden wir uns
auch nicht mehr darüber verwundern dürfen, daß in den
sog. vorgeschichtlichen Zeiten Jahrtausende und viel=
leicht Hunderttausende von Jahren vergingen, ohne daß
sich der Mensch zu einer höheren Cultur und zum Besitz
einer Geschichte erhob, während später, nachdem einmal
die Cultur festen Boden gefaßt hatte, ein stets rascherer
und rascherer Gang des Fortschritts bemerkbar wird.
Ebenso ist es wiederum in der Organismenwelt; denn
in keinem der vielen Typen oder Vorbilder des Thier=
reichs sehen wir den Fortschritt mit verhältnißmäßig so
großer Entschiedenheit, Gleichmäßigkeit und Raschheit vor
sich gehen, wie im höchsten und ausgebildetsten derselben,
dem des Wirbelthiers und im Besondern des Säu=
gethiers. Der größte relative Fortschritt, der dabei
je in Natur und Geschichte gemacht worden ist, ist
der der Fortentwicklung der höheren Säugethierformen
zu dem Menschen selbst; und der große Abstand, den
wir jetzt zwischen dem civilisirten und hochgebildeten
Menschen und den höchsten Säugern gewahren, darf uns
um deßwillen gar nicht erstaunen, weil eben nach ein=
maliger Ueberschreitung dieser Stufe in dem Menschen

ein durch seine Geisteskräfte so sehr zur höheren Ent=
wicklung geeignetes Wesen gesetzt war, daß er sich, nach=
dem er einmal die Culturbahn entschieden betreten hatte,
mit jedem neuen Schritte rascher und rascher von seinem
thierischen Urbild entfernen mußte. Glücklicherweise sind
jedoch genug seiner Brüder auf jener niedersten Stufe
der Abkunft zurückgeblieben, um ihm zu zeigen, daß er
Alles, was er ist und an sich hat, nicht durch ein unver=
dientes Geschenk von oben, sondern durch Cultur und
durch allmälige, mühsame Entwicklung seiner Kräfte er=
langt hat — eine Erkenntniß, welche ihn natürlich zu
stets größerer Anstrengung auf diesem Wege spornen muß.
— Wohin schließlich dieser Fortschritt führen wird, weiß
ich Ihnen nicht zu sagen. Nur soviel scheint mir gewiß,
daß dem Menschen, welcher seinen Verstand und seine
Kräfte allseitig benutzt, nichts unmöglich ist, und daß er
wohl noch zu einer Entwicklung seiner Fähigkeiten und
namentlich zu einer Herrschaft über die Natur bestimmt
ist, welche uns gegenwärtig die ihm von der Natur ge=
zogenen Grenzen weit zu übersteigen scheint.

Dennoch will ich meinen heutigen Vortrag nicht schlie=
ßen, ohne Ihnen wenigstens die neuerdings entwickelten
Ansichten eines englischen Gelehrten über die Zukunft
des Menschengeschlechts im Lichte der Darwin'schen
Theorie in Kürze mitzutheilen. Herr Alfred Wallace,
ein Geistes= und Gesinnungsverwandter Darwin's, spricht
sich darüber folgendermaßen aus:

In seinem frühesten Zustande und vor Entwicklung

seiner intellectuellen Kräfte war der Mensch, welcher
schon zur Zeit der Eocene und Miocene*) in den heißen
Continenten der Tropen gelebt haben mag, ebenso dem
Gesetz der natürlichen Zuchtwahl unterworfen, wie das
Thier — während diese Unterwerfung in demselben
Maße abnahm, in welchem Geist und Gehirn bei dem=
selben zunahmen und seine gesellschaftlichen Tugenden
sich entwickelten. Daher änderte sich nach Entwicklung
der Sprache sein körperlicher Zustand wahrscheinlich fast
nicht mehr, und eine Bildung neuer Rassen fand nicht
mehr statt. Durch gegenseitige gesellschaftliche Unter=
stützung sowohl, wie durch Anfertigung von Kleidern,
Nahrung, Waffen, Wohnung u. s. w. hat der Mensch
den Einfluß der äußeren Umstände bis zu einem ge=
wissen Grade neutralisirt und dem Kampf ums Dasein
in sofern seinen Stachel geraubt, als er den Schwachen
und Vertheidigungslosen unterstützt, statt ihn zu morden,
und als durch die sog. Theilung der Arbeit inner=
halb der Gemeinschaft auch der minder Fähige oder Kräf=
tige im Stande ist, auf gewisse Weise seinen Lebensun=
terhalt zu erwerben; er rettet den Kranken oder Ver=
wundeten vom Tode, statt ihn wie das Thier verderben
zu lassen. Alles dieses befähigt ihn, auch mit einem
nicht wesentlich geänderten Körper doch in Einklang mit
der umgebenden Natur zu bleiben.

Von dem Augenblicke an, da die erste Thierhaut zum

---

*) Oder früheste und mittlere Abtheilung der großen Tertiär=
Epoche.

Gewand umgestaltet wurde, da der erste Spieß für die Jagd geformt, das erste Korn gesäet oder die erste Pflanze gepflanzt wurde, vollzog sich eine große Revolution in der Natur, ohne Gleichen in allen früheren Erde=pochen; denn ein Wesen war erschienen, welches nicht mehr nothwendig mit der umgebenden Welt sich ändern mußte, sondern welches bis zu einem gewissen Grade die Natur beherrschte, weil es ihre Wirkung zu beobach=ten und zu regeln und sich selbst mit ihr in Einklang zu setzen mußte — nicht durch eine Veränderung sei=nes Körpers, sondern durch den Fortschritt seines Geistes.

So befreit sich der Mensch nach und nach nicht blos selbst von der die ganze übrige Natur beherrschenden natürlichen Zuchtwahl, sondern er ist sogar im Stande, den Einfluß derselben auf die übrigen Naturwesen auf=zuhalten oder zu modificiren. Wir können die Zeit vor=aussehen, wo es nur noch cultivirte Pflanzen und Thiere geben, und wo die Zuchtwahl des Menschen die der Natur (außer im Meere) ersetzt haben wird. Nur in geistiger Beziehung bleibt er denselben Einflüssen unterworfen, von denen sein Körper sich befreit hat, und die nothwendige Folge davon wird sein, daß zuletzt die geistig am höchsten gestiegenen Rassen allein übrig blei=ben, die niedrigeren ersetzen und die ganze Erde be=herrschen werden, bis schließlich wieder, wie im aller=ersten Anfang, nur eine homogene oder gleichmäßige Rasse übrig bleiben wird, deren niedrigste Glieder immer

noch so hoch ober höher stehen werden, wie die bedeu=
tendsten oder vorgeschrittensten Geister der Gegenwart.
Jeder Einzelne wird dann sein eigenes Glück in dem
Glück seiner Nebenmenschen finden und dabei eine voll=
ständige Freiheit des Handelns haben, weil Keiner in
die Sphäre des Andern übergreifen wird. Verbote
und Strafen werden nicht mehr nöthig sein, und frei=
willige Verbindungen für alle guten und öffentlichen
Zwecke werden die bisherigen Zwangsregierungen über=
flüssig machen. Schließlich wird die Erde durch Ent=
wicklung aller intellectuellen Fähigkeiten des Menschen
aus einem Jammerthal und aus einem Schauplatz
ungebändigter Leidenschaften zu einem Paradies werden,
so schön, wie es jemals Seher oder Dichter geträumt
haben!*)

Ist diese Theorie, verehrte Anwesende, welcher ich
übrigens für meine Person keineswegs in allen
Punkten beistimmen will und welche ich Ihnen nur in
ihren allgemeinsten Umrissen wiedergeben konnte, richtig,
so bietet sie vielleicht Manchem unter Ihnen eine reich=
liche Entschädigung für das, was er durch die Anwen=
dung der Umwandlungstheorie auf unser Geschlecht an
Menschenwürde verloren zu haben glaubt. Haben wir
auch nach dieser Theorie gerade keine Aussicht, schließlich
im Sinne des ewigen Fortschritts und der Darwin'schen

---

*) Man sehe das Nähere in den inzwischen erschienenen Essais von
A. R. Wallace (deutsch bei Besold in Erlangen, 1870), Seite
346 — 379.

Zuchtwahl zu einer Art von Engeln mit Flügeln an
den Schultern zu werden, so ist doch jedenfalls der
Blick in die Zukunft des Menschengeschlechts befrie=
digender für unsern Stolz, als der Rückblick auf seine
Vergangenheit.

Fünfte Vorlesung.

Zusammenhang der Darwin'schen Lehre mit dem Materialismus und mit der materialistischen Philosophie. Schöpfungssagen. Der Materialismus des Alterthums. Indien (Buddhalehre), Aegypten, Griechenland. Thales, Anaximander, Anaximenes, Xenophanes, Parmenides, Heraklit, Empedokles, Leukipp, Demokrit, Protagoras, Aristipp, Strato, Epikur, Lehrgedicht des Lukretius Carus. Allgemeine Würdigung der Philosophie des Alterthums.

———————

Hochgeehrte Anwesende!

Meine beiden letzten Vorlesungen sind dazu bestimmt, Ihnen den Zusammenhang der Darwin'schen Lehre mit dem Materialismus und mit der materialistischen Philosophie der Vergangenheit und Gegenwart darzulegen. Was diesen Zusammenhang selbst betrifft, so scheint mir derselbe ebenso klar als natürlich. Denn was dem zur Selbsterkenntniß gelangten und über sich und seine Umgebung nachdenkenden Menschen wohl am meisten imponirt und auffällt, das ist nächst der großen Natur, welche in Himmel und Erde verkörpert ist, er selbst, sein Geschlecht und die übrige, ihm verwandte organische Welt; und die erste Frage, welche sein Nachdenken in ihm erwecken muß, ist wohl die: Wo kommen diese Wesen her? wie sind sie entstanden? wer hat sie erschaffen? Wo kommt namentlich der Mensch selbst, der Herrscher der Erde und die Krone der Schöpfung, her?

Eine genügende Antwort auf diese Fragen, wie überhaupt eine natürliche Erklärung der ihn umgebenden Erscheinungen ist ohne wissenschaftliche Kenntniß und Forschung eine Unmöglichkeit. Daher wir uns nicht verwundern dürfen, wenn wir in den ältesten Schöpfungssagen der verschiedenen Völker zumeist mystischen, in das Gebiet des Wunderbaren, Abenteuerlichen oder Ueber=natürlichen streifenden Vorstellungen begegnen, welche zum Theil noch von dem ganzen Schimmer jener jugend=lichen und ungebändigten Einbildungskraft umgeben sind, die den Völkern auf der Stufe ihrer Kindheit oder ersten Jugend eigen zu sein pflegt.

So berichtet die Schöpfungs=Tradition der Armenier (nach Erman's Archiv) Folgendes:

Das ursprüngliche, ewige, unsichtbare Wesen, das nur geistig zu erkennen ist, wünschte endlich sich in seiner ganzen Macht und Glorie zu zeigen. Es schuf zuerst durch einen einzigen Gedanken das Wasser und legte den Samen der Erzeugung hinein, der zu einem Ei wurde, glänzend wie Gold und hell wie die tausend Strahlen der Sonne. In diesem Ei bildete es sich selbst in Gestalt Parambrama's, des Gottmenschen. Nachdem es das Ei am Ende einer Periode zerschlagen, die mehreren Billionen Sonnenjahren gleichkam, schritt es sogleich zur Erschaffung des sichtbaren Weltalls. Aus einem Theil des Eies schuf es den Himmel, aus dem andern die Erde, die es von dem Wasser schied; und indem es sich selbst in zwei Hälften theilte, verwandelte es die eine in ein Wesen männlichen, die zweite in ein Wesen weiblichen Geschlechts, oder nahm zugleich eine active (thätige) und receptive (empfangende) Natur an, um sich in Geschöpfen zu reproduciren, die seiner göttlichen Eigenschaften theilhaftig waren. — Auf Grund

dieſer Tradition beſchenkten ſich die Armenier auf Neu=
jahr mit Eiern — ein Gebrauch, der ſpäter von den
chriſtlichen Kirchenvätern auf Oſtern verlegt wurde.

Einfacher als dieſe Tradition iſt eine Schöpfungsſage
der Südſee=Inſulaner, welche uns der Miſſionär
Turner mittheilt. Nach ihm glauben die Bewohner der
Schiffer=Inſeln, daß die Erde Anfangs ganz mit Waſſer
bedeckt geweſen ſei, das ſich allmälig zurückzog, und wo
dann der Göttervater ſeine Tochter in Geſtalt einer Taube
mit etwas Erde und einem kriechenden Gewächs auf die
Felſen herabſchickte. Die Pflanze faßte Wurzel, bedeckte
ſich mit Gewürm, und aus dem Gewürme wurden Männer
und Frauen. Die Fiſche, die ehemals da ſchwammen,
wo jetzt feſtes Land iſt, blieben zum Theil auf dem Lande
zurück und wurden in Steine verwandelt; woher es
kommt, daß man jetzt ſo viele Steine findet, die ehedem
Fiſche u. ſ. w. waren. —

Wohlbekannt iſt Ihnen Allen die unſern eigenen reli=
giöſen Bekenntniſſen zu Grunde liegende Kosmogenie
oder Weltentſtehungslehre der Juden, welche ſich
in den bekannten ſechs bibliſchen Schöpfungstagen aus=
drückt und die Erſchaffung der Welt lediglich als den
freiwilligen Akt eines perſönlichen Weſens darſtellt, das
ſchließlich, nachdem es das Licht bereits am erſten und
nichtsdeſtoweniger Sonne, Mond und Sterne erſt am
vierten Tage geſchaffen, den Menſchen „nach ſeinem
eigenen Bilde“ formt. Gott ſteht nach der Anſicht der
Juden über aller Materie und iſt ſelbſt Grund und

18*

Anfang aller Dinge. Er erschafft daher die Welt aus
Nichts und bildet damit einen sehr tiefen und bleibenden
Gegensatz zu den Glaubenskreisen der nicht-semitischen
Völker, welche alle als ersten Anfang aller Dinge eine
ewige Urmaterie annehmen, und deren Religionen nachgewiesenermaßen alle mit einer Vergötterung von Naturkräften, namentlich des Lichtes oder der Sonne, anfangen.*)
So findet man nach Professor Dieterici in allen
indischen Mythen die Grundvorstellung einer ewigen
Urmaterie mit einer ihr innewohnenden Urkraft oder
eines uranfänglichen Chaos, in welchem sich die schaffende
Kraft entwickelt. Erst später ging aus diesem Kraftbegriff
die Idee eines außerhalb der Materie stehenden und sie
beherrschenden Schöpfers hervor.

Aehnlich ist der Mythus der alten Parsis oder

---

*) Die Sprache der großen arischen oder indogermani-
schen Völkerfamilie hat eine Sprachwurzel oder ein sog. Radikal,
welches div heißt und die Bedeutung von Licht, leuchten oder
Leuchtendes hat. Aus dieser gemeinschaftlichen Wurzel stammen
alle Gottesnamen der Indogermanen. Im Sanskrit heißt Gott
Devas oder Deva; der Himmel heißt Dyaus. Ganz dieselbe Ab-
leitung haben das griechische θεος (Gott) oder διος, aus welchem
später Zeus wurde; ferner das lateinische deus oder diovis, aus
welchem später Jovis oder Jupiter wurde; das gothische tius, das
französische dieu, das italienische dio, das spanische und portugiesi-
sche dios. Im Althochdeutschen heißt das Wort zio, im Litthauisch-
Slawischen diewas und im Skandinavisch-Eddischen tivar. Das
altnordische Heldengedicht Edda gibt dem Wort tivar auch die er-
weiterte Bedeutung von Göttern und Helden; und das weiter davon
abgeleitete Wort tyr ist bekanntlich der Name für den nordischen
Kriegsgott.

Perser, bei denen sich ebenfalls die beiden Hauptgott-
heiten, Ormuz und Ahriman, erst aus der mit Urkraft
versehenen Urmaterie oder aus dem Chaos entwickeln.
Ormuz, der Gott des Lichtes, erschafft (ebenso wie in
der Bibel, aber in einer folgerichtigeren Ordnung als
dort) die Welt in sechs Tagen, und zwar so, daß am
ersten Tage das Licht und der gestirnte Himmel, am
zweiten das Wasser, die Wolken u. s. w., am dritten die
Erde, die Gebirge und die Ebenen, am vierten die Pflanzen, am fünften die Thiere und am sechsten der Mensch
in das Dasein gerufen werden.

Der Mythus der Babylonier nimmt an, daß Anfangs Alles Wasser und Finsterniß war, worin monströse
Wesen aller Art lebten. Aber der Gott Bel trennte
dieses Chaos in Himmel und Erde, machte die Sterne
und beauftragte die Götter, Thiere und Menschen zu
erschaffen.

In ähnlicher Weise nahmen die Aegypter ein Weltei
an, aus welchem der Gott Phta hervorgeht, um die
Welt zu erschaffen. —

Dieser tiefe Gegensatz zwischen den beiden Ihnen geschilderten Vorstellungskreisen zieht sich von Anfang bis
zu Ende durch die ganze Geschichte der menschlichen
Geistesbildung und ist heute noch ebenso lebendig, wie
in jenen alten Kosmogenieen oder Weltentstehungs-Theo-
rieen, in denen der Ursprung aller Dinge entweder in der
Materie oder in dem lebendigen, persönlichen Gotte
gesucht wird; es ist derselbe uralte Dualismus, der zum

Theil noch heute die Welt zu ihrem Schaden beherrscht
und sich in der Gegenwart in den Gegensätzen von Kraft
und Stoff, von Spiritualismus und Materialismus, von
Naturalismus und Supernaturalismus verkörpert. —

Neben jenen mehr religiösen Vorstellungen über
Entstehung der Welt und ihrer Bewohner begegnen wir
aber auch schon sehr frühe dergleichen philosophischen,
welche merkwürdiger Weise zum Theil denjenigen Vorstellungen sehr nahe kommen, die wir heute im wissenschaftlichen Sinne über jene Vorgänge unterhalten. Es
scheint fast, als habe das Kindesalter der Völker, getragen von einer gewissen Natürlichkeit und Unmittelbarkeit
der Anschauung, welche durch den späteren Supranaturalismus noch nicht verdorben war, einer Anzahl von
Vorstellungen ihr Dasein gegeben, auf welche erst wieder
das reifere Mannesalter zurückzukommen bestimmt ist,
natürlich mit einer um so größeren Klarheit und wissenschaftlichen Bestimmtheit. Vielleicht liegt auch die Ursache
für jene Erscheinung in dem Umstand, daß jene ältesten
Philosophen nicht, wie unsere heutigen Gelehrten, sog.
Specialisten waren, sondern das gesammte Wissen
ihrer Zeit auf einmal umfaßten und daher einen freieren
und unbefangeneren Blick auf das Ganze bewahren
konnten. Auch waren sie meistens Aerzte oder Natur-
kundige und daher schon durch ihre Beschäftigung vor
Allem auf das Beobachtungs- und Erfahrungsfeld angewiesen — während sich nach ihnen die Philosophie als
eine Wissenschaft für sich etablirte und ihre Erkenntnisse

alle aus sich selbst schöpfen zu müssen glaubte. — Aber auch unter diesen späteren, mehr speculativen Philosophen kamen immer wieder von Zeit zu Zeit Einige aus rein speculativen Gründen auf den Materialismus zurück und bekannten sich zu ihm in mehr oder weniger offener Weise. (Wir werden dieselben bald in rascher Folge kennen lernen.) Daß die materialistischen Philosophen im Laufe der Jahre im Allgemeinen den gegnerischen Richtungen unterlagen und nicht, außer zeitweise, zur Herrschaft gelangen konnten, erklärt sich theils aus dem mächtigen und für lange Zeit alle unabhängige Philosophie geradezu unmöglich machenden Einflusse des Christen= thums, theils aus dem Mangel ausreichender positiver Kenntnisse. So lange die Materialisten nicht im Stande waren, eine genügende und handgreifliche Erklärung für ihre Behauptung von den natürlichen Zusammen= hängen des Daseins und namentlich von der natürlichen Entstehung der organischen Welt zu geben, so lange konnten sie auch den Geist der Massen, der mehr Be= friedigung bei den Spiritualisten fand, nicht für sich gewinnen; und selbst so große Geister und Gelehrte, wie Aristoteles oder Voltaire, verschmähten es nicht, mit dem alten, stets wiederholten und seinen Eindruck auf die große Menge nie verfehlenden Argument gegen den Materialismus aufzutreten, daß das Werk einen Werkmeister, der Bau einen Baumeister mit Nothwendig= keit voraussetze.

Ganz anders nun, verehrte Anwesende, ist dieses

Verhältniß heutzutage; und gerade dieser Umstand ist es, welcher, wie mir scheint, Darwin und die Darwin'sche Theorie in ein so enges Verhältniß zu der materialistischen Philosophie bringt. Denn wenn auch zugegeben werden muß, daß durch Darwin die Entstehung der organischen Welt mit allen ihren Einzelheiten noch lange nicht hinreichend erklärt ist — ich habe Ihnen darüber das Nöthige gesagt und ausdrücklich bemerkt, daß auch noch andere Ursachen mit herbeigezogen werden müssen — so ist doch durch ihn zuerst der einzig richtige Weg betreten und die Möglichkeit einer naturgemäßen Erklärung überzeugend dargelegt worden; während eine solche vorher ganz unmöglich zu sein schien. Im philosophischen Sinne zwar konnte es auch vor Darwin für denjenigen, der an eine innere Einheit der gesammten Naturerscheinungen glaubte, nicht zweifelhaft sein, daß jene Entstehung nur ein Naturvorgang sein könne, und daß namentlich das Entstehen des Menschen auf denselben natürlichen Ursachen beruhen müsse, wie die Entstehung der organischen Welt überhaupt. Habe ich doch selbst bereits mehrere Jahre vor Darwin diese Behauptung mit aller nur möglichen Bestimmtheit ausgesprochen!!

Aber es ist leicht einzusehen, daß solche philosophische und aus allgemeinen Principien hergeleitete Folgerungen nur für eine geringe Anzahl Gebildeter und selbst Nachdenkender maßgebend sein können, während die große Mehrzahl (welche, wie der Philosoph Berkeley sagt,

nicht selbst denken, aber doch eine Meinung haben will)
nach andern mehr thatsächlichen Beweisen und nament=
lich nach Erklärungen verlangt. Diese Beweise und
Erklärungen können nun seit Darwin wenigstens bis
zu einem gewissen Grade gegeben werden. Alle die zahl=
losen Phantasieen und Speculationen der Theologen und
Philosophen von Ehedem über die Entstehung der orga=
nischen Welt fallen damit einfach hinweg und lassen einer
naturgemäßen oder materialistischen Philosophie, welche
ihre letzten Erklärungsgründe in der Natur und in den
Dingen selbst sucht, freien Spielraum.

Nach Allem diesem dürfte es wohl klar sein, daß
diese Philosophie der Darwin'schen Theorie zu großem
Danke verpflichtet ist, und daß sie ihr die größte Auf=
merksamkeit zuzuwenden hat; nicht blos wegen des eben
geschilderten Verhältnisses, sondern auch weil diese Theo=
rie zum ersten Mal wieder den richtigen Weg betritt, auf
dem eine gesunde Philosophie der Natur neu aufzubauen
und zu ihrem alten Glanze zu bringen ist. Freilich muß
dieses in einem andern und bessern Sinne geschehen, als
von der ehemaligen Naturphilosophie, welche kleine
Aehnlichkeiten in den Himmel hob und die größten Ver=
schiedenheiten übersah, und welche durch ihre leeren und
haltlosen Speculationen leider alle Naturphilosophie in
Verruf gebracht hat. Im Gegensatze dazu leitet die
Darwin'sche Theorie zu einer Philosophie, die nicht
blos Philosophie, sondern gleichzeitig Naturforschung
selbst im besten Sinne des Wortes ist.

Nachdem wir auf solche Weise, verehrte Anwesende, einen fixirten Standpunkt gewonnen, und nachdem wir Werth und Bedeutung unserer Theorie für eine Welt= anschauung erkannt haben, welche sich schon seit den ersten Anfängen des menschlichen Denkens gleichsam wie ein rother Faden durch die Geschichte dieses Denkens hin= durchzieht und welche in unseren Tagen, gestützt auf den Positivismus der Wissenschaften, eine größere Be= deutung als je vorher gewonnen hat — nachdem, sage ich, dieses geschehen ist, muß es uns gewiß äußerst in= teressant erscheinen, einen kurzen Blick auf die Reihe jener Männer zu werfen, welche zu den verschiedenen Zeiten der Geschichte des menschlichen Geschlechts ähnliche oder verwandte Anschauungen gehegt und öffentlich aus= gesprochen haben. Sie werden dabei manchem berühmten Namen begegnen und die wohlthuende Beobachtung machen, daß die Einfachheit und Natürlichkeit ihrer Standpunkte diese Männer überall auf dieselben Grund= ideeen kommen und dadurch eine in der Philosophie sonst so seltene Klarheit und Uebereinstimmung der Meinungen entstehen ließ. Die übrige Geschichte der Philosophie dagegen ist ein unentwirrbares Chaos der widerspre= chendsten und zum Theil unsinnigsten Systeme und Be= hauptungen, bei deren Studium man schließlich den Ein= druck bekömmt, als ob überhaupt eine Philosophie un= möglich sei, und wobei man jeden Augenblick an das berühmte Wort des Goethe'schen Faustschülers erinnert wird:

„Mir wird von Alledem so dumm,
„Als ging' mir ein Mühlrad im Kopf herum.“

Zwar sprechen die Herren Philosophen von sich selbst
anders und erklären Alles, was man gegen sie sagt, für
Verleumdung. Aber wohin haben sie es schließlich mit
allen ihren Anstrengungen gebracht? Dahin, daß heut=
zutage einer ihrer Koryphäen selbst unter dem Beifall
der Welt erklären darf: „Die Geschichte der Philosophie
ist eine Geschichte des Irrthums mit vereinzelten Licht=
blicken.“ (O. F. Gruppe: „Gegenwart und Zukunft der
Philosophie in Deutschland“, 1855) Ein wahreres Wort
ist nie gesprochen worden, und die einzige philosophische
Richtung, für welche dasselbe nicht gilt, ist diejenige, mit
welcher wir uns hier zu beschäftigen haben. Betrachten
wir zunächst den

Materialismus des Alterthums.

Gewöhnlich sucht man die ältesten Philosophen und
somit auch die ältesten Materialisten unter den Griechen,
welche die Ersten waren, die eigentlich philosophische Sy=
steme aufstellten und sich dabei im Anfang vorzugsweise
mit sog. Kosmologie oder Weltentstehungslehre be=
faßten. Daher wird auch die Reihe ihrer ältesten vor=
sokratischen Philosophen gewöhnlich mit dem Namen der
Kosmologen bezeichnet. Gegenwärtig weiß man je=
doch, daß es lange vor der griechischen Cultur=Entwick=
lung im Orient oder im Morgenlande sehr bedeutende
und sehr hoch gesteigerte Bildungskreise gegeben hat, und

vermuthet wohl mit Recht, daß die vielgerühmte griechische Bildung durchaus nicht, wie man lange Zeit glaubte, autochthon, d. h. aus sich selbst entstanden ist, sondern daß sie zum großen Theile aus dem Orient, namentlich aus Aegypten, übertragen ist. Wir müssen daher, wenn wir gewissenhaft zu Werke gehen wollen, uns fragen, ob wir materialistisch-philosophischen Ansichten schon in den beiden großen Culturländern des morgenländischen Alterthums, in Aegypten und Indien, begegnen? — Ueber indische Philosophie fließen die Quellen leider sehr spärlich; doch wird erwähnt, daß einige indische Philosophen schon insofern auf materialistischem Boden sich bewegten, als sie sich die Welt hervorgehend dachten aus der gegenseitigen Einwirkung zweier großer und ewiger Urprincipien, die seitdem in der Geschichte der materialistischen Philosophie eine stetig wiederkehrende Rolle spielen; es sind: Materie und Form. — Merkwürdigerweise zeigt sich jedoch bei den Indern der Materialismus und Atheismus weniger in der Philosophie, als mehr in der Religion. Ich denke hier vor Allem an die berühmte Buddha- oder Gautamalehre, welche 600—543 vor Christi durch einen indischen Königssohn (Gautama oder Buddha) gestiftet wurde.

Dieses merkwürdige Religionssystem, dem man eigentlich erst in der Neuzeit die verdiente Aufmerksamkeit zugewendet hat und das heute noch das verbreitetste Religionssystem des Morgenlandes ist, ist nach Köppen eine Religion ohne Gott, ohne Schöpfer oder Erhalter des Weltalls, ohne Gottes- oder Götzendienst, ohne Cultus, ohne Opfer, ohne Ceremonieen, ohne Gebete — kurz ohne den ganzen gebräuchlichen Apparat der Religionen, und gründet sich lediglich auf Disciplin, Moral und reine Humanität oder Tugendlehre. Seinen Keim fand der Buddhismus in der vor ihm vorhandenen sog. Sankjah-Philosophie oder Sankjah-Lehre, welche bereits einen vollendeten Materialismus predigte. Es gibt nach ihr weder einen, noch mehrere Götter, noch eine sog. Weltseele. Dagegen lehrt sie die Ewigkeit und Unvergänglichkeit der Materie, welche von zwei großen Principien, Natur und Seele, bewegt wird und sich in einem ewigen, durch ihr anhängende Naturkräfte bewirkten Kreislauf, in einem unaufhörlichen Stoffwechsel befindet. Der Untergang der Dinge ist nur scheinbar, in Wirklichkeit ist es nur ein ewiger Wechsel. Nur die menschliche Seele bleibt in der Sankjah-Lehre ein für sich bestehendes, vom Körper getrenntes Wesen; und Natur und Geist erscheinen daher in ihr noch als Gegensätze.

Dieselben Principien bekennt auch der Buddhismus. Als das einzig wirklich Existirende erscheint ihm das berühmte Prakriti oder die Urmaterie, in welcher die zwei Kräfte der Ruhe und der Thätigkeit wohnen. Die letztere oder die Kraft der Thätigkeit giebt Anlaß zur Weltentstehung, welche als innere Naturnothwendigkeit und als Folge der Verkettung von Ursache und Wirkung geschildert wird, und deren Wesen in einer stets sich wiederholenden Zerstörung und Umwandlung des Gewordenen besteht.

Mit diesen Grundsätzen trat der Buddhismus auf das Allerentschiedenste dem Brahmanismus entgegen, welcher in spiritualistischer Speculation die Materie für nicht existirend oder für Schein und Täuschung der Sinne (die sog. Maja) erklärt und daran den bekannten indischen Dualismus von Körper und Geist und die fanatischen Lehren von der Ertödtung des Fleisches, von der philosophischen Verneinung der Welt und des ganzen Daseins geknüpft hatte.*)

Noch mehr jedoch als durch seine Theorie trat der Buddhismus in Gegensatz zu dem Brahmanismus durch seine praktische Richtung und durch seine Sittenlehre. Diese war durchaus volksthümlich und auf Be=

---

*) Diese Vergeistigung des Brahmanismus scheint übrigens selbst erst ein Product späterer Entwicklung desselben zu sein, da er, wie alle Religionen, mit einer Vergötterung von Naturkräften begann, und Brahma selbst Anfangs als gleichbedeutend mit der Materie genommen wurde, d. h. als Materie und Schöpfer oder Beweger derselben zu gleicher Zeit. Denn es heißt in den Vedas wörtlich: „Ebenso wie man an einem einzigen Kügelchen von Thon allen Thon erkennt, und wie es in Wirklichkeit nur einen einzigen Thon gibt; ebenso, mein Freund, wie man an einem einzigen Goldschmuck alles Gold oder an einem einzigen Messer allen Stahl erkennt — so ist es mit Brahma"; er ist Stoff und Ursache aller Dinge; er ist die Materie, welche sich selbst verwandelt; er ist nicht blos die Ursache aller Dinge, sondern das Ding selbst. Später vergeistigte sich, wie gesagt, das brahmanische Princip immer mehr, während die Sankjah=Philosophie und der ihr folgende Buddhismus an der Materie festhielten und sie mehr hervorhoben.

freiung und Humanität gerichtet. Die Tugenden,
welche sie lehrte, waren Liebe, Mitleid, Demuth, Erbar=
men, Wohlthätigkeit, Geduld, Keuschheit, Liebe zum Näch=
sten, Unterstützung des Bedrängten, Milde, namentlich
gegen die Thiere, Verbannung von Haß, Rache u. s. w.,
und zwar Alles ohne Rücksicht auf Lohn oder Strafe,
sondern nur um der Tugend willen. Daneben predigte
der Buddhismus die Gleichheit und Brüderlichkeit
aller Menschen, die Abschaffung des häßlichen Kasten=
wesens und aller Privilegien der Geburt oder des Stan=
des. „Der Körper eines Prinzen", so lehrte Buddha,
„ist nicht besser als der eines Sclaven."

Buddha unterschied sich auch sehr wesentlich dadurch
von seinen Vorgängern, daß er nicht im Sanskrit oder
in der Gelehrtensprache lehrte, sondern in der Sprache
des Volkes — wodurch er die ganze damalige gelehrte
Theologie über den Haufen stürzte. Er verwarf die sog.
Veden oder heiligen Bücher und verjagte das brah=
manische Götter= und Geistergewimmel, ohne jedoch ir=
gendwie Fanatismus oder Intoleranz zu predigen. Dieses
letztere ist um so höher zu schätzen, als sich der Bud=
dhismus selbst den Charakter des weitgehendsten Kosmo=
politismus beilegte und von vornherein als universale
oder Weltreligion auftrat. Man sandte deshalb auch
Missionäre in alle Weltgegenden, gerade so wie dieses
das Christenthum heute noch thut. Denn sein Ziel ist
Brüderlichkeit und Gleichheit aller Menschen und Wie=
dergeburt aller Völker durch sein System, welches, wie

wir sogleich sehen werden, eine Befreiung von allen
Schmerzen und Leiden des Daseins durch Eingehen in
das berühmte Nirvana oder Nichts verspricht. So
suchte Buddha das Elend in der ganzen Welt zu
tilgen, während die Brahmanen im echten Geiste der
Priesterherrschaft nur an sich dachten und für sich selbst
sorgten. Unter solchen Umständen ist es auch nicht zu
verwundern, daß der Buddhismus bald zahlreiche An=
hänger gewann und sich still und geräuschlos immer
weiter ausbreitete.

M. Duncker in seiner vortrefflichen Geschichte des
Alterthums erzählt, daß König Açoka von Magadha
im Jahre 250 vor Christi der Souverän war, wel=
cher den Buddhismus zur Staatsreligion erhob. Er ver=
fuhr dabei jedoch, entsprechend dem Geiste der neuen
Lehre, durchaus mild gegen Andersdenkende und ver=
folgte die Brahmanen oder Priester nicht. Er tödtete
keine Gefangenen (wie es im Orient allgemein Gebrauch
war) und soll sogar die Todesstrafe abgeschafft
haben!! Er ließ an den öffentlichen Wegen und
Chausseen Fruchtbäume und Brunnen zur Erquickung
der Wanderer anlegen, speiste die Armen und errichtete
Hospitäler — und zwar nicht blos für alte und kranke
Menschen, sondern auch für dergleichen Thiere.

Anders dachten und handelten die Brahmanen
selbst, deren Ansehen durch den Buddhismus untergraben
zu werden drohte. Sie erregten mit Beihülfe der Für=
sten einen ungeheuern Religionssturm gegen den Buddhis=

mus, welcher am stärksten zwischen dem 3. und 7. Jahrhundert nach Christo wüthete und welchem es endlich
gelang, nach den blutigsten Greueln den Buddhismus in
seinem eigentlichen Geburtslande, in Vorder-Indien,
zu ersticken und auszurotten. Aber dafür verbreitete er
sich um so mehr nach den Nachbarländern Ceylon, China,
Japan, Tibet, Mongolei u. s. w., so daß er noch heutzutage beinahe die verbreitetste Religion der Erde ist.
(Man zählt gegenwärtig 450 Millionen Buddhisten neben
475 Millionen Christen.)*)

---

*) Nach anderen Nachrichten soll der Buddhismus wirklich die
verbreitetste Religion sein und 500 Millionen Bekenner neben nur
393 Millionen Christen zählen.

„Wenn man bedenkt", so schließt ein Artikel über den Buddhismus in No: 37 der Zeitschrift „Ausland", „daß der Buddhismus
schon 2000 Jahre vor Josef II. sein Toleranz-Edikt aufzuweisen
hat, daß er niemals den Namen seines Stifter's und der Menschheit durch Ermordung von Ketzern und andere ruchlose Akte des
Fanatismus befleckt und niemals das Schwert zur Hand genommen hat, um sich seine fünfhalbhundert Millionen Bekenner, d. h.
ein Viertheil des Menschengeschlechts, zu unterwerfen, so ist er es
wohl werth, daß der Gebildete ihm einen kurzen Blick gönnt —
dieser Religion ohne Gott, welche keine Priester kennt, da sie keiner
Vermittlung zwischen dem Menschen und einem höheren Wesen
bedarf; welche die Tugend nicht deßhalb vorschreibt, weil ein ego-
istischer Calcül sich von ihr die Seligkeit verspricht, sondern weil
sie um ihrer selbst willen zu üben ist; welche kein Gebet kennt, weil
sie kein Wesen annimmt, welches die im Gebet vorgetragenen
Wünsche erfüllen kann; welche neben den Tod noch ihr Nirvâna
gestellt hat, den Zustand der ewigen Ruhe und der definitiven Auflösung des persönlichen Dasein's. Die Thatsache, daß eine solche
Religion oder Irreligion auf zahlreiche Völker einen bei Weitem
wohlthätigeren Einfluß geübt hat, als andere Religionen mit Göt-

Aber auch die Ausrottung in Indien selbst war durchaus keine vollständige und konnte schließlich nur dadurch
gelingen, daß das Brahmanenthum klugerweise eine
Menge buddhistischer Elemente in sich aufnahm und mit
seiner eigenen Doctrin vermischte. Ueberhaupt übte von
da an der Buddhismus selbst einen tiefen Einfluß
auf die Weiterentwicklung des Brahmanismus, welcher
sogar so weit ging, zwei Hauptprincipien des Buddhismus, die Ewigkeit des Stoffs und das Nirvana,
zu den seinigen zu machen.

In dem Nirvana gipfelt sich das Princip des
Buddhismus. Es ist viel Streit über die eigentliche
Bedeutung des Wortes geführt worden; doch kann kein
Zweifel darüber sein, daß es den Begriff des Nichts
oder Nichtseins ausdrückt, und daß in dieser Beziehung
der Buddhismus die Verkörperung des vollendetsten
Nihilismus und Weltschmerzes ist. Die Welt ist nach
Buddha nur vom Uebel. Alles ist eitel und muß
untergehen. Die vier Hauptübel sind Geburt, Alter,
Krankheit und Tod. Das Leben selbst ist eine Qual,
und um diesen Uebeln und dieser Qual zu entgehen, hat
der Mensch die Aufgabe, durch Religion und Philosophie
ein allmäliges Freisein von jeder Empfindung und Vorstellung zu erlangen und schließlich in den Zustand der
ruhenden Leerheit oder des Nichts zurückzukehren. Eine
Hauptabsicht dabei ist auch noch die Befreiung von den
tern, Priesterschaften, Bußvorschriften u. s. w., ist merkwürdig und
auffallend genug u. s. w."

Qualen der sog. Wiedergeburt, welche bekanntlich in den indischen Glaubenskreisen eine so große Rolle spielte. Das Nirvana selbst ist also ein Zustand der Erlösung, des Aufhörens des Denkens und Selbstbewußtseins und Rückkehr in die allgemeine, ruhende Leerheit, welche auch als Zustand der Seligkeit oder des uranfänglichen Nichts (Çunja) geschildert wird.

Dieses Nirvana der Buddhisten nun wurde von den Brahmanen derart verdreht, daß eine absolute Träg- heit des einzelnen Menschen daraus hergeleitet wurde. Der Mensch spricht Om, om und kehrt durch Selbstbe- trachtung und Auslöschung des Selbst allmälig in Gott oder Brahma zurück; doch ist dieses letztere nur für die Brahmanen möglich. —

Nahm so der Brahmanismus seinerseits buddhistische Elemente auf, so geschah das Gleiche von Seiten des Buddhismus, welcher seinerseits brahmanistische Elemente aufnahm. Ueberhaupt entartete der letztere in späterer Zeit immer mehr, und die ursprüngliche Reinheit der Lehre verlor sich in dem Maße, als sie anfing, mehr und mehr in die Massen einzudringen. Er umgab sich nach und nach mit dem ganzen Wust und Unfug von Heiligen, von Bildern, von Reliquien, von Klöstern, von Ascese oder Selbstpeinigung, von Klerus und Hierarchie, der ihm trotz des inneren Gegensatzes so viele Aehnlich- keit mit der christlichen Kirche verleiht. Buddha selbst wurde alsbald als Gott angebetet, und wurden die früheren brahmanischen Götter (die er hatte vernichten

19*

wollen) wie zum Hohne als „Hofstaat“ um ihn herum
gruppirt.

Dennoch und trotz dieser Entartung sind selbst heute
noch die Principien dieses merkwürdigen Religionssy=
stems in seinen Anhängern so mächtig, daß sie eine große
Toleranz gegen Andersdenkende üben; und selbst auf die
Brahmanen hat sich dieses erstreckt. Zu dem bekannten
Dr. Haug, dem Professor des Sanskrit an dem britti=
schen Colleg zu Puma (Präsidentschaft Bombay), sagten
die Brahmanen, indem sie großen Anstoß an dem fana=
tischen Religions= und Bekehrungseifer des Christen=
thums nahmen: „Dieser Fanatismus ist ein deutliches
Zeichen von Geistesschwäche und Bornirtheit. Ein weiser
Mann verfolgt Niemanden seiner religiösen Ansichten
wegen“ — und sie fügten dem weiter hinzu: „Ihr macht
Euch ganz abhängig von Gott — wir dagegen vertrauen
nur uns selbst. Das Christenthum kommt von einem
semitischen Volke, das eine entschieden tiefer stehende
Menschenrasse ist, als wir, ohne alle philosophische Ideeen
wenn sie nicht erborgt sind: einem solchen Glauben fügen
wir uns nie.“ Mit der biblischen Schöpfungsgeschichte
konnten sie sich gar nicht befreunden.

Wenn daher, verehrte Anwesende, behauptet wird, das
Christenthum sei diejenige Religion, welche zuerst
die beiden großen Principien der Liebe und der Welt=
religion aufgestellt habe, so mögen Sie aus den von
mir angeführten Thatsachen ersehen, daß diese Principien
schon lange vorher da waren. Vielleicht hat sie das

Chriſtenthum nur aus Indien entlehnt. Der Philo=
ſoph Schopenhauer, welcher behauptet, daß das
Chriſtenthum indiſches Blut im Leibe habe, und zwar
unter ägyptiſcher Vermittlung, ſagt: „Das Chriſtenthum
hat nur das gelehrt, was damals ganz Aſien ſchon vor=
her und beſſer wußte.“ In der That iſt es bekannt,
daß die Moſaiſchen Moralvorſchriften bei den Buddhiſten
ſchon alle vorhanden ſind; und nach Bournouf (le lotus
de la bonne foi, 1852) findet ſich das berühmte Gleichniß
vom verlornen Sohne bereits, wenn auch in etwas ver=
ſchiedener Geſtalt, in den heiligen Schriften der Buddhiſten,
und zwar im ſog. „Lotus des guten Geſetzes.“ — Auch
in vielen anderen Beziehungen zeigt das Chriſtenthum
eine auffallende Aehnlichkeit mit Buddhismus und Brah=
manismus. Man denke nur an die Asceſe (Selbſtpei=
nigung), an die Auseinanderreißung von Natur und
Geiſt, an die trübe, mönchiſche Anſchauung von der ab=
ſoluten Verderbtheit des Fleiſches und von der Jäm=
merlichkeit des Erdenlebens, an die Einſiedelei, an das
Mönchsthum, an die Klöſter u. ſ. w.

Daher gibt es nichts weſentlich Neues im Chriſtenthum;
ſeine ſittlichen Regeln waren alle ſchon längſt vorher
bekannt. „Zu behaupten“, ſagt der berühmte engliſche
Hiſtoriker Buckle, „das Chriſtenthum hätte der Menſch=
heit vorher unbekannte ſittliche Wahrheiten mitgetheilt,
beweiſt entweder grobe Unwiſſenheit oder gefliſſentlichen
Betrug.“ — Sogar die Dogmen oder Lehrſätze, welche
man als ſein eigentlichſtes Erzeugniß anſieht, ſind nur

entlehnt; so namentlich das berühmte Dogma von der „unbefleckten Empfängniß", welches ja bekanntlich gerade in der jüngsten Zeit wieder Anlaß zu so lebhaften Er= örterungen und Streitigkeiten gegeben hat. Denn schon 1000 oder 2000 Jahre vor Christo wird ganz dieselbe Geschichte von einer ägyptischen Königstochter berichtet. — Auch die christliche Idee der Dreifaltigkeit scheint nach Röth schon in der ägyptischen Glaubenslehre ge= legen zu haben*). —

In Indien schließen wir an die alten Aegypter, von denen uns Röth in seiner Geschichte der abendlän= dischen Philosophie mittheilt, daß ihnen der (christliche oder jüdische) Begriff einer Weltentstehung aus Nichts ein Absurdum gewesen, d. h. höchst abgeschmackt oder unsinnig erschienen sei. Sie nahmen vier an sich uner= kennbare Grundwesen oder Grundursachen an; es sind Materie, Geist, Raum und Zeit, welche in ihrer Vereinigung eine erste oder Urgottheit bilden. Für unsern Zweck interessirt uns von diesen vier Grundursachen nur die Materie oder Urmaterie, welche Neith heißt und als beseelt, unendlich und als mit einer selbstständigen, erzeugenden Kraft begabt geschildert wird. Die Inschrift des Neith=Bildes zu Saïs in Aegypten lautet: „Ich bin

---

*) Sogar die gewöhnlich als spezifisch christlich angesehene Moral= vorschrift: „Thue Anderen, was Du willst, daß man Dir selbst thue" findet sich mit denselben Worten bereits in dem Moralcodex, welchen der große chinesische Religionsstifter Confucius lange vor der christlichen Aera seinen Landsleuten hinterlassen hat.

Alles, was da war, ist und sein wird" — verräth also
eine ganz materialistische Grundansicht. Noch mehr zeigt
sich dieses darin, daß Neith auch den Namen „die große
Mutter" trägt.

Ein Theil nun der in der Urgottheit vorhandenen
Materie sonderte sich nach der Weltentstehungstheorie der
Aegypter zu einem selbstständigen Ganzen ab und bil=
dete das Universum. Also ist dieser Lehre zufolge das
letztere nichts Neues, sondern nur Entwicklung und Umge=
staltung des von Ewigkeit her Vorhandenen — gerade so
wie es auch die neuere Naturforschung lehrt. Dieses Uni=
versum hat Kugelgestalt und heißt auch „Weltei." In ihm
bilden sich sog. innenweltliche Gottheiten, aber
nicht als Schöpfer, sondern nur als spätere Erzeugnisse
der Urmaterie. Es erfolgt dann nach der weiteren Theorie
eine allmälige Ausbildung des Weltalls innerhalb
sehr großer Zeiträume; und schließt sich eine ganze
Theorie der Erd= und Himmelsentstehung daran an.

Es scheint, daß diese letzte Theorie der biblischen
Schöpfungsurkunde als Grundlage gedient hat. —

Von dem religionsphilosophischen Materialismus
des Morgenlandes wenden wir uns zu dem eigentlich
philosophischen Materialismus des Abendlandes,
und begegnen wir hier zunächst in Griechenland in
der Periode der sog. vorsokratischen Philosophie
einer Reihe höchst merkwürdiger Philosophen, welche in
den Augen Vieler den Anfang aller Philosophie über=
haupt machen und welche sich durch beinahe anderthalb

Jahrhunderte hindurch erstrecken, d. h. vom Anfang des sechsten Jahrhunderts vor Christo bis auf Sokrates. welcher 469 vor Chr. geboren wurde. Alle Philosophen dieser Reihe beschäftigen sich mit Theorieen der Weltent= stehung und heißen daher auch Kosmologen; alle nehmen dafür nur physisch=materielle Ursachen und einen Urstoff an, aus dem Alles hervorgegangen ist*); keiner von ihnen kennt den späteren Dualismus von Geist und Materie, von Leib und Seele u. s. w. Alle sind daher sog. Monisten oder Einheitsphilosophen und nähern sich in vielen Stücken so auffallend den Principien der neueren Naturforschung, daß man bei ihrem Studium oft auf das Aeußerste davon überrascht wird. Daß die Griechen sogleich mit den ersten Anfängen ihrer Philosophie so sehr an der richtigen Stelle ansetzten, mag liegen theils in dem realen und allem Dualismus feindlichen Sinn des Griechenvolkes überhaupt, theils darin, daß, wie M. Duncker in seiner Geschichte des Alterthums vor= trefflich nachweist, die Philosophie der Griechen ihren Ursprung nicht, wie bei den andern Völkern, von der Theologie und dem Priesterstande aus nahm, sondern von der Betrachtung der Natur, von der astronomischen

---

*) Es wurde schon im Anfang der Vorlesung erwähnt, wie weitverbreitet im Alterthum die Vorstellung einer solchen, allem An= dern vorausgehenden Urmaterie war; und man darf daher wohl annehmen, daß die griechischen Kosmologen aus dieser Vorstellung ihre erste geistige Nahrung und den Anfang ihrer Wissenschaft ge= schöpft haben.

und physikalischen Beobachtung. Die ersten Naturforscher sind nach Duncker auch die ersten Philosophen der
Griechen gewesen. — Der älteste unter ihnen ist Thales
aus Milet, der von den Griechen selbst einstimmig als
Begründer der Philosophie angesehen wird und in der
Geschichte der Philosophie als Stifter der sog. jonischen
Schule gilt. Er wurde geboren um das Jahr 635 vor
Chr., und die Grundlage zu seinen Kenntnissen hatte er
in Aegypten im Umgang mit ägyptischen Priestern und
deren uralter Weisheit gelegt. Er erklärte die Ueber-
schwemmung des Nil aus natürlichen Ursachen, maß die
Höhe der Pyramiden nach ihrem Schatten, bestimmte
das Jahr, wie die Aegypter, zu 365 Tagen und war im
Stande, den erstaunten Joniern eine Sonnenfinsterniß
vorauszusagen! Er wußte zuerst bei den Griechen, daß
der Mond von der Sonne sein Licht erhalte, und bestimmte die Größe des Mondes im Verhältniß zu der
der Sonne auf den 720sten Theil der letzteren. Er
theilte den Himmel in fünf Zonen und hielt die Sterne
für erdartige, mit Feuer erfüllte Körper. Damit führte
er zuerst die Griechen aus ihrem erträumten poetischen
Himmel voll Göttergestalten herab in die wirkliche, seiende
Welt. Aber nicht blos den Himmel — auch die Erde
entkleidete Thales ihrer unsichtbaren Beherrscher. Indem er die Natur als ein Ganzes zusammenfaßte und
anschaute, behauptete er, daß alle Dinge aus dem Wasser
hervorgegangen seien. Das Wasser erklärte er darnach
für den Ursprung und Urstoff alles Seienden; aus ihm

sei Alles entstanden, und durch dasselbe bestehe Alles. Die Erde, welche er bereits für eine Kugel erklärte (eine richtige Anschauung, von der seine Nachfolger wieder abfielen) schwimme — so behauptete er — auf dem Wasser, und die Erdbeben seien als Wirkungen dieses unterirdischen Wassers anzusehen.

Auf der von Thales geöffneten Bahn, folgend dem mächtigen von ihm gegebenen Anstoß, drang eine bedeutsame Reihe seiner Landsleute weiter vorwärts — Alle nach physisch-materiellen Welturfachen suchend. Ein jüngerer Zeitgenosse des Thales, Anaximandros (geb. 610 v. Chr.), stellte die ersten Zeitmesser auf und unternahm es, die Umrisse des Meeres und Festlandes zu zeichnen oder — mit anderen Worten — er entwarf die erste Karte der Erde und gab sie auf Erztafeln heraus. Er versuchte, die Umläufe, Entfernungen und Größe der Gestirne näher zu bestimmen und dachte die Erde als runde Platte im Mittelpunkte des Weltalls unbeweglich schwebend. Die auf ihr lebenden Geschöpfe haben sich nach ihm aus unvollkommenen Wasserthieren allmälig bis zum Menschen ausgebildet. Das Wasser jedoch, wie es Thales that, für den Urstoff aller Dinge zu erklären, schien dem Anaximander unrichtig; er suchte demselben einen noch einfacheren Anfang voranzustellen und kam dahin, nur den Stoff selbst oder die Materie überhaupt als das Erste zu setzen, war also — um in der Sprache unserer heutigen Weltweisen zu reden — der erste Materialist. Dieser reine Urstoff war nach seiner Lehre unbegrenzt, unvergänglich und unendlich, gröber als Luft und feiner als Wasser, und trug in sich eine von Ewigkeit her wirksame Kraft der Bewegung und Entwicklung, durch Verdichtung und Verdünnung alle Erscheinungen hervorbringend. „Der Urstoff", heißt es bei ihm, „umfaßt Alles und lenkt Alles" u. s. w. Aus dem Urschlamm entstehen die Erde, die lebenden Wesen auf ihr, die Thiere, Menschen und sofort. Aber wie Alles entstanden ist, so muß auch Alles wieder untergehen. „Woraus das Daseiende seinen Ursprung hat", sagt Anaximander mit einer nach ihm so oft vergessenen Wahrheit, „dahin muß es auch nothwendig seinen Untergang haben."

Anaximenes, der dritte Milesier, welcher sich diesen kosmologischen Forschungen widmete (570—500 v. Chr.), ließ die geometrische und astronomische Grundlage, von welcher Thales und Anaximander ausgegangen waren, fallen, um sich desto ausschließlicher dem Problem der Entstehung der Welt zu widmen. Der Urstoff, welchen Anaximander angenommen hatte, oder der Stoff an sich schien ihm zu unbestimmt und leblos, als daß das Leben der Welt aus ihm hätte hervorgehen können. Er suchte vielmehr nach einem Grundstoff, welcher Bewegung und Leben in sich selber trage und darum im Stande sei, Bewegung und Leben aus sich hervorgehen zu lassen. Indem er das Leben des Menschen beobachtete, fand er nun, daß dessen Bestehen vom Athem abhing. Was aber der Mensch athmete, war Luft! Die

Luft war also die Bedingung des Lebens des Menschen und der Thiere. Hing aber das Leben der höchsten Naturgebilde von der Luft ab, um so mehr noch das der niederen! und war die Luft Bedingung des Lebens, so konnte sie auch die Ursache desselben sein. Die Luft war unsichtbar, die Seele des Menschen ebenfalls; die Luft bewegte sich selbst aus eigener Kraft, die Seele des Menschen ebenfalls. Sollte diese unsichtbare, sich aus eigener Kraft bewegende Potenz, von welcher das Leben des Menschen und der Natur abhing, nicht selbst die Seele des Menschen, die Seele alles Naturlebens sein? Anaximenes erklärte demnach den Athem und den Hauch, das Leben und die Seele für eins und dasselbe; er erklärte die Luft nicht blos für die Seele des Menschen, sondern auch für die Seele der Welt, d. h. für den Urstoff, die Urkraft und die erhaltende Kraft der Welt. „Wie unsere Seele", sagt Anaximenes in seiner schmucklos geschriebenen Schrift, „welche Luft ist, uns zusammenhält und beherrscht, so umfaßt Hauch und Luft die gesammte Ordnung der Dinge." Von Ewigkeit her, so lehrt er weiter, ist die Luft in beständiger Bewegung, in beständiger Umwandlung ihres Stoffes und ihrer Form, und läßt durch die einfachen Processe der Verdichtung und Verdünnung Alles aus sich hervorgehen — durch Verdünnung das Feuer, durch Verdichtung die Wolken, das Wasser, die Erde, den Stein. Die Verdünnung ist die Wärme, die Verdichtung die Kälte. Die Erde selbst ist das Product der Verdichtung der Luft.

Durch fortgestoßene erdige Klumpen, auf denen in Folge der Schnelligkeit ihrer Bewegung wieder Verdünnung, Erwärmung und Feuer sich entwickelt, entstehen die leuchtenden Himmelskörper.

Wunderbarer Tiefblick des menschlichen Geistes! Wie nahe streifen diese von keiner wirklichen Naturkenntniß getragenen Vorstellungen jener Männer, welche freilich nicht, wie die Philosophen unserer jüngsten Vergangenheit, in einem geckenhaften Phantasiren die Aufgabe der Philosophie fanden — wie nahe streifen diese ältesten Vorstellungen an die Resultate unserer heutigen, durch Jahrtausende lange, schwere Geistesarbeit aufgebauten Wissenschaft! Auch wir wissen heute, wie Thales, daß die Erde eine Kugel ist, und daß die Bewegungen auf ihr, wie am Himmel, nur Folge natürlicher Ursachen sind; auch wir wissen, wie Anaximander, daß es einen ewigen, unvergänglichen Urstoff gibt, der die Kraft der Bewegung und Entwicklung in sich selber trägt und der so wenig vernichtet wie erschaffen werden kann; auch wir wissen, wie Anaximenes, daß alle Körper aus verdichteter oder verdünnter Luft bestehen, und glauben, wie er, daß unsere Erde und alle Himmelskörper sich einst aus Luft und luftförmig zerlegten Stoffen zu ihrer jetzigen Gestalt zusammengeballt haben; auch wir stellen uns die heute noch entstehenden sog. Meteoriten als ursprünglich gas= oder luftförmige Körper vor, welche sich erst beim Eintritt in unsere Atmosphäre verdichten, erwärmen und als fortgestoßene feurige Klumpen zur Erde fallen; auch wir halten das Wasser für verdichtete Luft und erklären die Kälte für eine Bewegung des Stoffes zur Verdichtung, die Wärme für eine solche zur Verdünnung! Ja, wir sind so weit gekommen zu wissen, daß es zum weitaus größten Theile wirkliche und selbst im gewöhnlichen Zustande als „Luft" bezeichnete Luftarten sind, welche unsern Körper und die gesammte organische Welt zusammensetzen und durch zahllose Verbindungen in verschiedenen Verhältnissen die zahllosen Stoffe und Formen dieser Welt hervorbringen. Freilich sind wir insofern weit über den griechischen Philosophen hinausgekommen, als wir das, was er für ein Einfaches hielt und somit als Grundprincip aufstellte, selbst wieder als ein sehr Zusammengesetztes erkannt haben, und daher mit dem Worte „Luft" nunmehr einen andern und viel weiteren Begriff verbinden, als er.

Auf diese Jonier, welche nicht blos philosophirten, sondern selbst beobachteten und also drei große Urprincipien — Wasser, Luft und Materie — in die Wissenschaft eingeführt hatten, folgte die Schule der Pythagoräer, gestiftet von Pythagoras, welcher um's Jahr 540 vor Chr. starb — eine Schule, welche wir eigentlich nicht zu der unserigen rechnen dürfen, da sie zuerst eine gewisse Mystik in die Philosophie einführte und statt von Naturbeobachtung, wie die Jonier, von vorgefaßten mathematischen Sätzen oder Interessen ausging, und zwar dieses offenbar in Folge ägyptisch-semitischen Einflusses. Pythagoras war oft in Aegypten, stiftete einen Geheimbund und läßt die vier Grundprincipien der ägyptischen Philosophie wieder auftreten in einer Art von Viereinigkeit von **Urgeist, Urmaterie, Urraum** und **Urzeit**. Die Pythagoräer beschäftigten sich viel mit Mathematik, mit Astronomie und mit Musik und stellten Säße auf wie: „Das Wesen aller Dinge ist die Zahl" oder: „Alle Dinge sind Zahlen." Damit führten sie viel willkürliche Spielerei in die Philosophie ein. Aus ihrer Schule ging auch die berühmte „Harmonie der Sphären" und die Theorie der „Seelenwanderung" hervor.

Die Ansichten der Pythagoräer über Weltentstehung sind undeutlich. Doch sagt **Okellus Lukanus,** ein Py= thagoräer, indem er von dem Weltall spricht, ausdrücklich, daß dasselbe immer gewesen ist und immer sein wird.

An den berühmten Pythagoräischen Lehrsaß, daß in einem rechtwinkeligen Dreieck das Quadrat der sog. Hypotenuse gleich dem Quadrat der beiden Catheten ist, knüpft sich ein Ausspruch **Börne's,** der nicht weniger berühmt zu werden verdient. „Als Pythagoras" so sagt **Börne,** „seinen berühmten Lehrsaß entdeckte, opferte er den Göttern eine Hekatombe (d. h. ein Opfer von hun= dert Stieren). Seitdem brüllen alle Ochsen, so oft eine neue Wahrheit entdeckt wird."

Wichtiger für uns als die Pythagoräer sind die sog. **Eleaten** oder die **eleatische Schule,** so genannt von **Elea** auf **Sicilien** und gestiftet von dem berühmten **Xenophanes** aus **Kolophon** in **Kleinasien.** Sie blühte um das Jahr 510 vor Chr.

Xenophanes ist der erste Streiter in dem großen Kampfe, der von jener Zeit bis heute unausgesetzt gegen religiösen Aberglauben geführt worden ist. Wenn der Philosoph Ludwig Feuerbach gewöhnlich als der erste Begründer des Satzes: „Alle Vorstellungen von Gott und göttlichem Wesen sind Anthropomorphismen", d. h. Versinnbildlichungen des Menschen und seines eigenen Wesens — angesehen wird, so gebührt eigentlich die erste Ehre dieses Ausspruchs dem Xenophanes, welcher den polytheistischen Aberglauben seiner Landsleute oder ihren Götterglauben mit unerbittlichem Haß verfolgte und die berühmte Aeußerung that: „Den Sterblichen scheint es, daß die Götter ihre Gestalt, Kleidung und Sprache hätten. Die Neger dienen schwarzen Göttern mit stumpfen Nasen, die Thraker Göttern mit blauen Augen und rothen Haaren. Und wenn die Ochsen und Löwen Hände hätten, Bilder zu machen, so würden sie Gestalten der Götter zeichnen, wie sie selbst sind u. s. w". Seinen Namen habe ich Ihnen schon in meiner ersten Vorlesung genannt als Desjenigen, der die in der Erde gefundenen Versteinerungen bereits als das erkannte, was sie wirklich sind, d. h. als Ueberreste vormals lebender Wesen. — Auch gab es nach ihm schon eine unendliche Anzahl von Welten, worunter er jedoch nicht die am Himmel sichtbaren Gestirne verstand, welche von ihm für feurige Ausdünstungen der Erde gehalten wurden.

Am berühmtesten unter den Eleaten ist Parmenides aus Elea, geb. 520 vor Chr. Er hat ein Lehrgedicht

„Ueber die Natur" geschrieben, in welcher er namentlich
den Begriff des Nichts verwirft, ebenso wie den des
leeren Raumes. Ein Uebergang aus dem Nichts in
Etwas (wie ihn der christliche Schöpfungsbericht enthält) ist nach ihm ein Ding der Unmöglichkeit; alles
Seiende ist daher ungeworden, unveränderlich und unvergänglich. „Das, was in uns denkt, ist eins mit der
Organisation des Ganzen."

Die Eleaten sollen nach Bauer (Geschichte der Philosophie, 1863) zuerst den Pantheismus im Gegensatz
zur religiösen Weltanschauung begründet und ausgeführt
haben.

Unabhängig von der eleatischen Schule bildete sein
System ein Schüler des Xenophanes

Heraklit oder Herakleitos, mit dem Beinamen „der
Dunkle", wegen der Schwerverständlichkeit seiner Schrift
„Ueber die Natur". Er blühte um 500 vor Chr. und war
ein stolzer, finsterer, menschenfeindlicher Mann. Während
die Eleaten das Hauptgewicht auf das Sein legten, legt
Heraklit dasselbe auf das Werden. Er sagt: „Alle
Dinge sind in stetem Werden begriffen; sie entstehen,
vergehen und sind in keinem Augenblick." Den Elementen
der Jonier Luft, Wasser, Materie fügte er noch das
Feuer hinzu, welches ihm als das höchste erscheint.
„Das Weltall, dasselbe für Alle, hat weder der Götter,
noch der Menschen Einer gemacht, sondern es war und
ist und wird sein ein ewig lebendiges Feuer, in be-

stimmtem Maße sich entzündend und verlöschend; ein Spiel, das Zeus spielt mit sich selbst."

Auch die Seele des Menschen besteht nach Heraklit aus Feuer als einem Ausfluß des ewigen, göttlichen Feuers. Wir glauben feste Dinge zu sehen, wo in Wirk= lichkeit nur ein ewiges Wandeln und Werden besteht. Daher unsere Kenntniß sehr unvollkommen, sehr inhalt= los, und das Leben selbst eitel und ohne Zweck ist! — Diese Nichtigkeit des Irdischen, welche uns an die Buddhalehre erinnert, wird von Heraklit so sehr hervor= gehoben und betont, daß er davon den Beinamen des „weinenden" Philosophen erhielt.

Eine Vereinigung zwischen den Eleaten, welche das Sein, und dem Heraklit, welcher das Werden an die Spitze stellte, strebt der berühmte Philosoph und Arzt Empedokles (450 vor Chr.) an, der für uns um deß= willen doppelt bemerkenswerth erscheint, weil er gewisser= maßen als der Urvater der Darwin'schen Theorie an= gesehen werden kann. Er sucht jenen Gegensatz dadurch zu vereinigen, daß er das Werden als eine neue Ver= einigung des schon Vorhandenen und somit gewissermaßen als eine Phase des Seins auffaßte. Zu den bekannten drei Elementen Feuer, Wasser und Luft fügte er als viertes die Erde hinzu und erfand so die berühmten vier Elemente Feuer, Wasser, Luft und Erde, welche so lange in der Wissenschaft herrschend waren. Sie heißen ganz mit Unrecht die Aristotelischen Elemente, da Aristoteles sie nicht erfand, sondern nur in seine Philo=

sophie aufnahm und ihnen noch die berühmte Essentia quinta oder Quintessenz hinzufügte — ein feineres ätherisches Element, das, wie er dachte, vielleicht das Geistige hervorbringe.

Die Welt ist dem Empedokles wie dem Heraklit ewig und unerschaffen. „Keiner der Götter hatte sie ge= bildet, keiner der Menschen; immer war sie."

Ursprünglich waren nach Empedokles alle Elemente durch Liebe in eine einzige Weltkugel vereinigt in seligem Frieden; erst später traten Haß und Scheidung ein, welchen die Liebe wiederum entgegenwirkt. Dadurch entstehen die Elemente der Anziehung und Abstoßung, welche die Ursache der späteren Weltentstehung sind.

Nach dieser Weltentstehung folgt nach der Ansicht des Empedokles eine allmälige Entwicklung der Erde und der organischen Welt, und zwar durch Hervorbildung des Vollkommeneren aus dem Unvoll= kommenen. Es mögen dabei früher viele regellose oder unregelmäßige Formen existirt haben, welche sich nicht erhalten konnten und erst nach und nach durch Aus= scheidung des Unvollkommenen zweckmäßige Beschaffenheit erlangten!!

Empedokles hatte auch schon eine richtige Ansicht von dem Kreislauf der Stoffe und meint, daß die Ele= mente, aus denen unser Körper besteht, früher schon in allen möglichen Verbindungen gewesen sein mögen.

Er glaubte an Seelenwanderung und suchte ihr eine ethische oder sittliche Bedeutung zu geben durch Hinweis

auf eine Rückkehr der Seele in den uranfänglichen Zustand des Friedens und der Liebe.

Am wichtigsten jedoch für eine Geschichte der materialistischen Philosophie sind unter allen vorsokratischen
Philosophen die sog.

Atomisten.

Schon der Name kündigt die Bedeutung dieser Schule
an. Gegründet wurde sie von Leukippos und von
Demokrit oder Demokritos aus Abdera, welcher
letztere 450 vor Chr. in einer jonischen Colonie geboren
wurde.

Leukipp oder Leukippos, von dem man jedoch nur
wenig weiß, soll der eigentliche Erfinder des sog. Atomensystems sein — obgleich schon vor ihm der Philosoph
Anaxagoras ebenfalls das Dasein einer unendlichen
Anzahl kleiner Ursamen oder gleichartiger Stofftheilchen
(sog. Homöomerieen) gelehrt hatte. Dieses Atomensystem
spielt in seinen wesentlichen Umrissen noch bis auf den
heutigen Tag eine große Rolle in den Naturwissenschaften, ja eigentlich heutzutage eine größere Rolle als je!

Nach Leukipp besteht also ein „leerer Raum, worin
sich zahllose Körperchen bewegen, welche zu klein sind,
um gesehen zu werden. Sie bewegen sich von Ewigkeit
her und bilden durch Vereinigung und Trennung das
Entstehen und Vergehen der Dinge. Sie sind untheilbar
und ewig. Auch der Raum ist ewig und unendlich."

Leukipp weiß nichts von Gott und Göttern und ist daher der erste Lehrer des Atheismus.

Sein berühmterer Schüler Demokrit lehrte im Wesentlichen dasselbe: Die Atome sind ausgedehnt, einfach, untheilbar, ewig; ihre Anzahl ist endlos; sie sind so klein, daß Niemand sie sehen kann. Demokrit vergleicht sie mit den Sonnenstäubchen, welche ebenfalls für gewöhnlich unsichtbar sind und nur bei einfallendem Sonnenlicht bemerkbar werden.

Aus diesen Atomen entsteht nun Alles durch wechselnde Combinationen, ebenso die Elemente des Empedokles, wie die organischen Körper; und alle Verschiedenheit dieser Körper beruht nur auf der verschiedenen Größe, Gestalt und Lage der sie bildenden Stofftheilchen. Zwischen ihnen ist leerer Raum, der unendlich viel größer, als die Materie selbst ist, und sie haben eine uranfängliche, doppelte Bewegung von Kreisform und von Stoß gegeneinander. — Es gibt unendlich viele Welten, endlos an Zahl und Ausdehnung, die beständig entstehen und vergehen. — Auch die Seele ist aus unendlich feinen Atomen zusammengesetzt, welche kugelförmig sind wie die des Feuers und welche die Wärme des Körpers hervorbringen. Alle Organismen haben Seelen und daher einen bestimmten Wärmegrad. Die Seelen streben fortwährend aus den Körpern zu entweichen, werden aber durch den einströmenden Athem stets zurückgehalten. Daher beim Aufhören des Athmens sofort der Tod eintritt!

Eine eigenthümliche Lehre hat Demokrit vom sinnlichen Erkennen: die Seele wird bewegt, und diese Bewegungen sind die Vorstellungen. Dieselben beruhen auf körperlicher Berührung und auf dem Eindringen von körperlichen Bildern in die Seele. Diese Bilder oder Idole gehen nämlich von jedem Dinge aus, dringen durch die Sinneswerkzeuge ein und theilen der Seele Abdrücke mit, die jedoch nicht ganz der Natur entsprechen, da wir ja das allein Wirkliche, die Atome, nicht gewahren; wir hören daher Töne, sehen Farben u. s. w., wo wir nur mathematische Gestalten erblicken sollten. Daher darf man sich nicht blos an Sinnenerkenntniß halten, sondern muß sich auch auf das vernünftige Denken verlassen. — Auch die Götter bestehen aus Aggregaten von Atomen, nur mit dem Unterschied, daß dieselben mächtiger und lebenskräftiger, als die des Menschen sind. — Eine Seelenfortdauer gibt es nicht, da ja die Seele aus brennbaren Atomen besteht, welche nach dem Tode wieder auseinanderfallen und zu Feuer-Atomen werden.

Wie Parmenides stellt Demokrit ferner den Satz auf: „Aus Nichts wird Nichts, und Etwas kann nie vernichtet werden" — und endlich den fast noch wichtigeren: „Alles, was geschieht, geschieht durch Nothwendigkeit! Zweckursachen sind zu verwerfen."

Die Ethik oder Sittenlehre Demokrit's ist eine sehr einfache: Man muß die Tugend üben, weil man dadurch Glückseligkeit erlangt — eine Ansicht, die übrigens im Alterthum sehr verbreitet war. Nicht aus Furcht, sondern aus Pflichtgefühl soll man das Rechte thun und sich vor sich selbst mehr schämen, als vor Andern. Ein unge= trübtes kummerloses Leben ist das größte irdische Glück.

Demokrit selbst soll ein sehr hohes und heiteres Alter erreicht und in großem Ansehen gestanden haben. Seine enorme Gelehrsamkeit wird im Alterthum allgemein an= erkannt, und namentlich soll er auch bedeutende medici= nische Kenntnisse besessen haben. Die Lebensregeln, die von ihm noch erhalten sind, zeigen nicht nur den welt= erfahrenen Mann (der bekanntlich in seiner Jugend sein ganzes Vermögen großen Reisen durch die damals be= kannten Länder geopfert hatte), sondern auch den sittlich ernsten Charakter. — Seine Philosophie selbst zeigt eine Abrundung und Schärfe und einen inneren Zusammen= hang, wie bei keinem seiner Vorgänger; und sie kommt auch, wenn wir sie mit den Grundsätzen der heutigen Naturforschung vergleichen, diesen näher, als jede andere Philosophie des Alterthums.

Dies gilt namentlich von seiner Atomenlehre, welche ja unserer heutigen Atomenlehre in allen wesent= lichen Punkten entspricht, nur mit dem Unterschiede, daß seine Atome nur eine verschiedene mathematische Gestalt haben, während die unserigen auch verschiedene chemische Qualitäten oder Eigenschaften besitzen. Ferner ist die Bewegung bei den Atomen des Demokrit uranfänglich, während wir sie aus einem System gegenseitiger Anzie= hung und Abstoßung hervorgehen lassen und aus Kräf= ten, die den Atomen selbst inhärent sind. Unsere Atome sind endlich unendlich viel kleiner, als die des Demokrit und vollständig unsichtbar, vielleicht nur sog. Kraftmittelpunkte, während Demokrit sie mit den Sonnenstäubchen vergleicht.*) — Uebrigens ist nicht zu vergessen, daß die Atome des Demokrit nur Ergebniß der Speculation oder eine gedachte Annahme zur Erklärung der Daseins-Erscheinungen sind, während die unserigen allerdings auch nur eine Hypothese oder Unterstellung sind, aber eine solche, welche als das Resultat unendlich vieler wissenschaftlicher Beobachtungen und Versuche zu betrachten ist.

Zweitens entspricht seine Theorie der unendlich vielen, beständig entstehenden und vergehenden Welten ganz unsern heutigen astronomischen Erfahrungen und Theorieen.

Drittens ist sein Grundsatz, daß aus Nichts Nichts entstehen kann, und daß Etwas, das einmal vorhanden ist, nicht untergehen kann, auch der unserige und entspricht unsern heutigen Theorieen von der Unzerstörbarkeit des Stoffs und der Erhaltung der Kraft.

Viertens stimmt seine Verwerfung der Teleologie und der Zweckursachen ganz überein mit unsern heutigen, gegen die Teleologie oder Zweckmäßigkeitstheorie gerichteten Principien oder Standpunkten. — Uebrigens hat diese Verwerfung der Zweckursachen bei Demokrit schon im Alterthum ganz zu denselben Vorwürfen geführt, die

---

*) „Ein Salzkorn, das wir kaum schmecken würden, enthält Milliarden von Atomengruppen, die kein sinnliches Auge je erreichen wird." (Valentin.)

man unsern heutigen Materialisten macht: daß sie nämlich
den „blinden Zufall“ zum Herrn der Welt machen woll=
ten. In der That ist es aber nicht Zufall, sondern
Nothwendigkeit, welche herrscht. Demokrit selbst schließt
nicht die Gesetzmäßigkeit, sondern nur die Zweck=
mäßigkeit aus und nennt den Zufall eine Ausrede
menschlicher Unwissenheit.

Auch seine Theorie von der sinnlichen Erkennt=
niß, wonach die Welt in Wirklichkeit nur eine Welt
schwingender Atome ist, und wonach Töne, Gerüche, Far=
ben u. s. w. nur subjective Empfindungen unseres Selbst
oder unserer Sinnesorgane sind, entspricht auf ein Haar
den heute gültigen Theorieen der Sinnesempfindung.

Endlich ist seine Ansicht vom Wesen der Seele
fast ganz die unserige, nur mit dem Unterschied, daß das,
was bei Demokrit die sog. Feueratome sind, bei uns
durch die Organe des Gehirns und der Nerven, die
man damals noch nicht genauer kannte, vertreten wird. —

Sie ersehen aus dem Angeführten, daß kein Philo=
soph des Alterthums unserm heutigen Standpunkte so
nahe gekommen ist, wie Demokrit. Uebrigens würden
Sie irren, wenn Sie glauben wollten, daß der Mate=
rialismus des Demokrit im Alterthum nicht ebensowohl
als solcher verstanden und bekämpft worden wäre, wie
unser heutiger Materialismus. Namentlich bekämpft ihn
Aristoteles häufig und heftig; und später ist Demo=
krit mit allen möglichen Verläumdungen und Verdäch=
tigungen überhäuft worden, obgleich mit vollstem Unrecht,

wie aus dem von mir Gesagten hervorgeht. Ritter hat in seiner Geschichte der Philosophie, wie uns F. A. Lange a. a. O. mittheilt, ein volles Gewicht antimaterialistischen Grolles auf das Andenken Demokrit's gehäuft, das aber später durch Brandis und Zeller wieder zu Nichte gemacht wurde. —

Auf Demokrit folgt die Periode der sog. Sophi=stik, welche den natürlichen Zweifeln der Menschenbrust über die Richtigkeit und Möglichkeit des eigenen Erkennens Ausdruck gab. Für uns hat diese Richtung keine weitere Bedeutung, außer daß der Zweifel sich auch auf die Lehre von den Göttern erstreckte. Protagoras aus Abdera (440 vor Chr.) sagte, von den Göttern könne man nicht wissen, ob sie sind oder nicht sind; er wurde dafür der Gottlosigkeit angeklagt und aus Athen ver=trieben, während sein Buch verbrannt wurde. Man sieht an diesem Beispiel, daß die Ketzerrichterei und religiöse Verfolgungswuth, welche später so viel Unheil über die Welt gebracht hat, auch damals schon im klassischen Athen betrieben wurde.

Viel rücksichtsloser übrigens als Protagoras ver=fuhren die späteren Sophisten. Kritias, das Haupt der 30 Tyrannen, erklärte offen, die Götter seien eine Erfindung schlauer Menschen, um das unwissende Volk zu betrügen. Noch ist zu bemerken, daß die Sophisten den Unterschied von Recht und Unrecht für einen con=ventionellen (d. h. für durch gesellschaftliches Ueberein=kommen festgestellten) erklärten und das absolute Gute leugneten. Die Folge dieser Lehren war, daß Aristipp, dessen Blüthezeit in das vierte Jahrhundert vor Christi fällt, eine neue Ethik oder Sittenlehre blos auf der Grund= lage der Lustempfindung aufbaute. Nach ihm ist Lust der Zweck des Daseins; Glück ist Genuß. Doch kann nur der Weise, der Selbstbeherrschung mit Besonnen= heit verbindet, glücklich sein. Körperliche Lust ist besser, als geistige, körperlicher Schmerz schlimmer als geistiger.

Aristipp war der Mann der damaligen feinen Welt. Er hielt sich gern an den Höfen der Tyrannen auf und traf bei Dyonisius von Syrakus, der ihn sehr hoch schätzte, oft mit seinem großen geistigen Widersacher Plato zusammen. Aus Aristipp's Schule kam Theo= dorus, der erste entschiedene Atheist. —

Mit Aristipp schließt die Periode des vorsokratischen Materialismus ab, um der Entwicklung des philosophi= schen Idealismus und Formalismus in Plato und Aristoteles Platz zu machen. Diese beiden, sowie ihren Lehrer Sokrates können wir überspringen, da sie nicht in eine Geschichte der materialistischen Philosophie ge= hören. —

Erst hundert Jahre später trat der große Philosoph Epikur auf, um die Lehren des Demokrit und des Aristipp in ein großes System zusammenzufassen. Wäh= rend dieses ganzen Jahrhunderts hatte die durch Sokrates angebahnte spiritualistische Richtung unumschränkt geherrscht, und hatte namentlich Plato, welcher mehr Dichter als Philosoph war, viel geschadet. Er erfand zuerst das Dogma von der Unsterblichkeit der Seele und von dem Getrenntsein von Körper und Geist, und der Einfluß seiner Lehren erstreckt sich noch bis auf den heutigen Tag. „Seine Himmelsschwärmerei hat viel dazu beigetragen, daß unzähligen Generationen die Erde verdorben wurde." (E. Löwenthal: System und Ge=schichte des Naturalismus, 4. Aufl., 1863.)

Dennoch fand sich auch unter den eigenen Schülern des Aristoteles Einer, der berühmte Physiker Strato aus Lampsakus, von dessen Lehren allerdings nur spär=liche Ueberreste vorhanden sind, der aber ein ganz mate=rialistisches System aufstellte.

Den berühmten *νοῦς* oder weltbewegenden Geist oder Verstand des Aristoteles nahm Strato in einem ganz menschlichen Sinne als das auf Empfindung beruhende Bewußtsein und leitete alles Sein und Leben her aus den der Materie innewohnenden Naturkräften. Das geistige Princip des Aristoteles, das dieser allen Dingen zu Grunde legte, findet er also überflüssig und nennt die ganze Natur die Gottheit. Das Erkennen glaubte er schon darum als etwas ganz Sinnliches auffassen zu müssen, weil ja jedem Denken eine sinnliche Wahrneh=mung nothwendig vorhergehen müsse.

Derjenige nun aber, in dem sich die ganze materia=listische Philosophie des Alterthums gewissermaßen gipfelt und der auch den weitreichendsten Einfluß auf die Geister der Mit= und Nachwelt geübt hat, ist der schon ge=nannte

Epikur, geb. 342 vor Chr. in einer attischen Ge=
meinde. Im 14. Lebensjahr las er in der Schule Hesiod's
Kosmogenie oder Weltentstehungslehre; und da hier alle
Dinge aus dem Chaos abgeleitet wurden, so fragte er
seine Lehrer, woher denn das Chaos sei? Man konnte
ihm nicht antworten, und er begann von jetzt an auf
eigene Faust zu philosophiren.

Er studirte hauptsächlich den Demokrit und dessen
Atomenlehre und hörte außerdem in Athen die dort nach
Aristoteles lehrenden Philosophen. Er verließ Athen unter
den damaligen politischen Wirren, die durch Alexander's
des Großen Tod veranlaßt waren, um nach Hause zurück=
zukehren, und kam erst in reiferen Jahren wieder nach
Athen zurück. Hier kaufte er einen Garten, in welchem
er mit seinen Anhängern lebte, wie in einer großen Fa=
milie. Das ganze Alterthum kennt kein Beispiel eines
schöneren und reineren Zusammenlebens, als das des
Epikur und seiner Schule.

Je mehr um jene Zeit ein Zerfall des Staates und
der Religion stattfand, um so mehr war ein Zurückziehen
in die Philosophie geboten oder am Platze. Epikur
hat nie ein öffentliches Amt bekleidet. Er ehrte zwar
die Götter fleißig in der herkömmlichen Weise, entfernte
sie aber dabei vollständig aus der Philosophie, indem er
lehrte, sie seien ewige, unsterbliche Wesen ohne Sorge
oder Geschäft, die in den Zwischenräumen zwischen den
einzelnen Welten (sog. Metakosmien oder Intermundien)
lebten und sich um irdische Dinge gar nicht bekümmerten

oder niemals in den Gang der Natur eingriffen. Wir müssen sie ehren lediglich um ihrer Vollkommenheit willen. Epikur sah wohl nur in den Göttern ein Element oder Beispiel edleren menschlichen Wesens, in welchem sich das Ideal seiner eigenen Philosophie, ein glückliches, schmerzloses Dasein, verkörperte. Dasselbe Ziel verfolgte auch die ganze Schule, welche ein großer Freundschafts= bund war, gestützt auf das vollkommenste gegenseitige Vertrauen. Dennoch sind die Schule und ihre Stifter später Gegenstand der abscheulichsten und unwahrsten Verläumdungen geworden. Man warf ihnen die schänd= lichsten Ausschweifungen vor, aber ohne irgendwie That= sachen nennen zu können. Im Gegentheil ist erwiesen, daß sich Epikur's Leben durch große sittliche Reinheit auszeichnete. Er starb 72 Jahre alt, und seine Schüler versammelten sich noch lange nach seinem Tode in dem von Epikur ihnen vermachten Garten am zwanzigsten jedes Monats zu einem fröhlichen Symposium, zu dessen Feier Epikur eine Geldsumme ausgesetzt hatte.

Epikur soll dreihundert Bücher geschrieben haben, von denen aber nur Auszüge erhalten sind. Eine der wichtigsten Quellen des Epikuräismus ist das Lehrgedicht des römischen Dichters Lukrezius Carus (95—52 vor Chr.): De rerum natura oder „Ueber die Natur der Dinge", des bedeutendsten der späteren Epikuräer. Das ganze Gedicht ist wahrscheinlich nur eine Ueberarbeitung einer Schrift Epikur's mit gleichem Titel.

Lukrez ist ein sehr bekannter und beliebter Schrift=

steller; und noch die Materialisten des vorigen Jahr=
hunderts lasen ihn mit Vorliebe. Er hat sehr bedeutend
auf die Ausbreitung der epikuräischen Philosophie unter
den Römern gewirkt, welche überhaupt von den phi=
losophischen Systemen der Griechen fast nur zwei ange=
nommen hatten: das stoische und das epikuräische.
Manche ihrer bedeutendsten Geister, z. B. Horaz, rühm=
ten sich offen, Epikuräer zu sein. Er betitelt sich selbst:
„Ich ein Schwein von der Heerde Epikur's" u. s. w,
während andere wieder, z. B. Cicero, zu den entschie=
densten Gegnern Epikur's gehörten und seine Lehre der
Lächerlichkeit und Verachtung preiszugeben suchten. Von
den beiden großen Republikanern und Feinden Cäsar's
war Brutus Stoiker, Cassius dagegen Epikuräer.
Ihren Höhepunkt erreichte die Philosophie Epikur's unter
dem Kaiser Augustus; und die ihn umgebenden heiteren
Dichterkreise waren alle von dem Geiste dieser Philosophie
berührt und geleitet.

Die Philosophie des Epikur selbst gipfelt sich in der
Ethik oder Sittenlehre, welche für ihn die Hauptsache
ist. Er behält zwar die bekannte Dreitheilung der grie=
chischen Philosophie in Logik, Physik und Ethik bei,
betrachtet aber die beiden ersten nur als Hülfs= oder
Nebenwissenschaften der Ethik, welche letztere bei ihm
einen durchaus praktischen Zweck verfolgt, d. h. Herbei=
führung eines weisen und glückseligen, durch
Schmerz und Unruhe möglichst wenig getrüb=
ten Lebens.

In der Physik schließt er sich ganz an Demokrit an, und lehrt die Atome und den leeren Raum gerade so wie dieser. Eigenthümlich ist dem Epikur nur die Annahme, daß die Atome in einem ewigen Fallen im leeren und unendlichen Weltraume begriffen seien, und zwar nicht in gerader, sondern in etwas schiefer Richtung. Dadurch entstehe ein Zusammenstoß der Atome untereinander, dadurch eine wirbelnde Bewegung und schießlich durch diese Bewegung eine Menge wechselnder, mannichfaltiger Combinationen oder Gestalten. — Daraus hat man denn wie bei Demokrit gefolgert, daß Epikur alle Erscheinungen der Natur als ein Werk des blinden Zufalls ansehe.

Das bereits genannte Lehrgedicht des Lukrez entwickelt nun diese Ansichten in seinen ersten Büchern in ausführlicher Weise und mit jedesmaliger specieller, durch Beispiele erläuterter Begründung, nachdem es im Eingang gezeigt, wie durch die freien und kühnen Forschungen der Griechen (Demokrit, Epikur u. s. w.) die Religion, die ehedem die Menschen grausam unterdrückte, zu Boden geworfen worden sei. Die Religion selbst und der sie begleitende Aberglaube werden als die Quelle der größten Greuel oder Qualen bezeichnet, während umgekehrt die Philosophie Glück und Ruhe bringe.

Dann wird der erste, so unendlich wichtige Grundsatz, den wir schon öfter als Axiom der griechischen Philosophie kennen lernten, entwickelt, daß aus Nichts Nichts wird oder werden kann; ferner daß nichts

Vorhandenes untergehen oder verschwinden kann, sondern daß alles Sein und Werden nur aus Verwandlungen hervorgeht. Diesen Verwandlungen dienen die Atome, die so fein sind, daß man sie nicht sehen kann, und zwischen denen sich leerer Raum befindet. Sie sind unzerstörbar und ewig; und alle Körper bestehen entweder aus den Atomen selbst oder aus Zusammensetzungen derselben. Sie sind übrigens nicht unendlich theilbar, weil dieses alle Gesetzmäßigkeit aufheben würde, und weil sonst alles Mögliche entstehen könnte.

Am Schlusse der Atomenlehre wird Empedokles hoch gerühmt als einer der größten Geister, wegen der Verwandtschaft seiner Ansichten mit dem Materialismus und mit der Atomistik.

Den Schluß des ersten Buches bildet die Frage nach der Entstehung des Weltganzen. Es gibt keine bestimmten Grenzen der Welt; ein wirkliches Ende ist undenkbar. Dies wird zu beweisen gesucht durch ein ziemlich naives und dem kindlichen Geiste jener Zeit entsprechendes Gleichniß mit dem Wurfspieß. Wirft man einen Wurfspieß in die unendliche Leere, so sind nur zwei Fälle denkbar: Entweder wird ihn in seinem Fluge irgend etwas aufhalten, oder er wird in das Unendliche fortfliegen; in beiden Fällen aber muß hinter dem angenommenen Ende der Welt noch Etwas sein.

Endlich wird noch in einigen Versen am Ende des ersten Buches die absolute Beseitigung der Zweckbegriffe (welche Anschauung schon Empedokles mit principieller Schärfe ausgebildet hat) vorgetragen: „Denn wahrlich", so sagt Lukrez wörtlich, „weder haben die Atome sich nach scharfsinniger Erwägung ein jedes in seine Ordnung gestellt, noch sicher festgestellt, welche Bewegungen ein jedes geben sollte; sondern weil ihre Masse in vielfachen Wandlungen durch das All von Stößen getroffen von Ewigkeit hergetrieben wird, so haben sie jede Art der Bewegung und Zusammensetzung durchgemacht und sind endlich in solche Stellungen gekommen, aus welchen diese ganze Schöpfung besteht; und nachdem diese sich durch viele und lange Jahre erhalten· hat, bewirkt sie, nachdem sie einmal in die passende Bewegung geworfen ist, daß die Ströme mit reichen Wogen das gierige Meer ernähren, und daß die Erde, vom Strahl der Sonne gewärmt, neue Geburten zeugt, und das Geschlecht des Lebenden sprießt und blüht, und die hingleitenden Funken des Aethers lebendig bleiben."

Im zweiten Buch findet ein näheres Eingehen auf die Eigenschaften und Bewegungen der Atome statt, welche als in ewiger Bewegung und in einem ewigen Fall durch den Weltraum begriffen dargestellt werden. Auch die Erde fällt nach Epikur stets, was aber wegen der Gemeinsamkeit der Bewegung von uns nicht erkannt wird. Also ist die Bewegung der Erde schon von Epikur erkannt worden, und ebenso auch der richtige Grund dafür, warum wir diese Bewegung nicht unmittelbar verspüren!! — Die Form der Atome anlangend, so ist dieselbe nach Epikur sehr mannichfach, bald glatt und rund,

bald rauh, spitzig, veräſtelt, hakenförmig u. ſ. w.; und
durch dieſe Verſchiedenheit der Form entſteht auch die
Verſchiedenheit der Wirkungen. In jedem Körper verbinden ſich die verſchiedenſten Atome in beſonderen Verhältniſſen miteinander.

Von da wird der Uebergang zu der wichtigen Frage
gemacht, welche auch heute noch den eigentlichen Zank-
apfel des ganzen materialiſtiſchen Streites bildet: Wie
entwickelt ſich aus der Materie oder aus den Atomen
die Empfindung, das Bewußtſein? Epikur's Grundan-
ſchauung iſt in dieſer Hinſicht ſenſualiſtiſch und mate-
rialiſtiſch, da alle Erkenntniß nach ihm aus den Sinnes-
Wahrnehmungen ſtammt, und das Empfindende ſich aus
dem nicht Empfindenden hervorentwickelt, wobei es vor
Allem auf Feinheit, Form, Bewegung und Ordnung der
Materie ankommt. Die Empfindung iſt übrigens nur im
organiſchen Thierkörper, und die Farben und ſonſtigen
ſinnlichen Qualitäten kommen nicht den Atomen an ſich
zu, ſondern ſind nur Folge ihrer Wirkungsweiſen in
beſtimmten Verhältniſſen und Zuſammenſetzungen. Auch
die Empfindung ſelbſt iſt keine Qualität der einzelnen
Atome, ſondern nur des aus ihnen zuſammengeſetzten
Ganzen. Hinter den Dingen der Erſcheinungswelt iſt
weiter gar nichts vorhanden und auch nichts zu ſuchen;
daher ſich die menſchliche Forſchung nur auf die Geſetze
dieſer Erſcheinungen beziehen kann. — Den Schluß des
zweiten Buches bildet die großartige Hypotheſe von der
unendlichen Anzahl der Welten, welche über, neben, unter

uns sind und Aeonen lang dauern, um wieder zu ver=
gehen und neu zu entstehen. Auch unserer Erde ist das
gleiche Schicksal beschieden.

Das dritte Buch ist dem Wesen der Seele und der
Bekämpfung der Unsterblichkeitslehre gewidmet.
Den Ausgangspunkt der Beweisführung bildet die Be=
seitigung der Todesfurcht, welche letztere als höchst
unphilosophisch und kindisch dargestellt wird. „Der Tod",
sagt sehr treffend Epikur, „geht uns nichts an; denn
wo wir sind, da ist der Tod nicht; und wo der Tod ist,
da sind wir nicht." Bei seiner Scheu vor dem Tode, so
führt der Dichter aus, hat der Mensch im Hinblick auf
den Körper, der am Boden fault, oder von Flammen
verzehrt oder von Raubthieren zerrissen wird, immer noch
einen heimlichen Rest der Vorstellung, daß er selbst das
erdulden müsse. Selbst indem er diese Vorstellung leug=
net, hegt er sie noch und nimmt sich nicht vollständig ge=
nug aus dem Leben heraus. So übersieht er, daß er
bei seinem wirklichen Tode nicht noch einmal oder dop=
pelt da sein kann, um sein eigenes Schicksal zu be=
jammern u. s. w. u. s. w.

Seele und Geist sind körperlicher Natur und be=
stehen aus den kleinsten, rundesten und beweglichsten
Atomen. Wenn die Seele entflieht, so bemerkt man so
wenig davon oder empfindet eine Abnahme, wie wenn
der Geruch einer Blume oder der Duft des Weines sich
verflüchtigt.

Das fünfte Buch behandelt die Schöpfungsge=

schichte und enthält einen merkwürdigen, sehr an die neuesten Forschungen erinnernden Excurs über die allmälige Entwicklung des Menschengeschlechts und seiner Bildung. Stärker und gewaltiger als die heutigen Menschen, lebten unsere ältesten Vorfahren ähnlich den Thieren, nackt, in Höhlen oder Wäldern, ohne Ackerbau, ohne Sitte, ohne Gesetz. Selbst der Gebrauch des Feuers war ihnen unbekannt, und beständige Kämpfe mit den Thieren des Waldes füllten ihr Dasein aus. Allmälig aber lernten sie diese besiegen, bauten Hütten, bekleideten sich mit Fellen, benutzten das Feuer und schritten so voran. Die Sprache entstand allmälig aus rohen Anfängen. Ebenso allmälig entstanden die Künste, Erfindungen u. s. w.; und erst nach Erschöpfung mancher Irrwege gerieth der Mensch nach und nach auf das Richtige und für ihn Taugliche. Den Glauben an die Götter erhielten die Menschen lediglich durch Unwissenheit, und weil sie die umgebenden Naturerscheinungen, wie Donner, Blitz, Sturm u. s. w., nicht auf natürliche Weise zu erklären wußten.

„O unseliges Geschlecht der Sterblichen, das solche Dinge den Göttern zuschrieb und ihnen den erbitterten Zorn andichtete! Welchen Jammer haben sie da über sich selbst, welche Wunden über uns, welche Thränen über unsere Nachkommen gebracht!" Weitläufig schildert der Dichter, wie leicht der Mensch beim Anblick der Schrecknisse des Himmels dazu kommen mußte, statt der ruhigen Betrachtung der Dinge, die doch allein wahre

Frömmigkeit ist, den vermeintlichen Zorn der Götter durch Opfer und Gelübde zu sühnen, die doch nichts helfen.

Im sechsten Buche werden die Ursachen einer Anzahl von Naturerscheinungen in einer bereits sehr lichtvollen Weise erörtert.

Die Epikuräische Ethik gründet sich, wie bereits erwähnt, lediglich auf das höchste Gut der Glückseligkeit. Doch nimmt Epikur nicht blos, wie Aristipp und die Cyrenaiker, leibliche, sondern auch und noch mehr geistige Lust an. Namentlich lobt er den Zustand geistiger Ruhe und Zufriedenheit, welcher nur mit eine Folge der Befriedigung aller körperlichen Bedürfnisse ist. Epikur verwahrt sich ausdrücklich dagegen, daß seine Lehre eine Aufforderung zu Ueppigkeit und Schwelgerei enthalte; und er rühmt sich selbst, bei Gerstenbrod und Wasser an Glückseligkeit mit Zeus wetteifern zu wollen. Je weniger Bedürfnisse der Mensch hat, um so größer ist sein Glück und um so leichter ihre Befriedigung. — Sehr hoch wird die Freundschaft geschätzt und gesagt, daß ein Freund für den andern in den Tod gehen müsse. — Was die Tugend anbelangt, so wird ihr nur ein relativer Werth zugestanden, und ihre Erstrebung wird nur insoweit empfohlen, als sie Lust im Gefolge habe, nicht aber als Selbstzweck. Nichts an sich ist gut oder böse; es wird nur so durch Uebereinkunft und Verhältnisse. Gesetze haben nur einen Nützlichkeitszweck. —

Mit Epikur und seiner Schule schließt die Geschichte der materialistischen Philosophie des Alterthums —

welche Philosophie nach Epikur nur noch die hier nicht
in Betracht kommenden Richtungen des Skepticismus
und des Neuplatonismus zu verzeichnen hat, bis sie
durch das Christenthum und durch die scholastische
Philosophie des Mittelalters abgelöst wurde. Die gren=
zenlosen Ausschreitungen und Verirrungen der späteren
philosophischen Schulen und Systeme kannte glücklicher=
weise das Alterthum nicht; und wenn auch in seiner
Philosophie materialistische und idealistische Sy=
steme und Richtungen miteinander abwechseln und sich
die verschiedensten Meinungen geltend machen, so ist doch
nicht zu verkennen, daß ein gesunder, materialistischer
Zug durch die gesammte Philosophie der Alten geht.
Man wußte nichts von einer übersinnlichen Welt der sog.
absoluten Religion oder Vernunft, sondern erklärte die
Erscheinungen der Sinnenwelt folgerecht aus dem, was
man mit den Sinnen wahrnahm oder wenigstens für
wahrnehmbar hielt. Man etablirte nicht jene schroffe
Scheidung zwischen Ideal und Real, zwischen Geistig
und Körperlich, zwischen sichtbarer und unsicht=
barer Welt, welche später so viel Verwirrung und Un=
glück in die Welt gebracht hat, sondern man suchte Alles
in Einem zu begreifen. Die fanatische Behauptung der
absoluten Unbegreiflichkeit gewisser Vorgänge, welche noch
heute eine so große Rolle spielt, kannte das Alterthum
ebenso wenig, wie die lähmende Annahme jener mysti=
schen Kräfte, welche die Wissenschaft späterer Zeiten so
sehr verdunkelt und auf Abwege gebracht haben. Das

ganze Alterthum kannte keine Begriffe, wie den horror vacui oder die Lebenskraft, oder den thierischen Magnetismus, oder das Phlogiston, oder die Krankheitsgeister, oder die Homöopathie u. s. w. u. s. w. Der lächerliche und unnatürliche Begriff einer besonderen Seele oder Seelensubstanz, welche nur lose und vorübergehend mit dem Körper verbunden sein sollte, war den Alten (vielleicht mit einziger Ausnahme Plato's) ganz unbekannt, weil er zu absurd und künstlich für ihren natürlichen Verstand war. Auch der Zweckbegriff, welcher in der späteren Philosophie eine so große Rolle spielt und selbst noch heutzutage als fast unausrottbar erscheint, war, wie wir gesehen haben, fast überall in der Philosophie verpönt. — Dieses Alles ist um so mehr anzuerkennen, je geringer die positiven Kenntnisse waren, auf welche die Alten sich stützen konnten.

Dieser Mangel an positivem Wissen macht sich allerdings bei allen griechischen Philosophen sehr fühlbar und gibt ihren Meinungen häufig einen naiven, kindlichen oder selbst phantastischen Anstrich. Man fühlt eben bei fast jedem ihrer Sätze heraus, daß sie zum Theil auf ganz willkürlichen Vorstellungen aufgebaut sind, die auch ebensowohl ganz anders hätten gedacht werden können. Dennoch leitete sie das richtige Gefühl und ihr unverdorbener Verstand auf den richtigen Weg, und es kann keine größere Ehre für sie geben, als daß so viele ihrer Vorstellungen oder Aussprüche durch die neuere Naturforschung auf das Glänzendste bestätigt worden sind.

Auch ihr Einfluß auf das geistige und materielle Leben ihres Volkes war ein höchst glücklicher; und die herrliche, so oft gerühmte Zeit eines Perikles fällt zusammen mit der Blüthezeit der materialistischen und sensualistischen Philosophie in Griechenland. Aehnlichen oder verwandten Erscheinungen werden wir übrigens auch in späteren Jahrhunderten und in der Neuzeit begegnen.

Sechste Vorlesung.

Die Periode des Christenthums und das Wiederaufleben der Wissenschaften im 15. Jahrhundert. Der Materialismus der Neuzeit: Pomponatius, Giordano Bruno, Bako, Cartesius, Gassendi, Hobbes, Locke, Collins, Bayle, Toland, der Briefwechsel vom Wesen der Seele, Wolf, Stosch, de la Mettrie, das System der Natur, die Encyklopädisten, Diderot, D'Alembert, Condillac, Cabanis, Helvetius, David Hume, Gibbon, Priestley u. s. w. Der Materialismus in Deutschland und der Materialismus des neunzehnten Jahrhunderts. Seine Unterschiede von dem Materialismus der Vergangenheit. Aufgabe der Philosophie der Neuzeit.

.

Hochgeehrte Anwesende!

Die auf den Verfall der Philosophie des Alterthums folgende Zeit der Einführung des Christenthums in das untergehende und dem Zerfall geweihte römische Weltreich und dessen unbeschränkter Herrschaft bildet den vollkommensten Gegensatz zu materialistischen Anschauungen. Es wurde jener unsinnige Begriff der Materie ausgeheckt, welcher auch heute noch in den meisten Köpfen spukt, und welchen F. A. Lange in seiner „Geschichte des Materialismus" mit Recht als ein „Schauergemälde" bezeichnet. Es ist nach dieser Ansicht „die Materie eine dunkle, träge, starre und absolut passive Substanz, ohne Geist, ohne Bewegung, ohne Würde — eigentlich nur ein Hinderniß der edleren, geistigen Natur des Menschen." Unterstützt fühlte man sich bei einer solchen Anschauung durch den ungeheueren Einfluß des Aristoteles, welcher ja während der Zeit der sog. Scholastik und im ganzen Mittelalter in der Philosophie fast unumschränkt herrschte, und welcher ebenfalls die Materie sehr geringschätzig behandelt. Namentlich spricht er ihr alle eigene Bewegung ab und bezeichnet auch ihr nothwendiges und unentbehrliches Attribut, die Form, als etwas ihr fremd Gegenüberstehendes. Aristoteles beweist, freilich auf eine ganz willkürliche Weise, die Nothwendigkeit der Existenz eines ersten Be= wegers, welcher, selbst unbeweglich, nicht wieder von etwas Anderem bewegt wird, und arbeitet dadurch dem christlichen Gottesbegriff unmittelbar in die Hände. Er unterscheidet sich vom letzteren allerdings dadurch, daß seine erste Ursache oder Gott nicht geradezu Weltschöpfer oder Weltbaumeister ist, indem diese beiden Principien bei ihm schon in Stoff und Form enthalten sind, son= dern nur Weltbeweger.*)

Erst mit dem Wiederaufleben der Wissenschaften um die Mitte und gegen das Ende des 15. Jahrhunderts sehen wir auch wieder materialistische Anschauungsweisen auftauchen. Die Entdeckung Amerikas und die Revo= lution der Astronomie durch Kopernikus und Keppler hatten einen neuen Geist in die Welt gebracht, der seine Wirkungen auch in der Philosophie äußern mußte; und sehr natürlicherweise stellte sich diese auf den Boden der in so raschem Emporblühen begriffenen Wissenschaften der Natur, wodurch ihre Anhänger zum Theil Empiriker, Naturalisten und Materialisten wurden.

Freilich darf man nicht erwarten, daß man nach dem

---

*) Auch Plato behauptet, daß die Materie an sich ohne Qua= litäten oder Eigenschaften sei, und daß sie diese erst durch ihre Ver= bindung mit der Form erlange. Die Körperwelt besteht nach ihm aus Materie und Form; jene ist die Mutter, diese der Vater, und aus der Vermischung beider gehen die Gestalten des Daseins hervor.

Ablauf einer ganzen Culturepoche von 1500 Jahren den
Materialismus wieder an demselben Punkte antreffen
oder vorfinden würde, an welchem wir ihn am Schlusse
unserer Besprechung des Materialsmus des Alterthums
bei Epikur und Lukrez verlassen haben. Demohner=
achtet sind die Anknüpfungen, welche

der Materialismus der Neuzeit,

mit dem sich unsere heutige und Schluß=Vorlesung zu be=
schäftigen haben wird, an den Materialismus der Alten
hat, ungleich bestimmter und bedeutender, als man viel=
leicht von vornherein anzunehmen geneigt ist. Ueberdem
darf man nicht glauben, daß man um jene früheste Zeit
des geistigen Wiedererwachens schon im Stande gewesen
wäre, sich von der gewaltigen Autorität des Aristo=
teles, welche gewissermaßen das ganze Denken beherrschte
und über den man nicht hinauszugehen wagte, genügend
zu emancipiren; man verwarf ihn daher nicht geradezu,
sondern suchte ihn nur mehr an das Licht zu ziehen und
gab vor, man wolle den echten, wahren Aristoteles den
falschen und entstellten Ueberlieferungen der Scholasti=
ker*) gegenüber wieder herstellen. In dieser Richtung

---

*) Mit dem Namen Scholastiker bezeichnet man die aus
Klöstern, bischöflichen Schulen u. s. w hervorgegangenen Philo=
sophen des Mittelalters vom 9. bis 15. Jahrhundert. Grundcharakter
der Scholastik ist neben sclavischer Bewunderung des Aristoteles, mit
dem sie übrigens erst später (13. Jahrhundert) bekannt wurde, Be=
schränkung der Philosophie auf solche Probleme, welche
mittelbar oder unmittelbar mit den Dogmen der christ=

machte um jene Zeit Auffehen das Auftreten des italie=
nifchen Philofophen

Petrus Pomponatius, der im Jahre 1516 in
Bologna ein Buch über die Unfterblichkeit der Seele er=
fcheinen ließ und darin zu beweifen fuchte, daß es nach
Ariftoteles unmöglich fei, die Unfterblichkeit der Seele
anzunehmen, indem Form und Körper oder Form und
Stoff unzertrennlich feien. „Will man die Fortdauer
des Individuums annehmen", fo fagt Pomponatius
wörtlich, „fo muß man vor Allem den Beweis führen,
wie die Seele leben könne, ohne den Körper als Subject
oder Object ihrer Thätigkeit zu bedürfen. Ohne An=
fchauungen vermögen wir nichts zu denken; diefe aber
hängen von der Körperlichkeit und ihren Organen ab.
Das Denken ift an fich ewig und immateriell, das menfch=
liche jedoch ift mit den Sinnen verbunden, erkennt das
Allgemeine nur im Befonderen, ift niemals anfchauungs=
los und niemals zeitlos, da feine Vorftellungen nach=
einander kommen und gehen. Darum ift unfere Seele
in der That fterblich, da weder das Bewußtfein bleibt,
noch die Erinnerung." — Und endlich: „Die Tugend
ift doch viel reiner, welche um ihrer felbft willen geübt
wird, als um Lohn. Doch find diejenigen Politiker nicht

---

lichen Kirche zufammenhängen, daneben befondere Pflege des
Formalismus der Logik und Dialektik. Schließlich verlor fich die
Scholaftik in die abgefchmackteften Wortftreitigkeiten, erftreckt aber
dennoch ihren Einfluß bis in das 17. und 18. Jahrhundert und ift
felbft heute noch nicht ganz verfchwunden.

gerade zu tadeln, welche um des allgemeinen Besten willen die Unsterblichkeit der Seele lehren lassen, damit die Schwachen und Schlechten wenigstens aus Furcht und Hoffnung auf dem rechten Wege gehen, den edle freie Gemüther aus Lust und Liebe einschlagen. Denn das ist geradezu erlogen, daß nur verworfene Gelehrte die Unsterblichkeit geläugnet und alle achtbaren Weisen sie angenommen; ein Homer, Plinius, Simonides und Seneka waren ohne diese Hoffnung nicht schlecht, sondern nur frei von knechtischem Lohndienst."

Trotz dieser so entschieden ausgesprochenen Meinung versichert Pomponatius ausdrücklich seine Unterwerfung unter den Kirchenglauben und sagt, daß die Offenbarung eine Beruhigung und eine Gewißheit verleihe, welche die Philosophie niemals geben könne. Ob dies bei Pomponatius Heuchelei oder Ueberzeugung war, weiß ich nicht; jedenfalls ist aber soviel gewiß, daß wir derselben auffallenden Erscheinung bei fast allen Denkern jener Zeiten bis in die Mitte des 17. Jahrhunderts herab, und zwar in den verschiedensten Abstufungen, begegnen. War es die Furcht vor dem Scheiterhaufen, welcher damals jedem unabhängigen Denker, der seine Meinung auszusprechen wagte, drohte, oder die ungeheuere, mit Nichts zu vergleichende Macht des Glaubens zu jener Zeit, welche diese merkwürdige Erscheinung hervorgebracht hat?? —

1543 erschien das Buch von den Bahnen der Him-

melskörper von **Nikolaus Kopernikus**, welches be=
wies, daß die Erde sich um sich selbst und um die Sonne
bewegt. Damit waren sowohl der Kirchenglaube', als
der Glaube an den Aristoteles in ihren Grundvesten
erschüttert!

Einer der frühesten und entschiedensten Anhänger
des neuen Systems war der unglückliche Italiener
Giordano Bruno, ein Pantheist, aber mit vielen
Annäherungen an den Materialismus. Er vereinigte
philosophischen Tiefsinn mit umfassender Bildung. Gott,
Welt und Materie ist nach ihm ein und dasselbe,
und das Weltall ist ein unendliches, in allen Theilen
beseeltes Wesen, ein Abdruck oder eine Entwicklung der
Gottheit. Die Seele des Menschen ist ein Theil des
göttlichen Geistes und als solcher zu ewiger Fortdauer
bestimmt. Während Kopernikus sich den Pythagoras zum
Muster genommen hatte, nahm sich Bruno den Lukrez
als Vorbild und lehrte, wie er, die Unendlichkeit der
Welten, indem er sie sehr glücklich mit dem Kopernika=
nischen System verband. Er erklärte bereits alle sog.
Fixsterne für Sonnen mit Trabanten von unendlicher
Anzahl. Die Materie ist ihm zufolge die Mutter alles
Lebendigen; sie schließt alle Keime und Formen in sich
ein. „Was erst Samen war, wird Gras, hierauf Aehre,
alsdann Brod, Nahrungssaft, Blut, thierischer Same,
Embryo, ein Mensch, ein Leichnam; dann wieder Erde,
Stein oder andere Masse und so fort. Hier erkennen wir
also etwas, was sich in alle diese Dinge verwandelt und

an sich immer ein und dasselbe bleibt. So scheint wirklich Nichts beständig, ewig und des Namens Princip würdig zu sein, denn allein die Materie. Die Materie als absolut begreift alle Formen und Dimensionen in sich. Aber die Unendlichkeit der Formen, in denen die Materie erscheint, nimmt sie nicht von einem Anderen und gleichsam nur äußerlich an, sondern sie bringt sie aus sich selbst hervor und gebiert sie aus ihrem Schooß. Wo wir sagen, daß etwas stürbe, da ist dies nur ein Hervorgang zu einem neuen Dasein, eine Auflösung dieser Verbindung, die zugleich ein Eingehen in eine neue ist."

Diese Anschauung ist gründlich materialistisch, da sie die Materie zu dem wahren Wesen der Dinge macht, welches die Formen aus sich selbst hervorbringt, während noch bei Aristoteles, wie wir gesehen haben, die Form als das die Materie Bestimmende erscheint.

Bruno's Leben war eine lange Kette von Verfolgungen. Er zog durch England, Frankreich, Deutschland und fiel zuletzt in Venedig im Jahre 1592 in die Hände der Inquisition, welche ihn 1600 zu Rom verbrennen ließ. Seine Lehren haben mächtig auf den Gang der Philosophie eingewirkt. Dennoch tritt er in der Geschichte der Philosophie in den Hintergrund vor dem berühmten Lordkanzler von England

Bako von Verulam, welcher in den ersten Decennien des 17. Jahrhunderts (1561—1626) auftrat.

Bako und der auf ihn folgende Cartesius oder Descartes werden als die eigentlichen Erneuerer der

22*

Philosophie, und die auf sie folgenden Philosophen
Gassendi und Hobbes als die eigentlichen Erneuerer
des Materialismus angesehen.

Bako, der zugleich als der Vater der modernen
Naturwissenschaft und der inductiven Methode gilt, da er
die Erfahrung oder die Beobachtung und das Experi=
ment als die einzig richtigen Mittel der Erkenntniß und
damit auch als Princip der Wissenschaft und der Philo=
sophie hinstellt, steht dem Materialismus schon sehr nahe;
was sich auch sehr deutlich darin zeigt, daß er unter
allen philosophischen Systemen der Vergangenheit das
des Demokrit am höchsten stellt. Ohne Atome, sagte
er, lasse sich die Natur nicht erklären. Dennoch ist auch
er dem Kirchenglauben gegenüber sehr tolerant und geht
sogar so weit, zu behaupten, daß bei der Beschränktheit
menschlicher Erkenntniß uns göttliche Wahrheiten oft sehr
thöricht erscheinen könnten. Sogar Engel und Geister
finden einen Platz in seiner Philosophie. — Auch setzt
er das Streben nach Aehnlichkeit mit Gott höher als
das Streben nach Erkenntniß und verwickelt sich durch
diese supranaturalistische Richtung, im Gegensatz zu seinen
naturalistisch=empirischen Anschauungen oft in große
Widersprüche. Die Theologie betrachtet er als eine
Wissenschaft, und die vernünftige Seele oder den Geist
nennt er unkörperlich und göttlich; nur die sog. un=
vernünftige Seele (?) kommt aus der Materie und
kommt auch dem Thiere zu. Bako selbst gesteht nach
Kuno Fischer (Franz Bako von Verulam 2c., Leipzig

1856) ein, daß seine Philosophie unvermögend sei, den Geist zu erklären, weßwegen er Geist und Seele trenne und den Geist zu einer unerklärlichen, die Seele aber zu einer körperlichen Substanz mache, die ihren räumlichen Ort im Gehirn habe u. s. w. — Nach Manchen soll diese Unterscheidung jedoch nur eine Concession gewesen sein, die der schlaue Kanzler der Kirche gegenüber machte, um desto ungestörter seinen materialistischen Anschauungen Ausdruck geben zu können.

Bako gegenüber steht Cartesius (Descartes), geb. 1596, gest. 1650, welcher eine strenge Scheidung zwischen Körper und Geist etablirte und dadurch den eigentlichen Dualismus und Spiritualismus in die Philosophie einführte. Von ihm rührt das berühmte oder vielmehr berüchtigte Cogito ergo sum (Ich denke, daher bin ich) her. Seine Philosophie beginnt nicht, wie die des Bako, mit Induction, sondern mit Deduction und Abstraction. Dennoch hat auch Descartes manche Zusammenhänge mit dem Materialismus und namentlich mit der mechanischen Naturauffassung — deren genauere Darlegung mich jedoch hier zu weit führen würde. Erwähnen will ich nur, daß einer der extremsten Materialisten des 18. Jahrhunderts, de la Mettrie nämlich, der Verfasser des bekannten homme machine, sich selbst zu den Cartesianern rechnete und seine Philosophie zum Theil auf cartesianischen Principien aufbaute. —

Von Bako einerseits und Cartesius andererseits gingen nun zwei große Richtungen oder Zweige der

Philosophie aus, welche noch bis auf den heutigen Tag bestehen und auf der einen Seite als Empirismus, Materialismus und Sensualismus, auf der andern als Idealismus und Spiritualismus bezeichnet werden können. Die letztere Richtung führt von Descartes durch Spinoza, Leibniz, Kant, Fichte, Schelling, Hegel bis auf die Gegenwart, oder bis auf den „ewig jüngeren Fichte" und bis auf „die letzten Zehn vom speculativen Regiment", wie E. Löwenthal recht witzig die Herausgeber und Mitarbeiter der „Zeitschrift für Philosophie und philosophische Kritik" von Fichte, Wirth und Ulrici nennt. Die andere oder erstere Richtung führt von Bako durch Gassendi, Hobbes und Locke zu den französischen Materialisten des 18. Jahrhunderts und endlich zu dem heutigen Materialismus. Für unsern Zweck interessirt uns hier nur die letztgenannte Richtung.

Probst Gassendi, geb. 1592 in Frankreich, wird von F. A. Lange (a. a. O.) als der eigentliche Erneuerer des Materialismus angesehen, und zwar durch seine Schrift über Epikur, in welcher er zwar nicht offen für letzteren Partei nimmt, sondern nur versteckt, wie alle Naturforscher jener Zeit, welche nie vergaßen, bevor sie ihre materialistischen oder atheistischen Grundsätze entwickelten, zuerst ihre volle Anhänglichkeit an den Kirchenglauben zu versichern. So sagt z. B. Descartes im Eingang seiner Theorie über die Entstehung der Welt ausdrücklich, daß zwar kein Zweifel darüber bestehen könne, daß Gott die Welt auf einmal erschaffen habe, daß es aber doch interessant sei, zu sehen, wie sie von selbst hätte entstehen können. Alsdann wird im weiteren Verlauf der Auseinandersetzung nur noch von der natürlichen Entstehungshypothese gesprochen, und wird Gott ganz über Seite gelassen.

Gassendi nahm sogleich in seinen Disquisitiones Anticartesianae, 1643, eine entschiedene Stellung gegen seinen Zeitgenossen Descartes und war mit ihm nur in der Bekämpfung des Aristoteles einig; aber während jener von der Vernunft, ging er von der Erfahrung aus und nahm gegenüber der ganz willkürlichen Corpuskulartheorie von Descartes die alte Atomistik in Schutz. Die Descartes'sche Trennung von Körper und Geist und seine berühmte Unterscheidung einer denkenden und einer ausgedehnten Substanz verwarf er auf das Allerentschiedenste. Eine nähere Ausführung über seine eigene Theorie ist überflüssig, da sie sich ganz an Epikur und Lukrez anlehnt. Alle Erkenntniß stammt nach ihm lediglich aus den Sinnen.

An Gassendi schließen wir einen der hervorragend-sten Charaktere aus der Geschichte des Materialismus an, den Engländer

Thomas Hobbes, geb. 1588 zu einer Zeit, da die berühmte spanische Armada die englischen Küsten bedrohte.

Th. Buckle in seiner berühmten Geschichte der Civi-lisation in England nennt Hobbes den gefährlichsten

Gegner des Klerus im 17. Jahrhundert, den feinsten Dialektiker seiner Zeit, einen tiefen Denker und einen Schriftsteller von ausgezeichneter Klarheit.

Zum Problem seiner Philosophie machte Hobbes die Frage, welche Art von Bewegung es sein könne, welche die Empfindung und Phantasie der lebenden Wesen hervorbringe? Seine Lehre von der Empfindung ist ganz sensualistisch, da sie nur als Bewegung körperlicher Theile, veranlaßt durch die äußere Bewegung der Dinge, aufgefaßt wird; doch trennt auch er schon sehr scharfsichtig die Qualität oder Eigenschaft der Empfindungen, welche in uns selbst entsteht, wie Licht, Farbe, Schall u. s. w., von der Bewegung der Dinge selbst. Alle Erkenntniß stammt nach ihm aus der äußern Erfahrung; Vernunft und Verstand sind nur ein Rechnen mit den aus Sinnesempfindungen herstammenden Vorstellungen und Begriffen. Die Vermittlung der Fortpflanzung jener Eindrücke bis ins Innerste des lebendigen Wesens geschieht durch die Nerven, und die äußere Vorstellung ist nur die alsdann erfolgende „Rückwirkung des ganzen Thieres". — In Bezug auf das Weltganze hält sich Hobbes lediglich an die erkennbaren, nach dem Causalitäts=Gesetz erklärbaren Erscheinungen, während er alles Uebrige den Theologen überläßt. Gott erklärt er sonderbarer Weise für ein körperliches Wesen.

Vor der englischen Demokratie, gegen welche er sich erklärt hatte, flüchtend, kam Hobbes nach Paris und verkehrte hier viel mit Gassendi, von dem er sich auch

Manches aneignete. Philosophie selbst definirt Hob=
bes sehr richtig als Erkenntniß der Wirkungen aus den
Ursachen und der Ursachen aus den Wirkungen vermit=
telst richtiger Schlüsse. Zudem macht er die Philosophie
praktisch und will sie dienstbar der Politik und der
Industrie machen, bahnte also eine Verbindung des
philosophischen Materialismus mit dem Materialismus
des Lebens im gute Sinne an — eine Sache, welche
für das praktische England gewiß von großer Bedeutung
war. Die Religion ist für Hobbes einfach Frucht von
Furcht und Aberglauben. Ist diese Furcht vom Staat
durch Gesetze festgestellt, so nennt man es Religion; ist
dieses nicht der Fall, so ist es Aberglaube. Die
Wunder der positiven Religionen vergleicht Hobbes
sehr treffend mit Pillen, die man ganz hinunterschlucken,
aber nicht kauen müsse. In ähnlicher Weise sagt unser
heutiger Philosoph Schopenhauer sehr witzig: „Die
Religionen sind wie die Leuchtwürmer, sie bedürfen der
Dunkelheit, um zu glühen."

Die von Hobbes und Bako gelehrten Principien
übten einen großen Einfluß auf das öffentliche Leben in
England und wurden, wie dieses in jenem Lande mehr
als bei uns Gebrauch ist, unmittelbar praktisch gemacht.
Nachdem der strenge und heuchlerische Puritanismus der
Revolution zu Grabe getragen war, machte sich an dem
wiederhergestellten englischen Hofe eine Neigung nicht
blos zu Frivolität und Freigeisterei, sondern auch zur
Betreibung empirischer Wissenschaften geltend. Karl der

Zweite von England, welcher Hobbes sehr hoch schätzte, sein Portrait in seinem Zimmer aufhing, ihm einen Jahrgehalt aussetzte und ihn gegen seine zahlreichen Feinde schützte, war selbst ein eifriger Physiker und besaß ein eigenes Laboratorium. Chemische und physikalische Studien wurden um jene Zeit Modesache, und die vornehmen Damen der Aristokratie fuhren bei den Arbeitssälen der Gelehrten vor, um sich magnetische und elektrische Kunst= stückchen zeigen zu lassen. So gerieth England auf eine wohlthätige Bahn des Fortschritts in den Naturwissen= schaften. Ein echt materialistischer Geist machte sich nach allen Seiten, theoretisch und praktisch, geltend und führte das Land zu jener geistigen und materiellen Blüthe, welche es bekanntlich in wenig Jahrhunderten zum reichsten und mächtigsten Lande der Erde gemacht hat.

Unter Denjenigen, welche nach Hobbes in England die materialistische Philosophie weiter bildeten, ist vor allen Andern der berühmte John Locke (geb. 1632) zu nennen, ein Mann, der, wenn auch nicht selbst strenger Materialist, doch einen großen Einfluß auf die ganze Richtung übte und durch seinen Kampf gegen die ange= borenen Ideeen und die übersinnliche Vernunft gerade dem heutigen Materialismus mächtig vorgearbeitet hat. Anfangs Philosoph, wandte er sich später der Medicin zu und unterscheidet sich von Hobbes namentlich dadurch, daß er auf der Seite der politischen Demokratie stand, während Hobbes ein entschiedener Parteigänger des politischen Absolutismus war. Man hat Locke vielleicht

nicht mit Unrecht den Vater des neueren Constitutionalis=
mus genannt. Lange Zeit lebte er in der Verbannung
und von der Regierung verfolgt, und erst die Revolution
von 1688 gab ihn seinem Vaterlande wieder.

Sein berühmtes Werk „Ueber den menschlichen Ver=
stand" (Essay concerning human understanding) oder
über Ursprung und Grenzen der menschlichen Erkenntniß
erschien 1690 und zeichnete sich durch Klarheit, Deutlich=
keit und allgemeine Verständlichkeit so sehr aus, daß seine
Ansichten bald die allgemeine Philosophie aller Gebildeten
jener Zeit in England wurden. Seine Hauptgrundsätze
sind in Kürze die folgenden:

Es gibt keine angeborenen Ideeen oder Grundsätze oder
Vorstellungen im Sinne des Plato oder des Descartes,
überhaupt keine vorgebildeten Begriffe in unserm Denken.
Ebensowenig gibt es angeborene moralische oder logische
Wahrheiten, da wir weder eine sittliche Wahrheit, noch
einen logischen Satz kennen, der sich überall und zu allen
Zeiten, bei verschiedenen Personen und Völkern, bei
Kindern, Idioten u. s. w. in vollkommen gleicher Weise
geltend machen würde. Im Gegentheil begegnen wir
überall den verschiedensten Ansichten. Alle Ungebildeten
oder Unerzogenen sind ohne Ahnung von unsern abstracten
oder abgezogenen Sätzen und ebenso auch von den meisten
moralischen Wahrheiten; und doch sollen diese angeboren
sein!? Auch ist der Gang der Erkenntniß erfahrungs=
gemäß ein solcher, daß nicht das Allgemeine dem Spe=

ciellen oder Einzelnen, sondern daß umgekehrt das Spe=
cielle dem Allgemeinen vorausgeht.

Daher ist der menschliche Verstand eine tabula rasa
oder ein unbeschriebenes Blatt Papier, das erst durch die
Eindrücke von Außen Inhalt bekommt; und diese Ein=
drücke oder die Erfahrung sind überhaupt das Einzige,
was unserm Geiste Kenntniß und Erkenntniß gibt. „Alle
Erkenntniß", sagt Locke, „gründet sich auf die Erfah=
rung und entspringt zuletzt aus ihr. Unsere Beobachtung,
welche theils die äußeren, wahrnehmbaren Gegenstände,
theils die inneren, von uns durch Reflexion wahrgenom=
menen Wirkungen unseres Geistes zum Gegenstande hat,
versorgt unsern Verstand mit allem Stoffe zum Denken.
Dieses sind die zwei Quellen der Erkenntniß, woraus
alle Begriffe entspringen, die wir wirklich haben oder
natürlicher Weise haben können." Kinder werden nur
nach und nach mit einem Vorrath von Vorstellungen als
Stoff ihrer künftigen Erkenntniß versorgt, und zwar
durch mannichfaltige und beständige Affectionen der Sinne
von Außen. „Und wenn es sich der Mühe lohnte, so
könnte man ein Kind ohne Zweifel so aufziehen, daß es
eine sehr kleine Anzahl selbst von den gewöhnlichen Be=
griffen erhielte." Eine Menge von sog. „Grundsätzen"
oder Lehren, die sich keines besseren Ursprungs rühmen
können, als des Aberglaubens einer Amme oder eines
alten Weibes, werden uns in der Jugend eingepflanzt
und von uns später, wenn wir uns nicht mehr auf ihren
Ursprung besinnen können, für „Eindrücke Gottes oder

der Natur, d. h. für angeboren" gehalten u. s. w. u. s. w.
— Aus diesem Allem folgt der hochwichtige Satz: „Nihil
est in intellectu, quod non ante fuerit in sensu" oder:
„Es gibt nichts in unserm Verstande, das nicht vorher
in den Sinnen war."

Zwar geht aus obiger Citation oder Anführung hervor, daß Locke eine Erfahrung von zweierlei Art annimmt, nämlich eine solche durch Empfindung und
eine solche durch Reflexion; sie kann sich nach ihm
entweder auf äußere Objecte oder auf innere Zustände
oder Wahrnehmungen (sog. Reflexion) beziehen. Aber auch
diese innere Wahrnehmung oder Verknüpfung und Ver-
arbeitung der einfachen, von Außen zugeführten Ideeen
ist bei Locke unzweifelhaft sinnlicher Natur, da es
nun und nimmer eine Erkenntniß gibt, welche nicht von
den Sinnen ausgeht und in ihrem letzten Grunde sinnlicher Art ist.*) Die Reflexions-Ideeen sind selbst nichts
Angeborenes oder rein Geistiges, sondern überall nur

---

*) Diese innere Wahrnehmung oder Reflexion Locke's unter-
scheidet sich daher wesentlich von der sog. „inneren Erfahrung"
unserer heutigen Philosophen, mit welchem zweideutigen Ausdruck
diese, nachdem sie vorher die Erfahrung als nothwendige Quelle der
Philosophie zugestanden haben, wie durch ein Hinterpförtchen ihren
alten metaphysischen Quark und ihr „absolutes Denken" wieder in
die Philosophie hineinführen und ihre tollen Hirngespinnste und sub-
jectiven Einbildungen aller Art mit dem ehrwürdigen Mantel der
„Erfahrungsphilosophie" behängen möchten. Aber glücklicherweise
erkennt man auf den ersten Blick die falsche Waare von der ächten
und erblickt hinter der sog. „inneren Erfahrung" sofort den Pferde-
fuß der alten aprioristischen Speculation und des sog. absoluten
oder „reinen Denkens" der Idealphilosophen.

Erfahrenes. Außer der Reflexion gibt es nichts Geistiges, und alle unsere Ideeen stammen entweder aus der Sensation oder aus der Reflexion. — Wie nun aber eigentlich das Denken vor sich geht, läßt Locke unbestimmt; nur läßt er gegen Diejenigen, welche beständig betonten, daß das Wesen der Materie, als das der Ausdehnung, dem Denken widerspreche, die ächt deistische und dem Geiste jener Zeit entsprechende Bemerkung fallen, es sei gottlos, zu behaupten, daß eine denkende Materie unmöglich sei; denn wenn Gott gewollt hätte, hätte er ohne Zweifel auch die Materie denkend erschaffen können.

Auch durch seine übrigen Schriften über Toleranz, Erziehung, Christenthum, Politik u. s. w. hat Locke großen Einfluß auf seine Zeitgenossen geübt, aber die Besprechung dieser Seite seiner Philosophie gehört nicht hierher.

Ein Schüler und Nachfolger von Locke war Anthony Collins, der insoweit über seinen Meister hinausgeht, als er in einer 1713 erschienenen Abhandlung über das „Freidenken" der Bibel und dem Kirchenglauben vollständig Valet sagt, der Theologie den Fehdehandschuh hinwirft und blos das unveräußerliche Recht der Vernunft gelten läßt. — Ganz ähnlich verfuhr um beinahe dieselbe Zeit ein ausgezeichneter französischer Denker,

Pierre Bayle (gest. in einem Alter von 32 Jahren im Jahre 1706), der ein großes historisch=kritisches Wörterbuch schrieb und folgende durchschlagende Behauptungen aufstellte:

1) Daß der Unglaube immer noch besser sei als der Aberglaube.

2) Daß ein Staat von Menschen denkbar sei, der ohne Glauben an Gott und die Unsterblichkeit der Seele bestände.

Noch eine bemerkenswerthe Frucht Locke'scher Einwirkung ist das berühmte Buch des Engländers John Toland: „Das Christenthum ohne Geheimnisse", welches 1702 in dritter Auflage erschien und in dieser durch die ganze Welt sich verbreitete. Das Buch erregte ein solches Aufsehen, daß Toland aus England flüchten mußte, und daß in allen Kirchen gegen ihn gepredigt wurde, obwohl er nur eine Art Vernunftreligion gelehrt hatte. — Später jedoch entfremdete er sich der Religion mehr und mehr und schrieb die berühmten „Briefe an Serena" (London 1704). (Serena ist die berühmte philosophische Königin Sophie Charlotte von Preußen, die geistreiche Freundin von Leibniz und Gönnerin Toland's.) Die beiden letzten dieser Briefe enthalten eine ganz materialistische Weltanschauung, gestützt auf das Verhältniß von „Kraft" und „Stoff". Der Stoff ist nach Toland belebt und bewegt; Alles ist ein ewiger Stoff- und Formenwechsel, ein rastloses Auf und Ab. Kein Körper ist in absoluter Ruhe. Auch das Denken ist eine körperliche, an die Stoffwelt gebundene Bewegung oder Gehirnthätigkeit. *)

---

*) An Toland's Namen knüpft sich eine hübsche Anekdote, welche er in seinem Tetradymus (London 1720) mittheilt: Lord

Sehr bedeutende Anhänger und Weiterbildner seines Systems fand Locke in dem Engländer David Hume und dem Franzosen Condillac, welche Männer aber dem folgenden oder 18. Jahrhundert, dem großen Jahrhundert der Aufklärung und des philosophischen Materialismus, angehören. Ehe wir auf dieses Jahrhundert übergehen, wollen wir vorher noch einen raschen Blick auf Deutschland im 17. Jahrhundert werfen, ein Land, von dem wir bisher nichts hörten, da nur Italiener, Engländer und Franzosen genannt wurden.

Leider sind aus Deutschland und aus dieser Zeit keine Namen zu nennen, die jenen ausländischen ebenbürtig an die Seite gestellt werden könnten. Denn während in Italien, England und Frankreich die philosophische Reaction gegen Aristoteles und die Kirchenväter voranging, blieb Deutschland der Stammsitz pedantischer Scholastik, und nur ganz vereinzelte und heimliche

---

Shaftesbury, der bekannte philosophische Weltmann und freisinnige Schriftsteller, welcher in seiner Abhandlung über die Moralisten nachgewiesen, daß die Religion die Tugend nicht trage und hebe, sondern nur schwäche und irre, unterhielt sich eines Tages mit Freunden über die mancherlei Religionen in der Welt; und man kam endlich zu dem Schlusse, daß alle weisen Männer derselben Religion angehörten. Eine Dame, welche bisher scheinbar theilnahmlos der Unterhaltung zugehört hatte, wandte sich hier um und fragte neugierig, welche Religion das sei? worauf Shaftesbury rasch zur Antwort gab: „das sagen die weisen Männer niemals!" — Glücklicherweise ist dieser exclusive Standpunkt heutzutage wenigstens theoretisch überwunden. Nur wer das Volk bei seinen Befreiungsbestrebungen im Auge hat, kann in Zukunft Lehrer der Menschheit sein wollen.

Stimmen erhoben sich hier und da im Interesse einer freieren Anschauung, ohne jedoch entsprechendes Aufsehen zu erregen oder Anstoß zur Entstehung neuer Schulen zu geben. So erschien 1713 der viel besprochene Brief= wechsel vom Wesen der Seele anonym, in einem entsetzlichen Styl und mit lateinischen und französischen Brocken vermengt. Der Verfasser des Briefwechsels macht sich mit einem gewissen Humor (der auch heute noch ähn= lichen Erscheinungen gegenüber ganz am Platz wäre) lustig über die verschiedenen philosophischen und theolo= gischen Ansichten vom Wesen der Seele, über die ver= schiedenen Ansichten von ihrem Sitz im Körper, über die qualitas occulta u. s. w., und definirt selbst das geistige Wesen des Menschen lediglich als eine Bewegung sei= ner feinen Hirnfasern. Die Annahme einer beson= deren Seele oder Seelensubstanz ist nach ihm ganz zu verwerfen.

Einen ähnlichen Gedankengang verfolgte (1697) der wackere deutsche Mediciner Pankratius Wolf. Er sagt, „daß die Gedanken nicht actiones (Thätigkeiten) der immaterialistischen Seele, sondern des menschlichen Leibes und in specie (im besonderen) des Gehirns, mechanismi (mechanische Vorgänge) wären.“ Ebenso sagte Friedrich Wilhelm Stosch, ein Spinozist, der im Verein mit mehreren Anderen der Spinozistischen Philosophie eine möglichst materialistische Wendung zu geben suchte, 1692, indem er kurzweg sowohl die Immaterialität, als die Unsterblichkeit der menschlichen Seele leugnet: die Seele

des Menschen besteht in der richtigen Mischung des Blu=
tes und der Säfte, welche gehörig durch unverletzte Ka=
näle strömen und die mannigfachen willkürlichen und
unwillkürlichen Handlungen hervorbringen. —

Der Materialismus des achtzehnten Jahr=
hunderts

verdient eine ganz besondere Betrachtung und Beachtung.
Derselbe unterscheidet sich von seinem Vorgänger, dem
Materialismus des 17. Jahrhunderts, hauptsächlich da=
durch, daß die hemmenden Schranken gefallen sind, und
daß seine Vertreter, weit entfernt ihre Anhänglichkeit an
den Kirchenglauben zu versichern, im Gegentheil mit
Wuth und Energie gegen denselben zu Felde ziehen. Ihre
Erfolge sind denn deßwegen auch viel größere gewesen,
als die ihrer Vorgänger; und man kann wohl sagen,
daß die große französische Revolution, welche einen so
ungeheuren Umschwung der Politik und der Meinungen
in der ganzen Welt bewirkt und die Menschheit mit einem
Schlage um Jahrhunderte voran gebracht hat, zum Theil
ihr Werk gewesen ist. Dennoch hat auch der Materialis=
mus des 18. Jahrhunderts mit seinem Vorgänger aus
dem 17. Jahrhundert noch einen gemeinsamen Grundzug,
der beide zusammen sehr wesentlich von ihrem heutigen
Zwillingsbruder, dem Materialismus des 19. Jahrhun=
derts, unterscheidet. Beide gehören nur den gebildeten
Kreisen und den höheren Ständen der Gesellschaft an
und lassen das eigentliche Volk ganz unberührt — wäh=

rend unser heutiger Materialismus sich nur auf sich selbst und die Wahrheit stützt und wesentlich durch seine Popularität oder Volksthümlichkeit wirkt. Namentlich bildet das 18. Jahrhundert, in welchem der philosophische Materialismus seinen Hauptsitz an den Höfen hatte und von diesen auch auf das Wesentlichste gestützt und genährt wurde, in dieser Beziehung den allergrellsten Gegensatz zum 19. Jahrhundert und zur Gegenwart, wo der Schrecken über die Revolution und ihre Folgen die Fürsten allesammt in die Arme der schützenden Kirche zurückgetrieben hat, und wo die vornehme Gesellschaft, wenn auch nicht überall aus Ueberzeugung, doch aus Heuchelei oder Berechnung den Kirchenglauben offen zur Schau trägt — während sich die Massen und das eigentliche Volk täglich mehr und mehr von demselben emancipiren und einer materialistisch-philosophischen Anschauung zuneigen. Es stimmt dieses letztere sehr natürlicher und nothwendiger Weise mit einem Grundzug unserer Zeit überein, welche die ehemalige geistige Absonderung der wenigen Gebildeten von der großen Masse der Ungebildeten aufgegeben hat und vor Allem dem Grundsatz huldigt: Bildung und Freiheit für Alle! — Uebrigens mag an dieser Stelle noch bemerkt werden, daß die Sucht nach sinnlichen Genüssen oder der sog. Materialismus des Lebens, welcher so oft thörichterweise mit dem philosophischen Materialismus zusammengeworfen wird, bei den höheren Ständen fast in demselben Maße zugenommen hat, in welchem die Liebe zur Philosophie und zu höheren geistigen Genüssen abgenommen hat, und in welchem der Materialismus der Wissenschaft verpönt worden ist; und es kann dies gewiß als der beste Beweis dafür gelten, daß sich jene beiden Begriffe einander nicht, wie man so oft behaupten hört, decken, sondern im Gegentheil höchst wahrscheinlich einen directen Gegensatz zueinander bilden.

Um nun aber nach dieser Abschweifung auf den Materialismus des 18. Jahrhunderts selbst wieder zurückzukommen, so hat derselbe bekanntlich seinen Hauptsitz in Frankreich, wo die sog. Encyklopädisten unter Anführung Diderot's gewöhnlich als dessen Hauptvertreter gelten. Doch geschieht dieses letztere eigentlich mit Unrecht, da die Encyklopädisten keine Materialisten im strengen Sinne des Worts waren. Die zwei Haupterscheinungen des eigentlichen französischen Materialismus sind dagegen der Schriftsteller de la Mettrie und das berühmte Système de la nature oder System der Natur — welche beide ich Ihnen zuerst vorführen und um welche ich alsdann die übrigen Vertreter des Materialismus in Frankreich, England und Deutschland gruppiren will.

De la Mettrie, welcher in seinem Hauptwerk l'homme machine den Menschen als Maschine hinzustellen versucht, gilt als der consequenteste der französischen Materialisten. Wenn schon die Materialisten überhaupt von ihren Gegnern als Schreckbilder aufgestellt zu werden pflegen, so gilt dies wohl ganz besonders und am meisten von de la Mettrie, auf dessen Haupt man alle Schrecken des Abscheus zusammengehäuft hat. Und doch war de la Mettrie, wie F. A. Lange a. a. O. nachweist, eine edlere Natur, als seine Gegner Voltaire und Rousseau. Seine philosophischen Ausführungen sind durchaus nicht so frivol und oberflächlich, wie man gewöhnlich ohne weitere Prüfung oder Kenntniß derselben anzunehmen pflegt; und namentlich um die Wissenschaft der Medicin hat er sich bleibende Verdienste erworben. Friedrich der Große, der ihn bekanntlich an seinen Hof zog, schreibt ihm eine unerschütterliche, natürliche Heiterkeit und Gefälligkeit zu und rühmt ihn als reine Seele und ehrenhaften Charakter. Wenn daher H. Hettner in seiner Litteraturgeschichte des 18. Jahrhunderts sagt: „de la Mettrie ist ein frecher Wüstling, welcher im Materialismus nur die Rechtfertigung seiner Lüderlichkeit sucht", so ist nicht abzusehen, woraus Hettner dieses absprechende Urtheil geschöpft haben will, und zeigt eine solche Anführung nur, mit welcher Leichtfertigkeit und Unkenntniß oder auch mit welcher Voreingenommenheit bei uns noch Litteraturgeschichte geschrieben zu werden pflegt.

Julien Offroy de la Mettrie wurde geboren zu St. Malo im Jahre 1709. Er genoß eine sorgfältige Erziehung und zeichnete sich schon als Schüler so aus, daß er bei Vollendung seiner akademischen Vorstudien sämmtliche Preise erhielt. Seine Gaben waren hauptsächlich poetischer und rhetorischer Natur, weßwegen er auch vor Allem schöne Litteratur trieb und schließlich zum

Geistlichen bestimmt wurde. Diesen Beruf vertauschte er
jedoch bald mit dem Studium der Medicin und wurde
praktischer Arzt, bis er sich 1733 erneuten Studiums we=
gen nach der holländischen Universität Leyden zu dem
berühmten Boerhave begab, welcher selbst den gleichen
Lebensgang durchgemacht hatte und aus einem Theologen
ein Mediciner geworden war. De la Mettrie übersetzte
eine Reihe Boerhave'scher Werke in das Französische und
gerieth dadurch in Händel mit den unwissenden Autoritäten
von Paris, gegen welche er im Interesse eines Freundes
eine beißende Satyre schrieb. Dies nöthigte ihn, Paris
zu verlassen, und er floh 1746 wieder nach Leyden; hier
verfaßte er schon im folgenden Jahre 1747 seinen berüch=
tigten homme machine oder „Maschinenmenschen", nach=
dem er schon vorher seine Naturgeschichte der Seele
hatte drucken lassen. Selbstbeobachtung während eines
hitzigen Fiebers hatte ihn auf den Gedanken gebracht, daß
das Denken nichts als eine Folge der Organisation un=
serer Maschine sei u. s. w.

Diese Naturgeschichte der Seele (Histoire naturelle
de l'âme, Haag 1745) beginnt damit, zu zeigen, daß noch
kein Philosoph Rechenschaft von dem sog. Wesen der
Seele hätte geben können, und daß dasselbe stets un=
bekannt bleiben werde. Unsinn jedoch ist es, eine Seele
ohne Körper anzunehmen. Beide sind mit einander gebil=
det und verbunden und unzertrennlich. Es gibt keine
anderen sicheren Führer der Erkenntniß, als die Sinne.
„Das sind meine Philosophen", sagt de la Mettrie.

Materie und Geist (oder Stoff und Kraft) lassen sich nur „begrifflich" trennen, während sie in Wirklichkeit nur ein und dasselbe Ding oder Wesen bilden. Daher auch angenommen werden muß, daß die Materie empfinden kann — ein Satz, der heutzutage so oft ohne jeden Schein eines Grundes abgeleugnet wird.

Mit diesem Princip an der Hand werden alsdann von de la Mettrie die großen Schwächen und Blößen der Cartesianischen Philosophie aufgedeckt. Ueber die Art der Empfindung und die Aufnahme der geschehenen Eindrücke durch Nerven und Gehirn werden schon ziemlich richtige und durch anatomische und physiologische Kenntnisse gestützte Vorstellungen beigebracht, wenn auch die ausgesprochenen Ansichten aus Mangel eingehender wissenschaftlicher Kenntnisse zum Theil noch schwankend und unbestimmt sind. Jedenfalls aber muß die wahre Philosophie nach de la Mettrie bekennen, daß ein besonderes Wesen, das man Seele nennt, ihr unbekannt sei. „Ich bin Körper und ich denke; mehr weiß ich nicht." (Voltaire).

Im letzten Kapitel der genannten Abhandlung werden eine Reihe von Taubstummen, Blindgeborenen, verwilderten Menschen u. s. w. angeführt, um zu zeigen, „daß alle Vorstellungen von den Sinnen kommen." Ein ohne alle äußeren Eindrücke in stiller Einsamkeit aufgezogener Mensch wird fast ohne geistige Entwicklung bleiben, was ja nicht möglich wäre, wenn der Geist etwas für sich Bestehendes und aus eigenem innerem Antriebe sich Entwickelndes wäre. Dieses Alles soll zugleich dazu

dienen, um die Annahme der Cartesianischen „Angebore=
nen Ideeen" zu widerlegen. Im Gegensatze zu Cartesius
stellt de la Mettrie den Satz auf: „Keine Sinne —
keine Ideeen!"

Rücksichtsloser und entschiedener als in der Abhand=
lung über die Seele geht de la Mettrie voran in seinem
schon genannten homme machine oder Maschinenmenschen
(Leyden 1748), der freilich anonym erschien, und worin
der Verfasser, um sich möglichst zu verbergen, gegen sich
selbst polemisirt. „Mit allem Schmuck rhetorischer Prosa
ausgestattet", sagt F. A. Lange a. a. O., „sucht dieses
Werk ebenso sehr zu überreden, als zu beweisen; es ist
mit Bewußtsein und Absicht geschrieben, um unter den
Kreisen der Gebildeten eine leichte Aufnahme und rasche
Verbreitung zu finden; ein polemisches Stück, bestimmt,
einer Ansicht Bahn zu brechen, nicht eine Entdeckung zu
beweisen. Bei alledem versäumte de la Mettrie nicht,
sich auf eine breite naturwissenschaftliche Basis zu stützen.
Thatsachen und Hypothesen, Argumente und Declama=
tionen — Alles ist versammelt, um dem nämlichen Zweck
zu dienen."

„Erfahrung und Beobachtung", sagt de la Mettrie
selbst in seiner angeführten Schrift, „müssen unsere ein=
zigen Führer sein; wir finden sie bei den Aerzten, die
Philosophen gewesen sind; und nicht bei den Philosophen,
die keine Aerzte gewesen sind. Die Aerzte allein, die die
Seele in ihrer Größe wie in ihrem Elend ruhig beob=
achten, haben hier das Recht zu sprechen. Was sollten

uns denn die Anderen sagen, und besonders die Theo=
logen? Ist es nicht lächerlich zu hören, wie sie ohne
Scham über einen Gegenstand entscheiden, den sie nie=
mals in der Lage waren zu erkennen, von dem sie im
Gegentheil beständig durch obscure Studien abgewandt
wurden, die sie zu tausend Vorurtheilen geführt haben,
und mit einem Worte zum Fanatismus, der zu ihrer
Unkenntniß des Mechanismus des Körpers noch bei=
trägt?"

Alsdann wird der Nachweis geführt, wie das geistige
Wesen des Menschen überall in unmittelbarer Abhängig=
keit von den körperlichen Zuständen stehe, unter Berufung
auf die Erfahrungen an Kranken, Wahnsinnigen, Blöd=
sinnigen und auf die Wirkungen des Opiums, des Weins,
des Kaffees u. s. w. Gehirnkrankheiten machen Wahn=
sinn; und wenn nicht überall bei Geisteskranken offen=
bare Entartungen des Gehirns angetroffen werden, so
sind es feine Veränderungen in den kleinsten Theilchen,
die wir nicht sehen. „Ein Nichts", so ruft de la Mettrie
aus, „eine kleine Fiber, irgend Etwas, das die subtilste
Anatomie nicht entdecken kann, hätte aus Erasmus und
Fontenelle zwei Thoren gemacht!"

Die Thätigkeit unseres Gehirns ist eine nothwendige.
Es muß denken, d. h. Dinge beobachten, vergleichen und
schließen, sobald äußere Eindrücke auf dasselbe einwirken,
ebenso wie unser Auge sehen oder unser Ohr hören muß,
wenn sie von Licht= oder Schallwellen getroffen werden.
Alles, was in der Seele vorgeht, läßt sich übrigens auf

die Thätigkeit der Einbildungskraft zurückführen; und sie ist es hauptsächlich, welche die großen Geister macht.

Ein spezifischer Unterschied zwischen Menschen= und Thierseele existirt nicht. Die Thiere empfinden, den=ken, vergleichen und schließen wie der Mensch, nur in weniger ausgebildetem Grade. Mensch und Thier sind aus denselben Stoffen und nach denselben Principien gebildet. Nur ist das Triebwerk des Menschen compli=cirter, wie das der Thiere — ähnlich wie das Trieb=werk einer Planetenuhr complicirter ist, wie das einer gewöhnlichen Uhr.

Die Frage, ob es einen Gott gäbe, beantwortet de la Mettrie dahin, daß dieses möglich, ja sogar wahr=scheinlich sei. Aber für unsere Ruhe und für unser Ver=halten sei es völlig gleichgültig, ob Gott sei oder nicht, und ob derselbe die Materie geschaffen habe, oder ob diese ewig sei. Die Kenntniß dieser Dinge ist nach de la Mettrie unmöglich, und wir würden um nichts glücklicher sein, wenn wir sie wüßten. Die Sittlichkeit ist übrigens un=abhängig von Religion und von dem Glauben an Gott.

Die Frage von der Unsterblichkeit behandelt de la Mettrie ähnlich, wie die Lehre von Gott; doch erklärt er sie sonderbarer Weise für nicht unmöglich und erin=nert zur Bekräftigung an das so oft citirte Beispiel von Raupe und Schmetterling. Er geht also in diesen Fra=gen nicht einmal so weit wie sein berühmter Vorgänger Epikur.

Das Princip des Lebens findet de la Mettrie sehr richtig

nicht blos im Ganzen, sondern auch in jedem einzelnen Theile und führt dafür eine Reihe physiologischer Experimente und Beobachtungen an, wie die Muskelreizbarkeit, die Bewegungen mancher Thiere und einzelner Theile, z. B. des Herzens nach dem Tode, oder nachdem man ihnen den Kopf abgeschlagen, die Reproductionskraft niederer Thiere nach Verlust einzelner Theile u. s. w.

De la Mettrie's Buch, das, wie Sie aus dem Angeführten ersehen werden, gar nicht so gefährlich ist, wie sein Titel und sein Ruf anzudeuten scheinen, und das zum Theil noch sehr hinter dem neueren physiologischen Materialismus zurückbleibt, machte nichtsdestoweniger großes Aufsehen und rief eine Fluth von Gegenschriften hervor, die sich übrigens zum Theil durch ruhigen Ton und milde, eingehende Kritik sehr vortheilhaft vor ihren heutigen Verwandten auszeichnen. Offenbar hielt man damals die Weltanschauung des Materialismus nicht für so monströs, wie heutzutage, wo allerdings die Furcht vor dessen tiefgreifendem Einfluß in fast allen Richtungen des Lebens viel tiefer empfunden wird, als damals.

Schlimm war es für de la Mettrie, daß er einige Schriften über sinnliche Lust und Wollust herausgab, und daß er auch in seinem „Maschinenmenschen" geschlechtliche Dinge mit einiger Frivolität berührt hatte, da er sich durch sein System berechtigt glaubte, auch eine Rechtfertigung des Strebens nach Vergnügen und Lustempfindung in ähnlicher Weise, wie Epikur und Aristipp, zu befürworten. Nichtsdestoweniger ist nichts bekannt ge-

worden, was bei de la Mettrie selbst einen besonders
ausschweifenden oder leichtsinnigen Lebenswandel voraus=
setzen ließe; im Gegentheil spricht der Umstand, daß er
Philosoph war, und daß er seine Stellung und äußere
Lebensvortheile seinem Hange zur Wahrheit und Wissen=
schaft zum Opfer brachte, sehr entschieden dagegen und
zu seinen Gunsten. Auch besondere Schlechtigkeiten, wie
von so vielen andern großen Männern, sind von ihm nicht
bekannt geworden. „Er hat", so erzählt F. A. Lange
a. a. O., „weder seine Kinder ins Findelhaus geschickt,
wie Rousseau, noch zwei Bräute betrogen, wie Swift; er
ist weder der Bestechung für schuldig erklärt, wie Bako,
noch ruht der Verdacht der Urkundenfälschung auf ihm,
wie auf Voltaire. In seinen Schriften wird allerdings
das Verbrechen wie eine Krankheit entschuldigt, aber
nirgendwo wird es, wie in Mandeville's berüchtigter Bienen=
fabel, empfohlen. Mit vollem Recht kämpft de la Mettrie
gegen die gefühllose Rohheit der Rechtspflege. — — Es
ist in der That zu verwundern, daß bei dem ungeheueren
Ingrimm, der sich allenthalben gegen ihn erhob, nicht
einmal eine einzige positive Beschuldigung gegen sein
Leben ist vorgebracht worden. Alle Declamationen gegen
die Schlechtigkeit dieses Menschen sind einzig und allein
aus seinen Schriften abstrahirt, und diese Schriften haben
bei aller tendenziösen Rhetorik und leichtfertigen Witzelei
doch einen beträchtlichen Kern gesunder Gedanken."

„Wir brauchen es daher Friedrich dem Großen nicht
zu verübeln, daß er sich dieses Mannes annahm und

ihn, als ihm selbst in Holland der Aufenthalt verboten
wurde, nach Berlin berufen ließ, wo er Vorleser des
Königs (und einer seiner beliebtesten Gesellschafter) wurde,
eine Stelle an der Akademie erhielt und seine ärztliche
Praxis wieder aufnahm." ·

Von den späteren Schriften de la Mettrie's ist am be=
merkenswerthesten die kleine Abhandlung L'homme plante
oder der Mensch als Pflanze (Potsdam 1748), worin
die gesammte organische Natur in ihrer inneren Einheit
als eine lückenlose Stufenfolge verwandter Formen dar=
gestellt wird — also eine ganz den Ideen der Neuzeit
entsprechende Auffassung!*) Auch eine Darstellung des
Systems Epikur's hat de la Mettrie verfaßt. Ueberhaupt
spielte Epikur in der damaligen französischen Gesellschaft
wieder eine ähnliche Rolle, wie in der römischen Kaiser=

---

*) Von dem Princip der allgemeinen Einheit in der
Natur ausgehend, zeigt de la Mettrie in dieser Abhandlung, daß
kein wesentlicher Unterschied zwischen Thier und Pflanze besteht, und
nimmt eine eingehende Vergleichung der einzelnen Organe bei bei=
den vor. Das ganze Weltall zeigt nirgends Sprünge, sondern
überall nur Uebergänge in den allmäligsten Abstufungen und eine
unendliche Anzahl von Graden oder Nüancirungen. Wenn der
Mensch, dieses ausgezeichnete Thier, an der Spitze der ganzen Stu=
fenleiter steht, so hat er dies nur seinem Uebergewicht an Gehirn,
seinen zahlreichen Bedürfnissen u. s. w. zu danken. Verachten wir
daher nicht Wesen, welche denselben Ursprung mit uns haben! Die
„Oeuvres philosophiques de la Mettrie", welche 1796 in Berlin
ausgegeben wurden, enthalten im ersten Bande die berühmte „Ab=
handlung über die Seele", und im zweiten die Aufsätze: „System
Epikur's", „Der Mensch als Pflanze", „Die Thiere mehr als Ma=
schinen", „Anti=Seneka" oder „Ueber das Glück" und „Brief an
Mademoiselle A. C. P."

zeit, und das Lehrgedicht des Lukrezius Carus wurde
in französischer Uebersetzung fleißig gelesen.

Am meisten scheint de la Mettrie sich und seiner
Sache durch seinen Tod geschadet zu haben. Er starb,
so erzählt man, an den Folgen einer Indigestion, welche
er sich zugezogen hatte bei einem großen Fest zur Wieder=
genesung des französischen Gesandten am Berliner Hof,
den er behandelt und geheilt hatte — am 11. Novem=
ber 1751. Uebrigens ist die ganze Geschichte, die so viel
gegen de la Mettrie benutzt worden ist, nicht einmal
sichergestellt. Friedrich der Große selbst erzählt über
de la Mettrie's Tod nur Folgendes:

„Herr de la Mettrie starb im Hause des Milord
Tirçonnel, des französischen Bevollmächtigten, dem er das
Leben wiedergegeben hatte. Es scheint, daß die Krank=
heit, wohl wissend, mit wem sie es zu thun hatte, die
Geschicklichkeit besaß, ihn beim Gehirn anzupacken, um
ihn desto sicherer umzubringen. Er zog sich ein hitziges
Fieber mit heftigem Delirium zu. Der Kranke war ge=
zwungen, zu der Wissenschaft seiner Collegen seine Zu=
flucht zu nehmen, und er fand darin nicht die Hülfe,
welche er so oft, sowohl für sich als für das Publikum
in seinen eigenen Kenntnissen gefunden hatte." —

Zwanzig Jahre später, im Jahre 1770, erschien, ge=
wissermaßen als Gipfelpunkt und als letztes Wort des
französischen Materialismus des 18. Jahrhunderts, das
berühmte und berüchtigte Système de la Nature ou:
Les lois du monde physique et du monde moral, wel=

ches durch seine Kühnheit und Rücksichtslosigkeit die ganze gebildete Welt in Staunen und Schrecken setzte.

Das Système de la Nature oder „System der Natur" ist aus dem eigentlichen Mittelpunkt des materialistischen Heerlagers hervorgegangen und hat zum Verfasser einen deutschen Baron: Paul Heinrich Dietrich von Holbach, geb. 1723 zu Heidelsheim in der Pfalz. Er war schon in früher Jugend mit seinem Landsmann Grimm nach Paris gekommen und hatte sich ganz in französisches Wesen und in die damalige Denkrichtung hineingelebt. Seine ersten Studien waren chemische gewesen; er hatte mehrere chemische Werke aus dem Deutschen ins Französische übersetzt und chemische Artikel für die Encyklopädie verfaßt. Später wandte er sich mehr der Philosophie zu. Unermeßlich reich, machte er sein gastfreies Haus zum Mittelpunkt der damaligen gelehrten und philosophischen Kreise von Paris. Er hat eine ziemliche Anzahl von Schriften geschrieben, theils metaphysischer, theils ethischer Art — jedoch alle anonym und mit falschem Druckort. Das bedeutendste darunter ist das „System der Natur", welches bei seinem Erscheinen den Namen eines schon zehn Jahre vorher gestorbenen Secretärs der Akademie, Jean Baptiste Mirabaud, als den des Verfassers auf seinem Titel trug. Niemand ahnte den eigentlichen Autor, den man nur als liebenswürdigen Wirth und dabei bescheidenen Menschen kannte, in dessen Nähe jedes Talent die vollste Anerkennung fand, und dessen Humor, Wohlthätigkeit und Herzensgüte mit der

Rolle eines Gelehrten und Schriftstellers von so ausge=
sprochenem Charakter schlecht zusammenzustimmen schienen.
In Wirklichkeit aber besaß Holbach eine reiche Fülle
naturwissenschaftlicher und philosophischer Kenntnisse.

„Holbach starb", so erzählt H. Hettner a. a. O.,
„am 25. Februar 1789 in Paris, sechsundsechzig Jahre
alt. Die Gerechtigkeit erfordert zu sagen, daß Holbach
ein hartschaliger Mensch mit weichem Kern war, durch=
aus edel und hochherzig. Diderot nennt ihn in seinem
ersten Briefe an Mlle. Volland einen heiteren, witzigen
und kräftigen Satyr; aber seinen Freunden war er ein
treuer Freund, den Armen und Gedrückten ein hülfreicher
Retter. Es werden die herzgewinnendsten Züge seiner
aufopfernden Wohlthätigkeit erzählt; in seinem Reichthum
sah er nur das Mittel, das Gute zu befördern und zu
befestigen. — Rousseau hat Holbach in der Neuen He=
loise als den edlen Engländer Wolmar geschildert. Und
Grimm widmete ihm in der literarischen Correspondenz
folgenden Nachruf: „„Ich habe wenig so gelehrte und
allgemein gebildete Männer angetroffen, wie Holbach;
ich habe deren nie gesehen, welche es mit weniger Eitel=
keit und Ruhmsucht gewesen wären. Ohne den leben=
digen Eifer, welchen er für den Fortschritt aller Wissen=
schaften hatte, ohne den ihm zur zweiten Natur gewordenen
Drang, Andern Alles mitzutheilen, was ihm nützlich und
wichtig schien, hätte er seine beispiellose Belesenheit wohl
niemals verrathen. Es verhielt sich mit seiner Gelehr=
samkeit wie mit seinem Vermögen. Nie hätte man es

geahnt, hätte er es verbergen können, ohne seinem eigenen
Genuß und besonders dem Genuß seiner Freunde zu
schaden. Einem Menschen von dieser Gesinnung mußte
es nur wenig Mühe kosten, an die Herrschaft der Vernunft zu glauben; denn seine Leidenschaften und Ver-
gnügungen waren gerade so wie sie sein müssen, um das
Uebergewicht guter Grundsätze geltend zu machen. Er
liebte die Frauen, er liebte die Freuden der Tafel, er
war neugierig, aber keine dieser Neigungen hatte ihn
unterjocht. Er vermochte es nicht, Jemanden zu hassen;
nur wenn er von den Beförderern des Despotismus und
des Aberglaubens sprach, verwandelte sich seine angeborene Sanftmuth in Bitterkeit und Kampflust.“

Was nun das System der Natur selbst anlangt,
so zerfällt es in zwei Theile, einen anthropologischen
und einen theologischen.

Der erste oder anthropologische Theil ist der wich-
tigere. Er beginnt mit dem Nachweis, daß der Mensch
unglücklich sei, weil er seine eigene Natur verkenne, hat
also offenbar eine mehr ethische Grundlage, ganz wie das
System Epikur’s. Von diesen Vorurtheilen nun, von den
Fesseln des Wahnes, womit der Mensch von Kindheit an
umschlungen wird, muß er befreit werden, um glücklich
zu werden; denn aus diesem Irrthum und aus seinem
falschen Glauben an überirdische Phantome, denen er
stets vergeblich nachjagt, stammen die schmählichen Ketten,
womit Tyrannen und Priester überall die Nationen fesseln; aus Irrthum stammt seine religiöse Verfolgungs-

wuth), sein Fanatismus, seine beständigen Kriege, sein Blutvergießen u. s. w. u. s. w. „Versuchen wir daher die Uebel der Vorurtheile zu verscheuchen und dem Menschen Muth und Achtung vor seiner Vernunft einzuflößen! Wer auf jene Träumereien nicht verzichten kann, möge wenigstens Andern verstatten, sich ihre Ansichten auf ihre Weise zu bilden und sich überzeugen, daß es für die Erdbewohner hauptsächlich darauf ankomme, gerecht, wohlthätig und friedsam zu sein.“ Tugend ist nach Holbach gleichbedeutend mit Glückseligkeit.

Fünf Kapitel behandeln nun die allgemeine Grundlage der Naturbetrachtung, den Stoff, die Bewegung, die Gesetzmäßigkeit alles Geschehens u. s. w. nach den bekannten materialistischen Grundsätzen. Das letzte dieser Kapitel beseitigt den letzten Rest der Teleologie und trennt damit für immer die Materialisten von den Deïsten, zu welchen letzteren bekanntlich Voltaire gehörte. Daher hat auch dieser heftige Angriffe gegen das System der Natur gerichtet.

In der Natur, sagt Holbach, ist Alles enthalten. Wesen, die jenseits oder über der Natur stehen, sind lediglich Geschöpfe der Einbildungskraft. Auch der Mensch selbst ist lediglich ein Werk der Natur und ein physisches, ihren Gesetzen unterworfenes Wesen, das auch nicht einmal in Gedanken die ihm von der Natur gesteckten Grenzen überschreiten kann. Auch seine moralischen Eigenschaften sind nur eine besondere Seite seiner physischen Natur. Nur durch Wechselwirkung mit der umgebenden Natur und allmälig ansteigende Entwicklung ist der Mensch nach und nach das geworden, was er heute ist. „Schließen wir daher", so heißt es am Schlusse des sechsten Kapitels des ersten Theils, „daß der Mensch keine Gründe hat, um sich als ein privilegirtes Wesen in der Natur zu betrachten; er ist denselben Wechseln wie alle andern Wesen unterworfen. Erhebe er sich in Gedanken über die Grenzen dieses Erdballs, und er wird sein eigenes Geschlecht mit demselben Blick, wie alle andern Wesen betrachten; er wird sehen, daß dasselbe Handlungen verrichtet und Werke hervorbringt mit derselben Nothwendigkeit, mit welcher der Baum Früchte erzeugt. Er wird bemerken, daß die Selbsttäuschung zu seinen Gunsten daher kommt, daß er Zuschauer und Theil des Weltalls zu gleicher Zeit ist. Er wird erkennen, daß seine eigene Bevorzugung keinen andern Grund hat, als seine Selbstliebe und sein persönliches Interesse."

Die Welt selbst ist nach Holbach nichts weiter als Materie und Bewegung und eine unendliche Verkettung von Ursache und Wirkung. Alles im Universum ist in beständigem Fluß und Wechsel, und jede Ruhe ist nur scheinbar. Auch die dauerhaftesten Körper sind beständiger Veränderung unterworfen. Materie und Bewegung sind ewig; Schöpfung aus Nichts ist ein leeres Wort. Was das Wesen der Materie oder der Stoffe anlangt, so scheint Holbach kein strenger Atomist zu sein; er erklärt dasselbe vielmehr als unbekannt. Dagegen wird ein beständiger Stoffwechsel, ein ewiger Kreislauf des Seienden auch von ihm wie von allen Materialisten angenommen. „Das ist der unwandelbare Gang der Natur; das ist der ewige Kreislauf, den Alles beschreiben muß, was existirt. In dieser Weise läßt die Bewegung die Theile des Universums entstehen, erhält sie eine Weile und zerstört sie allmälig, die einen durch die andern; während die Summe des Vorhandenen immer dieselbe bleibt. Die Natur erzeugt durch ihre verbindende Thätigkeit die Sonnen, welche in den Mittelpunkt ebensovieler Systeme treten; sie erzeugt die Planeten, die durch ihr eigenes Wesen gravitiren und ihre Bahnen um die Sonnen beschreiben. Ganz allmälig verändert die Bewegung die einen wie die andern, und sie wird vielleicht eines Tages die Theilchen wieder zerstreuen, aus denen sie die wunderbaren Massen gebildet hat, welche der Mensch während der kurzen Spanne seines Daseins nur im Vorübergehen erblickt.“

Wie wenig übrigens noch Holbach eine richtige und mit unseren heutigen Naturkenntnissen zusammenstimmende Ansicht von den eigentlichen Vorgängen des Stoffwechsels hatte, zeigt, daß er noch, wie Heraklit, Epikur, Lukrez und Gassendi, das Feuer für das eigentliche Lebensprincip aller Dinge hielt und von Theilchen feuriger Natur spricht, welche bei allen Lebensvorgängen im Spiele seien. Vier Jahre später entdeckte Priestley den Sauerstoff; und um dieselbe Zeit machte bereits Lavoisier seine großartigen Versuche, welche bald darnach die Vorgänge bei der Verbrennung klar machen und

damit die ganze Lehre vom Stoffwechsel auf das Groß-
artigste umgestalten sollten.

Die Bewegung der kleinsten Theilchen erklärt Holbach ähnlich wie Empedokles aus Liebe und Haß, aus
den Kräften der Attraction und der Repulsion.
Alles Geschehen in der Natur ist übrigens streng ge-
setzmäßig und durch die ewigen Grundkräfte der Natur
geregelt. Das Verhältniß von Ursache und Wirkung
bedingt überdem Nothwendigkeit in der physischen
wie in der moralischen Welt.

In dem Kapitel von der Ordnung wird namentlich
gezeigt, daß man unter ihr nichts Anderes verstehen kann,
als die regelmäßige Folge von Erscheinungen, welche von
unabänderlichen Naturgesetzen herbeigeführt wird. Uebrigens kann man eigentlich die nur von unserm eigenen
Wesen abstrahirten Begriffe von Ordnung und Unord-
nung gar nicht auf die Natur anwenden. Ebensowenig
kann von einem „blinden Zufall" in der Natur die
Rede sein, da nur wir selbst „blind" sind, indem wir
die Kräfte und Gesetze der Natur verkennen und dem
Zufall Wirkungen zuschreiben, deren Verknüpfung mit
den Ursachen wir nicht sehen. Es versteht sich von selbst,
daß es bei dieser Gesetzmäßigkeit der Natur auch keine
Wunder geben kann. „Wunder gibt es in der Natur
nur für diejenigen, welche dieselbe nicht hinlänglich
studirt haben." — Auch die Begriffe von „Gut" und
„Bös" müssen für ebenso relativ gelten, wie die der
Ordnung, des Zufalls u. s. w.

Gegen diese vortreffliche Auseinandersetzung hat Vol=
taire einen erbitterten Angriff gerichtet, der aber sehr
unglücklich ausfällt, da er sich nur auf Gründe des ge=
meinen und in diesen Dingen kurzsichtigen oder unme=
thodischen Menschenverstandes stützt.

Sehr entschieden erklärt sich Holbach gegen Carte=
sius und gegen dessen Theorie, daß das Denken de von
der Materie verschieden sei, während es doch viel ein=
facher und natürlicher gewesen sei, zu schließen, daß auch
die Materie in dem Menschen die Fähigkeit zu denken
erlange! Alle seelischen Empfindungen beruhen nach
Holbach auf Gehirnthätigkeit, welche durch Ein=
drücke nach Außen erregt worden ist. „Diejenigen, welche
die Seele vom Körper getrennt haben, scheinen nichts
Anderes gethan zu haben, als daß sie das Gehirn von
sich selber unterschieden. Das Gehirn ist der Mittelpunkt,
in welchem die Nerven von allen Stellen des Körpers
zusammentreffen; und mit Hülfe dieses Organs vollziehen
sich alle Verrichtungen, welche man der Seele zuschreibt
— — es reagirt gegen die äußeren Eindrücke und setzt
entweder die Organe des Körpers in Bewegung oder
wirkt auf sich selbst; und so wird es fähig, über seinen
eigenen Umkreis hinaus eine große Menge von Bewe=
gungen hervorzubringen, welche man mit dem Namen
der seelischen Fähigkeiten belegt hat.“

Seele ist daher nichts weiter als Eigenschaft und
Thätigkeit der Materie und insbesondere des Gehirns,
in welchem alle jene Thätigkeiten wie in einem Mittel=

punkt zusammentreffen. „Wenn die Seele meinen Arm bewegt — vorausgesetzt, daß kein sonstiges Hinderniß da ist — so wird sie es nicht mehr thun, wenn man den Arm mit einem zu großen Gewicht belastet. Hier haben wir also eine materielle Ursache, welche eine durch eine geistige Ursache gegebene Anregung zu Nichte macht; obgleich diese letztere, welche keine Aehnlichkeit mit der Materie hat, nicht mehr Schwierigkeit finden sollte, die ganze Welt zu bewegen, wie ein Atom. Daher kann man schließen, daß ein solches geistiges Wesen eine Chimäre ist."

Dem entsprechend gibt es weder angeborene Ideeen, noch angeborene sittliche Instinkte, noch unbedingte Freiheit des Willens, noch persönliche Fortdauer. Alles ist durch Sinne, Erziehung, Vorbild und Gewohnheit hervorgebracht. Die Lehre von der Freiheit des Willens reißt den Menschen unnatürlicher Weise aus dem nothwendigen Zusammenhang des Ganzen heraus. Es ist nicht Freiheit, sondern Nothwendigkeit seines Wesens, daß der menschliche Wille das Nützliche begehrt, das Schädliche verabscheut. Wo wir frei zu handeln oder eine Wahl zwischen zwei Entschlüssen zu fassen glauben, da war der eine Beweggrund stärker als der andere und hat daher den Willen überwunden. Es ist die Mannichfaltigkeit und bunte Kreuzung der auf unser Handeln einwirkenden Ursachen, welche es so sehr erschwert, immer die wahren und letzten Ursachen zu erkennen.

Ueber die Unsterblichkeit der Seele äußert sich Hol-

bach ungefähr so: Wer behauptet, daß die Seele auch
nach dem Tode zu empfinden und zu denken fortfährt,
der muß auch behaupten, daß eine in Stücken gebrochene
Uhr nach wie vor den Lauf der Stunden zeige. Wie
seltsam, daß so Viele, welche die Festigkeit ihres Unsterb=
lichkeitsglaubens rühmen, trotz alledem so sehr an dem
gegenwärtigen Leben hangen und nichts so sehr fürchten,
als den Tod! Und dieser Glaube ist nicht einmal nütz=
lich. Schlechte Menschen lassen sich durch ihn nicht vom
Schlechten abhalten, wer aber kein zweites Leben erwar=
tet, sucht sich das diesseitige Leben glücklich zu machen;
und dieses Glück kann er nur im Streben nach der Liebe
seiner Mitmenschen finden, u. s. w.

Die politischen Stellen des Werkes enthalten einen
solchen Groll gegen das Bestehende und bergen eine so
entschiedene und radicale Doctrin, daß sie gewiß nicht
wenig zur Vorbereitung der französischen Revolution bei=
getragen haben mögen. „Nur deßhalb", so heißt es
wörtlich, „sehen wir eine solche Menge von Verbrechen
auf der Erde, weil Alles sich verschwört, die Menschen
verbrecherisch und lasterhaft zu machen. Ihre Religionen,
ihre Regierungen, ihre Erziehung, die Beispiele, welche
sie vor Augen haben, treiben sie unwiderstehlich zum
Bösen. Vergebens predigt dann die Moral die Tugend,
die nur ein schmerzliches Opfer des Glücks sein würde,
in Gesellschaften, wo das Laster und die Verbrechen be=
ständig gekrönt, gepriesen und belohnt werden, und wo
die scheußlichsten Verbrechen nur an denen bestraft wer=

den, welche zu schwach sind, um das Recht zu haben, sie
ungestraft zu begehen. Die Gesellschaft straft an den
Geringen die Vergehungen, welche sie an den Großen
ehrt, und oft begeht sie die Ungerechtigkeit, den Tod über
Leute zu verhängen, welche nur durch die vom Staate
selbst aufrecht gehaltenen Vorurtheile in das Verderben
gestürzt worden sind." —

Der zweite Theil des Buches enthält eine sehr ein=
schneidende Kritik der Religion und des Gottesbe=
griffs und zieht damit eine Consequenz der materia=
listischen Weltanschauung, welche die ganze vorhergehende
Litteratur in dieser Weise noch nicht zu ziehen gewagt
hatte. Selbst de la Mettrie hatte den Materialis=
mus nur gepredigt, soweit er sich auf den Menschen
bezog.

Holbach wird auch hierbei wieder wesentlich von
praktischen und ethischen Gesichtspunkten geleitet,
indem er die Religion für die Hauptquelle alles mensch=
lichen Unglücks ansieht und ihr alle Wurzeln abzuschnei=
den sucht. Sein Kampf gegen die Beweise für das Da=
sein Gottes ist freilich ein sehr leichter und darum auch
ziemlich langweilig, da ja bekanntlich alle jene Beweise
vom philosophischen Standpunkte aus vollkommen nichts=
bedeutend sind und einer ernstlichen Widerlegung nicht
bedürfen. Wer an Gott glaubt, glaubt aus andern als
philosophischen Gründen an denselben. Holbach be=
kämpft übrigens nicht blos den Theismus, sondern auch
den Pantheismus mit derselben Entschiedenheit und sucht

endlich zu beweisen, daß es Atheisten gebe, und daß
(indem er sich auf Bayle stützt) der Atheismus der Moral
nicht schädlich sei. Dennoch hält er die große Masse für
unfähig des Atheismus, weil ihr Zeit und Neigung zu
so ernstem Studium und zur Bildung einer wissenschaft=
lichen Ueberzeugung fehle. Dagegen verlangt Holbach
(und dies stimmt ganz mit den Principien der Neuzeit
überein) unbedingte Denkfreiheit im Staate und glaubt,
daß die extremsten Meinungen ohne Schaden nebeneinan=
ander bestehen können — vorausgesetzt, daß man nicht
eine von ihnen gewaltsam zur Herrschaft zu bringen
sucht. Nach und nach werden jedoch alle Menschen
durch Fortschritt zur richtigen Erkenntniß gelangen.

Schließlich werden die Natur und ihre Töchter Tu=
gend, Vernunft und Wahrheit, als die einzigen Gott=
heiten angerufen, denen Verehrung gebührt. —

An das System der Natur reihen wir am besten an
die berühmten, vielgenannten französischen Encyklopä=
disten, zu denen übrigens auch Holbach gehört hatte,
und deren Blüthezeit zwischen den homme machine und
das System der Natur mitten inne fällt.

Die Encyklopädie, von dem Buchhändler le Bre=
ton gegründet, sollte eine Zusammenfassung des gesamm=
ten Wissens der Zeit im Geiste freier und rückhaltloser
Forschung sein. Die Idee des Unternehmens gehört
einem Engländer Namens Chambers an, der 1727
eine Cyclopaedia or a Universal dictionary of Arts and
Sciences hatte erscheinen lassen. Dieses Werk wollte

Breton anfänglich übersetzen. Nachdem er jedoch den Plan eines eigenen Unternehmens gefaßt hatte, gewann er den berühmten Diderot als Hauptredacteur. Neben diesem wirkten namentlich d'Alembert und eine ganze Reihe berühmter Gesinnungsverwandten, unter denen sich auch Voltaire als einer der eifrigsten Mitarbeiter befand.

1751 und 1752 erschienen die beiden ersten Bände unter dem Titel: Encyclopédie ou Dictionnaire raisonné des Sciences, des Arts et des Métiers, par une Société de gens de lettres, mis en Ordre et publié par M. Diderot etc., et quant à la partie mathematique par Mr. d'Alembert etc. Sie erregten sogleich den heftigsten Sturm von Seiten der Geistlichkeit und der orthodoxen Wissenschaft, und die Encyklopädie hätte nicht forterscheinen können, wenn sie nicht im Stillen von der Regierung selbst, namentlich von dem aufgeklärten Minister Malesherbes, unterstützt worden wäre. 1766 erschienen die letzten zehn Bände. Selten hat ein so umfangreiches und so kostbares Werk eine so allgemeine Verbreitung gefunden. Die erste Auflage erschien in 30000 Exemplaren, und im Jahre 1774 waren schon vier Ueberſetzungen erschienen. Die Buchhändler verdienten 2—3 Millionen Franken dabei.

Die Encyklopädie hat einen ungeheueren, wenn auch nur allmäligen Einfluß auf die Gesinnungen und Ueberzeugungen der damals lebenden Menschheit geübt. Cabanis nennt sie „die heilige Verbindung gegen Aberglauben und Tyrannei", und nach Rosenkranz ist sie es gewesen, welche den Bruch des französischen Geistes mit dem Cartesianischen Dualismus, den Sturz des theologischen Supranaturalismus und die Popularisirung der englischen Erfahrungsphilosophie herbeigeführt hat.

Die beiden Hauptleiter der Encyklopädie waren also Diderot und d'Alembert.

Diderot fußt, wie Voltaire, auf Newton und Locke, bringt aber von da aus, entschiedener und kenntnißreicher als Voltaire, zum offenen Materialismus und Atheismus vor. Er führte das stille, nur auf sich selbst gestellte Leben eines Gelehrten und war nach übereinstimmendem Urtheil eine in jeder Beziehung edle und liebenswürdige Natur. 1713 geboren wählte er keinen bestimmten Beruf, sondern widmete sich den Wissenschaften. Bako, Locke, Bayle scheinen seine Muster gewesen zu sein. 1745—49 veröffentlichte er eine Reihe bedeutender Schriften oder Abhandlungen, die ihm hundert Tage Gefangenschaft in Vincennes eintrugen. 1749 begann die Encyklopädie, an der er zwanzig Jahr arbeitete, unter unsäglichen Schwierigkeiten, Verfolgungen und Mißlichkeiten aller Art. Große Gunst erwies ihm die berühmte Kaiserin Katharina von Rußland, welche ihn mehrmals an ihren Hof einlud. 1773 reiste er wirklich nach Petersburg und wurde dort auf das Wohlwollendste empfangen und mit Geschenken überhäuft. Kränklichkeit nöthigte ihn zur Rückkehr. Welcher Abstand zwischen damals und heute, wo in der Regel nur Mittelmäßigkeit und Kriecherei,

Frömmelei und Verdummungssucht Schutz bei den ge=
krönten Häuptern finden!!

Diderot starb 1784. Seine letzten Worte waren:
„Der erste Schritt zur Philosophie ist der Unglaube."
Die Kaiserin von Rußland warf seiner Wittwe eine
lebenslängliche Pension aus.

Eine kleine zum Andenken Diderot's geschriebene
Schrift, welche Grimm's litterarischer Correspondenz bei=
gegeben ist, schildert Diderot's Person folgendermaßen:
„Der Künstler, welcher das Ideal eines Kopfes des
Plato oder Aristoteles suchen wollte, hätte schwerlich
einen würdigeren Kopf als den Kopf Diderot's finden
können. Seine breite, erhabene, freistehende, sanftge=
wölbte Stirn trug das unverkennbare Gepräge eines
unbegrenzten, lichtvollen und fruchtbaren Geistes u. s. w.
So viel Nachlässigkeit auch in seiner Haltung war, so
lag doch in der Art, wie er den Kopf trug, zumal wenn
er lebhaft sprach, viel Adel, Kraft und Würde u. s. w.
In einem Zustand von Kälte oder theilnahmloser Ruhe
hätte man leicht etwas Verlegenes und Kindisches, ja
etwas Gezwungenes an ihm wahrnehmen können. Dide=
rot war in Wahrheit nur Diderot, wenn die Macht sei=
ner Gedanken ihn übermannte."

Obgleich philosophischer Materialist soll Diderot
doch sonst der ausgeprägteste Idealist gewesen sein, von
unendlicher Herzensgüte, Gefälligkeit und Aufopferung,
mild und duldsam gegen Andersdenkende. Ja er schrieb
eine Schmähschrift gegen sich selbst, um dem hungernden

Pasquillanten ein Geschenk des Herzogs von Orleans von 25 Goldstücken zuzuwenden. In seinem berühmten Gespräch mit Rameau's Neffen schildert Diderot wohl sich selbst, indem er den Sprechenden sagen läßt: „Ich verachte nicht die Freuden der Sinne, ich habe auch einen Gaumen, der durch eine feine Speise, durch einen köstlichen Wein geschmeichelt wird; ich habe Herz und Auge, ich mag auch ein zierliches Weib besitzen, sie umfassen, meine Lippen auf die ihrigen drücken u. s. w. Manchmal mißfällt mir nicht ein lustiger Abend mit Freunden, selbst ein ausgelassener, aber ich kann euch nicht verhehlen, daß es mir unendlich süßer ist, dem Unglücklichen geholfen, eine kitzliche Sache geendigt, einen weisen Rath gegeben, ein angenehmes Buch gelesen, einen Spaziergang mit einem werthen Freunde gemacht, lehrreiche Stunden mit meinen Kindern zugebracht, eine gute Seite geschrieben und der Geliebten zärtliche, sanfte Dinge gesagt zu haben, durch die ich mir eine Umarmung verdiene, u. s. w."

Was Diderot als Philosophen anlangt, so hat er nach Hettner (a. a. O.) nach und nach drei Stufen durchgemacht, indem er zuerst Offenbarungsgläubiger war, alsdann sog. Deïst oder vernunftgläubig wurde und schließlich zum entschiedenen Atheismus und Materialismus überging. Auf dieser letzten Stufe suchte er die letzte Ursache aller Dinge in der Materie und in ihren kleinsten Theilchen, welche von Ewigkeit her als thätig und beseelt erscheinen. Besonders beachtenswerth sind in dieser Beziehung eine Schrift aus dem Jahre 1770 „Ueber den Stoff und die Bewegung" und die erst 1831 veröffentlichte „Unterhaltung zwischen d'Alembert und Diderot und der Traum d'Alembert's" — von welch' letzter Schrift Hettner in seiner Litteraturgeschichte interessante Auszüge gibt. Diderot gebraucht unter Andern das Beispiel des Eies, um zu zeigen, wie nur durch Wärme aus einer trägen, gefühllosen Masse ein lebendes, empfindendes Wesen wird. „Damit", so ruft er aus, „stürzt Ihr alle Schulen der Theologen und alle Tempel der Erde!" Unablässige Gährung, unaufhörlicher Stoffwechsel, unendlicher Kreislauf des Lebens ist nach Diderot das letzte Räthsel des Daseins. Nichts ist bleibend, Alles wechselt. Alle Individuen sind nur Theile eines großen, einheitlichen Alls. Tod gibt es nicht. Geborenwerden, leben, vergehen heißt nur: die Form verändern. Seele ist nur Blüthe und Resultat der Organisation; Psychologie oder Seelenlehre ist nichts weiter als Nervenphysiologie. Freiheit des Willens und persönliche Fortdauer gibt es nicht. Die Unsterblichkeit des Einzelnen ist nur die Unsterblichkeit seiner That, denn diese vergeht nicht, sondern bleibt in ewiger Nachwirkung. Glück und Tugend sind Eins und dasselbe. Leidenschaft soll nicht erstickt werden, denn sie ist es, die zu großen Thaten führt. „Kurz", sagt Hettner a. a. O., „es gibt keine Frage des modernen Materialismus, welche nicht von Diderot angeregt und bis zur letzten Spitze getrieben wäre. Der moderne Materialismus sucht mit

Hülfe der fortschreitenden Naturwissenschaft jenen Spitzen einen festeren Unterbau zu geben; die Spitzen selbst bleiben dieselben."

Kürzer als über Diderot kann ich mich fassen über d'Alembert, der übrigens als Mitbegründer der Ency=klopädie einer der populärsten Namen der französischen Aufklärungsliteratur ist. Er genoß einen großen Ruf als Mathematiker, war Mitglied und Secretär der Aka=demie, vertrauter Freund von Friedrich dem Großen und von Katharina von Rußland. 1717 zu Paris geboren machte er sich schon sehr frühzeitig durch mathematische und physikalische und später durch astronomische Schriften bekannt. Einer der edelsten und liebenswürdigsten Men=schen, wohlthätig und aufopfernd, leidenschaftslos, selbst=genügsam, hatte er doch den Fehler der Schwäche und Zaghaftigkeit, welcher sich auch in seinem Denken bemerkbar macht. In philosophischer Beziehung steht er ganz auf den Boden Bako's und Locke's. Seine Logik ist streng sensualistisch. Die Begriffe von Gott — Unsterb=lichkeit und Geistigkeit der Seele — Freiheit des Wil=lens u. s. w. läßt er jedoch unberührt oder spricht sich zweifelhaft darüber aus, da er mehr philosophischer Skeptiker, als Anhänger eines bestimmten Systems war. Er schreibt 1769 an Voltaire: „Auf Treu und Glauben! In allen metaphysischen Dunkelheiten finde ich nur den Skepticismus vernünftig; eine deutliche und vollständige Idee habe ich weder von der Materie noch von irgend etwas in Wahrheit; so oft ich mich in Betrachtungen

hierüber verliere, fühle ich mich versucht zu meinen, daß
Alles, was wir sehen, nur Sinnenerscheinung sei, daß
es nichts außer uns gibt, das dem, was wir zu sehen
glauben, entspricht; und ich komme immer auf die Frage
jenes indischen Königs zurück: Warum gibt es Etwas?
denn dies ist in der That das Allererstaunenswertheste."
Ebenso schreibt er 1770 an Friedrich den Großen: „Der
Wahlspruch Montaigne's: „„Was weiß ich?"" scheint
mir in allen philosophischen Fragen das einzig Vernünftige. Namentlich in der Frage über Gott ist der
Skepticismus an seiner Stelle. Es gibt im Weltall,
insbesondere im Bau der Pflanzen und Thiere, Zusam-
menstellungen und Verbindungen der einzelnen Theile,
welche mit Sicherheit auf eine bewußte Intelligenz hin-
zudeuten scheinen, wie eine Uhr auf das Dasein eines
Uhrmachers hinweist. Dies ist unbestreitbar. Nun aber
gehe man vorwärts. Nun frage man, wie ist diese
Intelligenz? hat sie die Materie wirklich geschaffen oder
die schon vorhandene blos eingerichtet? Ist eine Schöpfung
möglich? und wenn sie es nicht ist, ist die Materie ewig?
Und wenn die Materie ewig ist, ist diese Intelligenz nur
der Materie selbst innewohnend oder von ihr getrennt?
Wenn sie ihr innewohnt, ist die Materie Gott und Gott
die Materie? Ist sie von ihr getrennt, wie kann ein
Wesen, das nicht Materie ist, auf die Materie wirken?
Immer lautet nur die Antwort: „„Was weiß ich?""
In ähnlicher Weise spricht sich d'Alembert über Seele,
Unsterblichkeit u. s. w. aus; aber Sie werden aus der

angeführten Probe selbst erkennen, daß durch diesen vollendeten Skepticismus doch ein ziemlich entschiedener Materialismus hindurchleuchtet.

Mit den Encyklopädisten und ihrer Schule verwandte Erscheinungen bilden der Abbé Condillac, welcher, 1715 geboren und also zwei Jahre älter als d'Alembert, hauptsächlich die Erkenntnißtheorie zum Gegenstand seiner Untersuchungen machte und im Ganzen zu sensualistischen Resultaten kam — und der Arzt und Naturforscher Cabanis, welcher, 1757 geboren, Condillac weiter bildete und zwar hauptsächlich auf Grund physiologischer Thatsachen. Seine Abhandlung über die Beziehungen von Leib und Seele im Menschen (1798—1799) ist fast in alle europäischen Sprachen übersetzt worden und hat noch bis in die jüngste Zeit herab neue Auflagen erlebt. Körper und Geist stehen dem Cabanis nicht nur in innigster Wechselwirkung, sondern sind ihm geradezu Eins und dasselbe. Physiologie, Ideenlehre und Moral sind nur drei verschiedene Zweige derselben Wissenschaft der Anthropologie oder der Lehre vom Menschen. Seele und Geist sind nichts als Bewegungen und Empfindungen der Nerven und des Gehirns. Von Cabanis rührt der berühmte Ausspruch her: „Les nerfs voilà tout l'homme!" Das Gehirn erklärt er mit aller Bestimmtheit für das Denkorgan, und man glaubt beinahe Karl Vogt zu hören, wenn man Aussprüche wie die folgenden liest: „Das Gehirn ist zum Denken bestimmt, wie der Magen zur Verdauung oder die Leber

zur Abscheidung der Galle aus dem Blute. Die Eindrücke, in das Gehirn tretend, setzen es in Thätigkeit,
wie die Nahrungsmittel, in den Magen tretend, den
Magen in Thätigkeit setzen. Die eigenthümliche Verrichtung des einen ist, aus jedem besonderen Eindruck
sich ein Bild zu erzeugen, diese Bilder zusammenzustellen
und untereinander zu vergleichen, Urtheile und Begriffe
zu bilden, wie die Verrichtung des andern ist, auf die
eingeführten Nahrungsmittel zu wirken, sie aufzulösen
und in Blut zu verwandeln."

Wie der Mensch, so sein Gott! Die Ordnung Gottes
ist nichts anderes, als die nothwendige Weltordnung,
das Naturgesetz der Materie. „Alle Erscheinungen des
Weltalls waren, sind und werden sein immer nur die
nothwendige Folge der Eigenschaften der Materie oder
der Gesetze, welche alle Wesen beherrschen. Durch diese
Eigenschaften und Gesetze offenbart sich uns die oberste
Ursache aller Dinge, und sie sind es, welche van Hel-
mont in seinem poetischen Styl die Ordnung Gottes
genannt hat."

Durch Condillac, Cabanis und die vorhergehen-
den Einflüsse der Encyklopädisten wurde der Sensualismus in Frankreich herrschend. Zur Zeit des Direc-
toriums und des Consulats hatte er bereits alle Kreise
der Gebildeten durchdrungen und wirkte noch tief bis in
das neunzehnte Jahrhundert hinab.

Noch ist zu nennen in Frankreich der berühmte C. A.
Helvetius, der gewöhnlich mit de la Mettrie zusammen-

gestellt wird, da beide die materialistische Sittenlehre am
weitesten ausgebildet haben. 1715 zu Paris geboren
und von deutschen Eltern stammend, war er von einem
brennenden Ehrgeiz beseelt und verließ seine glänzenden
und einträglichen Stellungen, um sich ganz den Wissenschaften zu widmen. Nach zehnjährigen Anstrengungen
erschien 1758 sein Buch: Sur l'Esprit, oder: Ueber den
Geist — ein Buch, das ihn rasch zum berühmten Manne
machte. In demselben wird die Empfindung als
die einzige Erkenntnißquelle hingestellt. Die Fähigkeit zu
empfinden nennt Helvetius Seele und die Summe
der durch die Seele erlangten Eindrücke oder Kenntnisse
Geist. Geist ist ihm daher die Wirkung der Seele und
der mehr oder weniger großen Feinheit unserer Organisation. Alle Ideeen kommen aus den Sinnen; ohne
Sinne ist kein Gedanke möglich. Das Kind hat Seele,
d. h. Fähigkeit des Empfindens, aber noch keinen Geist,
der sich erst allmälig aus dem wachsenden Schatze sinnlicher
Erfahrungen bildet. Der Mensch wird daher geboren
mit seiner ganzen Seele, nicht aber mit seinem ganzen
Geiste.

Selbstliebe und persönlicher Vortheil oder das
Bedürfniß der Selbstbefriedigung sind nach Helvetius
der Hebel aller unserer Handlungen und Urtheile. Der
Mensch handelt nur nach Interesse. Das Gute um seiner
selbstwillen thun ist ebenso ungereimt, als wenn man
sagen wollte, man wolle das Böse um seiner selbstwillen
thun; es müssen daher alle Gebote der Pflicht auf Selbst-

liebe zurückgeführt werden, wenn sie nicht wirkungslos sein sollen. „Suche Lust, fliehe Unlust" — ist das Moralprincip des Helvetius. Tugend besteht nur darin, daß man das eigene Wohlsein dem des Staates, der Gesellschaft, der Menschheit unterordnet.

Den größten Werth legt Helvetius auf die Er= ziehung, da in ihr, wie er glaubt, Alles liegt, und da sowohl die Einzelnen wie die Völker nur das sind, was der Gesetzgeber und die Erzieher aus ihnen machen. Daß damit harte Angriffe gegen die zu seiner Zeit be= stehende Erziehungsmethode verbunden sind, läßt sich denken.

Diese, sowie die übrigen in dem Buch enthaltenen Angriffe auf das Bestehende in Religion und Politik überhaupt erweckten seinem Verfasser heftige Verfolgungen. 1759 wurde das Buch auf Befehl des Parlaments öffent= lich verbrannt; der Verfasser selbst mußte widerrufen und das Land verlassen. Dennoch erlebte sein Buch in kür= zester Frist 50 Auflagen und Uebersetzungen in fast alle lebenden Sprachen. Es gilt seit lange, wenn auch mit Unrecht, als der wahrste und urkundlichste Ausdruck der französischen Aufklärungsbewegung des 18. Jahrhunderts. Büffon, Voltaire, Diderot, d'Alembert, selbst Friedrich der Große sollen sich übrigens mißbilligend darüber aus= gesprochen haben.

Persönlich und als Mensch war Helvetius, wie alle Materialisten jener Epoche, ein Muster von Güte, Wohlthätigkeit, Freigebigkeit, Aufopferung, ein Retter der

Armen, ein Unterstützer des Talents und Verdienstes.
So setzte er mehreren Männern der Wissenschaft bedeu=
tende Jahrgehalte aus, suchte Ackerbau und Industrie
zu heben und in seiner Stellung als Generalpächter den
harten Druck des fiskalischen Regiments möglichst zu
mildern. Er starb schon 1771, nachdem ihn Friedrich
der Große mit Auszeichnung aufgenommen hatte. —

Die französische Aufklärungslitteratur des 18. Jahr=
hunderts hat der Menschheit und Menschlichkeit nicht hoch
genug anzuschlagende Dienste erwiesen; sie bezeichnet nach
Hettner eine der gewaltigsten Wendungen in der Ge=
schichte der neueren Menschheit. Es entstand eine Er=
regung der Geister und eine so tiefe und allgemeine
Umwälzung in den Meinungen und ¦Gesinnungen der
Menschen, wie sie seit der großen Reformation nicht mehr
vorhanden gewesen. War aber die Reformation theo=
logisch, so war die Aufklärung philosophisch; sie
hat der Vernunft ihre verlorene Selbstherrlichkeit wie=
der zurückerobert. Nie ist ein Zeitalter mehr von der
Philosophie beherrscht worden, als dieses. Dabei geht
durch alle hervorragenden Männer jener Zeit eine warme
und aufopfernde Liebe zur Menschheit, eine Begeisterung
für Denk= und Glaubensfreiheit, für Liebe, Duldung,
Erziehung und Bildung, sowie ein thatkräftiger Haß
gegen Verdummung und Unterdrückung! „Wären diese
Menschen", sagt Hettner, „nichts gewesen, als jene
sittenlosen, witzigen und frechen Spötter, für welche man
sie gewöhnlich ausgibt, wie hätten sie so tiefe Spuren

ihres Daseins im Glauben, Denken und Handeln der nächstfolgenden Geschlechter hinterlassen?" —

Hiermit, geehrte Anwesende, haben wir den Materialismus des 18. Jahrhunderts eigentlich zur Genüge kennen gelernt, da er in diesem Jahrhundert fast nur in Frankreich ernstlich gepflegt wurde, während England und Deutschland in zweiter Linie standen. Daher möge uns ein rascher Blick auf diese beiden Länder während jenes Zeitraums genügen.

Was zunächst England betrifft, so war dasselbe, wie wir gesehen haben, durch seine bedeutenden Geister des 17. Jahrhunderts (Bako, Newton, Locke u. s. w.) das eigentliche Mutterland der französischen Aufklärung und empfand auch von ihr wieder die bedeutendsten Rückwirkungen.

Der hervorragendste unter den durch Frankreich angeregten und beeinflußten materialistischen Schriftstellern dieser Epoche in England ist

David Hume, geb. 1711 in Edinburg. 1734 ging er Studiums halber nach Paris, kehrte aber später nach Schottland zurück. Seine Schriften erschienen 1739—1757. — 1763 kehrte er wieder als Gesandtschaftssekretär nach Paris zurück und wurde hier glänzend empfangen und hoch gefeiert. Er starb 1776.

Als Philosoph wurzelt Hume, wie die meisten der damaligen Materialisten, in Locke, den er folgerichtig weiter bildet, indem er die Seele nicht mehr, wie Locke, für immateriell und unsterblich hält. Er bricht, indem er das Uebersinnliche für unmöglich erklärt, nicht blos auf das Entschiedenste mit dem Offenbarungsglauben, sondern auch mit der von den englischen Deïsten bisher festgehaltenen Vernunft= oder Naturreligion. Er liefert den Nachweis, daß jede Religion den unüberwindlichsten Widersprüchen unterliegt, und daß keine von ihnen dem Zweifel Stand halten kann. — Abgesehen von seinen philosophischen Verdiensten hat Hume bekanntlich auch als Geschichtsschreiber und Staatsmann Großes geleistet.

Sehr durch Frankreich beeinflußt ist der berühmte englische Geschichtschreiber Gibbon, 1737—1794. Locke, Bayle, Voltaire und Montesquieu waren seine Vor= bilder. In seinem berühmten Werke „Geschichte des Untergangs und Verfalls des Römischen Weltreichs" (6 Bände, 1776—1788) erscheint das entstehende Christen= thum als eine Hauptursache des Verfalls, und wird ein bitterer Spott über Wunder, Mönche und Priesterschaft ausgegossen.

Der Hauptvertreter des entschiedenen Materialismus jener Zeit in England ist jedoch

Joseph Priestley, geb. 1733, zugleich einer der berühmtesten Naturforscher seines Zeitalters. Er hat wichtige Entdeckungen in Physik und Chemie gemacht und ist eigentlich Anhänger und Nachfolger von David Hartley, einem schottischen Arzt und Philosophen, welcher noch der vorencyklopädistischen Zeit angehört

(er lebte 1705—1757) und schon einen ziemlich weit
gehenden Materialismus gepredigt hatte, indem er sich
ganz auf physiologischen Boden stellte.*) Priestley geht
in seinen Anschauungen, ermuntert durch seine kühnen,
französischen Vorgänger, bis zur letzten Spitze und führt
das menschliche Denken und Empfinden auf rein stoffliche
Gehirnthätigkeit zurück. Er verneint auch die Freiheit
des Willens. Dennoch suchte er in der Betrachtung des
Weltalls einen persönlichen außerweltlichen Schöpfer festzuhalten und bekämpfte das System der Natur auf das
Heftigste. Er mußte nach Amerika flüchten und starb
1808 in Philadelphia.

Aus Deutschland ist während dieses Jahrhunderts
nicht viel zu berichten. Hier herrschte die Leibniz'sche
Philosophie mit ihrer prästabilirten Harmonie und ihrer
Monadenlehre; und nach Leibniz war Christian Wolff,
der Popularphilosoph, „ein wackerer, freidenkender Mann,
aber höchst mittelmäßiger Philosoph" (Lange), der Heer-
führer der Philosophie in Deutschland. Er reproducirte

---

*) E. Löwenthal in seinem „System und Geschichte des
Naturalismus" (4. Aufl., S 156) nennt Hartley den klarsten und
vielleicht bedeutendsten, wenn auch kaum beachteten Denker der sog.
schottischen Schule. Derselbe faßte nach ihm zum erstenmale wieder
seit Heraklit die rein natürliche Beschaffenheit des menschlichen
Geistes rein natürlich in das Auge. Er spricht bereits von „Nerven-
schwingungen", welche durch eine von ihm „Aether" genannte feine
und elastische Flüssigkeit erregt und fortgepflanzt werden. Das Gehirn ist ihm Sitz aller Seelenthätigkeit und Hebel aller Sinnen-
eindrücke und Gedankenerzeugung.

den alten scholastischen Satz: „daß die Seele eine ein=
fache und unkörperliche Substanz sei", und mit diesem
Glaubensartikel wurde von nun an aller Materialismus
aus dem Felde geschlagen. — Bemerkenswerth sind nur
die Forschungen über Thierpsychologie oder Seelen=
lehre der Thiere, welche freilich alle im Leibniz'schen
Sinne angestellt wurden und neben der Unsterblichkeit
der Menschenseele auch die der Thierseele annahmen.
Am bekanntesten unter diesen Arbeiten sind geworden
der Versuch eines neuen Lehrgebäudes von den Seelen
der Thiere, von Professor G. F. Meyer 1749, und
Reimarus: „Betrachtungen über die Kunsttriebe der
Thiere", 1760. Meyer hatte sich auch schon durch seine
Bekämpfung des Materialismus bekannt gemacht, indem
er 1743 einen „Beweis, daß die Materie nicht denken
könne", drucken ließ. Um dieselbe Zeit versuchte sich der
Königsberger Professor Martin Knutzen an derselben
Frage. Man sieht, wie eine Frage, die heutzutage in
dem materialistischen Streit eine so große Rolle spielt,
auch damals schon mit Eifer behandelt wurde. Was
die Sache selbst anlangt, so muß man sich nur über die
Dreistigkeit und Unwissenheit unserer heutigen Metaphy=
siker und Speculativen wundern, welche es als eine aus=
gemachte Sache ansehen, daß die Materie nicht denken
könne. Den Beweis für diese Behauptung bleiben sie
freilich schuldig, während umgekehrt Beweise für das Ge=
gentheil in Massen vorhanden sind. Schon de la Mettrie
machte sich über diese Dummheit lustig, indem er sagte:

„Wenn man fragt, ob die Materie denken könne, so ist das so, als ob man fragt, ob die Materie die Stunden schlagen könne?", und der Philosoph Schopenhauer ruft aus: „Kann die Materie zur Erde fallen, so kann sie auch denken!" Freilich denkt die Materie als solche so wenig, wie sie als solche die Stunden schlägt oder zur Erde fällt; aber sie thut beides, sobald sie in solche bestimmte Combinationen oder Verbindungen getreten ist, aus denen Denken oder Stundenschlagen oder zur Erde Fallen als Verrichtung oder Thätigkeit resultirt.

Großes Aufsehen und großen Widerspruch erregte in Deutschland der homme machine de la Mettrie's, gegen den eine Fluth von Gegenschriften erschien, welche übrigens wenig Bemerkenswerthes enthalten.

Aber trotz aller dieser Widerlegungen hatte auch in Deutschland der Materialismus tief Wurzel gefaßt, und Männer wie Forster, Lichtenberg, Herder, Lavater neigten sich ihm zu oder nahmen doch bedeutende Elemente von ihm in ihre Vorstellungskreise auf. Namentlich in den positiven Wissenschaften gewann er mehr und mehr Boden; und auch in der Philosophie hatte er wenigstens den negativen Erfolg, daß er der alten Metaphysik eine entschiedene Niederlage bereitet hatte. Denn die gesammte deutsche Schulphilosophie konnte kein genügendes Gegengewicht gegen ihn abgeben. Ein Lessing, ein Goethe, ein Schiller bekannten sich zwar nicht zum Materialismus, wendeten sich aber um so entschiedener von der alten Schulphilosophie und Dogmatik ab

und suchten Ersatz in Leben und Dichtkunst. Am näch=
sten kam dem Materialismus wohl Goethe, welcher
sagt: „Weil die Materie nie ohne Geist, der Geist nie
ohne Materie existirt und wirksam sein kann, so vermag
auch die Materie sich zu steigern, sowie es der Geist sich
nicht nehmen läßt, anzuziehen und abzustoßen u. s. w.“

Wenn wir nun also aus Deutschland während dieser
Periode keine materialistischen Schriften systematischer Art
zu verzeichnen haben, so haben wir doch einen großen
und berühmten Repräsentanten der ganzen Richtung auf=
zuweisen in dem philosophischen König Preußens, Fried=
rich dem Großen, welcher bekanntlich die Koryphäen
jener Zeit an seinem Hofe um sich versammelte, Philo=
sophie und Litteratur mit ihnen betrieb und ganz im
Sinne der von ihnen geforderten Glaubens= und Ge=
wissensfreiheit regierte. Seine eigenen Schriften enthal=
ten Aeußerungen genug, welche einen ganz materialistisch=
philosophischen Standpunkt verrathen. Aehnlich dachte
seine große Collegin, Katharina II. von Rußland,
welche, wie schon erwähnt, Diderot zu sich einlud und
ihn mit Ehren überhäufte. —

Hiermit, hochverehrte Anwesende, hätte ich meine
kurze Uebersicht des Materialismus des 18. Jahrhun=
derts vollendet. Was soll ich Ihnen nun schließlich sa=
gen über den

Materialismus des neunzehnten Jahr=
hunderts!

Hier glaube ich mich kurz fassen zu dürfen. Sie Alle

haben diese Philosophie entstehen, wachsen und an Ausbreitung gewinnen sehen, und zwar zum Theil in Ihrer
nächsten Nähe. Sie kennen ihre Grundsätze, ihre Erfolge, ihre Schicksale. Vor allen Dingen ist dabei bemerkenswerth, daß diesesmal Deutschland es ist, welches
vorangeht, nachdem es zwei oder drei Jahrhunderte lang
der ganzen geistigen Bewegung ziemlich theilnahmlos zu-
gesehen hatte. Es scheint, daß bezüglich der materialistischen Philosophie eine förmliche Rollenvertheilung zwischen den vier großen Culturländern Italien, England, Frankreich und Deutschland besteht. Im
16ten Jahrhundert war es Italien, im 17ten England, im 18ten Frankreich und im 19ten Deutschland, welches voranging. Deutschland hat in diesem
Jahrhundert den Ton angegeben; England, Frankreich
und Italien nähren sich von unserm Reichthum. Jedenfalls spielt dabei Deutschland die Rolle des langsamsten,
aber auch des bedächtigsten oder gründlichsten unter den
vier Bewerbern; denn es hat sich dem Materialismus
oder einer materialistischen Philosophie erst in die Arme
geworfen, als die positiven Wissenschaften durch
ihre großartigen Erfolge dieser Philosophie eine Unter-
lage verliehen hatten, der sie früher entbehrte.

Alles, was in früherer Zeit von den materialistischen
Schulen vorgebracht wurde, ist, obgleich man sich mit Recht
immer möglichst an die Erfahrung anzuklammern suchte,
doch aus Mangel hinreichenden Erfahrungsmaterials stets
mehr Speculation und Deduction, als Empirie und In-

duction gewesen, während dieses Verhältniß sich bei dem heutigen Materialismus ganz anders gestaltet hat. Denn er verfügt über eine vorher nicht gekannte Summe von Kenntnissen und Thatsachen und über eine Reihe von Principien, welche in ihrer heutigen Klarheit und Vollendung als feststehende Errungenschaften der Wissenschaft nicht mehr angefochten werden können; so die Unzerstörbarkeit des Stoffes oder der Atome — die Erhaltung der Kraft — die Untrennbarkeit von Kraft und Stoff — die nähere Kenntniß des Stoffwechsels — die astronomische Unendlichkeit des Weltalls — die Unabänderlichkeit der Naturgesetze und die Verbreitung derselben Stoffe und Kräfte durch den sichtbaren Weltraum — die Zellentheorie und die natürliche Geschichte der Erde sowie der organischen Welt — die innere Einheit der gesammten organischen und unorganischen Naturerscheinungen — die Forschungen über Alter, Urzeit und Entstehung des Menschengeschlechts — der bestimmte physiologische Nachweis des Gehirns als Seelenorgans — die Beseitigung der Lebenskraft, der Zweckmäßigkeitstheorie und aller mystischen Kräfte überhaupt aus der Naturwissenschaft — die nähere Bestimmung des Begriffes Instinkt und der Nachweis, daß Menschen- und Thierseele nicht fundamental, sondern nur dem Grade ihrer Entwicklung nach voneinander verschieden sind — und so manches Andere.

Daraus, verehrte Anwesende, mögen Sie weiter ersehen, wie kenntnißlos oder oberflächlich die so oft gehörte Behauptung ist, der heutige Materialismus sei

nichts weiter als nur eine abermalige Wiederholung einer
alten, längst widerlegten und beseitigten Richtung. In
dieser Behauptung liegt ein doppelter Irrthum. Denn
erstens ist der Materialismus oder ist die ganze Richtung überhaupt nie widerlegt worden, und ist sie nicht
nur die älteste philosophische Weltbetrachtung, welche
existirt, sondern ist auch bei jedem Wiederaufleben der
Philosophie in der Geschichte mit erneuten Kräften wieder
aufgetaucht; und zweitens ist der Materialismus von
heute nicht mehr der ehemalige des Epikur oder der
Encyklopädisten, sondern eine ganz andere, von den Errungenschaften der positiven Wissenschaften getragene Richtung oder Methode, die sich überdem von ihren Vorgängern sehr wesentlich dadurch unterscheidet, daß sie
nicht mehr, wie der ehemalige Materialismus, System,
sondern eine einfache, realistisch=philosophische Betrachtung
des Daseins ist, welche vor Allem die einheitlichen
Principien in der Welt der Natur und des Geistes auf-
sucht und überall die Darlegung eines natürlichen und gesetzmäßigen Zusammenhangs der gesammten Erscheinungen
jener Welt anstrebt. Daher auch die bisher gebräuch-
liche Bezeichnung der ganzen Richtung unter dem geläu-
figen Namen „Materialismus" im Sinne eines bestimmten philosophischen Systems gar nicht mehr als passend
und jedenfalls als viel zu enge erscheint! Der Materialismus von heute ist selbst nicht mehr im Stande, das
ausschließliche oder Hauptgewicht auf die Materie zu
legen, da er ja Kraft und Stoff als unzertrennlich,

ja als eins und dasselbe ansieht und daher ebensowohl
von der Kraft, wie von dem Stoff als Grundprincip
ausgehen könnte, wenn er überhaupt die Absicht hätte,
eines von diesen beiden zum Urgrund aller Dinge zu er=
heben. Will man daher die in Frage stehende Richtung
überhaupt mit einem philosophischen Kunstausdrucke be=
zeichnen, so müßte man sie Realismus nennen. Dieser
Realismus will die Philosophie nicht vernichten, wie man
so oft fälschlicherweise behaupten hört, sondern er will
sie im Gegentheil zum Herzen und zur Mitte alles mensch=
lichen Wissens machen — nur mit dem Unterschiede gegen
früher, daß sie nicht mehr eine Wissenschaft eigener Art
oder Gattung darstellt, welche ihre Grundsätze und Re=
sultate aus sich selber saugt, sondern daß sie einen ge=
meinschaftlichen Sammelpunkt bildet, in welchem die ver=
schiedenen Wissenschaften ihre Resultate zur gemeinsamen
Bearbeitung niederlegen *). Dieses wird dann eine wahre
Wiedergeburt der Philosophie sein, „und diese
ihre Selbstbeschränkung wäre ihre wahrhafte Erhöhung.“
(Spieß.) Eine solche Philosophie wird sich freilich nicht
vermessen, Anspruch auf absolute Geltung ihrer Sätze
zu erheben oder von der Sonnenhöhe des Gedankens
herab der Welt für immer Gesetze vorzuschreiben, sondern
sie wird im Gegentheil ihre Grenzen oder Untersuchungen

---

*) Oder, wie Lassalle (Vorrede zum „System der erworbe=
nen Rechte“) vortrefflich sagt: „Die Philosophie kann nichts sein
als das Bewußtsein, welches die empirischen Wissenschaften über
sich selbst erlangen.“

nicht weiter ausdehnen, als es der jedesmalige Zustand des realen Wissens gestattet. Diese Grenzen sind aber keine feststehenden, sondern rücken mit dem Fortschreiten der Wissenschaften selbst jedes Jahr weiter hinaus. Auch vielfacher Irrthum wird bei einem solchen Verfahren möglich sein; aber er wird nicht schädlich, sondern nützlich für die Aufsuchung der Wahrheit wirken nach dem guten alten deutschen Sprüchwort: „Die durch Irr=thum zur Wahrheit reisen, das sind die Weisen; die beim Irrthum beharren, das sind die Narren!"

Ich danke Ihnen, hochverehrte Anwesende, für die große Theilnahme und Aufmerksamkeit, mit der Sie mei=nen Vorträgen und der Darlegung eines so ernsten und zum Theil abstracten Gegenstandes vom Anfang bis zu Ende gefolgt sind. Für mich liegt in dieser Theilnahme der wohlthuende Beweis, daß der in unserm Jahrhun=dert so hoch gesteigerte Druck und Cultus der materiellen Interessen den Sinn für das Geistige und für den Ma=terialismus der Wissenschaft in den Kreisen unserer Ge=bildeten noch nicht erstickt hat. Wenn in unserm altern=den Europa eine geistige Wiedergeburt und eine Erneue=rung der Philosophie überhaupt noch möglich ist, so kann sie nur durch diejenige geistige Richtung geschehen, als deren Vertreter ich hier vor Ihnen stehe. Daß der alte religiöse oder Kirchenglaube dem Geiste der Zeit und der Massen nicht mehr genügt und durch etwas Anderes ersetzt werden muß, dürfte wohl klar sein.

Ebenso klar und unbestreitbar scheint es mir aber auch zu sein, daß dieser Ersatz nicht durch die alte spekulative oder Schulphilosophie mit ihrem Formelkram, ihren abgestandenen Dogmen, ihrem metaphysischen Kauderwälsch und ihrer grenzenlosen Unwissenheit in allen positiven Wissenschaften geliefert werden kann. Also bleibt nichts übrig, als die materialistische oder realistische Philosophie; und die außerordentliche Ausbreitung, welche dieselbe von Tag zu Tag gewinnt, ist wohl der beste Beweis für meine Behauptung. Alle Welt fühlt das dringende Bedürfniß nach etwas Neuem, das zugleich einfach, klar und wahr sein soll; und dieses Neue kann nur durch eine realistische Weltanschauung geliefert werden. Allerdings mag es noch lange dauern, bis eine solche Richtung ihren zahllosen Gegnern gegenüber zum Siege durchdringen wird; aber daß es einmal geschehen wird, ist mir nicht zweifelhaft. Gegenwärtig verfolgt, verleumdet und mißachtet man noch die Führer und Vertreter dieser Richtung; in hundert oder zweihundert Jahren wird man ihnen Monumente setzen, und es wird ihnen vielleicht ergehen, wie unserm großen Dichter Schiller, zu dessen Andenken man in Eitelkeit und Selbstberäucherung Millionen verschwendete, während er im Leben so wenig bekannt und anerkannt war, daß man kaum sein Grab auffinden und die näheren Umstände seines Todes erfahren konnte! Nochmals, verehrte Anwesende, meinen herzlichen Dank für ihre Theilnahme!

Alphabetisches Register.

Ablagerungen, sedimentäre, (Anm.) 242.

Affen, fossile, 211.

Agassiz, Prof., 95. 164.

— angeführt 5.

— Echinodermen 229.

— prophetische Formen oder Prototypen 92.

Aegypten 59.

Aehnliches erzeugt Aehnliches 56.

d'Alembert, Mitarbeiter der Encyklopädie, 379 u. fg.

Alkohol 122.

Alter des Menschengeschlechts auf Erden 213.

Ameisen, Sklavenmacher-Instinkt derselben 175.

Ameisensäure 122.

Ammoniak, kohlensaures, 108.

Amphioxus lanceolatus 247.

Anaxagoras 308.

Anaximandros 299. 301.

Anaximenes 301.

Anhänger der Fortschrittstheorie 224.

— der Umwandlungstheorie 224.

Aptera s. Flügellose. 94.

Arbeitstheilung 252.

Archaeopterix macrurus 133. 140.

Archencephala 190.

Aristipp, Ethik oder Sittenlehre 315.

Aristoteles 279. 335. 336.

Aristoteles gegen Demokrit 310.

Art, Veränderlichkeit der, 30.

Arten, Verwerfung des Begriffes der, 25. 60. 61.

Ascidien (Anm.) 248.

Atavismus 64. 66.

Atomisten 308.

Australien 156.

— Stehenbleiben auf einer frühern geologischen Stufe 49.

Aussterbe-Etat der Natur 200.

Aussterben der Zwischenglieder 144. 147.

Avé-Lallemant, Dr. R., über die Botokuden (Anm.) 204.

Baden-Powell, Philosophie der Schöpfung 34.

Baër, von, 95.

Bako von Berulam 339 u. fg.

Bär, brauner, 86.

Bathybius Haeckelii S. 117. (Anm.)

Bauer, Geschichte der Philosophie 305.

Baumgärtner, Prof., Keimstaltungen 161.

Bayle, Pierre, historisch-kritisches Wörterbuch 350.

Berkeley 280.

Beutelthier 92.

Bildungen, laurentianische, in Böhmen und Baiern (Anm.) 242.

Bischoff, Prof., 225.

Bischoff, Unterschied zwischen Mensch und Thier 198.

Börne, über Pythagoras 303.

Bournouf 293.

Brachiopoden oder Armfüßler= Arten (Anm.) 230.

Brahmanismus 286 u. fg.

Braun, J., Geschichte der Kunst (Anm.) 258.

Breton, le, Gründer der Encyklo= pädie 378.

Briefwechsel vom Wesen der Seele 353.

Bronn, Prof., 97. 98.

— Uebersetzer Darwin's 40. 60.

Bruno, Giordano, 338 u. fg.

Brutus, Stoiker 319.

Buckle, Th., englischer Historiker 294.

— Geschichte der Philosophie in England 342.

Buddha= oder Gautamalehre 284.

Buddhismus, der, predigt Gleich= heit und Brüderlichkeit aller Menschen 290.

Büffon 184.

Cabanis, Naturforscher 386 u. fg.

Calamiten (Anm.) 231.

Cartesius 339. 341 u. fg.

Cäsarismus in Europa(Anm.)234.

Cassius, Epikuräer 310.

Castelnau, die sog. Lagotrichen am Amazonenstrom 203.

Cephalopoden oder Kopffüßler 228.

Chaillu, du, über den Gorilla 207.

Chemie, synthetische, 122.

Chimpanse 207.

China 230.

— keine Achtung für seine früher so hoch gesteigerte Civilisation 261.

Chondrin (Leimstoff) 122.

Cicero, Gegner Epikur's 319.

Cirripede 86.

Collins, Anthony, Abhandlung über das Freidenken 350.

Colonie, deutsche, in Pennsylvanien 146.

Colonie, norwegische, in Island 146.

Compsognathus longipes (Anm.) 133.

Condillac, Abbé, 352. 386 u. fg.

Corsika 158.

Coseritz, K. v., über die Neger (Anm.) 200.

Cotta, Prof., über die geologischen Entdeckungen in Canada (Anm.) 241.

Cuba 158.

Cuvier 30. 31.

— Gründer der Paläontologie 4.

— Umwälzungen der Erdrinde 12.

Darwin, Charles, 8. 14 u. fg.

— Einwände gegen seine Theorie 129.

— über das Klima 52.

— über das Wirken der Natur 77.

— Moment der Vererbung 25.

— Unterscheidung von Art und Spielart 60.

— Theorie 41. 98.

— Wechselbeziehung der Entwick= lung 81.

— künstliche Züchtung der Haus= thiere und Culturpflanzen 73.

— über Entstehung des Menschen (Anm.) 209.

Dauertypen 10. 224. 255.

Davidson, über die britischen Brachiopoden (Anm.) 130.

Decandolle, A. P., der Kampf um das Dasein 37.

Demokritos aus Abdera 308 u. fg.

Demokrit, Atomenlehre 309.

— die Lehre vom sinnlichen Er= kennen 310.

— die Ethik oder Sittenlehre 310.

— Ansicht vom Wesen der Seele 313.

Descartes s. Cartesius.

Descendenz 98.

Deutschland, der Stammsitz pe= dantischer Scholastik im 17. Jahrh. 352.

Deutschland, Tonangeber im 19. Jahrh. 397.

Diderot, Anführer der Encyklopädisten 356.

— Hauptredacteur der Encyklopädie 379. u. fg.

Dieterici, Prof., die indischen Mythen 276.

Diluvium oder Schwemmland 259.

Dryopithecus, S. 212.

Duncker, M., Geschichte des Alterthums 255. 296.

Dunkan, Dr. (Anm.) 188.

Dupont in Belgien, der in der Höhle la Naulette gefundene menschliche Unterkiefer 214.

Dyonisius von Syrakus 315.

Dysteleologie (Anm.) 93.

Edda, altnordisches Heldengedicht (Anm.) 276.

Edwards 163.

Eingeweidewürmer 86.

Einheit des Grundplans in der organischen Natur 11.

Eiweiß 122.

Eleaten 303.

Elefanten, vorweltliche, 3. 7.

Elephas primigenius 132.

Embryonalzellen 100.

Empedokles 306. 307. 321.

— allmälige Entwickelung der Erde und der organischen Welt 307.

Encyklopädisten 378 u. fg.

England, Kunst der Züchterei 72.

— das Mutterland der französischen Aufklärung 391.

Entstehung der organischen Welt 14.

Entwickelung, embryonale oder fötale, 112.

— der organischen Wesen aus einem Ei 100.

Eozoon Canadense (Anm.) 113. 120. 241.

Epikur 315. 317 u. fg.

— Bewegung der Erde 322.

— über die Form der Atome 322.

Epikur, Beseitigung der Todesfurcht 324.

Erblichkeit der Krankheiten 65.

— weder vollkommen noch willkürlich 56.

— s. auch Vererbung.

Erdschichten, miocene, 211.

Erfahrung, innere, der Idealphilosophen (Anm.) 349.

Erhebung der Erde in verschiedenen Ländern (Anm.) 139.

Essentia quinta 307.

Ethik, epikuräische, 326.

Faserstoff 122.

Fehler des Auges 171.

Feldtaube, wilde, 73.

Feuerbach, Ludwig, 304.

Fischer, Kuno, über Bako von Verulam 339.

Flügellose (Aptera) (Anm.) 94.

Forbes, Einfluß der Boden- und Klimaveränderungen auf die Organismen 33.

Formationen, silurische und cambrische, 118.

Forster 395.

Fortpflanzung der organischen Wesen 56.

Fortschritt und Rückschritt in der Natur und Geschichte 422.

Fossilien, älteste 112.

— lebende 92.

Friedrich der Große 357. 396.

Fruchtbarkeit ganzer Arten 46.

Ganoïden 247.

Gassendi 340.

— Erneuerer des Materialismus 342 u. fg.

Gaudry, A., (Anm.) 141.

Gehirn als oberstes und Seelenorgan 189.

Generatio aequivoca 21.

Gibbon 207. 208. 392.

— der kleinste unter den menschenähnlichen Affen 203.

Giebel, Leerheit des Artbegriffs 61.

Giraffe 78 u. fg.

Gorilla 185.

Goethe 28. 93. 395. 396.

— Charakteristik von Cuvier und Geoffroy St. Hilaire 30.

— Entdeckung des sog. Zwischenkieferknochens 27.

— Faustschüler 282.

— Metamorphose der Pflanzen 27.

Grimm, Nachruf an Holbach 368.

Gruppe, O. F., angeführt 283.

Gyrencephala 190.

Haarlemer Meer 138.

Häckel 28. 31. 113 u. fg.

— directe und indirecte Anpassung (Anm.) 85.

— der Mensch hat das unbeschränkteste Anpassungsvermögen 64.

— die verschiedenen Stammbäume des Thier= und Pflanzenreichs (Anm.) 25.

— Autogonie oder Selbstzeugung 117.

— Gesetze der Erblichkeit 69.

— Vorzug des Menschen vor den Thieren (Anm.) 194.

— über die Moneren 114 116.

— generelle Morphologie der Organismen (Anm.) 38.

— über neptunische oder silurische Schichten 243.

— Unterschied der natürlichen u. künstlichen Züchtung 62.

— über die sexuelle oder geschlechtliche Zuchtwahl (Anm.) 78.

— über Arbeitstheilung und Differenzirung der Organisation 252 f.

Hallier, Prof. 135.

— angeführt 209.

d'Hallov, d'Omalius, Entstehung neuer Arten durch Descendenz 33.

Hallstadt=Lager in den österreichischen Alpen 131.

Hartley, David, 392.

Haug, Dr., Prof. des Sanskrit zu Puma 292.

Hefezellen 108.

Helmholtz, über die Fehler des Auges (Anm.) 172.

Helvetius, C. A., 387 u. fg.

— über den Geist 388.

— über die Erziehung 389.

Heraklit oder Herakleitos 305.

Herbert, W., Pflanzenarten sind nur eine erhöhte Stufe von Varietäten oder Spielarten 33.

Herder 395.

Herodot in Theben (Anm.) 258.

Hettner, H., 390.

— Diderot als Philosoph 382.

— gegen de la Mettrie 357.

— über Holbach 368.

Hilgendorf, über Planorbis multiformis (Anm.) 131.

Hobbes, Thomas, 340. 343 u. fg.

— Definition der Philosophie 345.

— über die Religion 345.

Holbach, Paul Heinrich Dietrich v., System der Natur 367 u. fg.

— gegen Cartesius 374.

— Kritik der Religion und des Gottesbegriffs 377.

— über die Unsterblichkeit der Seele 376.

Holland, Sir H (Anm.) 157.

Homöopathie 328.

Le Hon, Prof., Prolegomenen zu Omboni's Darwinismus (Anm.) 250.

Hooker, Dr., Entstehung der Arten durch Abkommenschaft rc. 35.

— über die sog. Fortschritts=Doctrin 36.

— über die verschiedenen Arten lebender Pflanzen 61.

Horaz, Epikuräer 319.

Horror vacui 328.

Humboldt, A. v., 44.

Hume, David, 352. 391 u. fg.

Hurley, Prof., (Anm.) 137. 183. 185 u. fg. (Anm.) 243.

Hurley, Prof., die Stellung des Menschen in der Natur 191.
— Vortrag über Schöpfungsacte 35.
Hymen und monatliche Reinigung bei Affen und anderen Säugethieren 206.

Jäger, Dr. Gustav, Ueber Forelleneier (Anm.) 78.
— zoologische Briefe 106.
— Ueber Unterschied von Pflanze und Thier, 109.
Infusionsthierchen 103.
Instinkte der Thierwelt 172.
Juden (Anm.) 157.

Kampf um das Dasein 41 u. fg.
Karl II. von England 345 fg.
Katastrophen und Revolutionen, allgemeine 26.
— — — örtliche 26.
Katharina II. von Rußland 380. 396.
Kayserling, Graf, Entstehung neuer Arten aus Seuche oder Miasma 34.
Keppler 334.
Kletterpflanzen 169.
Knochenfische 247.
Knorpelfische 247.
Knutzen, Martin, 394.
Kölliker, Prof., Theorie der heterogenen Zeugung 161. 217.
Kopernikus, Nik., 334. 338.
Köppen, über die Buddhalehre 283.
Kosmogenie oder Weltentstehungslehre der Juden 271.
Kosmologie 282.
Kowalewsky (Anm.) 248.
Kreuzung und Inzucht 58.
Kritias, das Haupt der 30 Tyrannen 314.

Lagotrichen 203.
Lamarck 20. 21. 23 u. fg.
— der bedeutendste Vorgänger Darwin's 18.
— Philosophie zoologique 19.

— Historie des animaux sans vertêbres 19.
Lamarck, Hauptsätze aus seiner Philosophie des Thierreichs (Anm.) 26.
— Theorie, Beispiele aus derselben 21.
— die Wurzel des Menschengeschlechts eine menschenähnliche Affenart 24.
Landmollusken 53.
Lanzettfischchen 247.
Lange, F. A., Geschichte des Materialismus 333.
— angeführt 220.
Lartet, der sog. Dryopithecus 212.
Läta, affenartige Krankheit der Malaven (Anm.) 204.
Laurentian-Bildung 119. 241.
Lavater 395.
Lavoisier 372.
Lebenskraft 325.
Leibniz'sche Philosophie 393.
Leimstoff 122.
Leitmuscheln, Haupt-Erkennungszeichen der Boden-Bildungen 9.
Lepidosiren 92. 94.
Lessing 395.
Leukippos, der Erfinder des sog. Atomensystems 309 u. fg.
Lichtenberg 395.
Linné, Ordnung der sog. Primaten 183.
— angeführt 19.
Lissencephala 190.
Locke, John, 346 u. fg.
— über den menschlichen Verstand 347.
— Erfahrung durch Empfindung und durch Reflexion 349.
Logan, J. W., Erdschichten in Canada 119.
Löwenthal, E., angeführt 316. 342.
— Geschichte des Materialismus (Anm.) 393.
Lukrezius Carus 318. 354.
— Lehrgedicht desselben 320.
— angeführt 322.

Lyell, Charles, 15. 21. 31 u. fg.

Lyell, Charles, die fossilen Repräsentanten des Fischtypus 241.

— Grundzüge der Geologie 13.

— Fortschritte in Künsten und Wissenschaften 263.

— gegen Lamarck 30.

— Principles of geology 17.

Lyell, über den Handel mit Exemplaren der lebenden und fossilen Thierwelt 63.

Lyencephala 190.

Madeira-Käfer 87.

Magnetismus, thierischer, 328.

Malayen, die, auf Java 204.

Malesherbes 379.

Maori, die, von Australien (Anm.) 91.

Mammuth, sibirisches, 6.

— oder vorweltlicher Elefant 132.

Mandeville's berüchtigte Bienenfabel 364.

Mariette, Entdeckung von Sculpturen, Inschriften ꝛc. in Aegypten 258.

Massachusetts, besondere Art von Schafen 76.

Mastodon 132.

Mastodonten, vorweltliche, 3.

Materialismus d. Alterthums 251.

— des Lebens 355.

— des 18. Jahrh. 354.

— des 19. Jahrh. 397.

— der Neuzeit 335.

— der Wissenschaft 356.

Mensch, vorhistorischer, in Europa 256.

Menschen, fossile, 211. 213.

Menzel, Wolfgang, angeführt 219.

Meteoriten 301.

Mettrie, Julien Offroy de la, 356 u. fg.

— l'homme machine 356.

— über die cartesianische Philosophie 359.

— Beantwortung der Frage, ob es einen Gott gäbe 362.

Mettrie, Julien Offroy de la, über die Frage von der Unsterblichkeit 362.

— Princip des Lebens 362.

— System Epikur's 355.

— l'homme plante 365.

Mettrie, de la, extremer Materialist 341.

Mettrie's Tod 366.

Meyer, Prof. G. F., Lehrgebäude von den Seelen der Thiere 394.

Militarismus in Europa (Anm.) 234.

Mill, J. St., die Mathematik eine Wissenschaft a posteriori (Anm.) 196.

Mink (mustella vison), der, 143.

Mohr, Prof. Dr. F., Geschichte der Erde 227.

Moneren 114. 117.

Monisten oder Einheitsphilosophen 296.

Montaigne's Wahlspruch 365.

Morgenröthe-Thier, Canadisches, 120.

Morton, Schädelmessungen 191.

Mythus der Babylonier 277.

— der alten Parsis oder Perser 276.

Myxine 247.

Müller, Max, 145.

Nachtvölker (Negervölker) 256.

Naturphilosophie 29.

Naudin, Artenbildung 34.

Naulette, Höhle von, 214.

Neanderthalschädel, der berühmte, 214.

Neith „die große Mutter" 294.

Neubert, Dr., Menstruation bei den Affen 206.

Neuholland f. Australien.

Neuplatonismus 327.

Neuseeland 91.

Nibelungen-Lied, das, 147.

Nirvana oder das Nichts 290. ff

Ofellus Lukanus 303.

Ofen, Lorenz, 28. 29 u. fg.

— Lehrbuch der Naturphilosophie 30.

Oken, Lorenz, Lehrbuch der Zellen=
lehre 30.
— — Infusorien= oder Bläschen=
theorie 30.
Oolith aus der Secundärzeit 141.
Orang=Utang 207.
Organe, rudimentäre, 92.
Ormuz und Ahriman, Hauptgott=
heiten der Perser 279.
Owen, Prof., der Mensch eine be=
sondere Unterklasse der Säuge=
thiere 190.
— angeführt in der Anm. 191.
— Wiederkäuer und Dickhäuter
132.
Oxalsäure 122.
Oxford, Bischoff von, gegen Dar=
win 37.

Paraguay 51. 158.
— ungehörnte Stiere 76.
Parmenides aus Elea 304.
Pennetier, G., über die Verän=
derlichkeit der organischen For=
men (Anm.) 141.
Perikles 329.
— Zeitalter des, 232.
Persien 158.
Philosophie, vorsokratische, 295.
Phlogiston 328.
Phta, der Gott der Aegypter 278.
Pikermi (Anm.) 141. 212.
Placentar=Säugethier=Typus 254.
Plasma oder Protoplasma (Anm.)
29. 114.
Plato, Widersacher Aristipp's, 315.
— die Körperwelt besteht aus
Materie und Form (Anm.) 334.
Pomponatius, Petrus, 335 u. fg.
Pouchet der Jüngere, Georg, über
anthropologische Studien 216.
— über künstliche Erzeugung von
Organismen (Anm.) 124.
— über Geologie (Anm.) 137.
Prakriti oder die Urmaterie 286.
Priestley, Joseph, 360. 392. u. fg.
Primär=Reich der Fische 226.
Primaten, Kreis der, 254.

Protagoras aus Abdera 314.
Protisten 118.
Protistenreich 110.
Pseudopodien 114.
Pythagoras 302.
Pythagoräer, Schule der, 302.

Quadrumanen, Kreis der, 254.
Quagga 134.
Quartär=Reich des Menschen 226.

Rabenhausen (Anm.) 128.
Reimarus, über die Kunsttriebe
der Thiere 396.
Rhinoceros 132.
Rhizopoden (Wurzelfüßler) 114.
119.
Ritter gegen Demokrit 314.
Rochas, von, die Neucaledonier
204.
Röth, Geschichte der abendländi=
schen Philosophie 294.
Rousseau, Gegner de la Mettrie's
357.
Rückert, das Lied von Chidher 234.
Rütimeyer, Fund eines fossilen
Affen in der Schweiz 212.

Sankhyah=Philosophie oder Sank=
jah=Lehre 285.
Sarkode 29. 109.
Schaaffhausen, Prof. H., angeführt
185 u. 196 in der Anm., 200.
201. 214.
— über den Gorilla (Anm.) 185.
— Aehnlichkeit des Milchgebisses
des Menschen mit dem des Affen
187.
— die sog. Monas oder die Ur=
form des thierischen Lebens
(Anm.) 118.
Schädelbildung 218.
Schiller 395. 402.
Schleicher, Prof., über Darwin
168.
— über Ursprung und Entwicke=
lung der Sprachen 148.
Schleiden, Prof., 168.

Schmarotzer=Pflanzen und Schma=
rotzer=Thiere 39.

Schnabelthier (Ornitorhynchus)
92.

Scholastiker 335.

Schopenhauer, A., der Wille ist
das Grundprincip aller Dinge
25.

— Selbstbewußtsein bei Mensch
und Thier 198.

— das Christenthum hat indisches
Blut im Leibe 293.

— Ausspruch über die Religionen
345.

Schöpfungs=Acte, wiederholte, 10.

Schöpfungssage der Südsee=Insu=
laner 275.

Schöpfungs=Tradition der Arme=
nier 274.

Schule, eleatische, 303.

— ionische, 297.

Schwanzknochen 93.

Secundär=Reich der Eidechsen 226.
230.

Sedimente, Anhäufung der, 138.

Seelilie (Encrinus liliiformis)
230. 242.

Seescheiden (Anm.) 248.

Seidlitz, Dr. G., (Anm.) 43, 81.

— über Fortschritts= und Ruhe=
Epochen (Anm.) 143.

Sensualismus in Frankreich 387.

Skepticismus 327.

Sokrates 296.

Sophistik, Periode der sog., 314.

Spencer, Herbert, Gegenüberstel=
lung der Begriffe von Schö=
pfung und Entwickelung 34.

Sprache der großen arischen oder
indogermanischen Völkerfamilie
(Anm.) 276.

Sprachen, Aussterben der Zwi=
schenglieder bei denselben 147.

— und Mundarten 145.

Stammpaare der Thierwelt 97.

St.=Cassian=Lager in den öster=
reichischen Alpen 131.

St.=Helena 53.

St. Hilaire, Geoffroy, 29. 30 u. fg.

— Bauplan für alle Organismen
27.

— über den Grundsatz der Ein=
heit in der organischen Natur 26.

— Einfluß der äußern Umstände
und Lebensbedingungen 59. 83.
160.

Stosch, Friedrich Wilhelm, 353.

Strato aus Lampsakus 316.

Südamerika 158.

Supranaturalisten in der Natur=
philosophie 116.

Syrien 158.

System, Cambrisches, 241.

Tapir 134.

Tertiär=Reich der Säugethiere und
Vögel 226. 230.

Thales aus Milet 297.

Theodorus, Atheist 315.

Theorie der geologischen Katastro=
phen und Revolutionen 10.

Thierphysiologie, Forschungen
über, 394.

Toland, John, das Christenthum
ohne Geheimnisse 351.

— Vernunftreligion 351.

Traubenzucker 122.

Türken (Anm.) 157.

Tuttle, H., angeführt 250.

Uebergangsstufen oder Zwischen=
formen 130.

Ueberreste der Vorwelt 6.

Uebertragung, erbliche, individu=
eller Eigenthümlichkeiten 58.

Unvollkommenheit des geologischen
Berichts S. 136.

Urform, einzige, 97.

Urformen der Thierwelt 97.

Ur= oder Keimzellen 101.

Urmeer 101.

Urschleim Oken's 29.

Urzeugung 21. 102. 115.

Varietäten= oder Spielarten=Bil=
dung 55. 57.

Veden oder heilige Bücher in Indien 288.

Verbindungen, organische, 121.

Verdichtung des Culturprincips 263.

Vererbung oder Erblichkeit 64.

Vestiges of creation (Fußtapfen der Schöpfung) 33.

Vierhänder (Quadrumana) 184.

Virchow, Uebertragung der Keimstoffe 66.

Vitalisten in der Naturwissenschaft 121.

Vogt, Karl, 356.

— Besprechung der Darwin'schen Theorie 145.

— Vorlesungen über den Menschen 142.

Volger, O., Einwand gegen die Fortschrittstheorie 240.

— Erde und Ewigkeit 225.

Voltaire 279.

— Deïst 370.

— Gegner de la Mettrie's 357.

— Mitarbeiter der Encyklopädie 379.

Wagner, Moritz, über die Unvollkommenheit des Schöpfungsberichts (Anm.) 8.

— über das Wandern der Organismen (Anm.) 155.

Wallace, Alfred, über Unterbrechung des Schöpfungsberichts, (Anm.) 138.

— über die Zukunft des Menschengeschlechts 265.

Wandern der Thiere und Pflanzen 155.

Wandertrieb der Vögel 173.

Watson, über die brittischen Pflanzen 61.

Weinland, Dr., die Ateles (Klammeraffen) (Anm.) 203.

— gegen die Umwandlung einer Hauptklasse in die andere 239.

Wells, Dr., die natürliche Zuchtwahl 36.

Weltentstehung aus Nichts ein Absurdum 294.

Wiedergeburt der Philosophie 400.

Winterschlaf der Thiere 174.

Wirbellose 89. 251.

Wirbelthiere 245.

Wirbelthier-Typus 90. 247. 253.

— der Mensch der höchste Repräsentant des, 182.

Wolf, Pankratius, 353.

Wolff, Christian, Popularphilosoph 393.

Wühlratten, unterirdisch lebende, 7.

Wurmfortsatz 93.

Xenophanes von Kolophon, Begründer der sog. eleatischen Philosophie 4. 303.

Zebra 134.

Zeiten, vorgeschichtliche, 264.

Zellenvermehrungs-Proceß durch Theilung 100.

Züchtung, natürliche, 70.

Zuchtwahl, natürliche Auswahl oder Auslese 70. 84.

— geschlechtliche (Anm.) 78.

Zusammenhang der Darwin'schen Lehre mit dem Materialismus 2c. 273.

— innerer, aller Lebensformen 11.

Zweckmäßigkeitsbegriff, Verbannung desselben 166.

Zweihänder (Bimana) 184.

Zwischenglieder, fossile, 211.

Zwischenkieferknochen 28. 93.